本书为2011年国家社科基金重点项目"亚太地区救灾合作机制建设对策研究"（项目批号：11AZD032）、2014年度国家社会科学基金重大项目"总体国家安全观下的中国东南周边地区安全机制构建研究"(项目批准号：14ZDA087)阶段性成果。

「中国」救灾外交

1949—2016

何章银◎著

中国社会科学出版社

图书在版编目（CIP）数据

中国救灾外交：1949—2016 ／何章银著 . —北京：中国社会科学出版社，
2016. 4

ISBN 978 - 7 - 5161 - 8035 - 8

Ⅰ.①中…　Ⅱ.①何…　Ⅲ.①救灾—中外关系—研究—1949 - 2016
Ⅳ.①D822

中国版本图书馆 CIP 数据核字（2016）第 079723 号

出　版　人	赵剑英
责任编辑	王　茵　马　明
责任校对	冯英爽
责任印制	王　超

出　　　版	中国社会科学出版社
社　　　址	北京鼓楼西大街甲 158 号
邮　　　编	100720
网　　　址	http：//www. csspw. cn
发　行　部	010 - 84083685
门　市　部	010 - 84029450
经　　　销	新华书店及其他书店

印　　　刷	北京君升印刷有限公司
装　　　订	廊坊市广阳区广增装订厂
版　　　次	2016 年 4 月第 1 版
印　　　次	2016 年 4 月第 1 次印刷

开　　　本	710 × 1000　1/16
印　　　张	24. 25
插　　　页	2
字　　　数	425 千字
定　　　价	89. 00 元

前　　言

天有不测风云，人有旦夕祸福。地震、海啸等自然灾害，内乱等人为灾害，化学中毒、核泄漏等技术性灾害给人类的生命财产安全带来了巨大的威胁。当灾害的影响超越一国国界或者救灾超越一国自救能力时，救灾合作（寻求国际援助或者实施国际援助）就成为主权国家的不二选择。

救灾外交的主要目的之一就是促进国际救灾合作，以期应对灾害威胁，减轻灾害对人类造成的影响，救灾外交同样可以重塑国家形象，改善国际关系。救灾外交势必影响国际关系（国际合作与国际冲突），成功的救灾外交将促进国际合作，改善国际关系，失败的救灾外交将导致国际冲突，引发国际危机；同样，现有的国际关系也将影响救灾外交的成效，特别是国际救灾合作的开展，处于合作中的国际关系将对救灾外交产生积极影响，国家间将更易于合作，包括展开救灾在内的各项合作，而处于冲突中的国际关系将对救灾外交产生消极影响，国家间难于展开有效合作，或者合作程度大打折扣，甚至加剧国际冲突。

影响救灾外交的主要因素包括：一是一国总体外交政策，救灾外交是非传统外交的一种重要形式，但一定要服务于该国总体外交政策；二是国际关系现状，特别是受灾国与援助国间的关系现状，冲突中的国际关系将对救灾外交产生消极作用；三是灾害对受灾国所造成的影响；四是受灾国对灾害的应对能力，如果超过受灾国的应灾能力，迫于救灾的需要，受灾国在救灾外交中的选择余地将大打折扣；五是援助国国际救援能力，包括经济实力、军事实力、国际救灾体制机制等，如若一国国际救援能力不济，将严重影响其救灾外交的选择及作为，美国具有超强的实力，在国际救援方面表现可圈可点，且借重全球军事布局，可快速参与国际应灾救灾，可根据美国的国家利益灵活展开救灾外交；而一些小国，因国力有限，无法与美国等大国相媲美，展开救灾外交的选择就非常有限。

中国自 1980 年开始接受国际援助，中国救灾外交蹒跚前行。进入 20 世纪 90 年代，以"国际减灾十年"为契机，中国积极参与国际救灾。进入 21 世纪，中国救灾外交取得巨大进步，特别是以 2004 年印度洋海啸为契机，中国展开了史上最大规模的对外援助，作为援助国，中国开展了成功的援助救灾外交；以 2008 年中国汶川地震为契机，中国作为受灾国，全面接受国际援助，从接收物资到接受国际救援队、医疗队来灾区参与救灾，从而展开了全方位救灾外交。

中国救灾外交随着中国外交的变化而变化。一是对外援助的对象国选择上由以社会主义国家为主到以受灾国及其应灾能力等方面考虑为主；二是中国救灾外交变得更加灵活和开放；三是中国救灾外交从以物资援助为主转为物资援助与支援灾区人道救援相结合。

本书从中国救灾外交的现状、评估和展望展开论述。中国救灾外交形式多样，主要包括声援慰问、协商合作、救灾演习与救灾支援。中国救灾外交参与机制涵盖联合国机制、区域机制（亚洲机制）、次区域机制（东亚机制与上海合作组织机制）、三边机制（包括中俄印三国机制与中日韩三国机制）和双边机制等各种合作机制。中国救灾外交的实施提升了中国国家形象，加深了中国同周边国家的合作，拓宽了中国全球外交视野。但也还存在法律机制不健全、技术装备不完善与政治因素的干扰几方面的障碍。为了更好地推进救灾外交，中国需要创造合适的条件，包括理论的发展、机制的建设与硬件的完善等。在救灾外交策略方面，要以救灾合作为契机，搭建沟通平台、改善国际关系、提升国家实力（特别是软实力）。所以，中国救灾外交应积极主动有为，寻求救灾外交话语权，在全球范围内谋划布局。

Preface

Storms gather without warning in nature, and bad luck befalls men overnight. Earthquakes, tsunamis and other natural disasters, civil strife and other man-made disasters, toxic chemical, nuclear leakage and other technical disasters have brought great threat to the safety of human life and property. When the impact of the disaster is beyond the borders of a country or beyond the ability for disaster relief of a country, the disaster relief cooperation (to seek international assistance or implementation of the international aid) becomes the only best choice of a sovereign state.

One of the main purposes of Disaster Relief Diplomacy is to promote international cooperation to respond to disasters threaten and reduce the impact of disasters on human beings. Disaster Relief Diplomacy can also remodel a country's image, improve international relations. Disaster Relief Diplomacy is bound to affect international relations (international cooperation or international conflicts). The success of Disaster Relief Diplomacy will promote international cooperation, improve international relations, while the failure of Disaster Relief Diplomacy will lead to international conflict, triggering an international crisis; similarly, the current international relations will also affect the effectiveness of Disaster Relief Diplomacy, particularly to carry out international Disaster Relief Diplomacy. If the international cooperation has a positive impact on Disaster Relief Diplomacy, the cooperation between countries will be easier, including disaster relief cooperation and its expanded cooperation; and if the international conflict has a negative impact on Disaster Relief Diplomacy, the cooperation between countries will be difficult to start or be greatly reduced, and even aggravate international conflicts.

The main factors affecting theDisaster Relief Diplomacy include: first, a country's overall foreign policy. Disaster Relief Diplomacy is an important form of non-traditional diplomacy, but it must serve the country's overall diplomacy; second, the current state of international relations, especially the current relationship between the affected countries and donor countries, international relations under conflict will have a negative effect on Disaster Relief Diplomacy; third, the impact of disasters on the affected countries ; fourth, the affected country 's capacity to respond to disasters . If it is beyond the capacity of the affected countries, but badly needs disaster relief , the choice of Disaster Relief Diplomacy of the affected countries will be greatly reduced ; fifth, the international aid and rescue capabilities of the donor country , including economic power, military power, international relief institutional mechanisms and so on. If it is beyond the capability of a country to respond to disaster relief, it will seriously affect the their choice of Disaster Relief Diplomacy. The United States has super power, with remarkable performance in disaster relief diplomacy. Depending on global military layout , USA can quickly be involved in international disaster relief, and Disaster Relief Diplomacy can be flexibly expanded according to the national interests of the United States. For some small countries, due to the limited strength , incomparable with the United States and other major powers , the choice of adopting Disaster Relief Diplomacy is very limited.

In 1980 China began to accept international aid, and at that time China's Disaster Relief Diplomacy had a slow progress. Entering the 1990s , the "International Decade" as an opportunity , China actively participated in international disaster relief. In the 21st century , China has made great progress in Disaster Relief Diplomacy, especially the 2004 Indian Ocean tsunami , China launched the largest foreign aid in its history and conducted a successful Disaster Relief Diplomacy as a donor country. The earthquake in China in 2008, as an affected country, China accepted the full forms of international assistance from accepting supplies to accept international rescue teams involved in disaster relief teams to the affected areas, which launched comprehensive Disaster Relief Diplomacy.

China's Disaster Relief Diplomacy varies according to the change of Chinese diplomacy. Firstly, selecting the target countries on foreign aid has changed from the socialist-oriented countries to disaster affected countries and their ability to be the main consideration. Secondly, China's Disaster Relief Diplomacy has become more flexible and open. Thirdly, China's Disaster Relief Diplomacy has changed from material-oriented assistance to the combination of the material assistance with humanitarian aid.

This paper mainly argues the present situation, assessment and outlook of China's Disaster Relief Diplomacy. The main forms of China's Disaster Relief Diplomacy include solidarity condolences, consultation and cooperation, disaster relief exercises and supporting for disaster relief. The main mechanisms of China's Disaster Relief Diplomacy include the United Nations disaster relief cooperation mechanism, regional mechanism (Asia disaster relief cooperation mechanism), sub-regional mechanisms (the mechanism of East Asia and the Shanghai Cooperation relief cooperation mechanism), trilateral mechanisms (Sino-Russia-India disaster relief cooperation mechanism , Sino-Japan-ROK disaster relief cooperation mechanism) and bilateral mechanisms (including China and the affected countries , China and the donor countries , China and non-affected countries) . Implementation of China's Disaster Relief Diplomacy promoted China's national image, deepened cooperation between China and neighboring countries, and broadened the horizons of the Chinese global diplomacy. But there are also some obstacles, including imperfect legal mechanism, technical equipment imperfections and interference of political factors. In order to better promote Disaster Relief Diplomacy, China needs to create the right conditions, including the development of the theory, construction and improvement of mechanisms, and equipment and options of international disaster relief hardware. In terms of schemes of strategies, China will consider disaster relief cooperation as an opportunity to build a communication platform, to improve international relations, and to enhance national power (especially national soft power) . Therefore, China should actively adopt disaster relief diplomacy, seek the right to speak for disaster relief diplomacy, and plan the layout on a global scale.

目　录

第 一 章

绪　论

第一节　研究的缘起与研究的意义

一　研究的缘起

学术界对救灾外交研究的历史并不长，美国学者迈克尔·格兰茨（Michael H. Glantz）在 2000 年率先提出 "disaster diplomacy"（国内学者译为 "灾难外交"），英国学者伊兰·凯尔曼（Ilan Kelman）和库克斯（koukis）等人对 "disaster diplomacy"（灾难外交）进行了深入的研究，特别是伊兰·凯尔曼的著述颇丰。学者们认为灾害在国际关系发展中，具有 "切实但并非高于一切" 的作用。[①] 救灾外交引起学界关注主要有以下几方面原因：一是自 20 世纪 90 年代起，以联合国推动的 "国际减灾十年" 为契机，国际社会对灾害的影响及国际救灾合作关注度上升；二是为展开国际救灾合作，共同应对灾害威胁，各国主动展开救灾外交，推动国际救灾合作；三是随着新媒体的发展，灾害的影响具有全球化的趋势；四是灾害对国际关系的影响不可低估；五是灾害的内涵逐步扩大，涵盖从地震等自然灾害到战争等人为灾害，从地震海啸等显性灾害到气候问题等隐性灾害的各个领域；六是救灾外交成为一国外交选择，并为改善国家形象、提升国家软实力、发扬人道主义精神、增进人类之间的友谊和传播正能量发挥着不可替代的作用。救灾外交的兴起有以下几个原因。

[①]　Ilan Kelman，"Acting on Disaster Diplomacy"，*Journal of International Affairs*，Vol. 59，No. 2，Spring/Summer 2006.

1. 灾害的全球性影响是救灾外交产生的直接原因

天有不测风云，人有旦夕祸福。地震、海啸等自然灾害伴随着人类的发展史，随着技术进步，人类取得征服大自然新胜利的同时也引发了环境生态灾害和核能安全等技术灾害，加之族群、国家间冲突不断，导致人道主义灾难也时有发生，所有这些灾难都是人类所面临的共同挑战。

灾害的全球性影响越来越明显，其分布之广、种类之多、危害之大、影响传播之疾都是超乎人类想象的。灾害的全球化指灾害影响的全球化。随着新媒体技术（特别是微信、微博、脸谱等传媒手段的应用）的发展和新传播途径的演进，灾害的发生很快曝光在全世界人民的面前，不可能像过去一样可以在一定区域、一定时间、一定范围内严密管控，外界无从知晓。灾害的迅速传播，其影响也是全球性的，这就为各国展开公共外交提供了机会，正所谓与"灾害有关的活动，本质上是政治，为获取潜在的救灾外交的积极成果打开了机会之窗"①。另外，灾害的影响是巨大的，救灾外交的失败可能导致严重的国际国内政治后果。如有学者认为"1970 年 11 月发生在东巴基斯坦的气旋灾害是触发独立战争，导致孟加拉国成功诞生的诱因之一"②。

2. 国际救灾合作之需是救灾外交产生的根本原因

国际社会需要在救灾领域展开合作是"救灾外交"产生的最直接原因。灾害时有发生且分布广泛，但灾害并不必然导致"合作"。以下两种灾害需要通过国际合作来应对：一是超越一国救灾反应能力的灾害，如2004 年印度洋海啸（印度尼西亚、泰国、马来西亚、斯里兰卡、孟加拉国等国应灾能力不足，需要国际救援）；二是跨越国界的灾害，如气候问题（不是仅凭某个国家减少温室气体排放就能解决的，这是个全球性的问题）。这两类灾害需要合作应对，灾害并不必然导致国际救灾合作，只有救灾外交开展并发挥作用时，国际救灾合作才会发生。如 2009 年在丹麦首都召开的"哥本哈根世界气候大会"，有 192 个国家的代表参会，商

---

① Ilan Kelman, "Disaster Diplomacy: Can Tragedy Help Build Bridges Among Countries?" *UCAR Quarterly*, Fall 2007, p. 6.

② Ilan Kelman, "Burma and China Disaster Diplomacy", *Disaster and Social Crisis Research Network Electronic Newsletter*, No. 34 (April-June), pp. 2 – 3.

讨《京都议定书》后续方案，这是一次典型的救灾外交，各国在此展开外交攻势，进行博弈。世界气候大会的召开既是救灾外交的成果，也是新救灾外交的起点。

国际救灾援助是国际救灾合作的重要内容。2009—2013 年，全球排名前 25 位的捐助国捐助用于灾害紧急救助的资金达 6.852 亿瑞士法郎，占总捐款 12.597 亿瑞士法郎的 54.39%，而居捐助国前三甲的分别是美国、瑞典和加拿大，分别占总捐款的 14%、10% 和 10%。① 2009—2013 年接受捐款的主要区域依次为亚太、美洲和非洲，分别为 4.68 亿瑞士法郎、3.317 亿瑞士法郎和 2.862 亿瑞士法郎，其中亚太占 37.15%、美洲占 26.33%、非洲占 22.71%。② 2009—2013 年主要接受援助的前 30 个国家接受援助资金占总资金的 82%，其中海地接受援助达 2.57 亿瑞士法郎，占 23%，巴基斯坦占 10%，中国居第三位，达 0.46 亿瑞士法郎，占 4%。其中海地应用于紧急救援资金达 2.556 亿瑞士法郎，占该国接受总援助的 99.46%。③ 由此可见，国际救援主要应用于救灾，西方发达国家为主要捐助国，包括中国在内的发展中国家为主要受援国。而这些援助的客观需求，也是救灾外交的客观动力之一。

各种国际救灾合作机制、组织，是国际社会展开救灾合作的基石，同时也是"救灾外交"的累累硕果。"新自由制度主义认为国际制度是产生、维持国际合作的主要因素。"④ 国际救灾合作机制为国际救灾合作提供了机制保障，国际救灾合作机制主要分为三个层次：一是联合国或全球层面的救灾合作组织及机制，如国际防灾十年世界会议、世界气候大会、

---

① 参见红十字会与红新月会国际联合会（International Federation of Red Cross and Red Crescent Societies，其成员为各国红十字会或红新月会）网站：《2009—2013 年主要捐助国每年捐助响应情况》，http://www.ifrc.org/Docs/Appeals/statistic/donors0913.pdf。

② 参见红十字会与红新月会国际联合会（International Federation of Red Cross and Red Crescent Societies，其成员为各国红十字会或红新月会）网站：《2009—2013 年主要捐助国捐助接收区域分布》，http://www.ifrc.org/Docs/Appeals/statistic/donors0913.pdf。

③ 参见红十字会与红新月会国际联合会（International Federation of Red Cross and Red Crescent Societies，其成员为各国红十字会或红新月会）网站：《2009—2013 年前 30 个接收捐助的国家接收国际资金应用于发展开发与紧急情况的统计》，http://www.ifrc.org/Docs/Appeals/statistic/recip0913.pdf。

④ David Baldwin, *Neorealism and Neoliberalism: The Contemporary Debate*, Columbia University Press, 1993, pp.269 – 300.

联合国人道事务协调办公室（OCHA）、政府间气候变化专门委员会（IPCC）、世界气象组织（WMO）、联合国环境规划署（UNEP）、世界卫生组织（WHO）等；二是地区层面的救灾合作组织及机制，如欧盟人道救援办公室（ECHO）、亚洲防灾会议、亚洲减灾中心、亚洲减灾大会、东盟地区论坛救灾会间会、10＋3框架下的灾害管理文件等；三是双边、多边层面的救灾合作机制及非政府组织（NGO），如国际红十字会（ICRC）、乐施会（Oxfam）、中日韩灾害管理部门部长级会议等。这些都说明国际社会对救灾合作的关注。而进入21世纪，东亚发生的三大自然灾害（2004年印度洋海啸、2008年中国汶川地震、2011年日本大地震）使"救灾外交"闪亮登上国际外交舞台。救灾外交将推动国际救灾合作的深入开展，也将促进国际救灾合作机制进一步完善。

3. 国家外交之需是实施救灾外交的政治原因

"救灾外交"可以重塑国家形象，改善国家间关系，甚至实现经济、军事等其他外交目标，救灾外交是国家为实现其特定外交目标的选择和需要。

一是冲突国家间展开"救灾外交"，以求改善敌对国家或冲突国家间的外交关系，如印度—巴基斯坦的地震救灾外交。2001年1月26日的印度西部地震，导致2万余人死亡，巴基斯坦向印度提供了援助，这促使2001年6月印巴峰会的召开。尽管期望很高，仍以相互指责嘲讽收场。虽来年差点陷入战争，但自2002年以后，印巴外交关系取得进展，巴基斯坦承诺只要印度废除核武，也将废除核武。2005年10月8日，7.6级地震导致巴基斯坦（包括巴控克什米尔1000人）7万余人死亡，许多国家包括印度立刻提供了援助，印巴为方便救援采取合作——减轻控制线的限制。2005年10月19日，克什米尔印巴控制区通信恢复联系，2005年11月，沿实际控制线（超过9天时间）开放了5处地点允许救援物资通过。2005年11月19日，平民被允许通过这些检查站寻找失踪的亲人。地震灾害促进了克什米尔的和平进程。① 迈克尔·格兰茨（Michael H. Glantz）对美国与古巴间的气候救灾外交进行了研究，认为双边救灾外

---

① Ilan Kelman，"Acting on Disaster Diplomacy"，*Journal of International Affairs*，Vol. 59，No. 2，Spring/Summer 2006.

交在处于敌对的两国关系中显得弥足珍贵。①

二是友邦展开"救灾外交",进一步巩固双边关系。如 2008 年中国汶川地震发生后,巴基斯坦倾囊相助,俄罗斯把地震中受伤儿童接到莫斯科疗养,2011 年日本大地震发生后,美国军队冒着核辐射的危险派航母参与救灾等案例都说明,友邦对"救灾"都特别"卖力",展现的是"非同一般"的友谊和两国关系。

三是普通国家间展开"救灾外交",提供援助,达到改善国家形象、实现救灾以外的其他外交目标的目的。康福特(Louise K. Comfort)认为减灾和救灾可以作为一个改变国家内部和国家之间的关系的过渡进程,创造性的外交是最有效的。救灾援助国除提供人道主义援助外,还有其他外交意图和政治动机。② 2004 年印度洋海啸,中国先后提供了总额逾 8000 万美元的援助和 2000 万美元多边捐助,还向受灾国派遣了 4 批医疗救援队。③ 印度洋海啸后,中国展开的救灾外交,对于树立中国负责任大国、地区和平维护者的形象起到积极推动作用。2014 年 3 月马航飞机失联事件发生后,中国在前两个阶段属于搜救的主要力量,进入 5 月,中国与澳大利亚、马来西亚共同主导马航失联飞机的搜救。从主要力量演变为主导力量,加之中国动用天海空搜救力量参与搜救,展现了中国负责任的大国形象。

4. 外交理论发展是救灾外交产生的理论基础

首先,救灾外交以一种新的外交形式登上国际外交的舞台,其重要的理论基础来源于外交理论的新发展,特别是外交由"秘密外交"走向"公开外交",由"传统外交"延伸至"公共外交"。"救灾外交"涉及人道主义救援,具有"雷锋精神",但不会"做好事不留名",不会像第二次世界大战之前的欧洲一样采用"秘密外交",也不会像东亚一样采取

---

① Michael H. Glantz, "Climate-Related Disaster Diplomacy: A US-Cuban Case Study", *Kelman and Koukis*, 2000.

② 赵蜀蓉著:《印度洋海啸与中国的东南亚战略》,《西南民族大学学报》(人文社科版) 2005 年第 4 期。刘卫东:《大国的较量——海啸救援背后》,《中学生百科》2005 年第 19 期。

③ 李天华:《从"拒绝外援"到"救灾外交"——改革开放以来中国政府应对国际救灾援助的政策演变及其评价》,《党史研究与教学》2008 年第 6 期。

"家鸭外交",① 而会采取"公开外交"。"救灾外交"既涉及针对一国政府的"传统外交",也涉及针对受灾国民众的"公共外交"。其次,非传统外交理论的发展推动了救灾外交的发展。非传统外交具有公开化、民主化、社会化和虚拟化的特点。越来越多的学者将外交看作涵盖官方和非官方外交的大外交。② 最后,灾难外交等理论的探索为救灾外交奠定了直接的理论基础。国外学者迈克尔·格兰茨、伊兰·凯尔曼、库克斯等对 disaster diplomacy 进行了研究,与康福特的复杂适应系统模式类似,凯尔曼提出"工具包"(toolkit)的模式。国内学者赵青海、毛维准、阙天舒、李敏等人都对灾难外交的概念、作用、方式等进行了探讨。另外国内外学者还对环境外交、生态外交、地震外交等进行了探索,这些有益的探索都将对救灾外交的理论建构及救灾外交的发展起到推动作用。

二 研究的意义

本研究积极响应十八大号召,顺应国家需求,以"中国救灾外交研究"为选题展开研究。课题重点围绕"救灾外交"这一核心主题,通过"理论建构、现状分析、对策建议"三大领域的研究,着力解决"中国在救灾外交领域的定位、行动策略"等若干重大问题,并将根据具体研究提出相应的对策建议。本研究具有重大现实意义和理论价值,它将不仅对中国开展救灾外交与救灾合作实际工作具有重大的推动作用,而且对丰富外交理论研究也将具有重要意义。

1. 现实意义

一是有助于充实中国外交内容,丰富中国外交形式,推动中国救灾外交实践。在外交的决策方面,追求国家利益是外交最重要的中心任务。灾害为人类公敌,通过救灾合作减少灾害损失,维护国人的生命财产安全理应成为国家利益的一部分,因此救灾外交也必将成为国家外交的一部分。

① John Quansheng Zhao, "'Informal Pluralism' and Japanese Politics: Sino-Japanese Rapprochement Revisited", *Journal of Northeast Asian Studies*, Volume 8, Issue 2, Summer 1989, pp. 65 - 83. "家鸭外交"(duck diplomacy),指外交像鸭子在水中一样,水面以上纹丝不动,双脚却不停地划,家鸭外交指外交低调进行,为顾全面子,或避免外界干扰而进行的外交。

② 赵可金:《非传统外交:当代外交理论的新维度》,《国际观察》2012 年第 5 期。

中国在灾害治理过程中以灾害为契机处理彼此交往，从而促使国家间关系正常化或深化国家间关系，以此建立或增强国家间的互信和认同。本研究将推动中国救灾外交，丰富其外交选择，为中国抓住机遇，深化或改善国际关系提供实践指导。

二是有助于推动中国参与国际救灾合作，营造良好周边国际环境，提高国际地位，展现负责任大国形象。党的十八大指出，中国正处在进一步发展的重要战略机遇期，在新的历史起点上向前迈进。中国应担负起大国的责任，积极参与国际合作，而救灾合作是国际合作的重要途径之一。东亚地区聚集了美、中、俄、日世界大国，地区安全环境不容乐观，该地区已成为大国博弈和争夺的重要场所，政治、经济、文化、宗教等各方面的冲突与较量不断，东亚地区国家间的合作就显得尤为重要。在本地区军事安全领域的合作，中国在短期内无法撼动美国的霸主地位，因此在该地区丰富国家间合作途径就显得弥足珍贵。本研究对于推动救灾外交，推动中国积极参与救灾合作，从而提升中国国际地位，营造良好的周边国际环境，展现中国负责任大国形象具有重要的现实意义。

三是为中国积极参与国际救灾合作，从而占领"尊重和保障人权、以人为本、发扬人道主义精神"的道德制高点、增加话语权提供政策建议。中国 2010 年已成为世界第二大经济体，2013 年成为第一贸易大国，但中国的国际地位还同其经济地位不符，当今世界的话语霸权还牢牢地掌控在以美国为首的西方国家手中。西方大国通常打着人权高于主权、人道主义危机的幌子，以人道主义援助为借口，进行人道主义干预，或者通过救灾实现其不可告人的目的。中国作为负责任大国，在对外交往中始终坚持"己所不欲，勿施于人"，那么在参与人道主义救援的过程中，理应坚持以人为本，发扬人道主义精神，而绝不会侵犯他国主权，干涉他国内政，更不会进行人道主义干涉。中国积极参与国际救灾合作，积极开展救灾外交，就能占领以"尊重和保障人权、以人为本、发扬人道主义精神"的道德制高点、增加话语权。

2. 理论意义

救灾外交势必影响国际关系（国际合作与国际冲突），成功的救灾外交将促进国际合作，改善国际关系，失败的救灾外交将导致国际冲突，引发国际危机；同样，现有的国际关系也将影响救灾外交的成效，特别是国际救灾合作的开展，处于合作中的国际关系将对救灾外交产生积极影响，国家间将更易于合作，包括展开救灾在内的各项合作，而处于冲突中的国际关系将对救灾外交产生消极影响，国家间难于展开有效合作，或者合作程度大打折扣，甚至加剧国际冲突。本研究的理论意义主要有以下几点。

一是有利于丰富中国国际合作理论，为中国参与国际合作提供理论支持。国际减灾合作不是排他的"零和博弈"，而是互利共生的"正和博弈"。再者，非传统安全因素的加强，为国际社会通过国际合作消除共同的灾害威胁提供了强大动力。尽管现有的国际合作理论有一定的解释力，但对于国际救灾合作未必有着很强的指导性，中国需构建具有中国特色的国际合作理论，本课题研究将为国际合作理论注入新的血液和提供新的视角，将推进中国国际合作理论体系的发展。现有的国际关系理论能解释国际关系中的一类现象或者局部现象，无论立足于权力、制度还是文化的视角，都无法用一种理论解释全部现象或让所有人信服，而救灾合作及救灾外交更需新的理论去支撑和诠释。本研究将进一步验证和丰富外交理论和国际关系理论。

二是有利于建构和完善中国救灾外交理论，为中国实施救灾外交提供理论支持。本研究通过对中国救灾外交及救灾外交案例研究，总结救灾外交规律，从而建构适合时代要求的救灾外交理论。中国需积极参与国际救灾合作，构建具有中国特色的救灾外交理论，本研究将为救灾外交理论注入新的血液和提供新的视角，将推进中国救灾外交理论体系的发展。

三是有利于发展危机管理理论，为中国应对各种危机灾害提供理论武器。现有的危机管理理论要么着眼于一国国内的危机管理，要么着眼于国际上的传统安全危机管理，地区主义理论则主要来自于西方的经验，这些理论对于亚太地区救灾合作的指导性和解释力较为薄弱。通过本研究，将重新验证和丰富现有的危机管理理论和地区主义理论。

第二节　国内外研究现状

一　国外研究现状

1. 对救灾外交的研究

英国学者伊兰·凯尔曼（Ilan Kelman）对灾难外交（disaster diplomacy）的研究较为深入，著述颇丰。[①] 2012 年著有《灾难外交：灾难如何影响和平与冲突》（*Disaster Diplomacy*: *How Disasters Affect Peace and Conflict*）一书，使其研究取得里程碑式的成果。西方研究灾难外交（disaster diplomacy）的学者有 Akcinaroglu（2011）[②]，Barston（2006）[③]，Brancati（2007）[④]，Eastin（2012）[⑤]，Enia（2008）[⑥]，Gaillard 等（2008，2009）[⑦]，Ganapti 等（2010）[⑧]，James Ker-Lindsay（2000）[⑨]，Michael

---

① Kelman, I. and T. Koukis（eds），"Disaster Diplomacy"，special section in *Cambridge Review of International Affairs*（edited by Charlotte Lindberg Clausen），Vol. XIV，No. 1，2000，pp. 214 – 294；

② Akcinaroglu, S., J. M. DiCicco, and E. Radziszewski，"Avalanches and Olive Branches: A Multimetho Analysis of Disasters and Peacemaking in Interstate Rivalries"，*Political Research Quarterly*，Vol. 64，No. 2，2011，pp. 260 – 275.

③ Barston, R. P.，"Modern Diplomacy"，*Pearson Education Limited*，Harlow，Essex，U. K.，2006.

④ Brancati, D.，"Political Aftershocks: The Impact of Earthquakes on Intrastate Conflict"，*Journal of Conflict Resolution*，Vol. 51，No. 5，2007，pp. 715 – 743.

⑤ Eastin, J.，"Combat Eruptions: Natural Disasters and the Risk of Civil Conflict"，Prepared for the University of Washington International Security Colloquium，March 9 2012，University of Washington，Seattle，Washington，U. S. A..

⑥ Enia, J.，"Peace in its Wake? The 2004 Tsunami and Internal Conflict in Indonesia and Sri Lanka"，*Journal of Public and International Affairs*，Vol. 19，Spring 2008，pp. 7 – 27.

⑦ Gaillard, J. C.，E. Clavé, and I. Kelman，"Wave of Peace? Tsunami Disaster Diplomacy in Aceh, Indonesia"，*Geoforum*，Vol. 39，No. 1，2008，pp. 511 – 526. Gaillard, J. C.，I. Kelman, and M. F. Orillos，"US-Philippines Military Relations After the Mt Pinatubo Eruption in 1991: A Disaster Diplomacy Perspective"，*European Journal of East Asian Studies*，Vol. 8，No. 2，2009，pp. 301 – 330.

⑧ Ganapti, E.，I. Kelman, and T. Koukis，"Analyzing Greek-Turkish Disaster-Related Cooperation: A Disaster Diplomacy Perspective"，*Cooperation and Conflict*，Vol. 45，No. 2，2010，pp. 162 – 185.

⑨ James Ker-Lindsay，"Greek-Turkish Rapprochement: The Impact of 'Disaster Diplomacy'?" *Kelman and Koukis*，2000.

H. Glantz （2000）①, Ailsa Holloway （2000）②, Louise K. Comfort （2000）③, Kreutz （2012）④, Le Billon, P. and A. Waizenegger （2007）⑤, Mandel, R. （2002）⑥, Mavrogenis, S. （2013）⑦, Nel, P. 和 Righarts, M. （2008）⑧, Nelson, T. （2010）⑨, Olson, R. S. 和 V. T. Gawronski. （2010）⑩, Rodella-Boitreaud, A. S. 和 N. Wagner （2011）⑪ Snyder, A. J. （2008）⑫, Waizenegger, A. 和 J. Hyndman. （2010）⑬, Warnaar, M. （2013）⑭、

---

① Michael H. Glantz, "Climate-Related Disaster Diplomacy: A US-Cuban Case Study", *Kelman and Koukis* , 2000.

② Ailsa Holloway, "Drought Emergency, Yes… Drought Disaster, No: Southern Africa 1991 – 1993", *Kelman and Koukis*, 2000.

③ Louise K. Comfort, "Disaster: Agent of Diplomacy or Change in International Affairs?" *Kelman and Koukis* , 2000.

④ Kreutz, J. "From Tremors to Talks: Do Natural Disasters Produce Ripe Moments for Resolving Separatist Conflicts?" *International Interactions: Empirical and Theoretical Research in International Relations*, Vol. 38, No. 4, 2012, pp. 482 – 502.

⑤ Le Billon, P. and A. Waizenegger, "Peace in the Wake of Disaster? Secessionist Conflicts and the 2004 Indian Ocean Tsunami", *Transactions of the Institute of British Geographers*, Vol. 32, No. 3, 2007, pp. 411 – 427.

⑥ Mandel, R. , "Security and Natural Disasters", *Journal of Conflict Studies*, Vol. XXXII, Fall 2002, pp. 118 – 143.

⑦ Mavrogenis, S. and I. Kelman, "Perceptions of Greece-Turkey Disaster Diplomacy: Europeanization and the Underdog Culture", *Balkanistica*, Vol. 26, 2013, pp. 73 – 104.

⑧ Nel, P. and Righarts, M. , "Natural Disasters and the Risk of Violent Civil Conflict", *International Studies Quarterly*, Vol. 52, 2008, pp. 159 – 185.

⑨ Nelson, T. , "When Disaster Strikes: On the Relationship between Natural Disaster and Interstate Conflict", *Global Change, Peace & Security*, Vol. 22, No. 2, 2010, pp. 155 – 174.

⑩ Olson, R. S. 和 V. T. Gawronski. 2010. "From Disaster Event to Political Crisis: A '5C + A' Framework for Analysis", *International Studies Perspectives*, vol. 11, no. 3, pp. 205 – 221.

⑪ Rodella-Boitreaud, A. S. and N. Wagner, "*Natural" Disaster, Conflict* 和 *Aid Allocation*, Graduate Institute of International and Development Studies Working Paper, No: 2009/2011, The Graduate Institute of International and Development Studies, Geneva, Switzerland, 2011.

⑫ Snyder, A. J. , *Is There a Silver Lining? Long-Term Changes in International Cooperation Levels After a Natural Disaster*, Masters Dissertation, University of Georgia, Athens, Georgia, U. S. A. , 2008.

⑬ Waizenegger, A. and J. Hyndman, "Two Solitudes: Post-tsunami and Post-conflict Aceh", *Disasters*, Vol. 34, No. 3, 2010, pp. 787 – 808.

⑭ Warnaar, M. , "Shaken, Not Stirred: Iran's Foreign Relations and the 2003 Bam Earthquake", in Sensarma, Suman Ranjan and Atanu Sarkar （eds. ）, *Disaster Risk Management: Conflict and Cooperation*, Chapter 11, 2013, Concept Publishing, New Delhi, pp. 238 – 267.

Yim，E. S.、D. W. Callaway、S. Fares 和 G. R. Ciottone（2009）[1] 等。西方学者主要关注灾害对冲突国家间关系的影响、灾害能否以及如何影响两国间的外交关系。

在验证灾害有关活动能否导致敌对国家间的国际合作，过去灾难外交研究主要集中在三个领域（涵盖了灾前的减灾防灾、灾后的应灾和灾后恢复重建）。第一个领域是案例研究分析（Kelman and Koukis，2000），[2] 灾难外交跨国案例研究有 1999 年希腊和土耳其对地震的反应（Ker- Lindsay，2000），[3] 对可能影响美国和古巴飓风的监测（Glantz，2000），[4] 对横跨南部非洲旱灾的预防（Holloway，2000）。[5] 其他的案例研究包括印度和巴基斯坦在 2001 年 1 月 26 日地震（Kelman，2003）[6] 和 2005 年 10 月 8 日克什米尔地震（Kelman，2006）后的和解，[7] 美国在 2003 年 12 月 26 日伊朗巴姆地震后提供援助（Waarner，2013），[8] 2005 年美国"卡特里娜"飓风后的国际援助（Kelman，2007），[9] 所有这些研究都是多边的，涉及两国或多国。

在国内救灾外交层面，勒比隆（Le Billon，P.）和瓦森格

① Yim，E. S.，D. W. Callaway，S. Fares，and G. R. Ciottone，"Disaster Diplomacy：Current Controversies and Future Prospects"，*Prehospital and Disaster Medicine*，Vol. 24，No. 4，2009，pp. 291 – 293.

② Kelman，I. and T. Koukis（eds），"Disaster Diplomacy"，special section in *Cambridge Review of International Affairs*（edited by Charlotte Lindberg Clausen），Vol. XIV，No. 1，2000，pp. 214 – 294.

③ James Ker-Lindsay，"Greek-Turkish Rapprochement：The Impact of 'Disaster Diplomacy'？" *Kelman and Koukis*，2000.

④ "Climate-Related Disaster Diplomacy：A US-Cuban Case Study." by Michael H. Glantz in *Kelman and Koukis*，2000.

⑤ Ailsa Holloway，"Drought Emergency，Yes...Drought Disaster，No：Southern Africa 1991—1993"，*Kelman and Koukis*，2000.

⑥ Kelman，I.，"Beyond Disaster，Beyond Diplomacy" in Pelling，Mark（ed.），*Natural Disasters and Development in a Globalizing World*，Chapter 7，Routledge，U. K.，2003，pp. 110 – 123.

⑦ Kelman，I.，"Acting on Disaster Diplomacy"，*Journal of International Affairs*，Vol. 59，No. 2，2006，pp. 215 – 240.

⑧ Warnaar，M.，"Shaken，Not Stirred：Iran's Foreign Relations and the 2003 Bam Earthquake" in Sensarma，Suman Ranjan and Atanu Sarkar（eds.），*Disaster Risk Management：Conflict and Coopera- tion*，Chapter 11，Concept Publishing，New Delhi，2013，pp. 238 – 267.

⑨ Kelman，I.，"Hurricane Katrina Disaster Diplomacy"，*Disasters*，Vol. 31，No. 3，2007，pp. 288 – 309.

(A. Waizenegger) 对灾害对国内武装冲突的影响进行了研究，集中探讨了 2004 年印度洋海啸后救灾外交对印度尼西亚亚齐省及斯里兰卡的内部冲突的影响。[①] 媒体报道了 2003 年斯里兰卡致命的洪灾，并聚焦了泰米尔猛虎组织在与科伦坡政府处于紧张关系的情况下捐献了救灾物资。2002 年刚果民主共和国尼拉贡戈火山爆发，金沙萨政府给位于火山脚下的戈马提供援助，但面临的是控制着城市的叛军的不情愿，最终签订和平协议的外交努力很快失败了。在菲律宾，媒体报道了在 2006 年 8 月马荣火山疏散行动中，政府和新人民军之间的（与灾难相关的）停火遭到破坏（Mallari，2006）。

第二个领域是灾难外交模式案例的研究。灾难外交模式案例研究证明的内容包括：一是与灾害有关的活动，但不总是对灾害产生短期影响；二是从长远来讲，非灾害因素比灾害因素对外交具有更大的影响。此外，灾害有关活动可能加剧冲突，例如格兰茨（2001）探讨了气候成为冲突的焦点，凯尔曼（2003）把灾害描述成为战争的武器（weapons of war），[②]森纳那亚克（Rajasingham Senanayake，2005）分析了 2004 年印度洋海啸后斯里兰卡的重建，布兰卡蒂（Brancati，2007）定量分析验证了冲突的传统决定因素，结果显示地震和冲突灾害加剧了社会矛盾。[③]

第三个领域是过去的研究包括了救灾外交的特点和种类。康福特（Comfort，2000）[④]和凯尔曼（2003，2006，2007）提出和分析了灾难外交模式。凯尔曼（2006）提出用"路径"（pathways）去解释行为体如何采取不同的途径使灾害有关活动支持或者抑制外交进程。[⑤] 凯尔曼（2006）

---

① Le Billon, P. and A. Waizenegger, "Peace in the Wake of Disaster? Secessionist Conflicts and the 2004 Indian Ocean Tsunami", *Transactions of the Institute of British Geographers*, Vol. 32, No. 3, 2007, pp. 411 - 427.

② Kelman, I., "Beyond Disaster, Beyond Diplomacy" in Pelling, Mark (ed.), *Natural Disasters and Development in a Globalizing World*, Chapter 7, Routledge, U. K., 2003, pp. 110 - 123.

③ Brancati, D., "Political Aftershocks: The Impact of Earthquakes on Intrastate Conflict", *Journal of Conflict Resolution*, Vol. 51, No. 5, 2007, pp. 715 - 743.

④ Louise K. Comfort, "Disaster: Agent of Diplomacy or Change in International Affairs?" *Kelman and Koukis*, 2000.

⑤ Kelman, I., "Acting on Disaster Diplomacy", *Journal of International Affairs*, Vol. 59, No. 2, 2006, pp. 215 - 240.

提出救灾外交的四个问题：一是与灾害有关的活动影响外交吗？如果不，那么从概念上讲就不是救灾外交案例研究。二是新的外交会产生吗？与灾害有关的活动会影响已经建立的外交进程，然后发生催化，但不会创造新的外交。三是外交合法吗？国家和其他利益攸关者一定寻求和解而不是把事件作为公共外交的演练或者等着避免外交进一步推进。提供违背合法性证据的有格兰茨（2000）的美国—古巴救灾外交、①凯尔曼（2006）的厄立特里亚—埃塞俄比亚救灾外交，提供支持合法性证据的有霍洛威（Holloway，2000）②的南部非洲救灾外交和科尔林德赛（2000）的希腊—土耳其救灾外交。③ 四是外交会持续吗？或者外交能持续多久？

詹姆斯·科尔林德赛则对1999年希腊—土耳其灾害外交是否导致两国和解持不同意见，认为外交努力不能简单地同灾害的偶然爆发相联系。④ 路易斯·K.康福特认为减灾和救灾可以作为一个改变国家内部和国家之间的关系的过渡进程，创造性的外交是最有效的。⑤

救灾外交就是研究灾害与外交关系之间的联系，救灾外交指灾害导致外交合作。从三个层面分析冲突中邻国长期救灾合作的重要性：第一，需要更好地理解是什么可以促进和阻止邻国间的合作，正如国际组织机构指出的那样，在受灾超过其国家反应能力时，邻国是最及时的援助资源（UN OCHA，1998，2000）；第二，大多数救灾外交案例都是在灾害发生后很快进行的，对更长期的合作缺乏关注。从长期的视角去理解什么条件下外交或具体部门的合作能够维持是非常重要的；第三，尽管最近对救灾外交的著述不少，该文关注灾后更广泛的外交合作。关注具体灾害有关合作的案例分析不断涌现（Glantz，Holloway，2000）。希腊和土耳其宣布在1999年晚些时候建立联合搜救队，希腊的搜救队（EMAK）和土耳其的

① Michael H. Glantz, "Climate-Related Disaster Diplomacy: A US-Cuban Case Study", *Kelman and Koukis*, 2000.

② Ailsa Holloway, "Drought Emergency, Yes...Drought Disaster, No: Southern Africa 1991 – 1993", *Kelman and Koukis*, 2000.

③ James Ker-Lindsay, "Greek-Turkish Rapprochement: The Impact of 'Disaster Diplomacy'?" *Kelman and Koukis*, 2000.

④ Ibid.

⑤ Louise K. Comfort "Disaster: Agent of Diplomacy or Change in International Affairs?" *Kelman and Koukis*, 2000.

救援队（AKUT）在两次地震中挽救了许多生命，因建立了希腊与土耳其之间的友谊被提名为 2000 年诺贝尔和平奖获得者。①

（1）灾害与政治影响。2008 年 5 月 3 日，"纳尔吉斯"飓风呼啸着穿过缅甸，造成至少 78000 人死亡，56000 人失踪，并影响了这个国家一半的人口。由于政治的影响导致了气旋灾害之前和之后的风暴。学者指出缅甸多数人没有意识到政府的致命局限性，而这一点与中国 5·12 汶川大地震发生后的情形形成了对比。这两个案例说明政治影响很可能随即消失，也可能经过很长一段时间才到来。② 曼德拉（Mandel，R.）认为灾害一方面因可以团结人民大众而有利于政府的稳定，另一方面因援助国具有同情心，受援国充满感激之情而有利于加强国际合作。③

（2）灾难外交与外交的关系。伊兰·凯尔曼在《卡特里娜飓风灾难外交》（Hurricane Katrina Disaster Diplomacy）一文中把卡特里娜飓风及其后果放在美国政府外交政策背景下进行探讨，包括国际社会对灾难的反应和美国政府对这些反应的回应。该文利用事实来讨论"卡特里娜"飓风外交的潜在影响，表明非灾害因素通常主宰着外交关系和外交政策。第一，与灾害有关的活动能够，但不总是对外交产生短期的影响；第二，从长远来看，非灾害因素比与灾害有关的活动有更重要的外交影响。非灾难因素包括领导的变化、不信任、历史冲突或抱怨远胜过现今的人道主义需求的观念，或存在其他事项优先于减少冲突和外交收益。结果是与灾害有关的活动对外交持久影响的潜在可能是存在的，但这一潜力很少在实践中实现。伊兰·凯尔曼在《灾难外交：悲剧有助于搭建起各国之间的桥梁吗?》（Disaster Diplomacy：Can Tragedy Help Build Bridges Among Countries?）一文中指出，有人认为灾害可以脱离政治，例如，通过中立和公正的渠道提供人道主义援助（如依靠红十字会和红新月会）是最好的办法。然而，大多数的科学表明，与灾害有关的活动，本质上是政治，为潜

---

① James Ker-Lindsay, "Greek-Turkish Rapprochement: The Impact of ' Disaster Diplomacy ' ?" *Kelman and Koukis*, 2000.

② Ilan Kelman, I. , "Burma and China Disaster Diplomacy", *Disaster and Social Crisis Research Network Electronic Newsletter*, No. 34, April-June 2008, pp. 2 - 3.

③ Mandel, R. , "Security and Natural Disasters", *Journal of Conflict Studies*, Vol. XXXII, Fall 2002, pp. 118 - 143.

在灾难外交的积极成果打开了机会之窗。① 伊兰·凯尔曼在《灾难外交实践》一文中指出一场灾难可以对已有基础的外交进程产生显著的刺激作用，但单独的灾难是不可能产生新的外交，与灾害相关的活动可以促进，但不能创造合作。② 伊兰·凯尔曼在《气候灾难外交》（Weather-Related Disaster Diplomacy）一文中认为，在大多数情况下，对援助和人道主义援助记忆变淡，而政治照常占主导地位。所有灾难外交事实显示，到目前为止，与灾害相关的活动促进外交，但并不能产生新外交（create diplomacy）。没有证据证明，仅基于与灾害有关的活动会产生的新的和持久的外交，然而，它可能发生。然后，"废墟中的和平""减灾避免战争"等头条新闻可能成为现实。③学者们研究了2004年印度洋海啸对已有数十年冲突的印度尼西亚政府和自由亚齐运动（GAM）的影响。④

（3）灾难外交的类别。伊兰·凯尔曼在《灾难外交实践》一文中指出，根据行为体是否创造机会开展救灾外交，分为积极灾难外交和消极灾难外交。根据行为体空间距离的远近可分为：一是大陆邻国，如印度和巴基斯坦；二是海洋河流邻国，如朝鲜和日本、古巴和美国；三是非邻国，如美国和伊朗。根据援助间的关系可分为：一是互相援助，敌对国面临相同的灾难，可互相援助，如古巴和美国面临相同的飓风等灾害；二是联合援助，敌对国联合援助另外一国或者许多国家联合援助共同的敌国，如1995年朝鲜遭遇旱灾和洪水灾害后，中国、韩国、日本和美国虽然存在不同层次的冲突，但却共同援助朝鲜；三是援助国—受援国援助，如美国在伊朗2003年12月26日地震后援助伊朗，而伊朗在美国2005年8月"卡特里娜"飓风灾难后援助美国。根据灾难外交的水平层次可分为：一是政府主导型灾难外交，如印度与巴基斯坦；二是组织主导型灾难外交，包括联合国、非政府组织、媒体、私营部门、游说团体、研究机构等；三

① Ilan Kelman, I., "Disaster Diplomacy: Can Tragedy Help Build Bridges among Countries?" *UCAR Quarterly*, Fall 2007, p. 6.

② Ilan Kelman, "Acting on Disaster Diplomacy", *Journal of International Affairs*, Vol. 59, No. 2, Spring/Summer 2006.

③ Ilan Kelman, I., "Weather-Related Disaster Diplomacy", *Weather and Society Watch*, Vol. 1, No. 3, 2007, pp. 4, 9.

④ Kelman, I. and J. C. Gaillard, "Disaster Diplomacy in Aceh", *Humanitarian Exchange*, No. 37, March 2007, pp. 37 – 39.

是民众主导型灾难外交,如希腊与土耳其的灾难外交;四是复合型灾难外交,指前三种的任意联合。根据灾难外交目标来看,从政治生存到渴求和平,再到对偏见和敌意的再次确认,而往往这些目标是相互关联的,灾难外交的目标也并非单一的。①

投桃报李救灾外交(Tit for tat disaster diplomacy)。伊兰·凯尔曼认为投桃报李救灾外交指一国向另外一国提供援助将来会得到类似的回报。在古巴—美国救灾外交案例中也能找到"投桃报李救灾外交"的支撑证据。2001年9月11日美国遭到恐怖袭击,古巴表达了慰问,2001年11月"米歇尔"飓风袭击古巴,导致美巴间贸易的发生,同样2005年"丹尼斯"飓风袭击古巴也开启了美巴间的贸易,古巴在"卡特里娜"飓风后也向美国提供了援助。②

反思灾难外交(Mirror disaster diplomacy)。纳兰霍·迪亚兹(2003)把备灾背景下古巴—美国关系描述为:"在与美国政府有政治冲突的情况下,古巴人已经被迫更有效地面对自然灾害。这也许是一个灾难外交的方法相反的观点,应用保护措施使冲突中的敌人不能利用灾难。"③

相比灾难外交,"反思灾难外交"这个想法可能会更加突出,因为它依赖于一个国家的内部政策和选择,而不是双边谈判。自给自足的政治目的可能足够激励一国尽可能多地投资以减少灾害风险,这样,与灾害有关的活动的国际援助需求就变少。然而,大规模的国家灾难,将涉及国际援助,像古巴遭遇的"米歇尔"飓风(凯尔曼,2003年)和"丹尼斯"飓风(凯尔曼,2006年)。同样,朝鲜自诩自封的自给自足和很少发生的公开的超越其边界的对外接触,始于1995年一系列的水灾和旱灾引起的饥荒,因前几年的农业和经济管理不善而加剧,严重到足以迫使朝鲜接触超出中国和俄罗斯的国际社会,那就是美国、韩国和日本,来寻求国际援助(凯尔曼,2003年)。

在美国,"卡特里娜"飓风暴露了类似的反思灾难外交失败。美国的

---

① Ilan Kelman, "Acting on Disaster Diplomacy", *Journal of International Affairs*, Vol. 59, No. 2, Spring/Summer 2006.

② Ilan Kelman, "Hurricane Katrina Disaster Diplomacy", *Disasters*, 31 (3), 2007. pp. 288 – 309.

③ Ibid.

资源远远超过了古巴和朝鲜，美国最终请求其他国家提供支援（例如急救工具包、毛毯等），阐释了无论美国是不是能自给自足，政府已感觉到美国不能自给自足。

"卡特里娜"飓风可能导致孤立主义和单边主义抬头，风暴把国内问题带到美国政府和人民的前台，在美国，一系列种族和贫穷难题作为国家难题公开讨论。美国公众可能会把"卡特里娜"飓风作为关注国内挑战的一次机会，或者是避免处理困难国际局势的一个借口。如果美国政府看得更深远，"卡特里娜"飓风可能会把它的外交政策带回到布什政府开始的位置，这不可能导致与没有飓风不一样的结果，但灾害可能为白宫提供它正寻找的动力或掩饰。

"卡特里娜"飓风不会不可避免地影响美国的外交关系或外交政策。任何的变化会发生在其他因素的背景下，其中可能包括进一步在美国或其他地方发生的灾害。"卡特里娜"飓风与以往的灾难外交案例研究类似，不可能创造新的外交努力或导致外交政策的改变。风暴可能是一个催化剂，鼓励替换现有的方法，或成为一个转折点或采取已经是暴风雨前首选方向的借口。这些灾难外交的结果，促进了"卡特里娜"飓风的案例研究，指出政策和决策者的灾难外交既不是不可避免的，也不是万能的。相反，它是必须小心采取的途径，认识到不论意图如何，试图实现它可能会弊大于利，也可能无法正常工作。①

（4）灾难外交案例。伊兰·凯尔曼在《灾难外交实践》一文中列举了许多灾难外交案例，这里加以简单介绍。

一是印度—巴基斯坦灾难外交。2001年1月26日的印度西部地震，导致2万余人死亡，巴基斯坦向印度提供了援助，这促使2001年6月印巴峰会的召开。尽管期望很高，仍以相互指责嘲讽收场。虽来年差点陷入战争，但自2002年以后，印巴外交关系取得进展，巴基斯坦承诺只要印度废除核武，也将废除核武。2005年10月8日，7.6级地震导致巴基斯坦（包括巴控克什米尔1000人左右）7万余人死亡，许多国家包括印度立刻提供了援助，印巴为方便救援采取合作——减轻控制线的限制。2005

---

① Ilan Kelman, "Hurricane Katrina Disaster Diplomacy", *Disasters*, 31 (3), 2007, pp 288—309.

年 10 月 19 日，克什米尔印巴控制区通信恢复联系，2005 年 11 月有超过 9 天沿实际控制线开放 5 处地点允许救援物资通过。2005 年 11 月 19 日，平民被允许通过这些检查站寻找失踪的亲人。地震灾害促进了克什米尔的和平进程。但需注意两点：一是尽管有灾难外交与和平倡议，但印巴间的暴力仍继续；二是在印巴外交中，克什米尔倡议并非首次提出。

二是埃塞俄比亚—厄立特里亚救灾外交。埃塞俄比亚—厄立特里亚救灾外交发生在 2000 年。爆发于 1998 年的边界战争，直至 1999 年旱灾爆发，战争仍在持续，到 2000 年 4 月，埃塞俄比亚 800 万人面临严重的食物短缺，厄立特里亚 211000 人受到缺雨的影响。人道主义机构呼吁厄立特里亚允许援助粮食经厄立特里亚港口和陆路运往埃塞俄比亚。2000 年 4 月，厄立特里亚同意，但埃塞俄比亚拒绝了这项建议。有些最激烈的战斗在 2000 年 5 月 11 日开始。当战争正式结束，埃塞俄比亚—厄立特里亚灾难外交在 2002 年 11 月再次展开，但边境仲裁尚未完全界定。埃塞俄比亚 14 万人和厄立特里亚 140 万人需要粮食援助，埃塞俄比亚再次拒绝通过厄立特里亚港口运送粮食到埃塞俄比亚。原因包括：第一，埃塞俄比亚认为来自厄立特里亚的援助是厄立特里亚的公共关系行为；第二，援助物资需要在厄立特里亚港口卸载；第三，厄立特里亚抢断一些粮食援助；第四，厄立特里亚没有港口便于运输；第五，埃塞俄比亚并不需要使用更多的港口，但需要通过已在使用中的港口分发更多的食物。[1]

在这个案例中，尽管有机会，但灾难外交并没开始。新的有关灾难的外交提议被埃塞俄比亚拒绝，埃塞俄比亚一直试图证明依赖厄立特里亚是不必要的。灾难外交最终被用作长期冲突的工具之一，而不是考虑灾民的痛苦或外交解决边界争端。这两个国家通过应用援助和它可能的外交结果作为战争中的武器使冲突长期化。然而如果厄立特里亚人道主义走廊开通，也许会为解决长期冲突提供基础。这种方法已经证明合作而不是暂时提供援助帮助人民允许冲突继续更具优势。即使没有更有效输送援助的厄

---

① Edward Kissi，"Beneath International Famine Relief in Ethiopia：The United States，Ethiopia，and the Debate over Relief Aid，Development Assistance，and Human Rights"，*African Studies Review*，Vol. 48，No. 2，Sep. ，2005，pp. 111 – 132.

立特里亚路线，权衡应用厄立特里亚路线的长期外交所得与短期人道主义损失，当然，这种推测既没有被证实，也没有被否定。这个案例研究支持这一论述：没有证据显示灾难能创造外交，但也没更进一步提供灾难能促进外交的证据。

三是美国—伊朗救灾外交。2003 年 12 月 26 日的伊朗巴姆地震证明了美伊灾难外交背后的不同目的：第一，自我保护（Self-preservation），伊朗对灾害应对不力将影响选举结果，若拒绝（美国的）援助，灾民会批评政府心胸狭窄。第二，互惠互利（Mutual benefit），对于美国不提供援助或伊朗拒绝接受援助，不管援助是否需要，都将损害双方希望促进缓和的微妙关系。第三，全球长期潜在的获益需要牺牲短期利益，在更广泛的地区和国际关系情景下发生的地震灾害反映伊朗正与联合国核查纠缠不清，且不希望远离国际社会，而乔治·沃克·布什政府正忙于 2004 年的总统选举，意识到伊拉克和阿富汗战争重建缓慢，布什总统希望避免一种新的潜在的由伊朗灾害诱发的区域不稳定的影响。第四，重申旧的偏见和仇恨（Reaffirmation of old prejudices and enmity），伊朗断然拒绝了来自以色列的援助，伊朗表示，不接受来自以色列的援助，无论是为了维护国内的政治利益，还是由于伊朗领导层的根深蒂固的仇恨，抑或是出于与核有关的区域政治的考虑（罗杰，2005 年）。这种声明显示，避免灾难外交与促进灾难外交包含同样多而又复杂的目的。第五，发扬人道主义精神（To demonstrate humanitarianism），无论是伊朗还是美国，从地区还是国际上讲，都不被视为富有同情心的国家，这两个国家在人权纪录上都受到了批评。不友好国家之间提供和接受双边人道主义援助，为每一方声称支持全球人道主义努力提供了机会。

超越救灾外交影响的复杂因素：第一，缺乏政治远见。2004 年 1 月，在没有征询德黑兰意见的情况下，作为救灾努力的一部分，华盛顿提议派出高级政治代表团，伊朗拒绝了该提议。第二，应对灾害的内部能力。2005 年 2 月 22 日伊朗南部的地震导致逾 600 人死亡，伊朗拒绝了美国的援助，伊朗驻联合国大使贾瓦德·扎里夫指出："伊朗没有拒绝帮助，而是说我们自己能处理。"然而，接受来自阿尔及利亚、澳大利亚、中国、日本、阿拉伯联合酋长国和一些国际组织的援助驳斥了这一声明。第三，担心救灾外交会偏离灾害。国际政治和试图支持长期的和解可能有损满足

眼前灾后需求的努力。第四，因不是期待的和解而恐惧救灾外交。伊朗和
美国政府可能认为一定程度的政府间的冲突可以使它们在内部或地区层面
实现政治上的收益，如果救灾外交展开，伊朗给美国贴上的"大撒旦"
和美国给伊朗贴上"邪恶轴心"（Axis of Evil）的标签会丢失。第五，人
道主义援助的紧迫需要。许多组织寻求把同灾害相关的努力同外交活动分
离开来，特别是以公正、独立、中立为基本原则的红十字会和红新月运
动。尽管政府很少扮演免费的政治司机角色，但一个国家的民众能推动政
府提供或接受人道主义援助。

　　四是美国—菲律宾救灾外交。伊兰·凯尔曼在《1991年的皮纳图博
火山爆发后的美菲军事关系：灾难外交的分析视角》（US-Philippines Mili-
tary Relations After the Mt Pinatubo Eruption in 1991：A Disaster Diplomacy
Perspective）一文中通过灾难外交的镜头，探讨了1991年皮纳图博火山爆
发对美菲军事关系的影响。[1] 救灾外交聚焦与灾害相关的活动（减灾、防
灾和应灾）如何、为什么会或者不会产生外交收益，主要看与灾害相关
的活动影响外交而不是相反。救灾外交"路径"有助于解释美国与菲律
宾如何通过协商的方式讨论受火山喷发影响的美国两个军事基地的军事设
施续租谈判。事实证明，与皮纳图博火山爆发相关的活动对美菲外交关系
产生了短期的影响。在美菲已存在重要联系的背景下，通过美菲长期的军
事联系，可以看到这种影响。但美菲间长期的非灾害因素对美菲关系有着
更重要的影响，救灾外交的影响是有限的。也就是说，与灾害有关的活
动，可以催化和影响已经存在的外交努力，但不倾向于产生新的外交倡议
（diplomatic initiatives）。[2]

　　妨碍救灾外交的路径包括：第一，避免外交（avoiding diplomacy），
为避免可能的外交和政治影响，一国有时会拒绝同另一国，特别是与敌
国，在与灾害相关的活动方面的合作；第二，对灾难的依赖（dependency
on disaster），通常情况下，短期时间框架内的灾后活动会阻止长期外交或
与长期外交视角相冲突，皮纳图博火山灾害和军事基地协商（MBA）的

---

① Gaillard, Kelman and Grillos, "US-Philippines Military Relations After the Mt Pinatubo Erup-
tion in 1991：A Disaster Diplomacy Perspective", *EJEAS*, 8.2, 2009, pp. 301 – 330.

② Ibid.

外交谈判是巧合；第三，灾害作为一种武器（disasters as a weapon）；第四，灾害恶化关系（disasters worsening relations）；第五，转移视线（distraction），灾害可能使政治和外交行为体从核心问题、双方长期的灾害相关活动和外交上转移；第六，压倒灾害的事件（events overwhelming disasters），在外交结果上，非灾害因素通常具有比与灾害有关活动更大的影响；第七，期待（expectations），灾害可能使外交预期超过理性实现的目标，这样可能损害哪怕是盟友间在困难问题上的合作；第八，假近邻（false propinquity）；第九，聚焦（spotlight）；第十，斗气（vindictiveness）。

促进救灾外交的途径（pathways promoting disaster diplomacy）。第一，避免"强性"路径（the avoid "forcing" pathway），救灾外交既不能强迫，也不能假定，在皮纳图博火山灾害案例中，存在别无选择，只能强行解决这个问题，因为基地租期到期了，在谈判的关键时期火山爆发了；第二，聚焦与灾害有关的活动，而不是外交（focusing on disaster-related activities, not diplomacy），在没有更多期待而在与灾害有关的活动上合作能建立信任、加强联系并获得成功，给敌国建立信心并追求其他合作；第三，非正式网络（informal networks），非正式网络可提供救灾外交机会，并为正式协商奠定基础；第四，多层次合作（multi-level cooperation），多层次合作可以作为多方面救灾外交的工具。在这一案例中主要有三个合作群体，它们是科学家、军队和政府，这在灾害管理上发挥着正面影响，但却不影响外交，原因在于外交讨论仅由政府层面主导；第五，多路过程（multi-way process），多路过程的路径假设，在灾害有关活动和外交方面，没有所有利益攸关方的交流，救灾外交是不可能发生的；第六，科学合作（scientific cooperation），有时科学合作提供了强大的基线，可从中得到进一步的外交利益。美国和菲律宾的科学家之间高水平的合作为非科学合作提供了一个潜在的路径，然而，它却没有扩展到外交和政治领域；第七，美菲关系的象征意义，可促进救灾外交的最终途径是象征性的，这意味着利用对与灾害有关的活动成为外交点，不论对灾害还是对与灾害有关的活动是否有用。

灾害有关活动与救灾外交。第一，灾害有关活动影响外交灾害有关活动是影响外交协商的因素之一；第二，灾害有关活动导致新的外交，在这个案例中，没有新外交产生，灾害促进了协商，但既没有产生新的协商，也没形成最终决定；第三，外交的合法性，在寻求解决方案时，美菲外交本身是合法的；第四，灾害有关活动和外交之间连接的长度；第五，灾后恢复重建和外交之间的联系，因为外交的重点是在这里延续或关闭军事基地，外交和灾后重建交织在一起，外交并非依赖灾后重建，而重建苏比克湾由外交结果直接决定；第六，灾后外交和长期的政治议题和民生问题；第七，皮纳图博山（火山灾害）的影响有限。[①]

五是希腊—土耳其救灾外交。N. 艾美·戛纳帕媞、伊兰·凯尔曼和西奥多·库克斯探讨了处于冲突中国家间在政府层面和非政府层面，什么样条件下灾害能导致长期的与灾害有关的合作（如应灾、灾后恢复或减灾），该文重点分析了1999年地震在过去十多年间对提升希腊与土耳其之间合作所扮演的角色。在承认救灾外交的多样性与复杂性的同时，文章认为，在以下条件下冲突中的国家也能进行长期的与灾害相关的合作：第一，当一方向另一方提供救灾援助，另一方也能互惠提供；第二，邻居在受灾的时候能够实现和接受对方的援助；第三，有一个有利的更广的氛围（如和解过程）维护长期的合作。[②]

支撑与灾害有关长期合作的因素。第一，投桃报李，土耳其与希腊间的互惠互利；第二，对于常见风险，在最紧急情况下，邻国和合作伙伴是最直接的援助来源，我们呼吁，邻居彼此需要进一步合作，通过签订双边协定，在紧急时刻互助；第三，与灾害有关合作的有利环境——和解进程，和解进程在1999年地震之前几个月已开始了，由于科索沃危机希腊和土耳其出现了正面外交关系，希腊—土耳其和解跨越了部门，两国的贸易额从1998年的6.89亿美元增长到2005年的26.4亿美元（Turkish Statistical Institute，2007），希腊在2007年成为土耳其的第二大投资国，希

---

① Jean-Christophe Gaillard, Ilan Kelman, Ma. Florina Orillos, "US-Philippines Military Relations After the Mt Pinatubo Eruption in 1991: A Disaster Diplomacy Perspective", *EJEAS*, 8. 2, 2009, pp. 301 – 330.

② Ganapti, E. , I. Kelman, and T. Koukis, "Analyzing Greek-Turkish Disaster-Related Cooperation: A Disaster Diplomacy Perspective", *Cooperation and Conflict*, Vol. 45, No. 2, 2000, pp. 162 – 185.

腊和土耳其新上了几个管道项目，将天然气从阿塞拜疆和土库曼斯坦引入土希两国，而且还引到其他欧洲国家。

2. 国际救灾中非政府组织的研究

（1）非政府组织作用。布里顿·罗尼（Britton Roney）在《地震和公民社会：汶川地震中非政府组织反应的比较研究》（Earthquakes and Civil Society：A Comparative Study of the Response of China's Nongovernment Organizations to the Wenchuan Earthquake）一文中认为，2008 年汶川地震与 1999 年 "9·21" 台湾地震为对两地非政府组织比较研究提供了机会。在中国大陆和台湾地区对地震做出反应的非政府组织（NGOs）可用来说明在这两个地区的民间社会的状态。中国的非政府组织在汶川地震的表现，使中国政府愿意接受一个非政府组织在救灾时的有限作用，如慈善工作和提供社会服务。虽然中国大陆和台湾的非政府组织继续受到限制，但公民社会在中国未来发展的前景可期。台湾的高度自治和有效的非政府组织与中国大陆的半官方非政府组织的相似之处表明，中国大陆的公民社会的发展可能会在某些方面与台湾平行发展。

（2）国际红十字和红新月运动及从事救灾援助的非政府组织行为准则。在《护理伦理》的《守则及声明：国际红十字与红新月运动和非政府组织（非政府组织）在抢险救灾中的行为守则》一文中，对国际红十字和红新月运动及从事救灾援助的非政府组织行为准则做出了明确规定。第一，人道责任是首要的；第二，援助的提供，不应考虑接受者的种族、宗教信仰或国别，并且不应做出任何类型的不利的区分，援助的优先性仅以需求的状况来加以确定；第三，援助不应被用来表达某一特定的政治或宗教立场；第四，我们应该努力不使自己成为政府外交政策的工具；第五，我们应该尊重文化与习俗；第六，我们应该努力增强当地的灾害应对能力；第七，应找到适当的办法，使项目受益人参与救灾援助的管理；第八，救灾援助除了应满足基本需求外，还应该尽量减少将来受到灾害冲击的可能性；第九，我们认为，我们对以下两类人均负有责任：那些我们所致力于援助的人们以及那些我们从他们那里获得资源的人们；第十，在有关我们的信息、传播和广告活动方面，我们应该将灾害受害者作为有尊严的人类，而不是绝望的物品来看待。①

综上所述，国外学者对非政府组织的研究主要集中在对国际红十字和红新月运动及从事救灾援助的非政府组织行为准则、从事救灾援助的非政府组织之间的比较等方面。这些研究对笔者在研究过程中如何看待非政府组织在救灾合作机制中的作用有一定的启示作用。

3. 对灾害的研究

（1）人与环境。安东尼·奥利弗·史密斯（Anthony Oliver Smith）在《危险和灾害的人类学研究》（Anthropological Research on Hazards and Disasters）一文中，从人类学的角度对灾害进行了分析，特别强调了人和环境的关系，也指出了发展经济与环境保护之间的矛盾，及灾后社会文化。②

（2）灾害的分类。伦道夫·C. 肯特（Randolph C. Kent）在《反思十年的灾害：国际社会应灾的演变》（Reflecting upon a Decade of Disasters：The Evolving Response of the International Community）一文中指出，灾害可分为三类：一是自然灾害，如地震、海啸等；二是人为灾害，如内乱；三是技术性灾害，如化学中毒、核泄漏等。易卜拉欣·穆罕默德·夏鲁夫（Ibrahim Mohamed Shaluf）在《灾难类型》（Disaster types）一文中对灾害的种类进行了综合论述。认为可将灾害分成三类：第一，自然灾害（natural disasters）；第二，人为灾害（man-made disasters）；第三，混合灾害（hybrid disasters）。自然灾害是由自然原因造成的灾难性事件，如火山爆发、龙卷风、地震等，超出了人类的控制，因此常被称为"天灾"（Acts of God）。人为灾害指由人类的决定所引起的灾难性事件。国际红十字会与红新月会联合会（2003）强调，人为灾害指可能突然或长期发生的非自然灾难。突然人为灾害指没有外力独立发生的结构、建筑和矿山坍塌，另外空气、陆地和海洋灾害都是人为灾害。长期人为灾害倾向指国家的和国际的冲突。混合灾害指由人的失误和自然力量共同引起的灾害，如

① SAGE，"Codes and Declarations：Code of Conduct for the International Red Cross and Red Crescent Movement and Nongovernmental Organizations（NGOs）in Disaster Relief"，*Nurs Ethics*，3，1996，p. 268，http：//nej. sagepub. com/content/3/3/268. citation.

② Anthony Oliver-Smith，"Anthropological Research on Hazards and Disasters"，*Annual Review of Anthropology*，Vol. 25，1996，pp. 303 – 328.

对森林的过度砍伐导致的水土流失，以及随后暴雨导致的山体滑坡。[①]

特纳（Turner）等人于 1997 年将灾害种类总结如下几种。一是自然灾害。第一，地表下的自然现象：地震、海啸、火山喷发；第二，地球表面的自然现象或复杂的物理起源：山体滑坡、雪崩；第三，计量、水文现象：风暴（飓风、台风）、龙卷风、冰雹和雪灾、海浪涌、洪水、干旱；第四，生物现象：蝗虫、传染病或流行病。二是人为灾难。第一，因战争：常规战（包括围困和封锁）、非传统战争（核、化学和生物）；第二，事故造成的：车辆（飞机、火车、轮船、汽车）、溺水、建筑物及其他构筑物坍塌、爆炸、火灾、生物、化工（包括农药污染中毒）。波哈尼和拉希德指出世界见证许多水文灾害（洪灾和龙卷风）和地质灾害（地震、火山爆发和山体滑坡）。波哈尼和拉希德（2001）强调 1947—1981 年，水文灾害有 554 例而地质灾害有 208 例。在这两类灾害中发生最频繁的灾害是洪灾，紧接着是热带气旋和地震，而地震和热带气旋造成死亡人数最多。

（3）人为灾害与救援。人为灾害往往更为复杂，难民的救助与安置显得尤其重要。若加之天灾助兴，救灾就显得更为困难。琼·洛克（June Rock）在《厄立特里亚救援和恢复：经验教训和问题》一文中认为，人道主义救助如火上浇油，使冲突持续不断。战后恢复、发展和持续和平困难重重。战争造成人道主义灾难，加上干旱和饥荒，使救灾和灾后恢复之路并不平坦。人道主义干预也是难解之题。

（4）灾害的概念。易卜拉欣·穆罕默德·夏鲁夫（Ibrahim Mohamed Shaluf）在《灾难类型》（Disaster Types）一文中对灾害的概念进行了界定。亚洲减灾中心（2003）将灾害（灾难）定义为：严重打乱社会功能，导致超过受影响社会仅靠自身资源应对能力的广泛的人、物或环境的损失。许多学者对"灾害"概念进行了界定，如特纳等（Turner and Pedgeon , 1997），丹尼斯（Denis , 1995）和凯勒（Keller , 1996）。特纳等（Turner and Pedgeon, 1997）指出，没有一个关于"灾害"的概念是被人们普遍接受的。帕克（Parker, 1992）回顾了灾害的概念，并将灾害

---

①　Ibrahim Mohamed Shaluf, "Disaster Types", *Disaster Prevention and Management*, Vol. 16 No. 5, 2007, pp. 704 – 717.

定义为：一个不同寻常的自然或人为事件，包括因技术系统故障造成的事件，暂时超过了人类社区、团体或自然环境的响应能力，造成巨大的损害、经济损失、破坏、受伤或死亡。这个概念包括医疗事故和灾难，如那些造成负面影响的百日咳疫苗，HIV、AIDS 血友病案例。[①] 皮哟西·劳泰拉（Piyoosh Rautela）在《重新定义灾难：需要把事故当灾害管理》（Redefining Disaster：Need for Managing Accidents as Disasters）一文中将"灾难"定义为一个导致社会结构被打破、受影响社会无法应对的、往往需要外部援助的极度（通常是不可补救）毁坏和不幸的状态。[②] 易卜拉欣·穆罕默德·夏鲁夫在《灾害概述》（An Overview on Disasters）一文中对各种灾害的定义、影响及减灾措施做出了明确的界定。

（5）灾害的标准（Disaster criteria）。易卜拉欣·穆罕默德·夏鲁夫（Ibrahim Mohamed Shaluf）在《灾难类型》（Disaster Types）一文中对灾害的概念进行了界定。也有许多学者为界定灾害提出了灾害的标准。联合国环境计划署（UNEP-APELL，2003）和灾害流行病学研究中心（2003）建立网站，并界定进入数据库的灾害标准。灾害流行病学研究中心（CRED）要求进入数据库必须满足下列条件之一：第一，报告 10 人或更多的人丧生；第二，报告 100 人受到影响；第三，呼吁国际援助；第四，宣布紧急状态。

（6）灾害的分布。阿迪（Kishore，2003）回顾了 1973—1997 年自然灾害在全球各区域的分布，指出亚洲和太平洋是世界上灾害最容易爆发的地区。

（7）灾害的全球化。大卫·亚历山大（David Alexander）在《灾害的全球化：趋势、问题和困境》一文中认为灾害全球化并不完全是新现象，或者说它有其独特的根源。在过去的半个世纪，在多个层面有其特殊意义。第一，信息通信技术的进步，民众拥有接受图像信息的设备，灾害发生后灾民受灾的图像在灾后很快在全球传播，这有利于提高人民救灾的

---

① Ibrahim Mohamed Shaluf, "Disaster Types", *Disaster Prevention and Management*, Vol. 16 No. 5, 2007, pp. 704 – 717.

② Piyoosh Rautela, "Redefining Disaster：Need for Managing Accidents as Disasters", *Disaster Prevention and Management*, Vol. 15, No. 5, 2006, pp. 799 – 809.

参与意识和灾害常识，同过去相比，偏远地方的灾害不被发现和记录是很困难的。第二，至少从理论上讲，随着大众传播，快速环球旅行使国际社会能快速地、有效地对灾害做出反应。第三，20 世纪前半叶是冲突的全球化；20 世纪下半叶转换为受超级大国影响的地区、国家之间的代理人战争；20 世纪 90 年代是一个国际关系不明朗，人道主义援助中道德危机增长的年代；进入 21 世纪，在世界上存在复杂的紧急情况是具有全球意义的国际社会的各个区域的灾害。第四，发生的冲突和行使权力增加了全球应对灾害的脆弱性和国际社会寻求减灾发展战略应对这一挑战。这些都越来越多地与经济发展相关，在地方一级提供资源以建立和维持抵御灾难的影响是唯一安全的方式。①

综上所述，国外学者对灾害的研究主要集中在人与环境的关系、灾害的分类、对人为灾害的人道主义干预和救援等方面，而对中国救灾外交的研究及中国参与国际救灾合作机制的研究却寥寥无几，这使得本研究更具创新性。

4. 救灾过程中关注问题的研究

（1）健康与筹款问题。帕特里克·尔贝尔哈德（Patrick Aeberhard）在《改变赈灾的期待》一文中认为，在最初的紧急时期健康往往是最关键的问题，在灾难发生后的一个时期通常是用于重建。在过去 30 年中，救灾领域发生着变化。例如，访问受害者现在已经成为一种权利之间的协调，救灾变得更有组织性，并已创建相关原则，引导救灾响应活动。筹款变得越来越高效。② 帼拉姆·M. 玛斯波尔（Golam M. Mathbor）在《加强社区对自然灾害的准备——社会工作在建设社会资本用于可持续救灾和管理的作用》一文中指出，在灾害救援中，政府和公共部门在高层的协调、基层的公共服务和社会资本能力建设等方面的工作是重要的战略选择。该文分析了有效利用社会资本的范围和前景，特别在三

---

① David Alexander, "Globalization of Disaster: Trends, Problems and Dilemmas", *Journal of International Affairs*, Vol. 59, No. 2, Spring/Summer 2006.

② Patrick Aeberhard, "Expectations Are Changing for Disaster Relief", *Nonprofit and Voluntary Sector Quarterly*, Supplement to Vol. 37, No. 1, March 2008, 17S—24S. This article is based on Dr. Aeberhard's presentation on August 24, 2006, http://nvs.sagepub.com/content/37/1_suppl/17S.

个层次强调了社会资本，即社区内黏合、社区间的桥梁、社区与金融和公共部门的纽带。① 福米罗瑞·托瓦萨尅和缇娜·维廓兵戈在《特定私人捐款对灾难筹款的影响》一文中探讨了灾难筹款中专款专用的私人捐款的影响因素，比较分析了两个筹款模式：专款专用的捐款和无专款专用的捐款。紧急情况下，由于媒体关注和个人兴趣，专款专用捐款模式筹款成本低，但鼓励组织间的筹款活动很可能筹款成本高。②

（2）灾后儿童心理健康问题。琳达·埃文斯和朱迪·奥勒尔·斯定呢特（Linda Evans and Judy Oehler-Stinnett）在《儿童和自然灾害：学校心理学家入门》（Children and Natural Disasters：A Primer for School Psychologists）一文中认为，全球儿童受到自然灾害的影响，包括飓风、洪水、龙卷风、地震、森林火灾、山体滑坡、沙尘暴、暴风雨、热浪、火山爆发和海啸。学校心理学家应该明白自然灾害的影响，如经济损失、搬迁、健康关注和心理健康问题。虽然大多数儿童能够应付，学校心理学家应获得美国的心理创伤心理健康培训协会、全国学校心理学家协会、国际学校心理学协会的支持。它们也可以参与学校和社区的防灾、减灾和教育项目。③ 阿曼达 B. 尼克森，尼尔·安嫩代尔和布伦达·迪恩（Amanda B. Nickerson，Neil Annandale，and Brenda Dean）在《加强儿童灾难心理卫生服务的文化敏感性》一文中认为，要加强以学校为基础的灾害心理服务的文化敏感性。④

---

① Golam M. Mathbor, "Enhancement of Community Preparedness for Natural Disasters: The Role of Social Work in Building Social Capital for Sustainable Disaster Relief and Management", *International Social Work*, Vol. 50, No. 3, pp. 357 – 369, Sage Publications: Los Angeles, London, New Delhi and Singapore.

② Fuminori Tovasaki, Tina Wakolbinger, "Impacts of Earmarked Private Donations for Disaster fundraising", Springer Science + Business Media, LLC 2011, published online 31, December 2011.

③ Linda Evans and Judy Oehler-Stinnett, "Children and Natural Disasters : A Primer for School Psychologists", Oklahoma State University, Oklahoma, USA, *School Psychology International*, Copyright 2006 SAGE Publications, London, Thousand Oaks, C. A. and New Delhi, Vol. 27, No. 1, pp. 33 – 55.

④ Melissa Allen Heath, Amanda B. Nickerson, Neil Annandale, Ana Kemple and Brenda Dean, "Strengthening Cultural Sensitivity in Children's Disaster Mental Health Services", *School Psychology International*, 2009, http: //spi. sagepub. com/content/30/4/347.

（3）能量心理学在灾后救助中的作用。大卫·范斯坦（2008）在《救灾中的能量心理学》一文中认为，能量心理学在使用暴露创伤的记忆或可视化最佳性能的情况下，结合针灸的物理干预、瑜伽，以及相关的系统，诱发心理改变。尽管这是一个有争议的做法，这样的组合效果奇佳，在情感、认知和行为模式方面的心理障碍得到治愈和缓解。能量心理学已经在刚果民主共和国、危地马拉、印度尼西亚、肯尼亚、科索沃、科威特、墨西哥、摩尔多瓦、内罗毕、卢旺达、南非、坦桑尼亚、泰国和美国的自然灾害和人为灾害中得以应用，至少有三个国际人道救援组织把能量心理学作为一种灾后心理治疗途径。四个层次的能量心理学的干预措施包括：第一，提供及时救济；第二，空调灭火反应；第三，克服复杂的心理问题；第四，促进最佳运作。[1]

（4）救灾反应。比马尔·坎蒂·保罗在《救灾努力：更新》一文中认为，自然灾害受害者需要外界的支持，以应付灾后的艰辛和痛苦。特别是发展中国家的受害者，其国内资源不能满足救灾需求。然而，救灾物资分发不当、救灾物资种类不恰当和数量不充足使紧急援助适得其反，它增加了对外部资源的依赖。[2] 伦道夫 C. 肯特在《灾害十年反思：国际社会响应的演变》一文中指出，政府、国际政府组织和非政府组织对救灾反应虽比较及时，但随意性大，缺乏系统性，提供的救助并非灾民最需要的，所以需要建立一个系统，包括救灾机构的建立、机构之间的协调、救灾准备和防灾工作。[3]

（5）国际媒体与救灾。莱纳斯·奥凯勒在《国际媒体和赈灾：英国媒体报道莫桑比克洪灾》一文中认为，毫无疑问，媒体在突出冲突与灾害受害者的苦难方面扮演着重要角色。电视、摄像机，代表国际社会的关

---

[1] David Feinstein, "Energy Psychology in Disaster Relief", *Traumatology*, Vol. 14, 2008, p. 127, originally published online 16 May 2008, http://tmt.sagepub.com/content/14/1/127.

[2] Bimal Kanti Paul, "Disaster Relief Efforts: An Update", *Progress in Development Studies*, 22006, 2http://pdj.Sage pub.com/content/6/3/211.

[3] Randolph C. Kent, "Reflecting upon a Decade of Disasters: The Evolving Response of the International Community", *International Affairs*, Vol. 59, No. 4, Autumn, 1983, pp. 693 – 711, published by Blackwell Publishing on behalf of the Royal Institute of International Affairs. http://www.jstor.org/stable/2619477.

注和国际社会的关注带来的结果。①

（6）灾区经济脆弱性与种族歧视。安吉拉·陈珈辰、贝尔纳·基思等人在《经济脆弱性、歧视，以及卡特里娜飓风：新奥尔良东部卡特里娜飓风黑人幸存者的健康》一文中认为，通过这次飓风灾害，我们发现了灾区经济的脆弱性、美国黑人生活的贫困、根深蒂固的种族歧视等问题。②

（7）灾后重建的复杂性。特桑卡·罗伊在《印度殖民地自然灾害之后的国家、社会和市场：初步探索》一文中谈道，南亚社会在灾后如何重建自己的经济，从 19 世纪中叶到 20 世纪中叶，从自由放任改为更多的国家对灾害的反应干预。尽管有这种变化，灾后重建依然是极其复杂的。需要考虑财物损失不详、财产所有权争议、援助者和受援者之间的信息不对称、各机构之间的冲突、获利者和受损者缺乏合作、殖民地的国家和民族主义组织之间的冲突等诸多复杂问题。③ 拉吉卜·肖和拉维·辛哈在《迈向可持续复苏：印度古吉拉特邦地震未来的挑战》一文中指出，灾后重建要有长远的目光，要恰当地考虑相关各方利益。有许多损失是由建筑固有的质量问题引起的。要在灾后重建各个阶段，循环使用"计划—执行—检查—行动"的方法，要实现灾后恢复的成功与可持续性，社会各部门之间恰当的协调与合作是至关重要的。④

（8）女性受灾害的影响更大。苏珊·里斯等人在《2004 年海啸的性别维度和灾后潜在的社会工作反应》一文中指出，在 2004 年

---

① Linus Chukwuemeka Okere，"International Media and Disaster Relief：British Press Reporting of the Mozambique Floods"，*International Studies*，2004，2http：//isq. sagepub. com/content/41/2/219. citation.

② Angela Chia-Chen Chen，Verna M. Keith，Chris Airriess，Wei Li，and Karen J. Leong，"Economic Vulnerability，Discrimination，and Hurricane Katrina：Health Among Black Katrina Survivors in Eastern New Orleans"，*Journal of the American Psychiatric Nurses Association*，Vol. 13，No. 5.

③ Tirthankar Roy，"State，Society and Market in the Aftermath of Natural Disasters in Dolonial India：A Preliminary Exploration"，*Indian Economic Social History Review*，2008，http：//ier. sagepub. com/content/45/2/261.

④ Rajib Shaw and Ravi Sinha，"Towards Sustainable Recovery：Future Challenges after the Gujarat Earthquake，India"，*Risk Management*，Vol. 5，No. 3，2003，pp. 35 – 51.

海啸死亡人数中，妇女和女孩占绝对多数，灾害中性别差异没得到承认和理解，在海啸影响的国家中，影响女性的可怕的第二波不是来自自然灾害，而是基于社会压力和男女不平等而导致的强奸和国内对女性暴力犯罪的激增。"对妇女暴力犯罪的沉默远胜于海啸的怒吼声。"①

（9）救灾志愿者的特点。托马斯·罗托洛和贾斯汀·艾伦·伯格在《及时所需：应急准备和救灾服务志愿者的检查》一文中指出，相比普通的志愿者，救灾志愿者显得更年轻、受教育程度更低，而且招聘往往是某个组织直接要求志愿者加入。②

（10）地方政府的救灾角色。贝奥拉·库苏马萨利等在《缩小差距：印度尼西亚班图尔当地政府的角色能力和自然灾害的管理》一文中考察了地方政府在印度尼西亚自然灾害灾前、灾中和灾后的管理能力。研究的是班图尔 2006 年大地震的管理经验，特别是发展中国家地方政府的特点。这种能力包括使用和获取超过可用范围的急需资源的能力。能力植根于内生于社会的资源，依靠传统知识、本土技能和技术网络。在危机时期动员能力的方法反映出应对的策略。应对策略是指在灾难过程中出现异常条件和不利条件时，个人和机构以何种方式使用现有的资源以实现各种有益的结果。③

综上所述，国外学者对该领域的研究主要注重于救灾中应注意的问题，主要集中在灾后灾民健康、灾民心理问题、救灾反应是否恰当和及时、国际媒体与救灾之间的关系、女性在灾后受伤害更大、救灾志愿者等方面的研究。这些研究对本研究提供了丰富的视角。

---

① Eileen Pittaway, Linda Bartolomei and Susan Rees, "Gendered Dimensions of the 2004 Tsunami and a Potential Social Work Response in Post-disaster Situations", *International Social Work*, 2007, http://isw. Sage pu b. com/ con tent/50/3/307.

② Thomas Rotolo and Justin Allen Berg, "In Times of Need: An Examination of Emergency Preparedness and Disaster Relief Service Volunteers", *Nonprofit and Voluntary Sector Quarterly*, 2011, http://nvs. sagepu b. com/ content /40 /4/740.

③ Bevaola Kusumasari, Quamrul Alam, "Bridging the Gaps: the Role of Local Government Capability and the Management of a Natural Disaster in Bantul, Indonesia", *Nat Hazards*, Vol. 60, 2012, pp. 761 – 779.

二 国内研究现状

1. 国内学者救灾外交的研究现状

国内关注"救灾外交"的学者主要有李天华[①]、书常春[②]、周文重[③]、马挺和郭一娜[④]、何章银和曹广伟[⑤]；关注"灾难外交"（disaster diplomacy）的学者有毛维准[⑥]、李德芳[⑦]、阙天舒[⑧]、刘霏[⑨]、李敏[⑩]、张洁[⑪]、郝建群[⑫]、赵青海[⑬]、韩松与徐兴魁[⑭]等。

（1）救灾、灾难外交及其特点。李明锦在《当今国际重大突发灾害救助的新特点——以美国"卡特里娜"飓风、南亚地震灾害救助为例》（2006）一文中提到救灾外交及救灾外交的特点。[⑮] 赵青海在《日臻成熟的灾难外交》（2008）一文中对灾难外交的内涵做了界定，认为灾难外交是双向的。[⑯] 阙天舒在《浅析风险世界中的灾难外交》一文中认为灾难外交作为一种新兴的外交手段，丰富了外交理论与实践，改变了我们对传统

---

① 李天华：《从"拒绝外援"到"救灾外交"——改革开放以来中国政府应对国际救灾援助的政策演变及其评价》，《党史研究与教学》2008 年第 6 期。

② 书常春：《中国最漂亮的"救灾外交"》，《亚太经济时报》2005 年 1 月 14 日。

③ 周文重：《中美救灾外交》，《国际人才交流》2011 年第 11 期。

④ 马挺、郭一娜：《日本救灾外交险象环生》，《民主与法制时报》2011 年 4 月 18 日。

⑤ 何章银、曹广伟：《救灾外交的特点和功能探析》，《太平洋学报》2013 年第 5 期。

⑥ 毛维准、阙天舒：《灾难外交：一种新的外交方式？——印度洋地震海啸启示录》，《世界经济与政治》2005 年第 6 期。

⑦ 李德芳：《灾难外交：公共外交的危机反应模式》，《国际论坛》2008 年第 5 期。

⑧ 阙天舒：《灾难外交的解析、评估及路径》，《国际观察》2007 年第 3 期；《浅析风险世界中的灾难外交》，《国际展望》2009 年第 1 期。

⑨ 刘霏：《灾难外交：中国外交发展中的一种新选择》，《安庆师范学院学报》（社会科学版）2005 年第 6 期。

⑩ 李敏：《灾难外交刍议》，《国际关系学院学报》2009 年第 6 期。

⑪ 张洁：《灾难外交与民族冲突解决的路径选择——以印尼和斯里兰卡为比较样本》，《太平洋学报》2011 年第 11 期。

⑫ 郝建群：《灾难外交——国际合作新契机》，《太原城市职业技术学院学报》2006 年第 1 期。

⑬ 赵青海：《日臻成熟的灾难外交》，《对外传播》2008 年第 6 期。

⑭ 韩松、徐兴魁：《"灾难外交"成效几何》，《解放军报》2005 年 11 月 17 日。

⑮ 李明锦：《当今国际重大突发灾害救助的新特点——以美国"卡特里娜"飓风、南亚地震灾害救助为例》，《理论导刊》2006 年第 5 期。

⑯ 赵青海：《日臻成熟的灾难外交》，《对外传播》2008 年第 6 期。

国家安全、国家权力的认识，并考验着国家外交的信息调研能力、危机处理和外交应对的机制与方式。①

（2）救灾、灾难外交的作用。张洁在《灾难外交与民族冲突解决的路径选择》一文中，主要讨论灾难外交对于一国国内民族冲突进程的影响。针对以往研究仅仅将灾难外交视为解决地区冲突的契机之论点，该文认为，当自然灾害达到一定严重程度，灾难外交可能成为解决冲突的关键变量。② 李明锦认为一国一地区的重大突发灾害之救助，往往随之出现十分活跃的"救灾外交"，成为改善甚至重构双边、地区关系的极佳契机。③

（3）灾害与外交战略。赵蜀蓉的《印度洋海啸与中国的东南亚战略》④ 和刘卫东的《大国的较量——海啸救援的背后》⑤ 都认为援助国有外交意图和政治动机。

（4）中国与救灾、灾难外交。赵青海在《日臻成熟的灾难外交》一文中对中国的灾难外交做了评述，不仅对中国 2004 年印度洋海啸的灾难外交大加赞赏，而且认为 2008 年中国发生地震灾害后，其灾难外交更是可圈可点。⑥ 杨琳在《瞭望》杂志撰文《中国救灾推己及人》，全面讲述了中国在 2004 年印度洋海啸发生后首次将国内救灾的举国体制应用于国际救灾，不仅展现了中国的硬实力，也展现了中国的软实力。⑦ 阙天舒在《浅析风险世界中的灾难外交》一文中认为中国的灾难外交尚处于起步阶段，面临着不少困难。中国应丰富外交手段，创新体制，拓展空间，塑造良好的国家形象。⑧ 任晓在《2008：成功应对危机的中国外交》一文中认为内政和外交错综交织，密不可分，其互动性日益增强。⑨

---

① 阙天舒：《浅析风险世界中的灾难外交》，《国际展望》2009 年第 1 期。

② 张洁：《灾难外交与民族冲突解决的路径选择——以印尼和斯里兰卡为比较样本》，《太平洋学报》2011 年第 11 期。

③ 李明锦：《当今国际灾害救助新特点——以美国"卡特里娜"飓风、南亚地震灾害救助为例》，《中国减灾》2005 年第 11 期。

④ 赵蜀蓉：《印度洋海啸与中国的东南亚战略》，《西南民族大学学报》（人文社科版）2005 年第 4 期。

⑤ 刘卫东：《大国的较量——海啸救援的背后》，《中学生百科》2005 年第 19 期。

⑥ 赵青海：《日臻成熟的灾难外交》，《对外传播》2008 年第 6 期。

⑦ 杨琳：《中国救灾推己及人》，《瞭望新闻周刊》2005 年第 2 期。

⑧ 阙天舒：《浅析风险世界中的灾难外交》，《国际展望》2009 年第 1 期。

⑨ 任晓：《2008：成功应对危机的中国外交》，《当代世界》2009 年第 1 期。

（5）救灾外交的特点和功能研究。笔者对救灾外交从概念与缘起、类型与形式、特点与功能、影响救灾外交的因素等方面进行了研究，认为与灾害有关的活动能，但不是总能对外交产生影响，从长远来讲，非灾害因素比灾害因素对外交具有更大的影响。灾害既可以导致外交合作，也可能加剧冲突。灾害为潜在的外交合作提供了机会，是否创造机会开展救灾外交成为一种外交选择。进入 21 世纪，救灾外交因地震、海啸、飓风等一系列灾害的爆发而活跃于国际舞台。作为非传统外交的一种新型外交方式，救灾外交不仅促进了国际救灾合作和人道主义救援活动的开展，而且可以重塑国家形象、改善国家间关系，以及实现经济、军事等其他外交目标。救灾外交既有别于传统外交，也具有公共外交的特点，在大外交理论框架下发挥着自身独特的作用。[①]

目前国内学者对救灾外交的研究主要集中在灾难外交，从灾难外交的定义、灾难外交的作用、灾害救助的特点、灾难外交与国家战略、灾难外交的国际影响到中国灾难外交存在的问题和建议都有浅层次的研究，也体现了灾难外交的重要性，也有学者提到救灾外交的概念，但鲜有研究，整体来讲，灾难外交和救灾外交在本质上并没有区别，在这里我们将学者对灾难外交的现有研究也视为对救灾外交的研究，但学者缺乏对救灾外交的系统研究。

2. 对联合国框架下救灾合作机制的研究

洪凯、侯丹丹认为，联合国作为当今世界最大、最重要、最具代表性和权威的国际组织，其国际减灾合作机制和功能已经得到国际社会的普遍认可，它严格遵守人道主义原则，力求在帮助各成员国积极参与国际减灾合作和有效减少灾害风险方面有所作为。[②]焦佩认为，要使国际援助更加符合人道主义的本意，国际社会还需要继续培养合作意识，加强国际协调组织的建立和作用。国际人道主义援助一般遵循以下原则：正义原则、平

---

① 何章银、曹广伟：《救灾外交的特点和功能探析》，《太平洋学报》2013 年第 5 期。
② 洪凯、侯丹丹：《中国参与联合国国际减灾合作问题研究》，《东北亚论坛》2011 年第 3 期。

等原则、权利原则、需要原则。① 李明锦对国际灾害救助的特点做了归纳。②

翟昆认为，2004 年 12 月 26 日印度洋地震及海啸爆发后，国际社会发起了有史以来最大的一次救援行动。一方面，灾难后的救援行动体现出全球性和多层次性。另一方面，建立全球或地区性海啸风险防范体系成为世界共识。从这次印度洋海啸后的国际大救援来看，问题主要见于以下两个方面。一是联合国最终主导国际救援机制，但仍面临不少困难。二是大国"救援外交"的背后有地缘政治的考虑。③

联合国为各国政府参与国际减灾合作提供了一个良好的平台。洪凯、侯丹丹认为，联合国在协调人道主义救灾援助、转让减灾技术、促进国际交流、促进减灾框架与气候框架挂钩等领域开展减灾合作，但其存在掌握的软硬件资源不足、全球治理能力有限等不足。④

综上所述，国内学者对联合国框架下救灾合作机制的研究还比较全面，对救灾合作机制、救灾路径、救灾合作的优势与不足、援助国的动机等方面进行了研究，联合国框架下救灾合作机制的不足和缺陷也是显而易见的。这些研究对本研究将提供重要素材和参考。

3. 对区域救灾合作机制的研究

（1）欧盟救灾合作机制研究。游志斌、张蕾在《欧洲地区的防救灾活动》一文中认为，欧洲各国有各自的防救灾体系，整个地区间正借助欧盟一体化进程的有利条件，积极加强区域内的救灾合作，同时还通过欧盟人道主义办公室向外部提供了大量援助。⑤

（2）上海合作组织（以下简称上合组织）框架下救灾合作研究。高昆认为，就上合组织的特点以及目前的发展趋势，考虑到面临的问题，今后应当在以下几个方面加强合作：深化机制合作、发展双边合作、加强多

---

① 焦佩：《从印度洋海啸分析国际人道主义援助模式》，《南亚研究季刊》2005 年第 3 期。

② 李明锦：《当今国际灾害救助新特点——以美国"卡特里娜"飓风、南亚地震灾害救助为例》，《中国减灾》2005 年第 11 期。

③ 翟昆：《海啸·救援·国际危机管理》，《现代国际关系》2005 年第 2 期。

④ 洪凯、侯丹丹：《中国参与联合国国际减灾合作问题研究》，《东北亚论坛》2011 年第 3 期。

⑤ 游志斌、张蕾：《欧洲地区的防救灾活动》，《中国公共安全》（学术版）2007 年第 1 期。

边合作、增进边境地区合作。①

（3）东亚救灾合作机制研究。笔者对东亚救灾合作机制建构的动因、特点及阻力进行了研究，认为灾害频发是东亚面临的诸多困难与挑战之一，为共同应对这一挑战，东亚各国在救灾领域展开了积极合作，构建救灾合作机制来应对这一挑战成为各国共识。从灾害预防到灾后恢复重建，从构建对话合作机制到救灾演习，东亚地区在救灾的不同阶段、不同层次展开了合作。形成了"一轴心两大国三层次"的救灾合作机制，这不仅有助于东亚地区的救灾合作与人道主义救援，而且也将为东亚国家密切彼此关系和维护地区和平与繁荣提供动力和契机。②

（4）东盟地区论坛框架内的救灾合作机制研究。王勇辉、孙赔君对东盟地区论坛框架下的救灾合作机制进行了研究，认为救灾领域是东盟地区论坛所涉及的重要领域之一，在东盟地区论坛框架下所建立起来的救灾合作机制近年来发挥着越来越重要的作用。与此同时，东盟地区论坛框架下的救灾合作机制还存在着许多限制性因素，制约了其功能的发挥，它还需要继续朝着更加成熟与健全的方向发展。③

综上所述，国内学者对欧盟救灾合作的研究和对上合组织救灾合作机制的研究均停留在救灾行动的研究上，另外也揭示了欧盟救灾合作机制与上合组织救灾合作机制的不同。欧盟一体化程度较高，组织较为健全，上合组织发展历史短，优势在于成员国较少，协调显得更为容易。

4. 对中国、美国等大国参与国际救灾合作及救灾外交的研究

赵长峰、左祥云对中国参与和构建亚太地区救灾合作机制进行了研究，认为受气候变化影响，全球自然灾害频发，亚太更是重灾地区之一。由于各种灾害越来越大的破坏性及其跨国性，构建亚太地区救灾合作机制，共同协作应对灾害，成为亚太各国的共同需求。中国作为亚太大国，积极参与和构建亚太地区救灾合作机制，这不仅有助于中国发展与其他亚

---

① 高昆：《2009 年上海合作组织救灾合作回顾及展望》，《中国减灾》2010 年第 11 期。

② 何章银：《东亚救灾合作机制建构的动因、特点及阻力研究》，《社会主义研究》2013 年第 3 期。

③ 王勇辉、孙赔君：《东盟地区论坛框架内的救灾合作机制研究》，《社会主义研究》2012 年第 2 期。

太国家的良好关系，也有利于塑造中国负责任的国际形象，其策略可以概括为"一体两翼"与"一化三改"。①

洪凯、侯丹丹认为，中国作为联合国常任理事国和负责任的大国将努力推进由联合国主导的国际减灾合作，进一步提升中国的防灾减灾能力和国际影响。中国参与的联合国减灾合作可分为两类：一类是"引进来"的合作，另一类是"走出去"的合作。②

金磊在《中国综合减灾立法体系研究》一文中认为，目前中国防灾减灾方面的法律有《传染病防治法》《突发公共卫生事件应急条例》《保险法》《防洪法》《防震减灾法》《消防法》《人民防空法》《矿山安全法》《安全生产法》《道路交通安全法》等，在法律保障和法律监督的前提下，建立灾害救援体系，实施有效的综合减灾管理模式已十分必要。③

中国应对国际救灾合作的政策变化日趋明显。李天华在《从"拒绝外援"到"救灾外交"——改革开放以来中国政府应对国际救灾援助的政策演变及其评价》一文中认为，从新中国成立一直到改革开放前，中国政府拒绝国际救灾援助的政策没有随着国际格局的变化做出相应的调整。在改革开放初期（1980—1986 年），中国应对国际救灾援助的政策出现调整和反复。1987 年以后，中国接受国际救灾援助的政策逐步走向规范化。自胡锦涛执政以来，相关政策的操作手法越来越快捷和灵活，这在 2008 年汶川大地震发生后表现得淋漓尽致。④ 周文重对中美救灾外交进行了研究。⑤

王倩、卫秀红对美国应急救援体系进行了研究。⑥ 温北炎对美国救灾外交的目的进行了研究。首先，美国派遣军人登陆印度尼西亚亚齐。其

① 赵长峰、左祥云：《中国参与和构建亚太地区救灾合作机制研究》，《社会主义研究》2012 年第 6 期。

② 洪凯、侯丹丹：《中国参与联合国国际减灾合作问题研究》，《东北亚论坛》2011 年第 3 期。

③ 金磊：《中国综合减灾立法体系研究》，《国家行政学院学报》2004 年第 6 期。

④ 李天华：《"拒绝外援"到"救灾外交"——改革开放以来中国政府应对国际救灾援助的政策演变及其评价》，《党史研究与教学》2008 年第 6 期。

⑤ 周文重：《中美救灾外交》，《国际人才交流》2011 年第 11 期。

⑥ 王倩、卫秀红：《从抗震救灾看美、加两国应急救援体系建设》，《现代职业安全》2008 年第 8 期。

次，美国重量级人物视察亚齐灾区。最后，美国提供了巨额援助。美国对海啸受灾国增拨援助，从3.5亿美元增至9.5亿美元。[①] 马挺、郭一娜对日本救灾外交进行了研究。[②] 陈成文、蒋勇、黄娟认为俄罗斯应急管理模式特色鲜明。[③]

综上所述，学者对国家内部救灾应急机制的研究较多，诸多学者重点推崇美国、日本、俄罗斯等国的应急救灾机制。从防灾、备灾、救灾和灾后恢复几方面进行了研究。国内救灾机制的完善是有效应对灾害的基础，不可能把救灾寄希望于国际援助。对厘清国内救灾机制和国际救灾合作机制之间的关系也十分必要，这对本课题的研究提供了起点和源泉，我们不可能脱离国家谈国际救灾合作，而国内较好的应急救灾机制也可以推广到国际救灾合作机制建设方面。

5. 对国际救灾合作理论的研究

洪凯、侯丹丹在《中国参与联合国国际减灾合作问题研究》一文中认为，国际社会在灾害治理领域开展合作主要来自两方面动力：一是基于可持续发展理论的分析。二是基于国际合作理论的分析。国际减灾合作不是排他的"零和博弈"，而是互利共生的"正和博弈"。再者，非传统安全因素的加强，为国际社会通过国际合作消除共同的灾害威胁提供了强大动力。[④] 对外援助会对受援国产生影响。有关对外援助的观点主要有：补充论、代替论、受援国中心论和援助国中心论。王孔祥在《西方国家的对外援助：理论与实践的分析》一文中认为，援助是一种可对受援国施加影响的工具。在冷战结束后，对外援助的规模和方式都发生了很大变化。[⑤]

（1）国际援助的伦理原则。田秋香在《浅论自然灾害国际援助的伦理原则》一文中认为，援助国的伦理原则主要有：自愿原则、及时原则、

---

① 温北炎：《印尼海啸灾难与大国救灾动机评析》，《东南亚研究》2005年第3期。

② 马挺、郭一娜：《日本救灾外交险象环生》，《民主与法制时报》2011年4月18日。

③ 陈成文、蒋勇、黄娟：《应急管理：国外模式及其启示》，《甘肃社会科学》2010年第5期。

④ 洪凯、侯丹丹：《中国参与联合国国际减灾合作问题研究》，《东北亚论坛》2011年第3期。

⑤ 王孔祥：《西方国家的对外援助：理论与实践的分析》，《教学与研究》2004年第11期。

人道原则、平等原则、无偿原则。受援国的伦理原则主要有：自救原则、诚信原则、感恩原则。① 此外，还有国际人道主义援助原则。焦佩在《从印度洋海啸分析国际人道主义援助模式》一文中认为，国际人道主义援助一般遵循以下原则：正义原则、平等原则、权利原则、需要原则。②

（2）突发性灾害救济的公共伦理原则。艾有福、徐保风在《论突发性灾害救济的公共伦理原则》一文中认为，在突发性灾害救济的过程中应当坚持的伦理原则有：生命关怀优先性原则、损失最少化原则、整体利益大于局部利益原则、尊重灾害知情权原则。归结到一点，那就是要发扬社会主义人道主义原则。③

综上所述，国内学者对救灾相关理论做了一定程度的研究，如国际救灾合作动力来源于可持续发展理论和国际合作理论，通过国际合作可以增加收益，降低成本，另外对国际人道主义援助原则、突发性灾害救济的公共伦理原则、国际援助的伦理原则等方面进行了研究，这对本课题的研究提供了部分理论支持，也为救灾合作相关理论的发展提供了契机。

6. 对国际救灾合作阻力或困境的研究

（1）灾前预警困难重重。救灾合作主要包括灾前预警、救灾合作、灾后恢复。目前在救灾合作方面有所进展，灾后恢复虽容易被国际社会遗忘，但出于种种原因，国际社会也有参与，灾前预警还很欠缺。王蔚在《论全球化背景下灾难预警与救援机制建设》一文中认为，当务之急是建立全球地震与海啸预警系统。④ 并建议联合国建立一支常规的国际救援部队。

（2）诸多技术问题亟待解决。黄建发在《联合国召开阿尔及利亚地震救援经验总结会》一文中认为，国际救援要解决以下难题：在救援中使用5/10结构评估法；要完善使用1NSARAG 符号标识系统，配

---

① 田秋香：《浅论自然灾害国际援助的伦理原则》，《企业家天地》（下半月刊理论版）2008 年第 12 期。

② 焦佩：《从印度洋海啸分析国际人道主义援助模式》，《南亚研究季刊》2005 年第 3 期。

③ 艾有福、徐保风：《论突发性灾害救济的公共伦理原则》，《桂海论丛》2004 年第 1 期。

④ 王蔚：《论全球化背景下灾难预警与救援机制建设》，《山东财政学院学报》2005 年第 3 期。

备和使用 GPS 系统；使用软件系统迅速评估灾情；每年举行一次演习，以进一步熟悉队伍的部署程序；国际救援要解决语言翻译、交通等问题。①

（3）国际人道主义救助目的不纯。焦佩在《从印度洋海啸分析国际人道主义援助模式》一文中认为，由于国际社会并不是一个理想的构造模式，它充满国家利益、权利、结盟、博弈等现实因素，所以国际人道主义援助被塞进了各国的政治、经济目的和长远战略意图，担负起本意之外的许多责任，如展示国际形象、平衡国际格局、弘扬国家价值观念、实现国家发展战略目标等。②

综上所述，国内学者对国际救灾合作的阻力进行了研究，如灾前不能有效预警、国际救援部队建设困难、救灾资金不足、援助国目的不纯、受援国顾虑重重等方面都是国际救灾合作的阻力。这些研究对本课题的研究具有重要的借鉴意义。

7. 对国际人道主义救援中非政府组织的研究

关于国际非政府组织的界定，较为全面的是美国社会学家西德尼·塔罗提出的。朱国云在《特大危机管理中的政府防治与民间救援》一文中认为，应充分重视民间救援的作用。③ 徐莹在《国际非政府组织参与人道主义救援的基本路径》一文中分析了国际非政府组织参与人道主义救援的主要路径。④

综上所述，国内学者对非政府组织的研究还不够全面和深入。国内学者对非政府组织在国际救灾中所起的作用、政府组织与非政府组织的协调，以及国际非政府组织参与人道主义救援，进而参与全球治理的基本路径等方面进行了研究，这对如何给非政府组织定位及发挥非政府组织的有效作用提出了新的思考。

---

① 黄建发：《联合国召开阿尔及利亚地震救援经验总结会》，《国际地震动态》2003 年第 12 期。

② 焦佩：《从印度洋海啸分析国际人道主义援助模式》，《南亚研究季刊》2005 年第 3 期。

③ 朱国云：《特大危机管理中的政府防治与民间救援》，《江海学刊》2004 年第 1 期。

④ 徐莹：《国际非政府组织参与人道主义救援的基本路径》，《今日中国论坛》2007 年第 7 期。

第三节 主要框架思路

一 研究思路

本研究目标是，通过对外交理论及中国救灾实践的分析研究，探求构建救灾外交的理论体系，分析中国救灾外交实践，考察中国救灾外交的历史，评估中国救灾外交现状，展望中国救灾外交未来，最终提出完善中国救灾外交的具体建议。

本书除绪论和结论外，主体部分由四个章节组成，现一一加以简单介绍。

本书导论主要从研究的源起（应对全球灾害之需、国际救灾合作之需、国家救灾外交之需、外交理论发展之需）与研究的意义（丰富国际关系理论、建构救灾外交理论、发展危机管理理论、推动救灾外交实践、营造良好周边环境、提供外交政策建议）、国内外研究现状、研究的框架思路与研究方法、相关概念的界定及研究的新意几方面展开论述。

第二章是救灾外交概述，试图构建救灾外交理论体系，从救灾外交的概念与实施救灾外交的条件约束、救灾外交的行为主体与种类、救灾外交的形式与特点、救灾外交的功能与障碍这几方面展开论述。

第三章围绕中国救灾外交的现状展开。主要从救灾外交动因、救灾外交形式与救灾外交机制三方面展开，在动因方面主要从救灾需求与外交需求两方面展开；在中国救灾外交形式方面主要从协商合作、救灾演习、声援慰问、救灾支援四个方面展开；在中国救灾外交的参与机制方面主要从联合国机制、区域机制、次区域机制、三边机制和双边机制五个方面展开论述。

第四章围绕中国救灾外交的现状评估展开，主要从成就、不足与障碍三方面展开，在中国救灾外交的成就方面主要从中国国家形象的提升、中国同周边国家合作的加深和中国救灾外交全球视野的拓宽三方面展开论述；在论述中国救灾外交的不足方面主要从重物援轻人文、重参与轻主导、重应灾轻预防三方面展开；在论述中国救灾外交的障碍方面主要从法律机制不健全、技术装备不完善和政治因素的干扰三个方面展开。

第五章围绕中国救灾外交的展望展开，主要从中国救灾外交的条件建

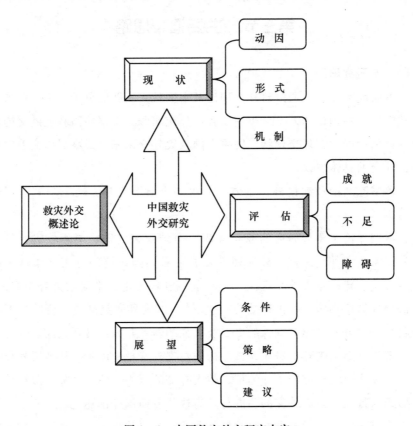

动因

形式

机制

现状

成就

不足

障碍

评估

救灾外交
概述论

中国救灾
外交研究

条件

策略

建议

展望

图 1-1　中国救灾外交研究内容

设、中国救灾外交的策略谋划、中国救灾外交的政策建议三个方面展开。
"中国救灾外交的条件建设"主要从救灾外交理论的丰富与发展、救灾合
作机制的建构与完善、国际救灾硬件的装备与选择三个方面展开论述；
"中国救灾外交的策略谋划"主要从"化灾为益：以灾害信息共享为依托
搭建沟通平台""化害为谊：以国际救灾合作为契机改善国际关系""化
危为机：以紧急人道救援为旗帜提升国家实力"三个方面展开论述；"中
国救灾外交的政策建议"主要围绕"展开积极救灾外交""谋划全球备灾
布局""寻求救灾外交话权"三个方面展开论述。

　　本书结语包括：一是救灾外交与国际关系是相互影响又相互作用的关
系。即成功的救灾外交将促进国际合作，促进国际关系良性发展，而失败
的救灾外交将导致国际冲突，致使国际关系恶性发展；与此同时，良好的

国际关系将有利于救灾外交取得积极成果，而恶劣的国际关系将限制救灾外交发挥正面效应。二是中国救灾外交取得巨大进步，但仍存在诸多不足。中国救灾外交作为中国非传统外交的一种重要形式，必将成为中国大外交的重要组成部分。

二　研究方法

鉴于本书的容量、复杂性和跨学科性，为确保实现研究目标，我们在研究方法和方法论方面做了认真的、系统的思考。

1. 文献研究方法

搜索既有文献资料，从报纸、政策杂志、学术期刊、硕博士论文中搜索国际合作理论、外交理论、地区主义理论、危机管理理论、东亚救灾合作及救灾外交的分析材料，以便对救灾外交进行分析；同时从这些资料中寻找社会实证研究的探索性和印证性材料，以从中国的东亚救灾外交中来验证救灾外交的基本理论体系等。

2. 案例分析方法

在具体操作的层面上，本书将采用案例分析的方法（approach of case study），充分结合中国救灾外交的案例进行分析，从中国展开救灾外交的案例中分析总结中国救灾外交的成绩与不足。从 2004 年印度洋海啸中国救灾外交到 2013 年中菲飓风救灾外交，从中美、中韩等双边救灾演习到中国在哥本哈根气候峰会的气候外交，通过案例分析，总结中国救灾外交一般规律。

3. 层次分析法（level of analysis）

在分析问题的路径（approach）上，本书也试图借鉴美国国际政治学教授沃尔兹的层次分析法（level of analysis）。本书在分析中国救灾外交主要机制时采用层次分析法，从超区域层次、区域层次、次区域层次及双边层次展开分析。在分析影响中国救灾外交的框架约束时分别从国际层面、国家层面及国内政策方面展开分析。

4. 结合运用归纳法和演绎法

归纳推理建立在从特殊到一般的推理基础上。在对中国救灾外交历史考察及现状分析时，均采用归纳推理，总结中国救灾外交的动因、方式与机制，以及成绩、不足与障碍。同样，对救灾外交理论框架的建构也是采用归纳法，从中国与其他大国的救灾外交中总结一般规律。演绎推理建立在从一般到特殊的推理基础上。在具体对中日地震救灾外交、中菲飓风救灾外交进行分析时，又应用演绎法，把救灾外交理论框架运用到具体案例的分析。在本书的论述中，往往是将两种方法交叉加以运用。

第四节　相关概念的界定

一　相关概念的界定

1. 灾害的内涵

（1）灾害的概念。国内外许多学者对"灾害"的概念进行了梳理，本书不再赘述，但对本书所涉及"灾害"的概念有必要加以界定。亚洲减灾中心（2003）将灾害（灾难）定义为，"严重打乱社会功能，导致超过受影响社会仅靠自身资源应对能力的广泛的人、物或环境的损失"①。帕克（1992）将灾害定义为，"一个不同寻常的自然或人为事件，包括技术系统故障造成的事件，暂时超过了人类社区、团体或自然环境的响应能力，造成巨大的损害、经济损失、破坏、受伤或死亡"②。皮哟西·劳泰拉将灾害定义为，"一个导致社会结构被打破、受影响社会无法应对的、往往需要外部援助的极度（不可补救）毁坏和不幸的状态"③。本书采用亚洲减灾中心对灾害概念的界定。

（2）灾害的标准。联合国环境计划署和灾害流行病学研究中心（2003）建立网站，并界定进入数据库的灾害标准。灾害进入数据库必须满足下列条件之一：第一，报告 10 人或更多的人丧生；第二，报告 100 人受到影响；第三，呼吁国际援助；第四，宣布紧急状态。

（3）灾害的种类。伦道夫·C. 肯特将灾害分为三类：一是自然灾害，如地震、海啸等；二是人为灾害，如内乱；三是技术性灾害，如化学中毒、核泄漏等。易卜拉欣·穆罕默德·夏鲁夫将灾害也分成三类：自然

---

① Ibrahim Mohamed Shaluf, "Disaster Types", *Disaster Prevention and Management*, Vol. 16, No. 5, 2007, pp. 704 - 717.

② Ibid.

③ Piyoosh Rautela, "Redefining Disaster: Need for Managing Accidents as Disasters", *Disaster Prevention and Management*, Vol. 15, No. 5, 2006, pp. 799 - 809.

灾害（natural disasters）、人为灾害（man-made disasters）、混合灾害
（hybrid disasters）。自然灾害是由自然原因造成的灾难性事件，如火山爆
发、龙卷风、地震等，超出了人类的控制，因此常被称为"天灾"（Acts
of God）。人为灾害指由人类的决定所引起的灾难性事件。国际红十字会
与红新月会联合会（2003）强调，人为灾害指可能突然或长期发生的非
自然灾难。突发人为灾害指没有外力独立发生的结构、建筑和矿山坍塌，
另外空气、陆地和海洋灾害都是人为灾害，长期人为灾害倾向指国内和国
际冲突。混合灾害指由人的失误和自然力量共同引起的灾害。如对森林的
过度砍伐导致的水土流失，和随后暴雨导致的山体滑坡。[①] 特纳等人1997
年将灾害种类总结如下：一是自然灾害。第一，地表下的自然灾害：地
震、海啸、火山喷发等；第二，地球表面的自然现象或复杂的物理起源灾
害：山体滑坡、雪崩等；第三，计量、水文现象：风暴（飓风，台风）、
龙卷风、冰雹和雪灾、海浪涌、洪水、干旱等；第四，生物现象：蝗虫、
传染病或流行病等。二是人为灾害。第一，因战争造成的灾害：常规战
（包括围困和封锁）、非传统战争（核，化学和生物）；第二，事故造成的
灾害：车辆（飞机、火车、轮船、汽车）、溺水、建筑物及其他构筑物坍
塌、爆炸、火灾、生物、化工（包括农药污染中毒）。

2. 研究边界的界定

（1）研究时段的界定。中国有上下五千年的文明史，本书的研究主
要选取的时段是1949年新中国成立后，特别是1980年中国开始接受国际
救援伊始，中国救灾外交日益具有开放性和主动性，以20世纪90年代
"国际减灾十年"为契机，中国积极参与国际救灾合作，重点时段是进入
21世纪，中国应对几大灾害（2003年中国非典型肺炎、2004年印度洋海
啸、2008年中国汶川地震、2011年日本地震海啸、2013年菲律宾飓风灾
害和2014年马航失联飞机搜救）的外交表现。所以，中国救灾外交研究
以中国新世纪（21世纪）救灾外交研究为重点，主要集中于20世纪90
年代以来的20余年的救灾外交的研究。

（2）救灾外交中"灾"的界定。本书的"灾害"虽以自然灾害的救

---

① Ibrahim Mohamed Shaluf, "Disaster Types", *Disaster Prevention and Management*, Vol. 16, No. 5, 2007, pp. 704 – 717.

灾外交案例分析研究为主，但并不排斥"人为灾害""技术灾害""混合灾害"等"非自然灾害"的研究，本书提及的灾害包括地震海啸、飞机失事、潜艇搁浅、动荡战乱等各类灾害。而适合展开救灾外交的"灾害"的标准要符合下列条件之一：一是灾害的影响超越一国国界，即具有国际影响；二是超越受灾国的应灾能力，即需要国际救灾合作来应对灾害；三是灾害影响到一国的国家形象，需要通过外交手段加以改善。

（3）救灾外交中"救"的范畴。"救"不仅指灾后的应灾救援，还包括"防患于未然""未雨绸缪"的防灾、减灾等领域，这里的"救灾"涉及灾前、灾中及灾后的各个阶段。

（4）救灾外交中的"外交"的界定。这里的"外交"既具有传统外交的内涵，也具有大外交的丰富内涵。救灾外交既属于"公开外交"，也属于"公共外交"；既是展示"硬实力"的外交，更是展示"软实力"的外交。

二　本书的新意

在理论上，在国内，首次对救灾外交理论进行系统阐述，既继承了国内外学者对救灾外交（学者多称之为灾难外交）的现有研究，又丰富和发展了救灾外交理论，特别是丰富了中国国际合作理论及中国外交理论。

在内容上，通过理论建构、现状分析及政策建议三个方面对中国救灾外交进行研究，把中国国际救灾合作视为中国救灾外交的成果，把中国所面临的国际热点问题的解决同中国救灾外交策略相结合。

在方法上，多种方法交叉使用。一是归纳法与演绎法交叉使用，在救灾外交理论框架阐述中运用归纳法，从救灾外交实践中得出一般规律，在中国救灾外交的案例分析中，演绎法与归纳法交替使用；二是在中国救灾外交的研究上采取多视角入手，如在 21 世纪东亚三大自然灾害的救灾外交中以灾害为视角，在中美日与东盟参与东亚救灾外交中以救灾外交行为体为视角等；三是在对中国救灾合作机制的分析上又采用了层次分析法等。

第 二 章

救灾外交概述

外交本质上是一种政治活动。它的主要目的是在不诉诸武力、宣传机器或者法律的情况下，确保国家对外政策目标的实现。[①] "外交是驾驭国际谈判的艺术"[②]，"就是用谈判的方式来处理国际关系"[③]，"是指以和平手段处理国与国之间的事务"[④]。救灾外交同样是用和平手段处理国与国之间救灾合作或与救灾有关事务。本章将从救灾外交的概念与实施救灾外交的条件约束、救灾外交的行为主体与种类、救灾外交的形式与特点、救灾外交的功能与障碍这几方面介绍救灾外交。

第一节　救灾外交的概念及实施的条件约束

一　救灾外交的概念

目前国内外学者对救灾外交的界定还不十分清晰和统一，学者们采用了"灾难外交""危机外交""救灾外交""环境外交""生态外交"等概念。赵青海认为灾难外交是双向的，援助国可以主动对受灾国予以援助和支持，帮助受灾国应对和抗击灾难。受灾国也可以主动开展灾难外交，呼吁国际援助，灾难外交是国家之间以灾难为契机处理彼此间的交往，从而实现国家间关系的正常化或深化，以此增强国家互信和认同的综合过程，

---

① ［英］杰夫·贝里奇（G. R. Berridge）：《外交理论与实践》，庞中英译，北京大学出版社2005年版，第1页。

② ［美］《韦伯斯特英语辞典》上卷，大百科全书1979年版，第515页。

③ ［英］哈罗德·尼科松：《外交学》，世界知识出版社1957年版，第23—24页。

④ ［英］戈尔·布思主编：《萨道义外交实践指南》，上海译文出版社1984年版，第3页。

或是国家在灾难管理过程中国内外及非国家行为体联系的一种选择方式。① 阙天舒认为灾难外交作为一种新兴的外交手段，丰富了外交理论与实践，改变了我们对传统国家安全、国家权力的认识，并考验着国家外交的信息调研能力、危机处理和外交应对的机制与方式。② 康福特认为减灾和救灾可以作为一个改变国家内部和国家之间的关系的过渡进程，创造性的外交是最有效的。③ 赵蜀蓉的《印度洋海啸与中国的东南亚战略》和刘卫东的《大国的较量——海啸救援的背后》都认为援助国有外交意图和政治动机。④ 迈克尔·格兰茨对美国与古巴间的与气候相关救灾外交进行了研究，认为双边救灾外交在两国敌对关系中显得弥足珍贵。苏祖辉认为援助外交早已有之，救灾外交作为一种新的外交形式登上国际舞台，救灾外交与援助外交的共同点是，通过各种形式的援助来开展外交活动，以达到展示形象、扩大影响和进行渗透的政治目的。两者的重要差别为：援助外交主要是大国对一些发展中国家提供各类援助时附加诸多的政治条件，而救灾外交针对的对象主要是地震、海啸、飓风、洪水等自然灾害，具有鲜明的突发性和临时性。救灾外交行为的背后或多或少存在一定的政治目的。从历次重大自然灾害中有关国家的表现来看，救灾外交已经超越了单纯的人道主义救援范畴，掺杂了更多的政治目的：改善和提升国家形象、缓和或修补与有关国家的关系、推进战略部署或趁机渗透。⑤

救灾外交是研究灾害与外交关系之间的联系，指灾害导致了外交合作（包括救灾合作和更广泛的国际合作）。"救灾外交"（Disaster Relief Diplomacy）包括以下几层含义：一是"灾害"不仅指自然灾害，还包括人为灾害、技术灾害等，如生化核物质泄漏、战争等，但并不是指所有的

---

① 赵青海：《日臻成熟的灾难外交》，《对外传播》2008 年第 6 期。

② 阙天舒：《浅析风险世界中的灾难外交》，《国际展望》2009 年第 1 期。

③ Louise K. Comfort, "Disaster: Agent of Diplomacy or Change in International Affairs?", *Professor of Public and International Affairs*, Vol. XIV, No. 1, 2000.

④ 赵蜀蓉：《印度洋海啸与中国的东南亚战略》，《西南民族大学学报》（人文社科版）2005 年第 4 期，第 194—196 页。刘卫东：《大国的较量——海啸救援背后》，《中学生百科》2005 年第 19 期，第 11—12 页。

⑤ 苏祖辉：《救灾外交正成为国际外交舞台新形势》，2008 年 7 月 1 日，中国评论新闻网，http://www.china reviewnews.com/doc/1006/8/1/0/100681070.html? coluid = 32&kindid = 537&docid = 100681070&mdate = 0701141054。

"灾害"都适合于外交，只有当灾害超出一国救灾能力或灾害的影响超越一国国界，且一国有其政治意愿，救灾外交才会产生；二是根据"救灾"的概念，这里的"救灾"不仅指灾害发生后的救援行动，还包括灾前的备灾、防灾和灾后恢复，救灾外交既可以突发灾害展开，如地震、海啸等，也可以长期灾害来展开，如生态外交、环境外交等；三是救灾外交不是救援国的专利，它是双向的，受灾国也可以展开救灾外交；四是救灾外交的核心目标是展开救灾合作、实施人道主义救援，以期实现减灾防灾的目的，但不是唯一的目标，外交是普遍联系的，救灾外交可以实现其他外交目标，如重塑国家形象、改善国家间关系，甚至实现经济军事其他目标，也可通过救灾外交来弥合其他矛盾，如 1991 年菲律宾皮纳图博火山爆发后的美菲救灾外交，救灾外交"路径"有助于解释美国与菲律宾如何通过协商的方式讨论受火山喷发影响的美国 2 个军事基地的军事设施续租谈判，再如国外学者建议在中国南海展开生态环保外交，以淡化领土争端；五是参与救灾外交的行为体包括国家、组织和个人等。

　　国内外学者研究表明，与灾害有关的活动会，但不总会对外交产生影响。从长远来讲，非灾害因素比灾害因素对外交具有更大的影响。灾害既可以导致外交合作，如印巴地震之后的合作；也可能加剧冲突，如气候问题成为冲突的焦点，1997 年的京都谈判就是一例，各国在京都所采取的战略既有典型的拖延阻碍（stonewalling）战略，也有更加老练的举动，例如美国和其他发达工业国家将注意力从国家责任和国家执行转移到联合或集体安排上的企图。尽管有时言辞激烈，但是这次谈判如同其他公共物品困境（public-goods dilemma）的谈判一样，其整体气氛是协作性的。不过，谈判者也承受着巨大压力，要求在京都快速取得结果。[①] 凯尔曼（2003）把灾害描述成为战争的武器（weapons of war）。灾害为潜在的外交合作提供了机会，是否创造机会开展救灾外交成为一种外交选择。与此同时，救灾外交应围绕"人道主义救援"这个中心，以"救灾合作"为重点，力争取得"更广泛的外交合作"。因此，救灾外交应更注重展示一

---

　　① ［美］布里吉特·斯塔奇（Brigid Starkey）、马克·波义耳（Mark A. Boyer）、乔纳森·维尔肯菲尔德（Jonathan Wilkenfeld）：《外交谈判导论》，陈志敏、董晓同等译，北京大学出版社 2005 年版，第 8 页。

国软实力，同时，应将救灾外交纳入大外交的范畴，发挥救灾外交这一非传统外交的"公共外交"的作用。

二 救灾外交实施的条件约束

救灾外交作为一国外交形态之一，主要受到以下几个方面的影响：一是一国总的外交政策；二是灾害所产生的国际影响；三是国际救灾合作现状；四是人道主义思想的影响。这里就救灾外交实施的条件约束简要展开论述。

1. 救灾外交必须服务于和服从于一国总的外交政策

外交是内政的延续，一国总的外交政策是由国内国际两个大局来决定的。国际关系现状对一国外交政策产生着深远的影响，国际冲突将引发外交争吵，而外交又建构着国际关系。在相互依存的国际环境下，国际关系的主体已不仅仅限于国家，但主要承担者基本上依然是国家，国家是外交的中心。① 作为非传统外交的救灾外交是国家总体外交政策的组成部分，应服务于国家利益。如 1991 年皮纳图博火山爆发对美菲军事关系的影响。② 救灾外交聚焦于灾害相关的活动（减灾、防灾和应灾）如何和为什么会或者不会产生外交收益，主要看与灾害相关的活动影响外交而不是相反。救灾外交"路径"有助于解释美国与菲律宾如何通过协商的方式讨论受火山喷发影响的美国 2 个军事基地的军事设施续租谈判。国家利益是制约、影响国家在国际关系中的行为的根本原因。国家之间的关系反映了不同政治经济实体之间的利益关系。③ 美菲间已存在着重要联系，菲律宾在美国的亚太战略中的地位与作用决定了美菲间的关系，而救灾外交始终要服务于美国对菲律宾的总的外交政策这一大局，即使没有火山爆发，美菲也会就军事基地续租进行谈判，火山对基地的影响只是促进了这一谈判进程。而在美菲这一大的既定的双边关系的背景下，两国科学家及相关部门也在救灾领域进行了合作。

---

① ［日］浦野起央：《国际关系理论导论》，刘更生朝译，中国社会科学出版社 2000 年版，第 134 页。

② Gaillard, Kelman and Grillos, "US-Philippines Military Relations After the Mt Pinatubo Eruption in 1991: A Disaster Diplomacy Perspective", *EJEAS*, 8.2, 2009, pp. 301 - 330.

③ 张季良：《国际关系概论》，世界知识出版社 1989 年版，第 54 页。

　　国家总的外交政策将随着国家利益的调整而调整。如中国国家利益的变化及其外交转型，正如王逸舟教授[①]与刘胜湘教授[②]所说，中国每隔 30 年会有一个大的外交转型，而这一外交转型源于国家利益的变化。如 1919—1949 年的"独立外交"、1949—1979 年的"生存外交"、1979—2009 年的"发展外交"，以至 2009—2039 年的"大国外交"等。由此可见，随着中国的发展，其国家利益也在不断发生变化。1919—1949 年中国最根本的国家利益就是争取民族独立；1949—1979 年中国最根本的国家利益就是确保新生政权的生存，获得国际社会的承认；1979—2009 年中国的根本国家利益就是以经济建设为中心，千方百计促进自身发展；而自 2009 年以后的 30 年内，中国的国家利益是追求从一个大国变成一个强盛的国家，通过和平发展，为世界的和平与发展做出贡献。中国外交转型的实质是伴随中国国力的提升，中国需要通过外交转型来保护日益增加的国家利益，保护原来没有能力保护的国家利益。[③]

　　中国越是发展、越是强大，越是应为国际社会的和平繁荣承担更大责任，做出更大贡献。救灾外交就越应在其大外交中占有一席之地。同样，救灾外交在 1919—1979 年的中国是无暇提及的，因为它作为外交手段，排在诸多实现外交目标的可选择手段的后边，甚至可以忽略不计。但进入 21 世纪后，救灾外交对于提高中国的软实力、改善国家形象显得机会难得、难能可贵。

　　2. 灾害影响国际关系是救灾外交产生的客观条件

　　灾害影响国际关系表现为：一方面灾害影响国际冲突（减缓国际冲突或导致、加剧国际冲突），另一方面灾害影响国际合作（导致、促进国际合作或阻碍国际合作）。与灾害有关的活动，本质上是政治，为潜在救灾外交打开了机会之窗。[④] 天有不测风云，人有旦夕祸福。人类在生活中

---

　　① 王逸舟：《论中国外交转型》，《学习与探索》2008 年第 5 期。

　　② 刘胜湘：《中国外交周期与外交转型》，《现代国际关系》2010 年第 1 期。

　　③ 杨洁勉：《试论和谐世界理念与国际体系转型的互动》，《毛泽东邓小平理论研究》，2007 年第 1 期。

　　④ Ilan Kelman, I., "Disaster Diplomacy: Can Tragedy Help Build Bridges Among Countries?", *UCAR Quarterly*, Fall 2007, p. 6.

难免有灾害降临，众多的灾害危害人民的生命财产安全和社会稳定发展。① 人类要共同应对这些灾害，就需要合作，但灾害并不必然导致国际合作（灾害还能导致国际冲突），它只为国际合作提供了机会。救灾外交作为一种新兴的外交手段，丰富了外交理论与实践。② 迈克尔·格兰茨、伊兰·凯尔曼、库克斯等学者对"灾难外交"（disaster diplomacy）进行了研究。救灾外交就是研究灾害与外交关系之间的联系，救灾外交指灾害导致外交合作，③ 一是救灾合作，二是更广泛的外交合作。

灾害对国际合作的影响体现在两方面：一是灾害可以导致国际合作，如联合国框架机制下的救灾合作、亚洲减灾中心的建立等；二是灾害可以影响国际合作，表现为灾害促进或者干扰已有的国际合作。如印度与巴基斯坦的地震外交，2001 年 1 月 26 日的印度西部地震，导致 2 万余人死亡，巴基斯坦向印度提供了援助，这促使 2001 年 6 月印巴峰会的召开。2005 年 10 月 8 日，7.6 级地震导致巴基斯坦 7 万余人（包括巴控克什米尔 1000 人）死亡，许多国家包括印度立刻提供了援助，印巴为方便救援采取合作——减轻控制线的限制。2005 年 10 月 19 日，克什米尔印巴控制区通讯恢复联系。在 2005 年 11 月，有超过 9 天时间，在沿实际控制线，开放了 5 处地点，允许救援物资通过。2005 年 11 月 19 日，平民被允许通过这些检查站寻找失踪的亲人，地震灾害促进了克什米尔的和平进程。④

由此可见，灾害不可避免地要发生，灾害对国际合作的影响也是显而易见的，救灾外交就不可视而不见、充耳不闻。为促进国际合作，减少或规避国际冲突，救灾外交就显得必要且重要。更为重要的是，国际合作的水平，也将影响救灾外交的开展。如 2011 年日本大地震发生后，基于美日同盟关系，美国出动了包括航母在内的军事装备参与日本地震救灾，而

---

① 崔蕴杰：《科学减灾——灾害应急管理与非工程减灾》，中国城市出版社 2011 年版，第 1 页。

② 毛维准、阙天舒：《灾难外交：一种新的外交方式？——印度洋地震海啸启示录》，《世界经济与政治》2005 年第 6 期。

③ N. Emel Ganapati, Ilan Kelman and Theodore Koukis, "Analysing Greek-Turkish Disaster-related Cooperation: A Disaster Diplomacy Perspective", *Cooperation and Conflict*, 2010.

④ Ilan Kelman, "Acting on Disaster Diplomacy", *Journal of International Affairs*, Vol. 59, No. 2, Spring/Summer 2006.

基于中日间的紧张关系，中国虽表明愿提供一切援助，包括派遣国际救援队，日本还是犹豫再三。可见灾前双边合作水平对救灾外交的展开影响之显著，另外 2013 年中国雅安地震发生后的救灾外交更能证明这一点，中国婉拒了包括美日在内的国际援助，但却接纳了俄罗斯的援助，包括俄罗斯的国际救援队也进入灾区参与救援，体现了中俄间不同寻常的伙伴关系，也反映了灾前中俄关系明显好于中日、中美关系。

3. 国际救灾合作水平决定救灾外交的起点和成效

国际救灾合作水平的高低主要反映在国际救灾合作机制的完善程度、国际救灾合作实践深入程度等方面。国际救灾合作水平对救灾外交的影响主要表现在以下两个方面。一是国际救灾合作水平决定了救灾外交的起点，如东亚地区已经建立了"一轴心两大国三层次"的救灾合作机制（所谓"一轴心"指东盟（ASEAN），"两大国"指中国和日本，"三层次"指超区域层次、区域层次和次区域层次[①]），而这些机制是东亚深化救灾合作的基础，同样也是促进救灾合作进而展开救灾外交的起点。

二是国际救灾合作水平影响救灾外交的效果，如中国在改革开放前拒绝国际援助，[②] 鲜有国际救灾合作，救灾外交也同样很少开展，但改革开放后，特别是 20 世纪九十年代以来，中国积极开展国际救灾合作，不仅接受国际援助、提供援助，而且积极参与国际救灾合作机制建构，特别是东亚救灾合作机制建构，进入 21 世纪，救灾外交也积极开展，如在 2004 年印度洋海啸、2008 年中国四川地震及 2011 年日本大地震发生后，中国都在救灾外交领域取得积极成果，不仅促进了人道主义救援，改善了中国的国家形象，也提升了国际救灾合作水平，促进了地区间的互信与合作。

4. 人道原则影响救灾外交的重心和边界

救灾外交可以实现救灾合作以外的其他国际合作，甚至可以实现军事、经济、文化等方面的外交目标。救灾援助国除人道主义援助外，还有

---

① 何章银：《东亚救灾合作机制建构的动因、特点及阻力研究》，《社会主义研究》2013 年第 3 期。

② 李天华：《从"拒绝外援"到"救灾外交"——改革开放以来中国政府应对国际救灾援助的政策演变及其评价》，《党史研究与教学》2008 年第 6 期。

外交意图和政治动机。① 但实施救灾外交需谨慎，灾害的发生人所不愿，不宜过度消费"灾害"，要以人道主义救援为中心，重点促进国际救灾合作。人道主义救援思想对救灾外交的影响体现在以下两方面：一是人道主义救援无法完全脱离政治。伊兰·凯尔曼指出有人认为灾害可以脱离政治，例如，通过中立和公正的人道主义援助，如红十字会和红新月会是最好的办法。然而，大多数的科学表明，与灾害有关的活动，本质上是政治，为潜在救灾外交取得积极成果打开了机会之窗。②

　　二是人道主义救援思想调节救灾外交的边界。救灾外交必须以人道主义救援为中心，通过声援慰问、提供物资、派遣救援人员等方式展开。不管实施救灾外交的主体是受灾国还是援助国，如果不顾及灾民的需求和感受，过度偏离"救灾"这一主题，必将引起灾民的不满及世界媒体的声讨。2003 年 12 月 26 日的伊朗巴姆地震证明了美伊救灾外交背后的不同目的，发扬人道主义精神（To demonstrate humanitarianism）是其众多目的之一，无论是伊朗还是美国，无论从地区还是国际上讲，都不被视为富有同情心的国家，这两个国家在人权记录上都受到批评。不友好国家之间提供和接受双边人道主义援助，为每一方声称支持全球人道主义努力提供了机会。③ 因担心救灾外交会偏离灾害，国际政治和试图支持长期和解的努力可能有损于满足眼前灾后需求。由于人道主义援助的紧迫需要，许多组织寻求把与灾害相关的努力与外交活动分离开来，特别是以公正、独立、中立为基本原则的国际红十字会和红新月运动。尽管政府很少扮演免费（政治）司机的角色，但一个国家的民众能推动政府提供或接受人道主义援助。在没有更多期待的情况下，关注与灾害有关活动而不是外交，通过救灾合作建立信任、加强联系，并使敌对国家树立信心，追求其他方面的合作。④

---

① 赵蜀蓉：《印度洋海啸与中国的东南亚战略》，《西南民族大学学报》（人文社科版）2005 年第 4 期；刘卫东：《大国的较量——海啸救援背后》，《中学生百科》2005 年第 19 期。

② Ilan Kelman, "Disaster diplomacy: Can Tragedy Help Build Bridges among Countries?", *UCAR Quarterly*, Fall 2007, p. 6.

③ Ilan Kelman, "Acting on Disaster Diplomacy", *Journal of International Affairs*, Vol. 59, No. 2, Spring/Summer 2006.

④ Gaillard, Kelman and Grillos, "US-Philippines Military Relations After the Mt Pinatubo Eruption in 1991: A Disaster Diplomacy Perspective", *EJEAS*, 8.2, 2009, pp. 301 – 330.

第二节　救灾外交的行为主体与种类

一　救灾外交的行为主体

20 世纪既是一个充满战乱和动荡的时代，也是一个所谓"外交民主化"和扩展"公众外交"的时代。① 20 世纪 90 年代冷战结束后，国际社会，特别是联合国主导下的国际救灾合作取得了重大进步。进入 21 世纪，救灾外交因地震、海啸、飓风等一系列灾害的爆发而活跃于国际舞台。作为非传统外交的一种新型外交方式，救灾外交不仅促进了国际救灾合作和人道主义救援活动的开展，而且可以重塑国家形象、改善国家间关系，以及实现经济、军事等其他外交目标。救灾外交既有别于传统外交，也具有公共外交的特点，在大外交理论框架下发挥着自身独特的作用。② 救灾外交的行为主体包括国家、组织和个人。国家是救灾外交的主要行为主体，同样，组织和个人也是救灾外交的重要行为主体。

1. 国家

新自由制度主义强调国家行为体的重要性。罗伯特·基欧汉曾强调非国家行为体的重要意义，但后来认识到非国家行为体仍然是从属于国家的，所以将注意力回转到国家上来。③ 国家在外交中扮演主导角色，在救灾外交中，国家主要提供援助、承担救援任务等，在救灾外交中发挥着不可替代的作用。从表 2—1 可以看出，向联合国减灾捐款的主要行为体除排在第 2、第 3 位的为世界银行和欧盟外，排在前 10 位的有 8 位为瑞典、英国、日本、挪威等国家行为体，说明国家是提供救灾援助的主要行为体，也是实施救灾外交的重要行为主体。

---

① ［英］杰夫·贝里奇：《外交：理论与实践》，庞中英译，北京大学出版社 2005 年版。

② 何章银、曹广伟：《救灾外交的特点和功能探析》，《太平洋学报》2013 年第 5 期。

③ Robert Keohane, "International Institutions and State Power", *International Relations Theory*, Boulder: Westview Press, 1989. p. 8.

表 2—1　　　　　　　　2000—2011 年向联合国减灾捐赠情况 ①　　　　单位：美元

国家	2000—2009 年	2010—2011 年	排名
瑞典	16967317	11921180	1
世界银行	15000000	9007000	2
欧盟	14086151	5525032	3
英国	15013823	875415	4
日本	12100893	2160754	5
挪威	8383277	2839155	6
德国	9419268	1263427	7
瑞士	6262692	2162968	8
澳大利亚	3071192	3897120	9
韩国	—	4999980	10
总计	100304613	44852031	

2. 组织

作为救灾外交主要行为主体的组织（organization）按照与政府的关系可分为政府组织和非政府组织（Non-governmental Organizations，NGO）。政府组织可分为政府间国际组织与国内政府组织。政府间国际组织有联合国、欧盟人道救援办公室（ECHO）、亚洲减灾中心（ADRC）等，联合国在长期与天灾人祸作斗争的实践中，以"联合国人道事务协调办公室"（OCHA）为轴心，逐渐建立并完善了一整套减灾救援协调体系。② 国内政府组织有美国的国土安全部或联邦应急管理署（FEMA）、中国的国家减灾委员会（简称"减灾委"）、日本的中央防灾会议、俄罗斯紧急情况部（EMERCOM）等。③

非政府组织（NGO）包括国际非政府组织与国内非政府组织。国际非政府组织有国际志愿机构委员会（ICVA）、国际移民组织（IOM）、志

---

① 参见联合国官方网站：联合国/人道主义事务/国际减少灾害战略/捐赠详细情况，参见网址：http：//www.unisdr.org/who-we-are/donors。

② 杨凯：《联合国框架下的国际人道救援协调机制初探——以海地地震灾害中的国际救援为个案》，《当代世界》2010 年第 3 期；另参见联合国人道事务救援协调办公室：http：//ochaon line. un. org/OCHAHome/AboutUs/ tabid/5838 /language/ en‐US/Default. aspxo。

③ 游志斌：《当代国际救灾体系比较研究》，博士学位论文，中共中央党校，2006 年。

愿国际行动美国委员会（InterAction）、红十字国际委员会（ICRC）、国际红十字和红星月联合会（IFRCSCHR）、人道主义应急指导委员会（SCHR）①、国际灾难志工组织（IDVO）、乐施会（Oxfam）、国际小母牛等；国内非政府组织，如中国扶贫基金会、南都公益基金会②、成都根与芽等。

　　政府组织在执行国家救灾外交政策中扮演重要的角色这一点不用赘述，如外交部、民政部、国防部、卫生部等政府部门承担着中国救灾外交的具体执行者和组织者的角色。在"政府失灵"和"市场失灵"的情况下，处于第一部门的政府组织和第二部门的企业组织无法深入的空白，处于第三部门的非政府组织（NGO）可以很好地加以补充。由表2—2可以看出，非政府组织（NGO）数量增长的速度远快于政府组织，到2000年，非政府组织的数量是政府组织的近7倍。如2008年中国汶川地震发生后，国际非政府组织和国内非政府组织在救灾中扮演着重要的角色。国际非政府组织如乐施会启动"乐施米义卖大行动"，邀请知名艺人出任"乐施大使"推动香港民众捐款，以及举办慈善晚会等，3个月内筹得善款逾1.3亿港元。1991—2008年，乐施会遍及国内30个省市，资金总投入近6亿元人民币。乐施会具有强有力的国际性网络、理念、运作机制和经验等优势。③再如国际小母牛，在中国5·12地震发生后，在筹款捐物、建立社区救助点等方面都表现出色。国内非政府组织也在救灾行动中表现出色。从表2—3可以看出，中国红十字总会和中华慈善总会在筹集资金、资源动员等方面具有压倒性的优势，也屡屡在救灾外交中发挥着重要作用，但其管理官僚化、财务不透明是其致命伤，在中国国内的信誉滑坡，从"郭美美事件"可见一斑。中国国内非政府组织的表现可谓活跃，在救灾舞台上发挥着重要作用，但要向国际非政府组织学习它们财务透

---

　　①　杨凯：《联合国框架下的国际人道救援协调机制初探——以海地地震灾害中的国际救援为个案》，《当代世界》2010年第3期。

　　②　南都公益基金会成立于2007年5月11日，它是经民政部批准成立的全国性非公募基金会。朱健刚、王超、胡明：《责任·行动·合作：汶川地震中NGO参与个案研究》，北京大学出版社2009年版，第19页。

　　③　朱健刚、王超、胡明：《责任·行动·合作：汶川地震中NGO参与个案研究》，北京大学出版社2009年版，第6、49、57页。

明、管理科学、救灾专业等方面的经验。

表 2—2　　　　　　　　1909—2000 年各种组织统计①　　　　　单位：个

年　份	1909	1951	1972	1978	1989	1995	2000
非政府组织	176	832	3733	9521	20063	36054	43958
政府组织	37	123	280	289	4068	5668	6415
各种组织	213	955	4013	9810	24131	41722	50373

　　总之，不可否认的是，各种组织在救灾外交的舞台上扮演着重要的角色，一方面宣扬了人道主义精神；另一方面也展现了不同国度的"友善"与"患难与共"。同时，为促进国际交流与合作、增信释疑与互助共荣发挥着自身独特的作用。

表 2—3　　　　　2008 年中国汶川地震部分社会组织救灾情况②　　　单位：亿元

组织类型	资源筹募	救灾阶段的投入	主要救灾方式	救灾工作特点
红十字总会和中华慈善总会	57.058	31.16	物款支持、一线救援、组织志愿者、与地方政府合作	配合中央统一部署、资源动员能力强，垂直行动迅速
16 家全国公募基金会	13.756	5.64	物款支持、一线救援、组织志愿者、与地方民间组织合作	针对性强、配合中央统一部署
行业协会	3*	3	物款支持	发动会员赈灾

　　① 资料来源：International Organizations by Year and Type（Table 2），Year book of international Organizations 1909/ 1999，Copyright @ Union of International Associations（http：//www.uia.org/）。

　　② 资料来源：中山大学公民与社会发展研究中心和香港中文大学公民社会研究中心：《社会部门的兴起与挑战——社会组织参与汶川地震救灾与重建的评估与建议》，2009 年 5 月。朱健刚、王超、胡明：《责任·行动·合作：汶川地震中 NGO 参与个案研究》，北京大学出版社 2009 年版，第 6 页。

续表

组织类型	资源筹募	救灾阶段的投入	主要救灾方式	救灾工作特点
私募基金会	12 *	4	物款支持、一线救援、志愿者组织和培训、资助民间组织	多方合作、机动灵活
境外民间组织	8.745	1.45	物款支持、一线救援、与当地民间组织和政府合作、组织志愿者	专业性强、管理高效、财务透明
国内民间组织和志愿团体	10 *	10	物款支持、一线救援、构建信息平台、组织志愿者	运用本地知识、联合行动、动员大量志愿者、信息及技术支持

3. 个人

巴斯顿（R. P. Barston）曾经指出："现代外交最明显的特点是国家或政府首脑个人外交的作用日益增强。"[①] 救灾外交的行为主体——个人，包括名人和普通人。名人包括政治明星（指国家领导人、政府首脑等各国政治精英）、文体明星、知名企业家、慈善家等；普通人指普通民众，特别是一国的普通民众在支援他国及本国救灾方面发挥着重要作用。

（1）政治明星。国家（政府）元首在救灾外交中扮演重要角色，"在国际法上，各国国家元首在本国的对外关系上是国家的最高代表"[②]。杰夫·贝里奇和阿兰·詹姆斯认为"首脑外交"（summitry）是"国家元首或政府首脑出于外交或宣传的目的举行的会议"[③]。中国元首外交的兴起有赖于20世纪90年代以后国内领导体制的变革。[④]国家主席集党政军大

---

①　［英］R. P. 巴斯顿：《现代外交》，赵怀普等译，世界知识出版社 2002 年版，第 5 页。

②　金正昆：《外交学》，中国人民大学出版社 2007 年版，第 95 页。

③　G. R. Berridge and Alan James, *A Dictionary of Diplomacy*, New York：Palgrave Macmillan，2003，pp. 255 – 256.

④　胡勇：《中国元首外交的兴起——一种国内政治的考察》，《外交评论》2009 年第 4 期。

权于一身，是名副其实的国家元首，在中国外交中扮演着举足轻重的作用。2004 年印度洋海啸发生后，时任中国国家主席胡锦涛及时致电印度尼西亚等七国领导人，代表中国政府和人民对他们表示慰问。时任中国总理温家宝和李肇星外长积极参加救灾会议，并承诺提供物质援助，开展救援、疾病预防等工作，推动了有史以来最大规模的国际人道主义援助工作。① 时任法国总统希拉克就说，这场灾难也是"我们的"。时任美国总统乔治·W. 布什迅速派出他的弟弟杰布和国务卿鲍威尔一道前往灾区，察看灾情，慰问灾民。2005 年 1 月 6 日，欧盟委员会主席巴罗佐表示，欧盟将向海啸受灾国提供 1 亿欧元（约合 1.32 亿美元）紧急赈灾款，并计划为受灾国提供 10 亿欧元的贷款。巴罗佐参加了当天举行的东盟地震和海啸灾后问题领导人特别会议。他指出，还将要求欧盟议会同意向受灾国提供 3.5 亿欧元，用于灾区长期重建工作。② 2008 年中国汶川地震发生后，美国、俄罗斯、印度、法国、英国等国家领导人纷纷致电中国时任国家主席胡锦涛表示慰问并表示愿提供一切援助。2008 年 5 月 24 日，联合国秘书长潘基文乘直升机抵达四川汶川映秀镇察看灾情。潘基文赞扬中国政府和领导人在抗震救灾中展现了超凡的领导能力，将尽其所能动员联合国力量帮助中国抗震救灾，重建家园。③ 2008 年 5 月 20 日上午，布什总统与第一夫人劳拉驱车到中国驻美国大使馆，在吊唁册上留言，向汶川大地震的死难者表达深切的悼念。时任俄罗斯总统梅德韦杰夫在地震发生后不仅致电慰问，还派遣救援队赴四川灾区救灾，并邀请千名四川灾区学生赴莫斯科疗养。时任韩国总统李明博 2008 年 5 月 30 日乘机抵达成都，专程赴四川地震灾区慰问，并邀请 20 名灾区学生于 2009 年 5 月 17 日在韩国总统府青瓦台做客。④ 2011 年日本地震发生后，美俄多国领导人致电慰问，中国领导人胡锦涛也第一时间致电慰问，中国总理温家宝于 2011 年

① 毛维准、阙天舒：《灾难外交：一种新的外交方式？——印度洋地震海啸启示录》，《世界经济与政治》2005 年第 6 期。

② 资料来源：《印尼海啸各国政府捐款》，《法治中国》，参见 http：//blog. sina. com. cn/s/blog_ 4bde0bb801009fqp. html。

③ 资料来源：《联合国秘书长潘基文访问中国地震灾区汶川映秀镇》2008 年 5 月 24 日，中国新闻网，参见 http：//www. chinanews. com/gj/ywdd/news/2008/05—24/1260910. shtml。

④ 资料来源：《李明博邀请四川震区青少年做客总统府》，2009 年 5 月 18 日，新华网，参见 http：//news. xinhuanet. com/photo/2009—05/18/content_ 11391852. htm。

5月21日访问了日本灾区。① 2011年12月23日，正在泰国访问的时任中国国家副主席习近平在时任泰国总理英拉陪同下，专程到曾遭受洪灾影响的曼谷乐达纳古信沙拉雅中学看望慰问学校师生。② 2014年4月23日，中国国家主席习近平就"岁月"号客船失事事件与韩国总统朴槿惠通电话，表示慰问，并表示将根据韩方要求提供帮助，朴槿惠再次就马航飞机失联事件向中方致以慰问，这是国家元首展开救灾外交的最新案例。

国家（政府）元首在救灾外交中扮演着重要的角色。无论是俄罗斯总统梅德韦杰夫邀请千名中国灾区学生赴俄疗养之于中俄地震外交，③ 韩国总统李明博访中国灾区并邀20名灾区学生做客总统府青瓦台之于中韩关系，还是中国总理温家宝访问日本灾区之于中日救灾外交，都有其重要的积极意义。这些举措既体现了人文关怀，又体现了国家元首在救灾外交中扮演着重要角色。

（2）文体明星。文体明星因受民众关注、示范效应和影响力大在救灾外交中扮演着特殊的角色。一是可以带头捐款赈灾。如2008年中国汶川地震发生后，"两岸三地"文体明星纷纷解囊，带头捐款，成龙和杨受成以基金会的名义捐款1000万元人民币，范冰冰捐款1000万元，新加坡艺人林俊杰捐款25万元等。二是通过成立基金会、慈善义演募集资金赈灾。文体明星在香港、台湾、内地举行多场义演，文化界募集资金超过15亿元人民币。三是文体艺人访问灾区，直接与灾区民众互动或者直接参与救灾、灾后重建等活动。灾害无国界，文体明星参与他国救灾，对于促进两国民众交流、增进两国民众了解，起着积极的推动作用。

（3）知名企业家。知名企业家参与本国或他国救灾，为发扬人道主义精神发挥了正效应。中国有个高调做慈善的知名企业家——陈光标，哪里有灾害，哪里就有陈光标的事迹。5·12汶川地震发生后，陈光标带领120名操作手和60台大型机械组成的救援队千里救灾，救回131条生命，

① 资料来源：《温家宝访问日本灾区》，2011年5月21日，中国网。参见 http://news.china.com.cn/rollnews/2011—05/21/content_ 7937688.htm。

② 《特写：习近平走访泰国灾区中学 共叙中泰一家亲》，2011年12月23日，凤凰网，参见 http://news.ifeng.com/gundong/detail_ 2011_ 12/23/11533777_ 0.shtml。

③ 资料来源：《俄罗斯总统与中国儿童同愿中俄世代友好》，2008年7月31日，中国经济网，参见 http://intl.ce.cn/specials/zxgjzh/200807/31/t20080731_ 16352737.shtml。

其中他亲自抱、背、抬出 200 多人，救活 14 人，还向地震灾区捐赠款物过亿元。① 温家宝总理称赞他是"有良知、有灵魂、有道德、有感情、心系灾区的企业家"，并向他表示致敬。② 2010 年 4 月 14 日 7 时 49 分，青海玉树发生 7.1 级地震。陈光标知道消息后，不顾刚刚从西南干旱灾区归来的劳累，在西宁购得 21 台吊机、推土机及挖掘机等救援设备后，第一时间抵达玉树县开展救援行动，为灾区人民贡献自己的力量，当时捐款就超过 3000 万元。陈光标每年在中国国内捐款捐物难以统计，自称每年捐款近亿元。2011 年日本地震发生后，陈光标捐款 200 万元。可以说，陈光标首先是一名成功的企业家，其次，是一名实实在在的慈善家，一位声称要"裸捐"的善人。与此同时，陈光标等企业家或者慈善家在救灾外交中一方面可以发扬人道主义精神，推动民众积极参与救灾与灾后重建；另一方面可以将救灾外交扩溢至本企业所在的经济领域（灾难发生后的慷慨解囊可以为其产品推广起到意想不到的作用）；甚至可以扩溢到文化领域（树立财富的正确观，陈光标声称，将每年把公司利润的 10%—20% 投入慈善事业，并裸捐财富用作慈善）等方面。

　　（4）普通民众。这里普通民众是对名人而言，而不是针对灾民而言。普通民众可以分为灾民和非灾民，也可以分为国内民众与国外民众。首先谈灾民在救灾外交中的作用，灾民面对灾害的应对、反应，反映出一国国民的精、气、神。如中国灾民面对灾害时的顽强、不屈不挠、相互帮助、舍己救人精神，日本灾民面对灾害时的冷静、有条不紊等都令人印象深刻。灾民的举动感动着世界人民，也鼓舞着世界人民。2008 年 5 月 20 日，布什总统在中国驻美使馆吊唁时写道："我告诉中国人民，我敬仰他们在地震后表现出的人格力量，在他们面对灾难挑战之际向他们致以慰问。"③ 其次是非灾民在救灾外交中的表现，一方面通过捐款捐物支援灾

　　① 陈光标，打开网页，关于他的新闻就一样——"发钱"，一个高调做慈善的企业家。资料来源：《陈光标发钱，一个无奈的次优选择》，2013 年 4 月 23 日，参见 http：//economy. caix-un. com/shj/20130423—CX03blas. html；《陈光标赴盈江发钱 2 小时 志愿者被强塞现金》，2011 年 3 月 17 日，新浪网参见 http：//news. sina. com. cn/s/p/2011—03—17/061622129944. shtml。

　　② 参见《青年慈善家陈光标》，2012 年 3 月 22 日，新浪博客，参见 http：//blog. si-na. com. cn/s/blog_ 614375770102e6d4. html。

　　③ 周文重：《救灾外交》，《出使美国（2005—2010）》，参见 http：//read. dangdang. com/content_ 2485335？ ref = read —3—C&book_ id = 17502。

民救灾及灾后重建；另一方面直接进入灾区参与救灾与灾后重建。这些都表现出"大爱无疆"的博爱精神和救危济困的人道主义精神，对于积累人与人之间的善意，增进人与人之间的沟通与了解，起着潜移默化的推动作用。

二 救灾外交的种类

灾害为公共外交的互动提供了平台，促生了以灾害为媒介的公共外交的危机反应模式——灾难外交的产生与发展。救灾外交作为一种新型外交方式，具有灵活性、形式多样性和不确定性等特点，成为冷战结束后国家利益维护和国家形象塑造的重要工具。[①] 根据不同的标准，救灾外交可以分为不同的类型。

1. 积极救灾外交与消极救灾外交

根据行为体是否创造机会开展救灾外交分为积极救灾外交和消极救灾外交。积极救灾外交，指积极创造机会开展救灾外交，如1999年希腊和土耳其救灾外交就属于积极救灾外交，邻国希腊和土耳其长期不和，1999年两国外交关系开始缓和，紧接着两国都发生了致命的地震，1999年8月17日的土耳其地震导致1.7万人死亡，25万间房屋和商铺被毁。1999年9月7日的希腊地震导致143人死亡，50栋建筑被毁。两国利用两次地震灾害相互支援，展开积极救灾外交，两国关系从而得到进一步改善。[②] 冲突中的国家想要进行长期的救灾合作，应具备以下条件：一是当一方向另一方提供救灾援助，另一方也能互惠提供；二是邻居在受灾的时候能够实现和接受对方的援助；三是有一个有利的更广的氛围（如和解过程）维护长期的合作。消极救灾外交，指不积极创造机会开展救灾外交，如从1949年新中国成立到1979年改革开放30年间，中国政府应对国际救灾援助的政策，简言之，就是"拒绝外援"。[③] 1950年2月，时任

---

① 李德芳：《灾难外交：公共外交的危机反应模式》，《国际论坛》2008年第5期。

② Ganapti, E., I. Kelman, and T. Koukis, "Analyzing Greek-Turkish Disaster-Related Cooperation: A Disaster Diplomacy Perspective", *Cooperation and Conflict*, Vol. 45, No. 2, 2010, pp. 162 - 185.

③ 李天华：《从"拒绝外援"到"救灾外交"——改革开放以来中国政府应对国际救灾援助的政策演变及其评价》，《党史研究与教学》2008年第6期。

中国政务院副总理董必武将我国的救灾工作方针正式表述为："生产自救，节约度荒，群众互助，以工代贩，辅之以必要的救济。"① 把握该方针将"生产自救"的精神，也就是"自力更生"的救灾思想，放在了第一位。尽管也提到要"辅之以必要的救济"，但这种救济，仅仅是指国内各级政府对灾区和灾民的救济，并不包括国际救灾援助。改革开放前的中国拒绝国际援助，就属于消极救灾外交，2013 年 4 月 20 日中国雅安地震发生后，中国婉拒国际援助，也属于此类。

2. 邻国救灾外交与非邻国救灾外交

根据行为体空间距离的远近可分为邻国救灾外交与非邻国救灾外交。首先是邻国救灾外交，分为陆地邻国和水域邻国。陆地邻国救灾外交比较典型的案例有印度和巴基斯坦的救灾外交。2001 年 1 月 26 日的印度西部地震，导致 2 万余人死亡，巴基斯坦向印度提供了援助，这促使 2001 年 6 月印巴峰会的召开。水域邻国救灾外交有朝鲜和日本、古巴和美国的救灾外交。2001 年 9 月 11 日美国遭到恐怖袭击，古巴表达了慰问，2001 年 11 月"米歇尔"飓风袭击古巴，导致美巴间贸易的发生，同样，2005 年"丹尼斯"飓风袭击古巴也开启了美巴间的贸易，古巴在"卡特里娜"飓风后也向美国提供了援助。② 邻国开展救灾外交具有得天独厚的优势：一是距离近、救灾反应快捷，便于建立长期的救灾合作机制；二是邻国一般文化交融，民众交往联系紧密，开展人道主义救援容易得到国内民众的支持。③

其次是非邻国救灾外交，如美国和伊朗。2003 年 12 月 26 日的伊朗巴姆地震展示了美伊救灾外交，伊朗对灾害应对不力将影响选举结果，若拒绝（美国的）援助，灾民会批评政府心胸狭窄，对于美国不提供援助或伊朗拒绝接受援助，不管援助是否需要，都将损害双方希望缓和的微妙关系，无论是伊朗还是美国，无论从地区还是国际上讲，都不被视为富有同情心的国家，这两个国家在人权记录上都受到了批评。不友好国家之间提供和接受双边人道主义援助，为每一方声称支持全球人道主义努力提供

① 新华时事丛刊社：《生产救灾》，新华书店 1950 年版，第 15 页。

② Ilan Kelman，"Hurricane Katrina Disaster Diplomacy"，*Disasters*，Vol. 31，No. 3，2007，pp. 288 – 309.

③ Ilan Kelman，"Acting on Disaster Diplomacy"，*Journal of International Affairs*，Vol. 59，No. 2，Spring/Summer 2006.

了的机会。2004 年 1 月早些时候，在没有征询德黑兰意见的情况下，华盛顿提议派出高级政治代表团，作为救灾努力的一部分，伊朗拒绝了该提议。2005 年 2 月 22 日伊朗南部的地震导致逾 600 人死亡，伊朗拒绝了美国的援助，伊朗驻联合国大使贾瓦德·扎里夫指出："伊朗没有拒绝帮助，而是说我们自己能处理。"然而，来自阿尔及利亚、澳大利亚、中国、日本、阿拉伯联合酋长国和一些国际组织的援助被接受驳斥了这一声明。非邻国救灾外交受到距离远等不利条件限制，但依然可以通过国际组织，甚至直接派遣人员参与救灾等方式开展救灾外交。

3. 相互援助救灾外交、联合援助救灾外交与援助国—受援国救灾外交

根据援助间的关系可分为相互援助救灾外交、联合援助救灾外交与援助国—受援国救灾外交。相互援助救灾外交，指多国面临相同的灾害，可互相援助，如古巴和美国面临相同的飓风等灾害时，相互提供援助；联合援助救灾外交，许多国家联合援助共同的敌国，如 1995 年朝鲜遭遇旱灾和洪水灾害后，中国、韩国、日本和美国虽然存在不同层次的冲突，但却共同援助朝鲜；援助国—受援国救灾外交，如美国在伊朗 2003 年 12 月 26 日地震后援助伊朗，而伊朗在美国 2005 年 8 月"卡特里娜"飓风后援助美国。

4. 政府主导型救灾外交、组织主导型救灾外交、民众主导型救灾外交与复合型救灾外交

根据灾难外交的水平层次，可分为：政府主导型救灾外交，如 2001 年和 2005 年印度与巴基斯坦地震救灾外交；组织主导型救灾外交，包括联合国、非政府组织、媒体、私营部门、游说团体、研究机构等主导的救灾外交；民众主导型救灾外交，如 1999 年希腊与土耳其的救灾外交；复合型救灾外交，指前三种的任意联合。①

5. 地震救灾外交、气候救灾外交、水灾救灾外交、饥荒救灾外交等

根据灾害的类别，可分为：地震救灾外交，如 2003 年美国—伊朗（巴姆）地震救灾外交、2008 年中国汶川地震发生后的一系列救灾外交；

---

① Ilan Kelman, "Acting on Disaster Diplomacy", *Journal of International Affairs*, Vol. 59, No. 2, Spring/Summer 2006.

气候救灾外交，如 2009 年哥本哈根世界气候大会展开的外交；水灾救灾外交，如 1998 年中国长江洪水灾害外交；饥荒救灾外交，如 2000 年埃塞俄比亚—厄立特里亚救灾外交，因干旱和战争，埃塞俄比亚 800 多万人面临食物短缺，厄立特里亚 21.1 万余人受到干旱的影响。当战争正式结束，埃塞俄比亚—厄立特里亚救灾外交在 2002 年 11 月再次展开，但边境仲裁尚未完全界定。埃塞俄比亚的 14 万人和厄立特里亚的 140 万人需要粮食援助。埃塞俄比亚再次拒绝通过厄立特里亚港口运送粮食到埃塞俄比亚。当然还有很多救灾外交类别，如环境救灾外交、飓风救灾外交、特定传染病救灾外交等。

6. 示强型救灾外交与示弱型救灾外交

示强型救灾外交指受灾国在本国应灾能力不足的情况下依然拒绝国际援助或者在本可以接受国际援助的情况下拒绝接受国际援助，受灾国政府一般处于政治考量而做出这类决策，又或是援助国出于政治考量，援助额往往高于世界平均水平。如中国 1976 年唐山地震后及 2013 年雅安地震发生后均拒绝国际援助，伊朗、朝鲜、印度（2004 年印度洋海啸）等国均拒绝过国际援助。新中国成立初期的中国对社会主义国家的援助也往往是"扎紧自己的裤腰带也不能亏了阶级兄弟"，2004 年印度洋海啸发生后，日本等国的援助额也远远高于实力更为强大的美国也属此类。示弱型救灾外交指受灾国在原本有能力应对灾害的情况下，依然乐于接受国际援助，展现开放姿态，如美国 2005 年"卡特里娜"飓风发生后，依然接受国际援助，又或者援助国实力雄厚，而援助金额却与该国国际地位与实力不符，反应当前双边关系的现实，如中国 2010 年青海玉树地震，美国仅仅援助 10 万美元，2013 年菲律宾遭受台风"海燕"袭击，中国开始也只提供了 10 万美元的援助（后追加 1000 万元人民币救灾物资，并派和平方舟号及两栖登陆舰参与救灾），但与美国开始便提供 2000 万美元的援助依然显得很少，这反映了中菲两国紧张外交关系的现实。

第三节　救灾外交的形式与特点

一　救灾外交的形式

救灾外交的形式很多，主要有声援慰问、提供物资、派遣人员、技术支援、协商合作、救灾演习等。

1. 声援慰问

声援慰问是国际社会应对灾害的第一反应，也是救灾外交的一种重要形式。2008 年 5 月 12 日中国汶川 8.1 级地震，造成 6.9 万多人遇难、1.8 万多人失踪、3.7 万多人伤残，全部受灾人口达 4600 多万，受灾面积逾 10 万平方千米。12 日当天，就有许多国家和国际组织，包括日本、英国、智利、墨西哥、美国、葡萄牙、以色列、德国、欧盟、联合国等，向中国表达了慰问和援助意向。13 日，外交部发言人秦刚代表中国政府和人民对国际社会的慰问和援助"表示衷心感谢和欢迎"。同日，国家主席胡锦涛与美国总统布什通电话，对美方的慰问和援助表示感谢。5 月 24 日，国务院总理温家宝在汶川映秀镇会见前去灾区慰问的联合国秘书长潘基文，感谢联合国和世界各国的关心和援助。① 可见，声援慰问成了救灾外交一种不可或缺的重要形式。再如 2004 年 12 月 26 日印度洋海啸、2005 年美国"卡特里娜"飓风、2011 年日本大地震发生后，中国领导人胡锦涛、温家宝在第一时间向有关国家领导人致电表示慰问并表示愿提供援助。温家宝在 2011 年日本大地震后不久就访问了日本灾区，对灾民表示慰问。2008 年，也有多国领导人到访四川灾区，表示慰问，如韩国总统李明博、联合国秘书长潘基文等。

表 2—4　　　　　2008 年中国 5·12 汶川地震发生后部分外国
领导人致电中国领导人情况②

时间	国家	领导人	致电内容
5 月 12 日	联合国	秘书长潘基文	时任中国外交部长杨洁篪 12 日晚应邀与联合国秘书长潘基文通电话。潘基文说，联合国将全力支持中国的救灾和重建工作③

① 李天华：《从"拒绝外援"到"救灾外交"——改革开放以来中国政府应对国际救灾援助的政策演变及其评价》，《党史研究与教学》2008 年第 6 期。

② 资料来源：《一些外国政要就四川地震灾害向中方表示慰问》，2008 年 5 月 13 日，新华网，参见 http://news.xinhuanet.com/world/2008—05/13/content_ 8162841_ 1.htm。

③ 参见《国际社会密切关注中国抗震救灾》，《中国经济导报》2008 年 5 月 15 日。

续表

时间	国家	领导人	致电内容
5月13日	美国	总统布什	国家主席胡锦涛13日晚应约同美国总统布什通电话。布什表示，美方深表关切，愿提供一切可能的帮助。胡锦涛强调愿同布什总统一道，推动中美建设性合作关系持续健康稳定发展①
	俄罗斯	总统梅德韦杰夫	俄罗斯总统梅德韦杰夫对四川发生地震深表同情，对遇难者家属致以诚挚慰问，祝愿所有受伤人员早日康复。普京总理表示俄方愿为抗震救灾工作提供必要协助
	韩国	总统李明博	韩国总统李明博对灾害遇难者表示深切哀悼，对其家属及伤员表示慰问，希望有关抗震救灾工作早日顺利完成②
	巴基斯坦	总统穆沙拉夫、总理吉拉尼	时任巴基斯坦总统穆沙拉夫、总理吉拉尼表示，相信百折不挠的中国人民一定能在最短的时间内重建家园，巴基斯坦人民将全力支持伟大的中国人民
	墨西哥	总统卡尔德龙	时任墨西哥总统卡尔德龙表示，相信在中国政府坚强领导下，灾区人民一定能够早日重建家园，墨政府将提供救灾援助

2. 提供物资

提供物资包括提供紧缺救灾物品和救灾及灾后重建资金。2008年中国汶川大地震发生后，国际社会迅速提供物资，进行救援。截至2008年6月4日，中国共接受166个国家和6个国际组织通过各种方式提供的救援款项折合人民币47亿多元，以及救灾物资5000多吨。中国2008年汶川地震共接受国内外捐款达760亿元人民币。援助国分布之广、援助额数量之大、援助速度之快，在中国接受救灾外援的历史上都是空前的。2004

---

① 参见《胡锦涛主席同布什总统通电话》，《人民网》2008年5月14日，参见 http: // cpc. people. com. cn/GB/64093/64094/ 7235 694. html。

② 参见《俄韩等国政府和领导人就地震灾害向中方表慰问》，2008年5月13日，福州新闻网，参见 http：//news. fznews. com. cn /zt/2008/scddz/ggww/2008—5—13/2008513 + 4o_ 3q9e0 z15395. shtml。

年印度洋海啸发生后，中国政府先提供总额为 2163 万元人民币的紧急援助，后又追加 5 亿元人民币援助和 2000 万美元多边捐助；2005 年 9 月，美国遭受"卡特里娜"飓风袭击，中国政府提供 500 万美元紧急援助；2005 年 10 月，巴基斯坦北部发生强烈地震，中国政府提供包括现汇和物资在内的 620 万美元紧急援助，并向灾区派遣搜救队；2007 年 11 月，孟加拉国遭受强热带风暴袭击，中国政府提供 100 万美元紧急援助；2008 年 5 月，缅甸遭受强热带风暴袭击，中国政府在领导本国人民抗击汶川大地震的同时，先后向缅甸提供了累计达 1 亿元人民币的救灾款物，充分体现了中国"与邻为善、以邻为伴"的睦邻友好政策。[①] 提供物资是救灾外交的重要形式，也是人道主义救援的客观需求。

表 2—5　　　　　　2004—2008 年接受援助的主要国家[②]　　　单位：亿美元、%

数额 国家 年度	2004 年	2005 年	2006 年	2007 年	2008 年	总计	所占比例
印度尼西亚	3.3	150.1	96.9	79.7	10.7	340.6	19
斯里兰卡	0.5	65.7	50.0	61.3	13.5	191.1	11
巴基斯坦	0.4	102.6	41.6	13.8	12.5	170.8	10
中国	2.8	6.9	2.1	2.9	105.7	120.3	7
马尔代夫	0.2	29.4	8.9	44.2	1.3	84.0	5
缅甸	1.2	9.3	0.2	1.1	60.9	72.7	4
朝鲜	10.1	14.3	12.1	16.5	8.9	61.9	3
孟加拉国	7.8	4.8	0.5	14.0	11.6	38.7	2
伊朗	23.9	8.7	0.2	0.3	-0.0	33.1	2
乍得	10.0	4.4	6.1	6.7	3.8	31.0	2

从表 2—5 可以看出，印度尼西亚、斯里兰卡接受援助总额排在第 1、

---

① 李天华：《从"拒绝外援"到"救灾外交"——改革开放以来中国政府应对国际救灾援助的政策演变及其评价》，《党史研究与教学》2008 年第 6 期。

② 红十字会与红新月会国际联合会（英语：International Federation of Red Cross and Red Crescent Societies，其成员为各国红十字会或红新月会）网站/2009—2013 年前 30 个接受援助国家每年接受国际基金情况。http：//www.ifrc.org/Docs/Appeals/statistic/recip0408.pdf。

第2位，主要援助是2005年接受的，皆因2004年印度洋海啸（海啸发生的时间是2004年12月26日）；排在第3位的巴基斯坦，主要接受援助来自2005年，也是因发生大地震（2005年10月8日，巴基斯坦西北边境省和巴控克什米尔等地发生里氏7.6级地震。那场南亚大地震造成巴西北边境省和巴控克什米尔等地至少7.3万人死亡，近7万人重伤，350万人流离失所）；而中国接受援助总额排在第4位，主要接受援助的年份是2008年，当年中国四川发生5·12汶川大地震。由此可见，提供援助是救灾外交的一种主要形式。

3. 派遣人员

派遣人员包括派遣国际救援队、医疗队、志愿者、特使等。如2008年中国汶川地震发生后，日本、俄罗斯、韩国、新加坡等国和台湾地区派遣的救援队以及意大利、法国、古巴、巴基斯坦等国和世界卫生组织派遣的医护卫生人员，都在地震灾区发挥了重要作用。中国政府迅速、坦然地接受国际社会参与救灾工作，不仅充分体现了中国共产党"以人为本"的执政理念和中国人民对国际人道主义的认同，而且巧妙地借助"地震外交""人道外交"的新模式，化解了某些西方国家"妖魔化"中国的惯性攻势，改善了自身的国际形象。[①] 2004年印度洋海啸发生后，美国总统布什派出自己的弟弟作为总统特使访问灾区，这为美国救灾外交增色不少。1993年，联合国成立了国际搜救与救援协调组织，之后，各国纷纷成立了自己的国际救援队。中国政府根据国际和国内的需求，从人道主义的立场出发，经国务院和中央军委批准，2001年4月27日，成立了由地震专家、工兵部队搜救人员以及医疗技术人员组成的，承担国内外以地震灾害为主的紧急救援任务的中国国际救援队。此后，中国国际救援队又先后参加了阿尔及利亚、伊朗、巴基斯坦、印度尼西亚4次大型地震、海啸等自然灾害紧急医疗救援任务，充分展现了中华民族扶危济困的美德，受到灾区政府和民众的高度赞扬和国际社会的广泛好评。[②]

---

① 李天华：《从"拒绝外援"到"救灾外交"—改革开放以来中国政府应对国际救灾援助的政策演变及其评价》，《党史研究与教学》2008年第6期。

② 陈天平、吴敏：《国际大救援—中国国际救援队征战备忘录》，《中国作家》2008年第15期。

4. 技术支援

技术支援指提供与救灾相关的技术和设备。如美国为太平洋沿岸一些国家如泰国、新加坡、菲律宾等提供地震海啸预警相关技术设备；美国GPS定位系统为相关国家提供救灾服务，为救援伤员和投送物资提供帮助等。再如2008年中国汶川地震发生后，美国为中国提供灾区高清图片（利用其卫星拍摄），俄罗斯为中国提供运送大型机械设备的大型运输直升机（支援和提供租赁），2008年5月25日，由俄罗斯支援中国四川抢险救灾的一架米-26重型运输直升机飞抵四川德阳市广汉机场，① 执行吊运大型机械设备的任务，仅用两架次就将唐家山堰塞湖230名受灾群众转移到安全地带；2011年日本大地震发生后，中国提供大型62米泵车；②挪威在海洋打捞技术装备的优势，使其在海难事故救援中一显身手（如2002年帮俄罗斯打捞库尔斯克号核潜艇）等。技术装备支援是救灾外交的特殊领域，可以充分显示施援国的实力，如大飞机、大舰船等在救援中都扮演着特殊的作用，美国在2004年印度洋海啸、2011年日本地震发生后都派出航空母舰参与救灾，其强大国力彰显无遗。

5. 协商合作

协商合作是救灾外交的重要形式，救灾合作成果和救灾合作机制的建构都是协商合作的重要成果。如1997年12月在日本京都由《联合国气候变化框架公约》参加国三次会议制定《京都议定书》，东盟地区论坛每年召开一次救灾会间会、制定了《ARF地区论坛人道主义援助和减灾战略指导文件》《ARF减灾工作计划》《ARF灾害管理与应急反应声明》《ARF救灾合作指导原则》和东亚峰会通过的《东亚峰会灾害管理帕塔亚声明》框架性协议等，再如中国自2009年以来已连续成功举办五届上海国际减灾与安全博览会（截至2013年），联合国主管灾后援助的人道主义协调办公室借此平台召开年度联合国人道主义伙伴关系会议，有近30个国家的减灾领域负责人及机构近300名专业人士到会，上海国际减灾和

---

① 资料来源：《俄罗斯派米-26直升机到中国帮助地震救灾》，2008年5月26日，新华网，参见 http://war.163.com/08/0526/09/4CS1IPGP00011MTO.html。

② 资料来源：《中国向日本捐赠62米重型泵车参与核电站救灾》，2011年3月22日，新华网，参见 http://military.china.com/news/568/20110322/16442745.html。

安全博览会成了各国减灾行业互相交流的国际化平台。这些都是救灾外交中，通过协商合作取得的重要成果。

表2—6　　　　　　　　　部分国际救灾合作会议①

时间	举办国	举办地点	会议名称	主题或成果
2006年9月18—20日	中国和印度尼西亚	中国（山东青岛）	第六次ARF救灾会间会	"共享救灾资源，共同应对灾害"
2006年11月21—22日	中国	中国（北京）	第二次上海合作组织成员国紧急救灾部门部长会议	会议通过了《上海合作组织成员国2007—2008年救灾合作行动方案》
2011年10月28日	中国	中国（北京）	第二届中日韩灾害管理部门负责人会议	会议通过了《第二届中日韩灾害管理部门负责人会议联合声明》

6. 救灾演习

救灾演习是救灾外交中与军队结合最为紧密的一种外交形式，这类救灾演习很多，如美国同盟国（日本、韩国等）的救灾演习、上海合作组织框架下的救灾演习等。东亚地区国家间开展多次救灾演习，特别是以"海上搜救演习"为主的合作救灾演习。中日韩在2005年7月7日举行了"2005年东海联合搜救演习"，东盟各国海事部门派员观摩演习；中日于2007年3月13日、2009年3月17日、2012年3月15日举行了联合海上搜救通信演习。中韩两国举办了多次海上搜救应急通信联合演习。韩日于2007年6月21日举行了第五次联合搜救演习。2011年3月15日，印度尼西亚和日本联合主办了2011东盟地区论坛救灾演练，以万鸦老市附近海域发生强烈地震并引发海啸为假想灾害，主要为实地演练、桌面推演和人道主义救援行动三部分，来自中国、印度尼西亚、日本、欧盟等20多个国家和国际组织的代表参加了此次演练；东亚有关国家开展了以"海

① 资料来源：根据网站新闻报道整理，参见 http://www.gov.cn/jrzg/2006—09/20/content_394025.htm。

上搜救演习"为主的救灾合作演习，一方面为日后开展救灾合作积累了
宝贵的经验，另一方面也充分展示了东亚人民救灾合作方面的远见和
智慧。

表 2—7　　　　　　　　　　　部分国际救灾合作演习

演习时间	演习地点	演习名称	演习内容	参与国家
2003 年 11 月 16 日	中国上海附近的东海海域	中印海军首次联合搜救演习	联合搜救	中国、印度
2005 年 7 月 7 日	中国上海洋山深水港	2005 东海搜救演习	联合搜救演习	中国、日本、韩国
2011 年 3 月 15—19 日	印度尼西亚北苏拉威西省万鸦老市	2011 东盟地区论坛救灾演练	以万鸦老市附近海域发生强烈地震并引发海啸为假想灾害，主要为实地演练、桌面推演和人道主义救援行动	中国、印度尼西亚、日本、欧盟等 20 多个国家和国际组织的代表参加了此次演练
2012 年 11 月 29—30 日	中国成都市	中美人道主义救援减灾联合演练	人道主义救援减灾联合演练	中国、美国

二　救灾外交的特点

在当代，国际援助日益成为维护国家安全的重要预防性外交手段。一
个成功的国际援助计划，不仅使受援国得到实惠，而且可以给援助国带来
多方面的利益，更重要的是有助于相互关系的改善和发展。[1] 灾难外交作
为一种新型外交方式，具有灵活性、形式多样性和不确定性等特点，成为
冷战结束后国家利益维护和国家形象塑造的重要工具。[2] 笔者结合国内外
学者对救灾外交的研究，认为救灾外交属于非传统外交，其主要有以下几
个特点。

---

[1] 张满平：《预防性外交理论的现实诠释——以印度洋海啸事件为例》，《毛泽东邓小平理论研究》2005 年第 5 期。

[2] 李德芳：《灾难外交：公共外交的危机反应模式》，《国际论坛》2008 年第 5 期。

1. 时效性与扩溢性

灾害具有突发性、紧迫性、严重性和持续性等特征。灾害的威胁和突发性为推动冲突国家间的合作创造了机会，为共同应对灾难，国家可能摒弃前嫌，超越阻碍。救灾外交同文化外交、经济外交等其他外交形式相比，因灾害的特殊性，不管是自然灾害还是人为灾害，都具有突发性，因此一国除了及时应对灾害或者灾害援助以外，还可借此灾害转"危"为"机"，展开救灾外交，实现除人道主义救援外的其他外交目标。这类灾害如地震、海啸、飓风等，要求救灾外交要具有时效性。

救灾外交似乎可遇不可求，机会稍纵即逝，但若对防灾备灾领域展开合作与外交，救灾外交的时效延长，其作用和影响也随之扩大。另外，也可以救灾外交为契机，把外交扩展至与灾后恢复重建密切相关的经济领域，甚至是与灾害预警相关联的军事等领域，救灾外交的扩溢性不仅指可以纵向延伸至灾前防灾备灾及灾后的恢复重建，而且可以横向延伸或拓展至与之相关的经济、军事、文化、政治等领域。当然，对于长期性的灾害如气候问题、生态问题等，救灾外交就演变成各国的长期博弈，如"哥本哈根世界气候大会"就是一例。1991 年美国依赖美菲救灾外交路径，处理 2 个军事基地租赁问题，就是将救灾外交扩溢到军事领域。

2. 集体性与双边性

灾害发生后的集体行为表现在两个方面：一是灾区内灾民的集体行为，如相互支援的自救行为、集体逃生行为等；二是灾区外的集体行为，如进入灾区参与救援、向灾区捐献救援物资等集体行为。台湾学者汤京平认为，集体行动的动机分为物质性的（material）动机、社群性的（solidary）动机、目的性的（purposive）动机和情绪性的（emotional）动机。[①]国际社会参与救灾也非一国之行为，而是数十国甚至全球的集体行为，这种行为的动机也许兼有以上四种动机，无论是出于人道主义救援的目的，还是迫于国际社会的压力，国际社会救灾的集体性是不容否认的，而借救灾展开外交也非一国或少数国家之举，具有集体性。

另外救灾外交同时具有双边性，除多边机制外，救灾外交多以双边形

---

① 汤京平等：《灾后重建政策诱因排挤——以九二一地震后某社区营造集体行动为例》，《政治学报》2009 年第 48 期。

式进行。受援国与施援国的双边关系影响救灾外交的成效，如 2011 年日本大地震发生后，日本可以接受盟友——美国包括其军队在内的大力援助，却对邻国——中国的援助慎之又慎，采取选择性接受。巴基斯坦在 2008 年中国汶川地震发生后"倾囊相赠"，而在 2011 年日本发生地震后却不会如此慷慨。救灾外交也影响双边关系，特别是灾前处于敌对状态的国家间的关系，如希腊与土耳其、美国与古巴均借救灾外交改善了双边关系，所以救灾外交具有双边性。

3. 公开性与公共性

外交的公开性是指公开外交而非秘密外交。救灾外交不能像第二次世界大战前欧洲一样采取"秘密外交"，也不能像东亚一样采取"家鸭外交"，媒体在救灾中对于传递灾情、呼吁社会救助等方面正发挥着不可替代的作用。救灾外交要充分利用当今媒体，及时应对灾害，展开公开救灾外交。如 2013 年 4 月 20 日中国雅安地震发生后，俄罗斯总统普京两度致电中国领导人习近平表示慰问，并愿意提供一切援助，彰显了中俄特殊友好关系；然而，在多国领导人致电慰问的情况下，朝鲜领导人却没有，显示中朝两国关系微妙。

外交的公共性指公共外交而非传统外交，传统外交主要是指针对一国政府的外交，而外交的公共性指外交的对象不仅包括一国政府，还包括一国民众、非政府组织等。英国学者杰夫·贝里奇（G. R. Berridge）认为"外交并不仅仅是职业外交机构的行为"①。救灾外交的主要对象和行为体不仅包括主权国家，或者政府的专门外交机构——外交部，还包括其他政府机构，如民政部、国防部、卫生部等；同样包括非政府组织（NGO）、慈善机构、社会团体、个人等。另外，救灾外交针对受灾国民众的意图非常明显，如美国对伊朗巴姆地震的救灾外交，伊朗领导人考虑到民意，不得不接受援助。因此，救灾外交的公共性是显而易见的。

4. 强迫性与自愿性

所谓救灾外交的强迫性主要指迫于来自国际社会的压力，一国不得不开展人道主义援助和救灾外交。一旦一国遇到大的灾害，他国若置之不

---

① ［英］杰夫·贝里奇（G. R. Berridge）：《外交理论与实践》，庞中英译，北京大学出版社 2005 年版，第 1—2 页。

理、旁若无事，将会被贴上"冷血"的标签，引来国际社会的批评。若一国反应迟钝或吝啬，同样会受到媒体的责难。受灾国也很难隐瞒重大灾情，拒绝接受援助导致重大损失同样会受到国际社会的批评。如2003年12月26日伊朗巴姆地震后不得不接受美国的援助，美国也不得不向敌国提供援助，不友好国家之间提供和接受双边人道主义援助为每一方声称支持全球人道主义努力提供了机会。

救灾外交的自愿性指一国是否接受援助或者是否援助他国，以及接受或施援的形式、多寡等均靠自愿。如2004年印度洋海啸，美国是最富有的国家，但援助的金额却不是最多的，日本和德国援助的金额均大于美国，美国虽迫于国际社会压力追加援助，但仍被冠以"小气"之名。美国借重其军事实力，出动航母等军舰参与救灾，其救灾外交发挥得淋漓尽致。再如，埃塞俄比亚 — 厄立特里亚灾难外交在2002年11月再次展开，在埃塞俄比亚有14万人需要粮食援助，而厄立特里亚有140万人需要粮食援助，埃塞俄比亚再次拒绝通过厄立特里亚港口运送粮食到埃塞俄比亚。

第四节　救灾外交的功能与障碍

一　救灾外交的功能

救灾外交对救灾合作的贡献和作用是显而易见的，灾害可以导致外交合作，救灾外交可以对外交产生影响，但对外交产生长期和重要影响的往往是非灾害因素。救灾外交主要有以下几个功能。

1. 经济功能

救灾外交的经济功能主要表现在以下几方面：一是在灾害发生后，采取的人道主义援助措施，不论提供资金还是物资，都大大缓解了受灾国应对灾害的经济负担；二是在灾害发生前，通过备灾和防灾领域及灾害预警领域的合作，可以减少灾害损失；三是在灾后恢复重建中提供技术、资金等，可加快灾区恢复，有利于受灾国经济恢复和发展。从表2—8可以看出，2000—2011年的12年间，全球灾害造成的损失达1300000000000美元（1.3万亿美元），受灾人口达2700000000人（27亿人），死亡人数达1100000人（110万人）。历史上，发生过多起巨灾，中国就发生过数起灾民死亡过千万的巨灾，经济损失特别巨大，这些巨灾严重影响了其经济社会的发展。如表2—9所示，2005年美国"卡特里娜"飓风造成的经济损失高达1250亿美元，2004年印度洋海啸、2008年中国汶川大地震、2011年日本大地震均造成巨大的人员和财产损失。美、中、日凭借强大的经济实力主要依靠本国财力进行救灾和灾后恢复重建，但东南亚诸国在印度洋海啸后主要靠国际援助进行救灾和灾后恢复重建，比如印度尼西亚接受国际社会援助资金近30亿美元，只负担了重建资金的35%，这避免了印度尼西亚因灾致贫或者因灾难以持续发展经济。这样，印度尼西亚政府可以将本要应用在救灾方面的资金投入其他领域，产生经济效益，维持其可持续发展。

表2—8　　　　　　　　2000—2011年受灾情况统计①　　　　　单位：美元、人

经济损失	1300000000000
因灾死亡人口	1100000
受灾人口	2700000000

表2—9　1975年1月—2008年6月灾害造成超过100亿美元的损失统计②

单位：亿美元

年份	国家	灾害	损失	年份	国家	灾害	损失
2005	美国	"卡特里娜"飓风	1250	2005	美国	"威尔玛"飓风	143
1995	日本	神户地震	1000	1999	中国台湾	集集地震	141
2008	中国	四川地震	850	1988	苏联	斯皮塔克地震	140
1998	中国	长江洪水	300	1994	中国	中国旱灾	137.55
2004	日本	中越地震	280	1991	中国	中国东部洪水	136
1992	美国	"安德鲁"飓风	265	1996	中国	黄河洪水	126
1980	意大利	伊尔皮尼亚地震	200	2007	日本	新崎地震	125
2004	美国	"伊万"飓风	180	1993	美国	中西部洪水	120
1997	印度尼西亚	野火	170	2002	德国	易北河洪水	117
1994	美国	北岭地震	165	2004	美国	"弗朗西斯"飓风	110

---

①　资料来源：联合国官方网站/人道主义事务/国际减少灾害战略/灾害数据统计，http://www.unisdr.org/files/2583 120120318disaster20002011copy.pdf。

②　资料来源：国际灾害数据库（国际减少灾害的战略分析，截至2008年9月的数据）。

续表

年份	国家	灾害	损失	年份	国家	灾害	损失
2005	美国	"查理"飓风	160	1991	日本	密瑞儿台风	100
2004	美国	"塔丽"飓风	160	1995	美国	西海岸大风	100
1995	朝鲜	朝鲜洪水	150				

2. 政治功能

外交本质上是一种政治活动。"救灾外交针对的对象主要是地震、海啸、飓风、洪水等自然灾害，具有鲜明的突发性和临时性。救灾外交行为的背后或多或少存在一定的政治目的。如改善和提升国家形象、缓和或修补与有关国家的关系、推进战略部署或趁机渗透。"① 救灾外交的政治功能表现在：一是救灾外交可以改善国家间关系。例如康福特在论著中讨论了美国与古巴、希腊与土耳其等在灾前处于冲突状态的国家或地区通过救灾外交缓解了紧张关系。② 二是救灾外交在国内政治上可以缓和民族冲突。2004 年印度洋海啸后印度尼西亚和斯里兰卡民族冲突经验的对比研究表明灾后"自由亚齐运动"选择与政府和解，而"猛虎组织"则相反，③ 可见，同样是灾害，印度尼西亚的救灾外交是成功的，而斯里兰卡的救灾外交却是失败的。由此可见，救灾外交就是要充分利用"灾害"，转"危"为"机"，使之不仅成为"外交润滑剂"，而且成为"外交的创造者"，不仅能在短期促进外交开展，还要努力使之发挥长远影响，充分发挥其积极的正面的政治功能——缓和国际紧张关系和缓解国内民族冲突。

3. 文化功能

救灾外交的文化功能主要表现在：一是人道主义援助有利于积累国家间的"善意"，调整安全困境下紧张的国际关系，改观人们对现实主义国

---

① 苏祖辉：《救灾外交正成为国际外交舞台新形式》，2008 年 7 月 1 日，中国评论新闻网，参见 http：//www. china reviewnews. com/doc/1006/8/1/0/100681070. html？coluid = 32& kindid = 537&docid = 100681070&mdate = 0701141054。

② 张洁：《灾难外交与民族冲突解决的路径选择——以印尼和斯里兰卡为比较样本》，《太平洋学报》2011 年 11 月第 11 期。

③ 同上。

际关系的认知——无政府状态下国家的自助行为。"遭受苦难实际上增加了其帮助他人的动机，这就是所谓的源于遭受苦难的利他主义（Altruism Born of Suffering）"①，也就是说因同样会遭受灾害的国家会采取利他主义——积极参与国际救灾合作与人道主义救援。当然，大量非政府组织（NGO）、社会团体和个人的积极参与，增进了各国民间交流，也为积累国家间的善意积累了民众基础。

二是弘扬救灾思想，宣扬民族文化。如世界见证 2008 年中国神州大地举国救灾之盛举、"恻隐之心，人皆有之"大爱无疆之精神，然中国救灾思想源远流长，上古传说时代便有"精卫填海""夸父追日""大禹治水"之说，春秋战国时期以民本思想为基石，提倡节约爱民，有"万物各得其和以生，各得其养以成"生态保护思想、"三年耕，必有一年之食；九年耕，必有三年之食"积谷备荒防范于未然的思想；两汉时期有"农天下之本也"的重农抑商、积贮备荒、节俭救民、放贷济民、祛疫治病等思想；清朝的节约为本，重农兴邦、赈济调粟、抚恤除害、灾后补救，借贷安辑、兴修水利，防杜河患等思想。② 通过救灾外交，可展示中国民众之精神、中国团结之力量、中国救灾之文化。在无情的灾害面前，更显中华"和合文化"之珍贵。

三是宣扬一国制度文化。冷战前资本主义阵营与社会主义阵营的竞争，说到底最根本的是制度的竞争，一国体制机制的优劣决定了国际竞争的结果。在俄罗斯 2000 年因应对"库尔斯克号"核潜艇沉没不力、美国 2005 年因应对"卡特里娜"飓风懈怠、日本 2011 年因应对大地震不作为等受到其国内及国际社会的诟病之余，美国、日本、俄罗斯等国国内救灾机制体制比较健全，在应对灾害时可表现得从容镇定，充分展示自身的软实力这一点是不容否认的，而中国的举国救灾体制，在应对 2008 年地震时，效率更高，显示的集体力量也让世人侧目。当然救灾外交不仅可展示一国救灾体制机制等方面的软实力，也可展示一国的经济、军事等硬实

---

① Johanna Ray Vollhardt, "Altruism Born of Suffering and Prosocial Behavior Following Adverse Life Events: A Review and Conceptualization", *Soc Just Res*, 2009, pp. 53 – 97, Published online: 24 February 2009.

② 张涛、项永琴、檀晶：《中国传统救灾思想研究》，社会科学文献出版社 2009 年版，第 6—353 页。

力，美国 2004 年印度洋海啸救灾外交及 2011 年日本大地震救灾外交充分展示了自己的硬实力。

4. 生态功能

不管是学者眼中的生态外交（bio-diplomacy），还是国际上早先的环境外交（environmental diplomacy），笔者均把它们归为救灾外交范畴，生态危机比战争的后果更严重，会使人类甚至地球上所有的生物面临灭顶之灾。人类目前面临的主要生态环境问题有：23% 的耕地面积严重退化；50% 的江河水流量减少或被严重污染；25% 的哺乳动物、12% 的鸟类濒临灭绝；1/4 人类所患疾病与环境恶化有关；1/3 土地面临沙漠化；80 个国家严重缺水；10 亿人口受到荒漠化威胁。救灾外交的生态功能主要表现在：一是救灾外交使人类更加关注全局性的长期性的生态环境问题。气候变化使全人类认识到生态危机的严重性、生态文明建设的重要性。为应对全球气温变暖，联合国气候大会截至 2012 年已召开 18 次，签订有《联合国气候变化框架公约》《京都议定书》等成果文件，这些都是救灾外交的成果。2009 年在丹麦首都哥本哈根召开的世界气候大会有 192 个国家的谈判代表参加，可见全世界对气候变化等可能引起生态危机问题的重视。二是救灾外交引起国际社会对人为生态灾难的关注。生化、核污染等高污染物的泄漏事件引起世界对人为灾害的高度关注，1986 年切尔诺贝利核电站核泄漏事件（核泄漏事故后产生的放射污染相当于日本广岛原子弹爆炸产生的放射污染的 100 倍）和 2011 年日本核电站泄漏事件给人类敲响了警钟，国际社会对生化武器、核武器的扩散深为忧虑，并为此开展了外交，并取得一系列成果。《不扩散核武器条约》《禁止生物武器公约》等条约的签署是外交的成果，但并没有阻止一些国家（如印度、巴基斯坦、朝鲜、伊朗等国）千方百计获得这类大规模杀伤性武器，也没有阻止美俄等国追求这类武器的精端化、智能化的脚步。可见人类对人类赖以生存的生态环境造成了越来越大的威胁，一方面人类生产生活活动对生态环境的破坏日益剧增，另一方面国家为追求安全发展大规模杀伤性武器对生态环境乃至地球造成的威胁也越来越大，如美俄的核武器可毁灭地球十余次。可见为保护人类生态环境，建设生态文明，实现人与自然和谐发展，救灾外交任重而道远。

二　救灾外交的障碍

友邦国家、普通国家及冲突国家间都可以开展救灾外交，但救灾外交对冲突国家双边关系更能产生明显或微妙的作用。影响国家间救灾外交的因素包括政治远见、应灾能力、救灾需求、人道主义救援需求等，当然这些因素对敌对国家间的救灾外交影响更甚。

1. 政治远见

缺乏政治远见往往会影响救灾外交的效果。一是对救灾外交预期过高或风险估计不足，如2004年1月早些时候，在没有征询伊朗意见的情况下，美国提议派出高级政治代表团，作为救灾努力的一部分，伊朗拒绝了该提议。美国明显在此次救灾外交中举措不当，沟通欠缺，导致自己下不了台。对于美国不提供援助或伊朗拒绝接受援助，不管援助是否需要，都将损害双方希望缓和的微妙关系。二是面子问题，受灾国往往会拒绝国际救援，特别是来自敌对国家的援助。如2003年12月26日的伊朗巴姆地震，伊朗断然拒绝了来自以色列的援助。无论是否为了维护内部的政治利益，还是由于伊朗领导层的根深蒂固的仇恨，或与核有关的区域政治的一部分，伊朗断然不会与以色列握手言欢。2004年印度洋海啸发生后，印度自持有能力应对灾害，拒绝国际援助，2013年中国雅安地震发生后，中国也以同样的理由拒绝国际援助。这使得救灾外交还没开始，便已结束。至于印度是否因政治需要应接受巴基斯坦的援助，又或中国是否应出于缓和中日紧张关系的需要接受日本的援助都值得深入探讨。三是因不是期待的和解而恐惧救灾外交。如伊朗和美国政府可能认为一定程度的政府间的冲突可以使它们在内部或地区层面有政治上的收益，如果救灾外交展开，伊朗给美国贴上的"大撒旦"和美国给伊朗贴上"邪恶轴心"（Axis of Evil）的标签会丢失。

2. 应灾能力

世界上没有一个国家可以声称："本国具有一切应灾能力，任何情况下都不需要国际援助。"美国是世界上最强大的国家，但在巨灾面前还是显得很脆弱，从9·11事件和"卡特里娜"飓风可以窥见一斑。一国的应灾能力将直接影响救灾外交，一是应灾能力不足，需要接受国际援助。如东南亚小国在2004年印度洋海啸发生后，因自身应灾能力受限，必须接受国际援助，在与美国的救灾外交中处于弱势一方，缺乏主动权。二是有一定的应灾能力，可以选择性地接受国际援助。如 2005 年 2 月 22 日伊朗南部的地震导致逾 600 人死亡，伊朗拒绝了美国的援助，伊朗驻联合国大使贾瓦德·扎里夫指出："伊朗没有拒绝帮助，而是说我们自己能处理。"然而，接受了来自阿尔及利亚、澳大利亚、中国、日本和一些国际组织的援助的事实驳斥了这一声明。三是积极发展应灾能力，尽可能避免受制于人。[①] 如在古巴—美国救灾外交案例中，在与美国政府有政治冲突的情况下，古巴人已经被迫更有效地应对自然灾害，使美国不能利用灾害做文章。当然，一国应灾能力越强，接受国际援助的可能性就越小，开展救灾外交的空间就越有限。

3. 救灾需求

灾害并不必然导致救灾合作，只有存在救灾需求，救灾外交才可以开展。一是救灾需求是救灾外交存在的基础。各国需加强合作，共同应对灾害。没有救灾需求，救灾外交就成了"缘木求鱼"。二是担心救灾外交会偏离救灾，救灾外交会受到一定的限制，其所产生的影响和所起的作用也有限。从 1991 年皮纳图博火山爆发对美菲军事关系的影响可以看出，救灾外交"路径"有助于解释美国与菲律宾如何通过协商的方式讨论受火山喷发影响的美国 2 个军事基地的军事设施续租谈判。事实证明，与皮纳图博火山爆发相关的活动对美菲外交关系产生了短期的影响。在美菲已存在的重要联系的背景下，通过美菲长期的军事联系，可以看到这种影响。但美菲间长期的非灾害因素对美菲关系有着更重要的影响，救灾外交的影响是有限的。也就是说，与灾害有关的活动，可以催化、影响已存在的外交努力，但难于产生新的外交倡议（diplomatic initiatives）。[②]

当然，影响救灾外交的因素还包括双边国际关系（特别是处于冲突中的国际关系）、灾前已有的外交进程、是否愿意展开积极的救灾外交的政治意愿等。

---

① Ilan Kelman, "Acting on Disaster Diplomacy", *Journal of International Affairs*, Vol. 59, No. 2, Spring/Summer 2006.

② Gaillard, Kelman and Grillos, "US-Philippines Military Relations After the Mt Pinatubo Eruption in 1991: A Disaster Diplomacy Perspective", *EJEAS*, 8. 2, 2009, pp. 301—330.

第三章

中国救灾外交的现状：
动因、形式与机制

第一节　中国实施救灾外交的动因

中国实施救灾外交的主要动因包括：一是救灾需要，包括应对国际救灾，促进国际救灾合作；应对中国救灾，促进中外救灾合作。二是外交动因，包括中国实施人道主义援助及公共外交的需要、中国应对气候环境等世界性灾害问题的需要、中国改善与冲突间国家关系及积累善意的需要。

一　救灾需要

1. 应对国际救灾，促进国际救灾合作的需要

天有不测风云，人有旦夕祸福。众多的灾害危害人类生命财产安全和社会稳定。"中国成为一个在国际体系中负责任的利益相关者（stakeholder）。"[1] 中国需要构建一个适应全球性国家需要的大外交，在国际事务中发挥与其国力和能力相适应的领导角色，为国际社会做出更大的贡献。[2] 中国要承担与其大国身份相应的大国责任，为全人类谋福祉，实现中国梦与世界梦的有机统一。灾害是人类面临的共同挑战，特别是全球气候问题、环境污染问题、自然灾害、人为灾害等，对人类的生命财产造成

---

① Robert B. Zoellick，"Whither China：From Membership to Responsibility?"，Remarks to National Committee on U. S. -China Relations，New York City，September 21，2005，http：/ / www. state. gov /s /d /rem/53682. htm.

② 赵可金：《建设性领导与中国外交转型》，《世界经济与政治》2012 年第 5 期。

巨大损失，防范不力、处置不当甚至将使人类面临灭顶之灾。为共同应对这一挑战，中国理应展开积极的救灾外交，为促进国际救灾合作尽绵薄之力。如表3—1所示，1980—2011年，与气候相关的灾害，首先是洪灾，达3455次，其次是暴风雨，有2689次。如表3—2所示，2000—2012年灾害已经造成1.7万亿美元经济损失，29亿人受到灾害的影响，120万人死于灾害。从图3—1可以看出，1990—2011年平均每年报告各种灾害所造成的经济损失，几大洲中，非洲所遭受损失最小，亚洲遭受的损失最大，美洲遭受损失最大的灾害是暴风雨，而亚洲遭受损失最大的灾害是地震。在各洲造成损失处于前三甲的自然灾害分别是地震、暴风雨和洪水灾害。中国地处遭受灾害损失最大的亚洲，排名前三甲的自然灾害也给中国造成巨大损失，中国同世界其他国家一道，具有需要共同应对灾害的紧迫性和使命感。

表3—1　　　　　　　1980—2011年与气候相关灾害的情况①

灾害类别	洪水灾害	暴风雨	干旱灾害	极端气温
发生次数	3455	2689	470	395

表3—2　　　　　　　2000—2012年灾害的影响②　　　　　　单位：美元、人

类别	经济损失	受灾人口	因灾死亡人口
数量	1700000000000	2900000000	1200000

　　从图3—2全球受2种及以上自然灾害影响人口比例来看，中国受灾人口为51%—75%，从图3—3全球受1种及以上自然灾害影响人口比例来看，中国受灾人口为76%—98%。由此可见，灾害是全球性的，只不过受灾害影响的人口比例不同而已。全球范围内，受1种及以上自然灾

　　①　资料来源：来源于联合国官方网站/人道主义事务/国际减少灾害战略/灾害数据统计，参见 http://www.preventionweb.net/files/20120613_ ClimateDisaster1980—2011.pdf。

　　②　资料来源：联合国官方网站/人道主义事务/国际减少灾害战略/灾害数据统计，参见 http://www.preven tionweb.net/files/31737_ 20130312disaster20002012copy.pdf。

影响的人口几乎遍布全球。可见,灾害已然成为全人类共同的挑战,须各国合作共同面对。由此可见,各国需开展救灾外交促进国际救灾合作。

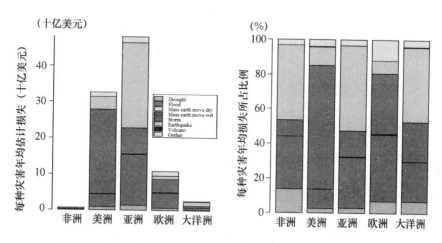

图3—1　1990—2011 年平均每年报告各种灾害所造成的损失①

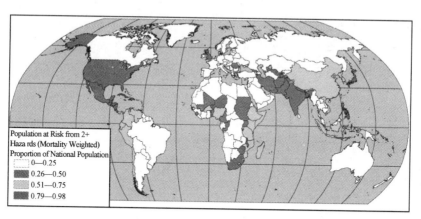

图3—2　全球受 2 种及以上自然灾害影响人口比例分布②

----

① 资料来源:国际灾害数据库。参见 http://www.emdat.be/sites/default/files/Trends/natural/ world _ 1900_ 2011/damdisYA1. pdf。

② 资料来源:Maxx Dilley, Robert S. Chen, Uwe Deichmann, Arthur L. Lerner-Lam, and Margaret Arnold with Jonathan Agwe, Piet Buys, Oddvar Kjekstad, Bradfield Lyon, and Gregory Yetman, "Natural Disaster Hotspots: A Global Risk Analysis", Disaster Risk Management Series, 2005, p. 10.

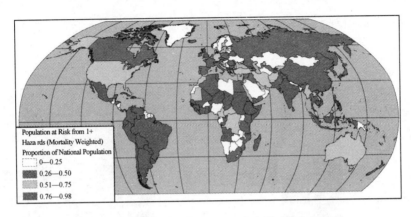

图3—3 全球受1种及以上自然灾害影响人口比例①

2. 应对中国救灾，促进中外救灾合作的需要

"中国灾荒之多，世界罕有，就文献可考的记载来看，从公元前十八世纪，直到公元二十世纪的今日，将近四千年间，几乎无年不灾，也几乎无年不荒；西欧学者甚至称中国为'饥荒的国度'（The Land of Famine）。"② "自公元前 1766 年（商汤十八年）至纪元后 1937 年止，计 3703年间，共达 5258 次，平均约每六个月强便有灾荒一次。"③ "从 1912 年至1948 年，中国遭水灾的共有 7408 次，旱灾 5955 县次，蝗灾则成为第三大灾害，共 1719 县次"，"若将造成万人以上死亡的灾害列为巨灾的话，那么整个民国时期共发生这样的巨灾 75 次，其中 10 万人以上的 18 次，50 万人以上的 7 次，100 万人以上的 4 次，1000 万人以上的 1 次"。④ 一般年份，全国受灾害影响的人口约 2 亿人，其中死亡近千人，需转移安置约 300 万人，农作物受灾面积 4000 多万公顷，倒塌房屋 300 万间左右。⑤

---

① 资料来源：Maxx Dilley, Robert S. Chen, Uwe Deichmann, Arthur L. Lerner-Lam, and Margaret Arnold with Jonathan Agwe, Piet Buys, Oddvar Kjekstad, Bradfield Lyon, and Gregory Yetman, "Natural Disaster Hotspots: A Global Risk Analysis", *Disaster Risk Management Series*, 2005, p. 11.

② 邓云特：《中国救荒史》，生活·读书·新知三联书店 1958 年版，第 1 页。

③ 同上书，第 38 页。

④ 夏明方：《民国时期的自然灾害与乡村社会》，中华书局 2000 年版，第 37、42 页。

⑤ 民政部救灾救济司：《救灾救济工作文件汇编（1988—2005）》（内部文件），2005 年 8月，第 138 页。

按 1990 年不变价格计算，自然灾害造成的年均直接经济损失情况为：50 年代 480 亿元，60 年代 570 亿元，70 年代 590 亿元，80 年代 690 亿元，进入 90 年代以后，年均已经超过 1000 亿元。[①] 1998 年夏季，长江、嫩江和松花江流域发生了百年不遇的特大洪涝灾害，全国共有 20 多个省份遭受了不同程度的破坏。截至 8 月 22 日的统计，全国受灾面积达到 3.18 亿亩，成灾面积 1.96 亿亩；受灾人口 2.23 亿人，死亡 3004 人；倒塌房屋 497 万间；各地估报直接经济损失 1666 亿元。[②] 往往是 "旧灾造成的民困未苏，疮痍未复，新的打击又接踵而至"[③]。

根据国际灾害数据库的资料来看，中国是一个灾害不断的国家。如表 3—3 至表 3—7，1900—2013 年的 100 多年间，死亡人数最多的自然灾害是 1931 年 7 月的洪水，死亡人数达 3700000 人，其次是 1928 年的干旱，死亡人数达 3000000 人；受灾人数最多的灾害是 1998 年 7 月 1 日的洪水灾害，受灾人数达 238973000 人，其次是 1991 年 6 月 1 日的洪水，受灾人数达 210232227 人；经济损失最大的自然灾害是 2008 年 5 月 12 日的汶川大地震，损失达 850 亿美元，其次是 1998 年的洪水，经济损失达 300 亿美元，经济损失最大的十大灾害中，洪水灾害达 7 次，可见，洪水灾害是中国面临的主要自然灾害。人员伤亡最多的十大技术灾害中，排在第 1 位的是 1949 年 9 月 2 日的复合事故，造成 1700 人死亡，其次是 1942 年 4 月 26 日的工业事故，造成 1549 人死亡，在 10 起技术灾害中有 5 起属于交通事故，可见中国的交通事故危害之大；经济损失最大的技术灾害是 1995 年 7 月 2 日的复合事故，造成 1.99 亿美元的损失，工业事故是技术灾害中的主要部分，前八大技术灾害中有 6 起属于工业事故。从表 3—8 可以看出，1977—2001 年亚洲旱灾发生的情况看，中国发生的旱灾最多，达 20 起，其次是印度，达 9 次，排在第 3 位的是老挝，仅 5 次。可见，中国是亚洲受旱灾危害最大的国家。

---

①　民政部救灾救济司：《救灾救济工作文件汇编（1988—2005）》（内部文件），2005 年 8 月，第 138 页。

②　钱钢、耿庆国：《二十世纪中国重灾百录》，上海人民出版社 1999 年版，第 1272 页。

③　李文海：《历史并不遥远》，中国人民大学出版社 2004 年版，第 209 页。另见韩颖《1978 年以来中国救灾捐赠研究》，博士学位论文，中共中央党校，2011 年。

表3—3 1900—2013 年中国死亡人数最多的十大自然灾害① 单位：人

排名	灾害	发生时间	死亡人数
1	洪水	1931 年 7 月	3700000
2	干旱	1928 年	3000000
3	洪水	1959 年 7 月	2000000
4	流行病	1909 年	1500000
5	干旱	1920 年	500000
6	洪水	1939 年 7 月	500000
7	地震	1976 年 7 月 27 日	242000
8	地震	1927 年 5 月 22 日	200000
9	地震	1920 年 12 月 16 日	180000
10	洪水	1935 年	142000

表3—4 1900—2013 年中国影响人口最多的十大自然灾害② 单位：人

排名	灾害	发生时间	受影响人数
1	洪水	1998 年 7 月 1 日	238973000
2	洪水	1991 年 6 月 1 日	210232227
3	洪水	1996 年 6 月 30 日	154634000
4	洪水	2003 年 6 月 23 日	150146000
5	洪水	2010 年 5 月 29 日	134000000
6	洪水	1995 年 5 月 15 日	114470249
7	洪水	2007 年 6 月 15 日	105004000
8	洪水	1999 年 6 月 23 日	101024000
9	洪水	1989 年 7 月 14 日	100010000
10	暴风雨	2002 年 3 月 14 日	100000000

---

① 资料来源：国际灾害数据库，参见 http：//www. emdat. be/result-country-profile Source：
"EM-DAT：The OFDA/CRED International Disaster Database www. em-dat. net - Université Catholique de
Louvain - Brussels - Belgium"。

② 资料来源：国际灾害数据库，参见 http：//www. emdat. be/result-country-profile Source：
"EM-DAT：The OFDA/CRED International Disaster Database www. em-dat. net - Université Catholique de
Louvain - Brussels - Belgium"。

表 3—5　　　　1900—2013 年中国经济损失最大的十大自然灾害①　　　单位：千美元

排名	灾害	发生时间	损失
1	地震	2008 年 5 月 12 日	85000000
2	洪水	1998 年 7 月 1 日	30000000
3	极端气温	2008 年 1 月 10 日	21100000
4	洪水	2010 年 5 月 29 日	18000000
5	干旱	1994 年 1 月	13755200
6	洪水	1996 年 6 月 30 日	12600000
7	洪水	1999 年 6 月 23 日	8100000
8	洪水	2012 年 7 月 21 日	8000000
9	洪水	2003 年 6 月 23 日	7890000
10	洪水	1991 年 6 月 1 日	7500000

表 3—6　　　　1900—2013 年中国人员伤亡最多的十大技术灾害②　　　单位：人

排名	灾害	发生时间	死亡人数
1	复合事故	1949 年 9 月 2 日	1700
2	工业事故	1942 年 4 月 26 日	1549
3	交通事故	1948 年 12 月 3 日	1100
4	交通事故	1916 年 8 月 29 日	1000
5	交通事故	1921 年 3 月 18 日	1000
6	复合事故	1937 年 2 月 13 日	658
7	交通事故	1983 年 4 月	600
8	交通事故	1975 年 8 月	500
9	复合事故	1993 年 8 月 27 日	370
10	复合事故	1994 年 12 月 11 日	325

①　资料来源：国际灾害数据库。参见 http：//www.emdat.be/result-country-profile Source："EM-DAT：The OFDA/CRED International Disaster Database www.em-dat.net - Université Catholique de Louvain - Brussels - Belgium"。

②　资料来源：国际灾害数据库。参见 http：//www.emdat.be/result-country-profile Source："EM-DAT：The OFDA/CRED International Disaster Database www.em-dat.net - Université Catholique de Louvain - Brussels - Belgium"。

表 3—7　　　　1900—2013 年中国经济损失最大的技术灾害①　　　单位：千美元

排名	灾害	发生时间	损失
1	复合事故	1995 年 7 月 2 日	199000
2	复合事故	1993 年 8 月 27 日	26000
3	工业事故	1993 年 12 月 12 日	14000
4	工业事故	1998 年 5 月 27 日	241
5	工业事故	1987 年 3 月 2 日	154
6	工业事故	1995 年 3 月 13 日	100
7	工业事故	1999 年 11 月 20 日	12
8	工业事故	1993 年 10 月 18 日	4

表 3—8　　　　　1977—2001 年亚洲国家干旱灾害情况②　　　单位：次

国家	中国	印度	老挝	缅甸	印度尼西亚	朝鲜	斯里兰卡	越南	阿富汗
次数	20	9	5	3	3	3	3	3	2

　　中国也是一个巨灾不断的国家。仅就地震而言，有史以来世界上一次死亡 5 万人以上的地震灾害共 17 次，其中中国发生 7 次。一次死亡 20 万人以上的仅有 4 次，全部在中国。中国每年因灾死亡数万人，造成的经济损失占 GDP 的 3%—5%，20 世纪 90 年代前期每年因灾损失 1000 亿元左右，占新增 GDP 的 10%—40%，③ 在中国历史上，许多重灾都导致数百万，甚至上千万人口死亡，如道光二十九年（1849 年），全国因灾死亡约 1500 万人。光绪二年至光绪四年（1876—1878 年），全国因灾死亡约 1000 万人。民国 17 年至民国 19 年（1928—1930 年），全国因灾死亡约

---

　　① 资料来源：国际灾害数据库，参见 http：//www. emdat. be/result-country-profile Source："EM-DAT：The OFDA/CRED International Disaster Database www. em-dat. net - Université Catholique de Louvain - Brussels - Belgium"。

　　② 资料来源：Maxx Dilley, Robert S. Chen, Uwe Deichmann, Arthur L. Lerner-Lam, and Margaret Arnold with Jonathan Agwe, Piet Buys, Oddvar Kjekstad, Bradfield Lyon, and Gregory Yetman, "Natural Disaster Hotspots: A Global Risk Analysis", *Disaster Risk Management Series*, 2005, p. 11.

　　③ 崔蕴杰：《科学减灾》，中国城市出版社 2011 年版，第 52、105 页。

1000 万人。① 1959—1961 年三年自然灾害造成逾 2000 万人死亡（学者争议的数字在 3000 万—8000 万，全国绝对人口从 1959 年的 6 亿 7202 万减少到 1961 年的 6 亿 5859 万）。

中国作为一个发展中国家，虽幅员辽阔，但人口众多，经济社会整体发展水平不高，加之灾害频发，许多灾害仅靠中国一己之力很难应对。"自然灾害不承认疆界，哪个国家也不具备对付自然灾害所必需的全部知识或物质资源。只有通过国际合作才能取得重大进展，尤其是在资源有限和专业人员极少的发展中国家。"② 300 年前的《康济录》就曾指出："饥民之待食，如烈火之焚身，救之者，刻不容缓"③，"荒政之弊，费多而无益，以救迟故也"④，"良有司"应该"救灾拯患之不可少缓"⑤。可见，救灾如"救火"，往往"迫在眉睫""刻不容缓"。作为一个开放的国度，中国理应以主动积极的姿态展开救灾外交，促进中外救灾合作，以有效应对救灾之需。

二 外交需求

1. 中国实施人道主义援助及公共外交的需要

救灾外交不仅针对一国政府，而且要针对另一国的民众，特别是灾民。因此，救灾外交具有公共外交的特点。公共外交具有三大本质特征：一是行为对象是另一国的公众；二是行为主体是一国政府；三是行为方式是间接性的。开展公共外交，不能是政府和政府之间的直接交往，而是通过非政府组织和公众舆论间接进行。⑥ 2005 年 12 月 9 日的《华尔街日报》刊登了小约瑟夫·S. 奈一篇题为《中国软实力的崛起》的文章，认为中国外交正在推行所谓"软崛起"。⑦ 中国对外实施人道主义援助有利于改

---

① 虞少华主编：《中日韩救灾减灾合作研究》，社会科学文献出版社 2012 年版，第 4—5 页。

② 金磊等主编：《中国 21 世纪安全减灾战略》，河南大学出版社 1998 年版，第 45 页。

③ 《钦定康济录》（卷一），第 84 页。

④ 同上书，第 76 页。

⑤ 同上书，第 52 页。

⑥ 赵可金：《美国公共外交的兴起》，《复旦学报》（社会科学版）2003 年第 3 期。

⑦ Joseph S. Nye, Jr., "The Rise of China's Soft Power", *Wall Street Journal*, December 29, 2005.

善中国国家形象和推行其"软崛起"。外交是指执行对外政策的重要手段，从其定义上讲，自然也会受到各种国际因素的影响。① 国际人道主义援助也将影响中国的外交。

外交政策历来是一个国家自身利益和价值追求的反映。② 国家利益、身份和价值追求帮助确定外交政策目标，决定外交政策所需运用的手段。但是，国家利益和国家身份并非先验给定的，它们在国内和国际因素互动进程中不断发生演变。③ 随着中国的经济、军事等硬实力的增长，中国也不断提升其"软实力"。如在全球范围内建立孔子学院等文化外交，以应对人类面临的共同灾害为核心的救灾外交，对于发扬人道主义精神、宣扬"积贮备荒、节俭救民、放贷济民、祛疫治病"④ 等救灾思想等软实力的提升都有积极的推动作用。

2. 中国应对气候环境等世界性灾害问题的需要

"环境问题是国际冲突爆发的重要因素、环境问题对主权国家和国际法构成挑战、对国际安全构成影响、事关环境安全、影响世界和平与稳定及可持续发展。"⑤ 正如联合国环境与发展大会秘书长莫里斯·斯特朗曾说："冷战已经结束，环境问题一跃成为世界问题的榜首，全球环境问题影响深远，已渗透到国际政治等各个领域。"⑥

中国的环境形势不容乐观，而且相当严重。一些地区环境污染和生态恶化已经到了相当严重的程度。主要污染物排放量超过环境承载能力，水、大气、土壤等污染日益严重，固体废物、汽车尾气、持久性有机物等污染物持续增加。一些地区已经出现了"有河皆干、有水皆污、土地退

---

① Graham Evans and Jeffrey Newnham, *The Penguin Dictionary of International Relations*, London: Penguin Books, 1998, pp. 128 – 130.

② G. R. Berridge, *Diplomacy: Theory and Practice (The Third Edition)*, Palgrave Mamilian, 2005, p. 1.

③ ［美］玛莎·费丽莫：《国际社会中的国家利益》，袁正清译，浙江人民出版社 2001 年版。

④ 张涛、项永琴、檀晶：《中国传统救灾思想研究》，社会科学文献出版社 2009 年版，第6—353 页。

⑤ 丁金光：《国际环境外交》，中国社会科学出版社 2007 年版，第 24—36 页。

⑥ 张海滨：《全球环境与发展问题对当代国际关系的挑战》，《世界经济与政治》1993 年第3 期。

化、沙漠碰头"等现象。生态破坏和环境污染，也给中国造成了巨大的经济损失。[①] 2013—2014 年，中国各地空气质量已经严重威胁到国人健康，且 1/3 的国土被雾霾笼罩，PM2.5 严重超标，如图 3—4 所示，2014年 1 月全国 74 个城市空气质量属于严重污染的达 5.0%，重度污染的达16.2%，中度污染达 14.4%，轻度污染达 26.8%，由此可见中国的环境问题的解决已经刻不容缓。

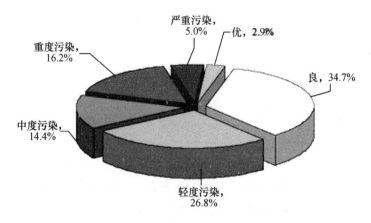

图 3—4　2014 年 1 月中国 74 个城市空气质量级别分布

1992 年巴西里约热内卢"世界环境与发展大会"、1997 年日本京都149 个国家和地区代表通过的《京都议定书》、2009 年丹麦哥本哈根气候峰会都是全球围绕气候问题展开外交所取的成果，中国是一个积极的参与者，但对于一个 GDP 排名全球第 2 的发展中大国，中国理应针对气候环境等威胁全人类的长期灾害问题展开救灾外交，为全人类的安全与繁荣共存做出更大的贡献、承担更多的责任。

3. 中国改善与冲突国家间关系及积累善意的需要

国际上有许多因救灾外交运用适当，冲突国家间的关系得到了一定改善的经验值得中国借鉴和学习。印度和巴基斯坦在 2001 年 1 月 26 日地震

---

① 任勇、陈刚:《冲国的环境与发展:战略转型》，载中国环境与发展国际合作委员会、中共中央党校国际战略所编《中国环境与发展:世纪挑战与艰难抉择》，中国环境科学出版社 2007年版，第 49—50 页。

（Kelman，2003）① 和 2005 年 10 月 8 日克什米尔地震（Kelman，2006）后的和解，② 美国在 2003 年 12 月 26 日伊朗巴姆地震后提供援助（Waarner，2013）③ 等都是救灾外交对于改善冲突国家间的关系的典型案例，救灾外交对于改善冲突国家间关系可以发挥积极和正面的作用。

灾害可以为改善中国同他国关系，促进与他国进行国际合作提供契机。1989 年，中国的国际环境空前严峻。当年 10 月，中国山西大同发生 6.1 级地震，不久美国旧金山地区发生 7 级强震。中国国家地震局随即向美国地震局和基金会发去慰问电，表示愿意派专家组赴灾区协助工作。美方也迅速作出回应，美驻华使馆科技参赞亲自到中国地震局表示感谢，并代表美国政府邀请中国专家组到旧金山地震现场实施救援，中国进行了政治风波之后的第一次对美国的副部长级代表团的破冰之旅，以此为契机，中美关系得到了缓和。④

"一场灾难可能刺激了灾前已有的外交进程，换言之，灾害可以催化冲突中国家间新的合作。"⑤ 由此可见，一方面，灾害对国际合作可以产生促进作用：一是可以促进国际救灾合作；二是可以促进其他方面的国际合作。另一方面，灾害对国际合作可以产生阻碍作用：一是对现有的国际合作进程产生负面影响，延缓或阻碍国际合作的进一步开展；二是产生新的国际冲突。

灾害也可以成为推进中国与他国展开国际合作的障碍因素。彼得森经济研究所所长弗雷德·伯格斯滕（Fred Bergsten）提出"中美共治论"，

---

① Kelman, I., "Beyond Disaster, Beyond Diplomacy", Chapter 7, in Pelling, Mark (ed.), *Natural Disasters and Development in a Globalizing World*, Routledge, U. K, pp. 110 – 123.

② Kelman, I., "Acting on Disaster Diplomacy", *Journal of International Affairs*, Vol. 59, No. 2, pp. 215 – 240.

③ Warnaar, M., "Shaken, Not Stirred: Iran's Foreign Relations and the 2003 Bam Earthquake", Chapter 11, in Sensarma, Suman Ranjan and Atanu Sarkar (eds.), *Disaster Risk Management: Conflict and Cooperation*, Concept Publishing, New Delhi, pp. 238 – 267.

④ 石敬楚：《国际人道主义救援：国际政治的重要课题》，《新远见》2007 年第 7 期；许晓丽：《国际人道主义救援与和谐世界构建——基于新自由制度主义理论视角的分析》，《重庆科技学院学报》（社会科学版）2011 年第 21 期。

⑤ N. Emel Ganapati, Ilan Kelman and Theodore Koukis, "Analysing Greek-Turkish Disaster-related Cooperation: A Disaster Diplomacy Perspective", *Cooperation and Conflict*, Vol. 45, 2010, p. 162.

主张美国同中国组成两国集团（G2），"共享全球经济领导权"，并使中国"部分取代"欧洲的地位。① 美国总统奥巴马第一任初期也支持这一主张，处处展示对华友好姿态。然 2009 年哥本哈根世界气候大会上中美的交锋和博弈，部分影响了奥巴马政府对中国的态度和外交政策。

近年来，在中国周边外交中，中日关系日趋紧张，但中日两国都是灾害频发国家，如地震等自然灾害频发，若两国能在救灾领域积极展开合作，展开积极的救灾外交，不断积累善意，也许能为改善中日关系提供一个"柳暗花明又一村"的契机，救灾外交是改善中日关系众多外交选择之一。中菲也因岛争导致双边关系紧张，无论中日关系还是中菲关系，从长远来看，也不可能一直紧张敌对下去，培养日菲国内的亲华势力也应成为中国公共外交的一项任务，为日后改善紧张的双边关系打好民众基础。"救灾外交"的适当举措，对灾民伸出援助之手，必将拉近两国人民之间的感情，不断积累两国之间的善意，为改善两国间关系打下基础。

第二节　中国救灾外交的主要形式

2005 年 1 月 5 日晚，印度尼西亚首都雅加达国际机场，准备参加东盟地震和海啸灾后领导人特别会议的中国总理温家宝的波音 747—400 专机上，运载着中国政府向印度尼西亚提供的 16 吨食品、药品、生活用品和救灾设备等紧急救援物资。② 总理的专机搭运救灾物资，这成了中国救灾外交中的一桩美谈。当然，中国展开救灾的形式丰富多彩，概括起来，中国救灾外交的主要形式包括：一是协商合作，包括参与会议、举办会议、搭建平台；二是救灾演习，包括双边演习与多边演习；三是声援慰问，包括致电慰问、访问灾区、救灾声援；四是救灾支援，包括提供物资、派遣人员、支援技术。

---

① C. Fred Bergsten, "A Partnership of Equals: How Washington Should Respond to China's Economic Challenge", *Foreign Affairs*, Vol. 87, No. 4, 2008, pp. 57–69.

② 杨琳：《中国救灾推己及人》，《瞭望新闻周刊》2005 年第 2 期。

一 协商合作

"合作是高度政治的，需要通过谈判过程将各个独立的个体或组织的行为变得相互一致起来。当行为体将他们的行为调整到适应其他行为者现行的或者可预料的偏好上时，合作就会出现。"① 由此可见，协商是合作的前提，要促进国际救灾合作，展开救灾外交，加紧谈判是必不可少的。协商合作主要包括参与会议、举办会议和搭建沟通平台。

1. 举办会议

"随着国际地位的不断提升，中国影响和塑造国际体系的能力会不断加强，中国与国际体系互动生成新规范的可能性越来越大。"② 中国参与国际体系的历程在中国参与国际救灾合作中也能加以体现，中国先是参与国际救灾会议，而后是主办国际救灾会议。中国主办的国际救灾会议有2005 年在中国北京召开的首届"亚洲减灾大会"、2009 年 7 月 13—15 日在中国成都举行的"第四届国际灾害风险大会"、2011 年 11 月 28—30 日在中国北京举行的"东亚峰会灾害社会心理干预研讨会"③、2012 年 6 月10—13 日在中国北京举行的" 第三届东盟地区论（ARF）武装部队国际救灾法律规程建设研讨会"等。

2. 参与会议

包括笔者在内的许多人并不认同"霸权追求是中国参与国际体系的动力，而与美国争霸是中国与国际体系关系的本质特征"④。在现阶段，中国参与国际体系仍然以中国遵循并社会化国际规范为主要内容。⑤ 参与国际救灾合作对于中国加快融入国际体系并成为国际体系中负责任的一员有其积极的意义，与此同时，参与国际救灾会议，也是中国展开积极救灾外交的可行性选择和参与国际救灾合作的不二选择。

---

① ［美］罗伯特·基欧汉：《霸权之后：世界政治经济中的合作与纷争》，苏长和等译，上海世纪出版集团 2001 年版，第 51 页。

② 朱立群：《中国参与国际体系的实践解释模式》，《外交评论》2011 年第 1 期。

③ 陈厦：《东亚峰会灾害社会心理干预研讨会》，《中国减灾》2012 年第 1 期。

④ ［美］约翰·米尔斯海默：《大国政治的悲剧》，王义桅、唐小松译，上海人民出版社2008 年版，第 400 页；John J. Mearsheimer, "China's Unpeaceful Rise", *Current History*, Vol. 105, No. 690, April 2006, pp. 160 – 162.

⑤ 朱立群：《中国参与国际体系的实践解释模式》，《外交评论》2011 年第 1 期。

　　中国参与国际救灾会议按层次可以分为:一是参与全球性的国际救灾会议,如1994年5月,中国参加在日本召开的"国际防灾十年世界会议",2009年参加在丹麦举行的"哥本哈根气候峰会";二是参加区域性国际救灾会议,如1995年12月参见在日本神户举行的"亚洲防灾政策会议",多次参加"亚洲防灾会议"、东盟地区论坛救灾会间会等;三是参加多边及双边国际救灾会议,如中国参加"中日韩灾害管理部门部长级会议"等。

　　3. 搭建平台

　　"无论从中国的国家实力和影响力,还是从中国与国际体系的关系而言,中国在今后都将无法回避扮演一定程度的领导角色问题。"[1] 中国在为推进国际救灾合作而展开积极救灾外交的重要环节——协商合作中也是如此,随着中国国家实力不断增强,中国需要发挥自己的影响力,在救灾领域也理应承担相应的责任。中国为国际救灾合作搭建的协商平台主要有:一是国际救灾会议平台,如2005年在中国北京召开的"亚洲减灾会议"、2008年9月19日在中国乌鲁木齐召开的"上海合作组织成员国边境地区救灾部门领导人会议"等;二是国际救灾产品与安全交流平台,如截至2013年,中国已经连续举办五届的"上海国际减灾与安全博览会"[2] 等。

　　二　救灾演习

　　救灾演习对于提升国际救灾合作水平和探索国际救灾合作方式有着重要意义,与此同时,也是一国展开救灾外交的重要成果和方式。根据参与国际救灾合作演习的国家行为主体数可分为双边演习和多边演习。

　　1. 双边演习

　　中国与他国进行的双边救灾演习,具有三个明显的特征:一是演习地点采取对等原则,交叉在中国和他国进行;二是双边"救灾演习"的内容以海上联合搜救演习为主;三是救灾演习以海军参与演习为主。

---

　　① 赵可金:《建设性领导与中国外交转型》,《世界经济与政治》2012年第5期。
　　② 资料来源:"上海国际减灾与安全博览会暨中国上海国际减灾与安全产业峰会"官方网站:http://www.disasterchina.org/。

表 3—9 中国参与双边救灾演习部分情况统计①

演习时间	演习地点	演习双方	演习内容
2003 年 11 月 14 日	中国上海外海	中国—印度	海上联合搜救演习
2004 年 5 月 29—30 日	日本东京湾	中国—日本	联合海事演习
2004 年 6 月 20 日	中国黄海	中国—英国	海上联合搜救演习
2006 年 9 月 20 日	美国圣迭戈	中国—美国	海上联合搜救演习
2008 年 9 月 2 日	中国山东青岛	中国—韩国	海上联合搜救演习
2012 年 11 月 29—30 日	中国四川成都	中国—美国	人道主义救援减灾联合演练
2013 年 11 月 12—14 日	美国夏威夷	中国—美国	首次人道主义救援减灾联合实兵演练

2. 多边演习

中国参与多边救灾演习主要依靠多边国际合作机制进行，一是依赖上海合作组织框架下的救灾合作演习，如 2009 年 5 月 19—22 日举行的上海合作组织"博戈罗茨克"救灾演练；② 二是东盟地区论坛框架下的救灾演练，如 2009 年、2011 年和 2013 年已连续举行三届的"东盟地区论坛救灾演练"；三是"中日韩灾害管理部门部长级会议"框架下的中日韩救灾演习，如 2010 年 10 月 17—22 日在中国宜宾兴文县举行的"中日韩国际救援技术交流研讨会暨国际山地救援演习"等。

---

① 资料来源：根据《中美海上联合搜救演习》，2006 年 11 月 20 日，新华网等新闻报道整理而成，参见 http：//news. xinhuanet. com/photo/2006—11/20/content_ 5350984. htm。

② 新华社：《上合组织举办"博戈罗茨克"救灾演练》，2009 年 5 月 23 日，参见 http：//www. gov. cn/jrzg/2009—05/23/content_ 1322595. htm。

表 3—10　　　　　　中国参与多边救灾演习部分情况统计①

演习名称	演习时间	演习地点	参与演习的国家	演习内容
上海合作组织"博戈罗茨克"救灾演练	2009 年 5 月 19—22 日	俄罗斯莫斯科州诺金斯克市	中国、俄罗斯、哈萨克斯坦、塔吉克斯坦 4 国派出救援队伍参加演练。上合组织成员国和印度、伊朗、蒙古、巴基斯坦等国的代表观摩了此次演练	消除破坏性地震后果应急救援
东盟地区论坛救灾演练	2011 年 3 月 15—19 日	印度尼西亚苏拉威西岛北部的万鸦老	中国、印度尼西亚等 20 个国家和地区的观察员和救援人员参加这一救灾演习	演习以万鸦老市附近海域发生强烈地震并引发海啸为假想灾害,分为桌上推演、实兵演练和人道主义民事援助三阶段进行
中日韩国际救援技术交流研讨会暨国际山地救援演习	2010 年 10 月 17—22 日	中国宜宾兴文县	中国、日本、韩国	山地救援技术交流和演习
第 14 届西太平洋海军论坛年会	2014 年 4 月 23 日	中国青岛附近海域	中国、巴基斯坦、印度尼西亚、新加坡、印度、马来西亚、孟加拉国、文莱 8 国	海上联合搜救演习

三　声援慰问

1. 致电慰问

灾害发生后,中国国家领导人都会第一时间向受灾国领导人致电慰问。这是救灾外交的一种形式,也是国际社会面临灾害一国政府对受灾国政府及民众做出的第一反应,致电时间的早晚也反映双边关系的好坏。我

---

① 资料来源:根据《2011 东盟区域论坛救灾演习》,《人民网》2011 年 3 月等资料整理,参见 http://military. people. com. cn/GB/ 8221/69693/217121/ index. html。

们可以从中国国家领导人对受灾国致电慰问情况窥觑中外双边关系，如2011 年 3 月 11 日日本大地震，中国国家主席胡锦涛 2011 年 3 月 14 日才致电日本天皇明仁表示慰问，而对于 2004 年印度洋海啸和 2005 年巴基斯坦大地震，中国国家主席胡锦涛都是灾害发生当日致电慰问。而对于"全天候朋友"巴基斯坦 2005 年 10 月 8 日地震，中国国家主席、国务院总理和外长同日致电慰问，可见两国关系非同一般。

表 3—11　　　　　部分中国领导人向受灾国致电慰问情况①

灾害	发生时间	领导人	慰问时间	致电对象及内容
2004 年印度洋海啸	2004 年 12 月 26 日	国家主席胡锦涛	2004 年 12 月 26 日	分别致电印度尼西亚总统苏西洛、印度总统卡拉姆、斯里兰卡总统库马拉通加、孟加拉国总统艾哈迈德、马尔代夫总统加尧姆、泰国国王普密蓬、马来西亚最高元首西拉杰丁，表示诚挚慰问
		国务院总理温家宝	2004 年 12 月 27 日	分别致电印度尼西亚总统苏西洛、马尔代夫总统加尧姆、印度总理辛格、斯里兰卡总理拉贾帕克萨、孟加拉国总理卡·齐亚、泰国总理他信、马来西亚总理巴达维和缅甸总理梭温表示诚挚慰问
2005 年美国"卡特里娜"飓风	2005 年 8 月 25—31 日	国家主席胡锦涛	2005 年 8 月 31 日	致电美国总统布什表示慰问
		中国外交部部长李肇星	2005 年 9 月 1 日	致电美国国务卿赖斯表示慰问
		湖北省省长罗清泉	2005 年 8 月 31 日	致电美国亚拉巴马州州长鲍勃·莱利先生表示慰问

① 资料来源：根据《胡锦涛向印尼等地震海啸受灾国领导人致电慰问》，中国日报网站等新闻报道整理，参见 http://news.sina.com.cn/c/2004—12—26/23344633874s.shtml。

续表

灾害	发生时间	领导人	慰问时间	致电对象及内容
2005 年巴基斯坦大地震	2005 年 10 月 8 日	国家主席胡锦涛	2005 年 10 月 8 日	向穆沙拉夫总统致慰问电
		国务院总理温家宝	2005 年 10 月 8 日	向巴基斯坦总理阿齐兹致电慰问
		外交部部长李肇星	2005 年 10 月 8 日	向外长卡苏·里致电慰问
2011 年日本大地震	2011 年 3 月 11 日	国家主席胡锦涛	2011 年 3 月 14 日	致电日本天皇明仁,表示诚挚慰问
		国务院总理温家宝	2011 年 3 月 11 日	致电日本首相菅直人,表示慰问,并愿提供必要的帮助
2014 年韩国客轮沉没	2014 年 4 月 16 日	国家主席习近平	2014 年 4 月 17 日	致电韩国总统朴槿惠,表示慰问,并表示愿提供支持和帮助
			2014 年 4 月 23 日	致电韩国总统朴槿惠,表示慰问,并将尽快提供救援设备,韩国总统对马航失联事件再次致电慰问

　　从表3—11可以看出,中国国家领导人(主要是国家主席、国务院总理、外交部部长)代表国家向受灾国致电表示慰问,并表示愿提供帮助,如2004年印度洋海啸、2005年巴基斯坦大地震都是如此。当然,也有例外,如2005年美国"卡特里娜"飓风,中国有些地方省长也致电美国州长表示慰问,如湖北省省长罗清泉致电美国亚拉巴马州州长鲍勃·莱利先生表示慰问;2004年印度洋海啸,2004年12月29日,中国佛教协会向在印度洋地震及海啸中受灾的国家发去慰问电。[①] 当然像国防部、中国红十字会等部门和组织也扮演着一定的角色。需要进一步说明的是,致电慰问不仅包括他国受灾,中国致电慰问,也包括中国受灾,中国接受他国致电慰问。

---

　　① 周翔:《中国佛教协会向印度洋海啸受灾国致电慰问》,《国际在线》2004 年 12 月 31 日,稿源:新华社,参见 http://gb.cri.cn/3821/2004/12/31/922@409575.htm 。

2. 访问灾区

访问灾区是救灾外交诸多形式中的一种，根据访问者的身份，可以分为国家领导人、知名艺人、知名慈善家访问灾区；根据访问者与访问对象的关系，可以分为，本国对本国的访问、本国对他国的访问。中国在救灾外交中一方面派人访问受灾国灾区，另一方接受并安排他国访问中国灾区。中国领导人访问他国灾区，如 2011 年日本 3·11 大地震发生后，中国总理温家宝于 2011 年 5 月 21 日访问了日本灾区。他国领导人访问中国灾区，如 2008 年中国汶川大地震发生后，韩国总统李明博 2008 年 5 月 30 日乘机抵达成都，专程赴四川地震灾区慰问。

3. 救灾声援

救灾声援，指一国政府或组织对受灾国发生灾害表示愿提供必要帮助，共同战胜灾难。这一方面能鼓舞受灾国及其灾民战胜灾难的信心，另一方面也展示了声援国的人道主义精神。中国救灾声援的主要形式有：一是伴随中国领导人致电慰问一并发出，表示中国人民和政府愿提供必要的帮助。如 2011 年 3 月 11 日日本大地震发生后，2011 年 3 月 14 日中国国家主席胡锦涛致电日本天皇明仁表示慰问，并表示将继续向日方提供必要的帮助。[①] 二是由中国政府部门发布救灾声援。如 2004 年印度洋海啸发生后的第二天，即 2004 年 12 月 27 日，"中国商务部 27 日宣布，中国政府将向印度、印度尼西亚、泰国、斯里兰卡和马尔代夫提供总金额为 2163 万元人民币的食品、帐篷、线毯等紧急救灾物资和现汇援助，以缓解地震和海啸造成的巨大损失"[②]。三是非政府组织（NGO）发布救灾声援。在 2004 年印度洋海啸发生后，"中国伊斯兰教协会向全国各省、自治区、直辖市伊斯兰教协会和各重点大清真寺发出倡议，适时为在海啸中遇难的各国穆斯林兄弟姐妹举行缺席'站礼'，并进行了捐款"[③]。

---

① 资料来源：《胡锦涛致电日本天皇就日本特大地震灾害表示慰问》，中央政府门户网站 2011 年 3 月 14 日，参见 http：//www. gov. cn/ldhd/2011—03/14/content_ 1824826. htm

② 资料来源：《东南亚南亚等国遭受地震海啸灾难胡锦涛温家宝致电慰问》，四川在线—四川日报，2004 年 12 月 28 日。参见 http：//news. sohu. com/20041228/n223671475. shtml

③ 资料来源：《中国伊斯兰教协会致电慰问印度洋地震海啸受灾国》，新华网 2004 年 12 月 31 日参见 http：//news. 163. com/41231/0/18V77TA40001124T. html 。

四　救灾支援

1. 物资提供

向受灾国提供物资是中国展开救灾外交的一种重要形式，也是人道主义援助的需要。根据提供物资的对象，中国向受灾国提供物资的形式主要有以下几种：一是直接向受灾国提供物资，如 2005 年巴基斯坦地震，中国提供 2673 万美元的物资援助；二是向国际组织提供物资，中国红十字会总会 2010 年 1 月 21 日向国际志愿救援组织——红十字会与红新月会国际联合会捐赠 50 万美元，支援海地救灾。[①]

表 3—12　　　　　　　　中国提供部分救灾物资数据[②]

灾难	受灾国	中国提供物资数额
2004 年印度洋海啸	印度尼西亚、泰国、缅甸、马来西亚、孟加拉国、印度、斯里兰卡、马尔代夫、索马里、塞舌尔、肯尼亚等	价值 5 亿 2163 万元人民币的救援物资和现汇，并提供 2000 万美元用于联合国框架内的援助行动，使救灾援助总额达 6 亿 8763 万元（RMB）
2005 年巴基斯坦地震	巴基斯坦	灾后提供了 100 万美元的现汇援助以及价值 520 万美元和 1.1 亿元人民币的救灾物资，2005 年 10 月 26 日，又追加 4000 万元的物资（截至 2005 年 10 月 26 日）
2010 年海地地震	海地	中国红十字会总会 2010 年 1 月 21 日向国际志愿救援组织——红十字会与红新月会国际联合会捐赠 50 万美元

①　资料来源：《中国红十字会向国际救援组织捐赠 50 万美元支援海地》，国际在线 2010 年 1 月 22 日，参见 http：//gb.cri.cn/27824/2010/01/22/2945s2739568.htm。

②　方志勇：《紧急援助巴基斯坦》，《中国减灾》2005 年第 12 期。另根据新闻资料整理获得相关数据。

灾难	受灾国	中国提供物资数额
2011 年日本大地震	日本	截至 2011 年 3 月 29 日，中国红十字会捐款 2600 万元人民币①；企业如中国工商银行捐款 1 亿日元、中远集团捐款 2000 万日元、华为捐款 1000 万日元、三一重工援助价值 100 万美元 62 米泵车等②

根据提供物资的主体，中国提供物资的形式主要有：一是国家及代表国家的政府部门，如商务部、民政部等；二是企业或组织，如 2011 年日本大地震后，中国工商银行捐款 1 亿日元、中远集团捐款 2000 万日元、华为捐款 1000 万日元、三一重工捐赠价值 100 万美元 62 米泵车等；三是个人，如 2004 年印度洋海啸发生后，截至 2005 年 3 月 1 日，民间捐助一共达到 5.76 亿元人民币。③

2. 人员派遣

派遣人员参与受灾国救灾，根据中国是否是受灾国可以分为：一是中国派遣人员参与他国救灾；二是中国接受他国派遣人员来华参与救灾。根据派遣人员属性可以分为：一是派遣国际救援队，如 2011 年日本地震发生后，中国派出 15 人的国际救援队；二是派遣医疗队，如 2004 年印度洋海啸及 2005 年巴基斯坦地震中国都派出了医疗队；三是派遣军队，在 2013 年菲律宾飓风灾害救援与 2014 年马来西亚航空失联飞机搜救中，中国均派出军队参与国际救灾 ；四是派遣专家前往灾区救灾，如 2005 年巴基斯坦地震，中国派出地震专家参与救灾。

---

① 资料来源：《中国红十字会再次向日本地震灾区捐款 2000 万元》，东方网，参见 http://news.eastday.com/c/20110329/u1a5812970.html。

② 资料来源：《中国企业纷纷为日本地震捐款捐物》，中国商务部网站，2011 年 03 月 29 日，参见 http://www.mofcom.gov.cn/aarticle/i/jyjl/j/201103/20110307470948.html。

③ 萧芍芳：《印度洋海啸牵动世界经济与政治》，《东南大学学报》（哲学社会科学版）2005 年第 3 期。

表 3—13　　　　　　　　部分派遣人员参与他国救灾情况①

灾害	受灾国	派遣人员	派遣国
2004 年印度洋海啸	印度尼西亚、泰国、缅甸、马来西亚、孟加拉国、印度、斯里兰卡等	先后派出 7 批次共计 140 人的医疗、地震、DNA 检测等救援队	中国
2005 年巴基斯坦地震	巴基斯坦	搜索、营救、医护人员以及地震专家等共 49 人组成	中国
2008 年中国汶川大地震	中国	31 名专业救援队员组成的地震救援队	日本
		第一批向灾区派出救援队和医疗队（史上最大规模对外人道主义救援）	俄罗斯
		巴基斯坦医疗队首批 28 名队员带着医疗设备搭乘两架巴空军运输机前往中国甘肃兰州	巴基斯坦
2011 年日本大地震	日本	15 人的国际救援队	中国
		美军两艘航空母舰参与救援	美国

3. 技术支援

技术支援参与受灾国救灾包括支援特定技术，而特定技术的载体是人和机器设备。根据技术的载体可以分为：一是派出具有特定技术的专家，如 2004 年印度洋海啸中国派出可以进行 DNA 鉴定等方面技术的医疗专家，2005 年巴基斯坦地震派出地震专家等；二是提供特种救灾设备，如 2011 年日本大地震发生后中国三一重工捐助 62 米泵车；三是提供用于灾

---

① 资料来源：根据《美国派遣 2 艘航母前往日本参与救援》，华商网，2011 年 3 月 12 日等新闻资料整理，参见 http://news. hsw. cn/system/2011/03/12/050827861. shtml。

害评估和救灾的导航、卫星图拍技术，如中国在 2014 年马来西亚航空失联飞机搜救中动用了 21 颗卫星，为搜寻 MH370 提供卫星图片和为搜寻舰船提供导航服务；四是提供特定的救灾运输工具，如大型船只，包括航母、大型运输舰，中国为 2014 马来西亚航空失联飞机搜救派出"昆仑山号"两栖登陆舰等参与搜救，其次是大型运输机、侦察机，2014 年中国派出 2 架伊尔 - 76 大型运输机、2 架图 - 154 侦察机和 1 架运 - 8 参与搜救；五是派出用于救护的移动医院，这个中国陆地海上均有，2013 年中国曾派出"和平方舟号"参与菲律宾飓风灾害救灾，当然，中国陆地野战医院也能为救灾提供服务；六是提供特种防生化防核服装及设备，中国作为世界核大国之一，这些服装和设备都具备。

第三节　中国救灾外交的参与机制

国际制度是维持国际合作的重要因素，国际制度因可以减少不确定性、限制信息的不对称性、降低国家间的交易成本等特性而产生和维持国际合作。① 而对全球灾害问题，各国寻求全球范围内的国际减灾合作就成为必然趋势。无论从可持续发展理论、国际合作理论视角分析，还是从博弈论视角来看，灾害并非一国一地之害，而是全人类面临的共同风险；既定的国际机制可以减少国际救灾合作的不确定性和建立国际救灾合作的信任基础；国际救灾合作不是"零和博弈"，而是互利共赢。中国作为一个灾害频发的国家，同时作为世界大国、安理会五大常任理事国之一，理应为世界减灾救灾做出自己应有的贡献。为此，中国要展开积极救灾外交，中国救灾外交的主要机制包括：一是联合国救灾合作机制；二是区域机制，即亚洲救灾合作机制；三是次区域救灾合作机制，包括东亚机制——东盟（ASEAN）主导机制与上海合作组织（SCO）救灾合作机制；四是三边机制，包括中日韩三国救灾合作机制与中俄印三国救灾合作机制；五是双边机制，包括中国与受灾国、中国与援助国、中国与他国（非受灾国）。

---

① ［美］罗伯特·基欧汉：《霸权之后—世界政治经济中的合作与纷争》，苏长和等译，上海人民出版社 2006 年版，第 65—108 页。

一　联合国救灾合作机制

联合国为各国政府参与国际减灾合作提供了一个良好的平台,在协调人道主义救灾援助、转让减灾技术、促进国际交流、促进减灾框架与气候框架挂钩等领域开展减灾合作。中国作为联合国常任理事国和负责任的大国,将努力推进由联合国主导的国际减灾合作,进一步提升中国的防灾减灾能力和国际影响。[①] 联合国现行减灾救灾机构如图 3—5 所示,联合国减灾救灾合作机制由联合国国际减灾战略系统(ISDR)和人道主义事务协调厅(OCHA)制订协调具体的减灾救灾行动计划,并报副秘书长兼紧急救济协调员(ERC)批准,与众多联合国机构协同工作。联合国减灾救灾合作内容众多,部分活动会涉及多个机构。其中,备灾和恢复阶段的国际合作由国际减灾战略系统(ISDR)主导,应灾阶段的国际合作由人道主义事务协调厅(OCHA)主导。[②]

如图 3—6 所示,1999—2003 年,联合国系统在人道主义部门的援助数量的增长速度要超过任何其他部门,在 2003 年总额达到 30 亿美元,占联合国系统用于发展的业务活动支出的 30%,这是比重最大的一项活动。如表 3—14 所示,联合国在人道主义援助方面的贡献是卓越的,中国在联合国框架下展开救灾外交主要表现在以下几个方面:一是接受联合国的人道主义援助,为联合国在华开展救灾合作提供便利;二是通过联合国向受灾国提供人道主义援助,开展国际救灾合作;三是积极参与联合国主导的解决气候、环境等问题国际会议和国际合作。

---

① 洪凯、侯丹丹:《中国参与联合国国际减灾合作问题研究》,《东北亚论坛》2011 年第 3 期,第 62—63 页。

② 资料来源:联合国经济及社会理事会:《争取建立一个负责救灾和减灾工作的联合国人道主义援助方案》,联合国大会第六十一届会议,A /61 /699— L /2007 /80,参见 http: //dac-cess-dds-ny. un. org/doc/UNDOC /GEN /N07/214/71/PDF/N0721471. pdf? OpenElement;洪凯、侯丹丹:《中国参与联合国国际减灾合作问题研究》,《东北亚论坛》2011 年第 3 期,第 62—63 页。

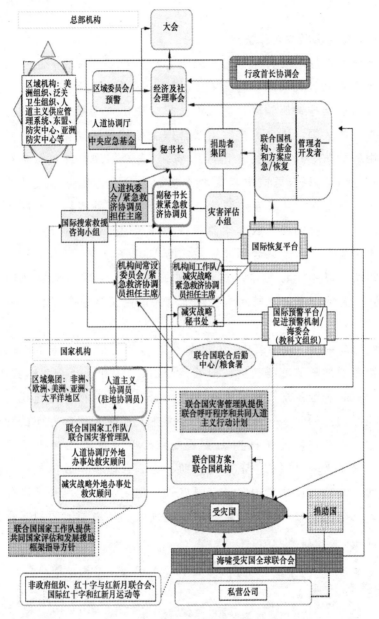

图 3—5 联合国现行减灾救灾机构①

————————

① 资料来源：联合国经济及社会理事会：《争取建立一个负责救灾和减灾工作的联合国人道主义援助方案》，联合国大会第六十一届会议，A /61 /699— L /2007 /80，参见 http：//dac-cess-dds-ny. un. org/doc/UNDOC /GEN /N07/214/71/PDF/N0721471. pdf？OpenElement。

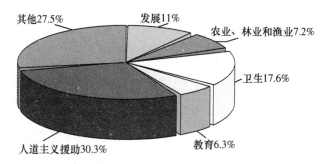

图 3—6　2003 年按部门列出的联合国系统业务活动各项支出比重①

表 3—14　　　　　　　　　中国参与联合国救灾合作情况②

时间	合作方向	合作事项
2008 年中国汶川地震	联合国向中国提供人道主义救灾物资	联合国各机构到 2010 年为灾后恢复重建筹集 8000 万美元资金
2004 年 5 月	联合国在中国积极开展灾害管理援助项目	开展"水文气象灾害对社会经济影响评估方法的改进"项目
2008 年 9 月		启动了中国"汶川地震灾后重建暨灾害风险管理计划"项目
2009 年 8 月	合作开展提高减灾与应急处置能力的人员培训	灾区的干部在国家减灾中心接受联合国开发计划署为期一周的减灾培训
2004 年印度洋海啸	通过联合国提供援助	通过联合国提供 1950 万美元援助
2006 年 3 月		向联合国成立的"中央紧急应对基金"认捐 100 万美元

---

① 资料来源:联合国经济及社会理事会:《争取建立一个负责救灾和减灾工作的联合国人道主义援助方案》,联合国大会第六十一届会议,A／61／699— L／2007／80,参见 http://daccess-dds-ny. un. org／doc／UNDOC／GEN／N07／214/71／PDF／N0721471. pdf? OpenElement。

② 洪凯、侯丹丹:《中国参与联合国国际减灾合作问题研究》,《东北亚论坛》2011 年第 3 期。

续表

时间	合作方向	合作事项
2001 年 4 月 27 日	参与联合国主导的国际减灾活动与项目	中国成立国际救援队
2007 年 4 月		中国民政部与联合国项目事务厅在广西南宁合作建成"国际人道主义紧急救援广西园区"
2007 年 4 月	加强灾害监测预警领域的国际合作	中国与 ISDR 共建国际减轻旱灾风险中心
2010 年 11 月		推进联合国灾害管理与应急反应天基信息平台（UN—SPIDER）项目，筹建了 SPIDER 北京办公室①
2009 年 12 月 7 日—18 日	中国参加"哥本哈根世界气候大会"、《联合国气候变化框架公约》缔约方第 15 次会议	中国已经从科学和社会发展等多方面认识到了气候变化的巨大影响，并且开始进行着积极的应对，中国还提出了到 2010 年实现单位国内生产总值能源消耗比 2005 年降低 20% 左右、到 2010 年努力实现森林覆盖率达到 20%、2020 年可再生能源在能源结构中的比例争取达到 16% 等一系列目标
2012 年 11 月 26 日—12 月 7 日	2012 年多哈世界气候大会、《联合国气候变化框架公约》第十八次缔约方大会暨《京都议定书》第八次缔约方会议	1. 具体贯彻"德班平台"在 2015 年以前完成 2020 年后新的气候变化公约的制定工作；2. 商讨制定减排新框架的具体日程；3. 通过《京都议定书》修正案；4. 停止长期合作特设工作组运作；5. 启动"德班平台"具体讨论；6. 提交绿色气候基金的初步运作报告②

从表 3—14 中国参与联合国救灾合作的情况可以看出，中国既是国际人道主义援助及国际救灾合作的受益者，也是其贡献者，其合作领域覆盖

---

① 洪凯、侯丹丹：《中国参与联合国国际减灾合作问题研究》，《东北亚论坛》2011 年第 3 期。

② 参见：《2012 年多哈世界气候大会》，参见 http://discovery.163.com/special/cop18/

从接受和提供人道主义救灾物资、建立灾害预警平台到灾害管理人员培训，随着中国国内救灾体系的进一步完善，减灾救灾能力的进一步加强，中国必将在联合国这一机制下，为国际减灾救灾做出新的贡献。与此同时，中国积极参与"世界气候大会"，即《联合国气候变化框架公约》缔约方大会暨《京都议定书》缔约方会议，参与和推动解决全球性的气候变化问题。

二　区域机制：亚洲救灾合作机制

亚洲救灾合作机制主要特点表现为"两大国"推动机制。"两大国"指中国和日本。中国和日本分别为世界第二大和第三大经济体，中日两国总经济规模可以与欧盟和美国相媲美，且中日两国的军事实力在全球范围内也不容小觑。中日两国在东亚地区属"超级大国"级别，在地区事务中扮演着重要角色，在救灾合作中主要建构了以下合作机制：（1）"亚洲减灾中心"。① 日本倡议的"亚洲减灾中心"成立于1998年，中日都是核心成员国。中心旨在提升成员国应对灾害的能力、建设安全的社区、促进社区可持续发展，主要开展四方面的工作：减灾信息共享、人力资源培训、社区能力建设以及相关国际会议和交流。（2）"亚洲减灾大会"。②

---

① 亚洲减灾中心于1998年7月30日在日本兵库县神户市成立，其成员有26个国家和1个组织。亚洲减灾中心的主要任务是：（1）积累并提供自然灾害信息和减灾信息；（2）进行促进减灾合作方面的研究；（3）收集灾害发生时的紧急救援方面的信息；（4）传播知识，提高亚洲地区的减灾意识。亚洲减灾中心由亚洲地区的22个成员国、4个咨询国和1个观察者组织组成。22个成员国有：孟加拉国、柬埔寨、中国、印度、印度尼西亚、日本、哈萨克斯坦、老挝、马来西亚、蒙古、缅甸、尼泊尔、巴布亚新几内亚、菲律宾、朝鲜、俄罗斯、新加坡、斯里兰卡、塔吉克斯坦、泰国、乌兹别克斯坦和越南。4个咨询国有：澳大利亚、法国、新西兰和瑞士。观察者组织是亚洲防灾中心（ADPC）。

② 2005年9月27—29日，由中国政府主办，中国国家减灾委员会、民政部、外交部、北京市人民政府承办，联合国开发计划署、联合国亚太经社理事会、联合国国际减灾战略、世界气象组织和亚洲备灾中心协办的首届亚洲减灾大会在北京圆满召开。共有来自亚洲和南太平洋地区的42个国家的代表团、13个联合国机构和国际组织，相关专家学者共385人参加了大会。大会分高级圆桌会议、专题会议和公共展览三个部分。与会的各国政府代表团和国际组织代表围绕减灾规划、灾后重建、社区减灾和区域减灾合作等方面，在四个圆桌会议上踊跃发言，先后有24个部长级代表及20多个政府高级官员、国际组织代表做专题发言。来自28个国家和组织的55位减灾专家围绕灾害预警与信息系统、灾害预防与减灾、灾害综合管理三个专题分12个单元做了主题报告，200余位国内外专家莅临会议并进行了充分、热烈的交流和研讨。

中国首倡的"亚洲减灾大会"是亚洲各国和利益攸关方开展机制化减灾交流与合作的工作平台。2005年在北京召开首届大会是"第一届亚洲部长级减灾会议"。此后，截止到2013年，亚洲减灾大会召开过4次，形成了《亚洲减少灾害风险北京行动计划》《2007减少灾害风险德里宣言》《亚洲减少灾害风险吉隆坡宣言》《仁川宣言》和《亚太地区通过适应气候变化减轻灾害风险仁川区域路线图》等成果文件。① 2012年7月17—18日，由中国国家海洋局主办、国家海洋环境预报中心承办的南海海洋防灾减灾研讨会在昆明举行。来自中国以及文莱、柬埔寨、印度尼西亚、老挝、马来西亚、缅甸、新加坡、泰国、越南的50余名专家学者和官员与会。通过东亚及其次区域救灾合作对话，东亚各国可凝聚救灾合作共识，从而推进救灾合作的开展。

中国参与亚洲救灾合作的主要机制是参与日本倡议的成立于1998年的"亚洲减灾中心"、中国首倡的"亚洲减灾大会"和"亚洲备灾中心"。中国参与推动亚洲救灾合作的主要特点有以下几方面：一是善于抓住时机推动亚洲救灾合作，2004年印度洋海啸，随后2005年9月中国在北京举办了"第一届亚洲部长级减灾大会"，会议通过了《亚洲减少灾害风险北京行动计划》。2008年5月中国汶川大地震发生后，2008年12月中国举办了"加强亚洲国家应对巨灾能力建设研讨会"、2009年12月中国举办了"第二届亚洲巨灾风险保险国际会议"。由此可见，亚洲每次大的灾害都是推进亚洲国际救灾合作的良机。二是利用"亚洲部长级减灾大会"机制不断深入推动亚洲救灾合作。从2005年9月的《亚洲减少灾害风险北京行动计划》、2007年的《2007亚洲减少灾害风险德里宣言》、2008年的《2008亚洲减少灾害风险吉隆坡宣言》到2010年的《亚太2010年减轻灾害风险仁川宣言》《适应气候变化减轻灾害风险仁川区域路线图》和《仁川行动计划宣言》、2012年的《亚太2012年减轻灾害风险日惹宣言》。亚洲减灾大会旨在为亚洲各国提供以下这样一个平台：分享灾害风险管理中的经验和教训，在《兵库行动纲领》框架下确定在亚洲

---

① 虞少华主编：《中日韩救灾减灾合作研究》，社会科学文献出版社2012年版，第47—49页。

实施行动的优先领域，促进亚洲区域减灾合作。① 正如《亚太 2012 年减轻灾害风险日惹宣言》中所言："我们承认中华人民共和国、印度共和国、马来西亚和大韩民国政府在成功举办亚洲减灾部长级会议以及实施这些会议声明所倡导的活动中的领导地位，包括推进仁川声明、路线图和行动计划，强调国家在开展活动、推广良好做法和促进 2015 年后减灾框架和发展议程中的明确责任。"②

表 3—15　　　　　　　　中国参与亚洲救灾合作大事记③

时间	地点	主办国	事件	主要成果
2005 年 4 月 5 日	曼谷	泰国	签署亚洲备灾中心④新章程	中国签署亚洲备灾中心新章程，宣告成为该组织的创始成员
2005 年 9 月 27—29 日	北京	中国	第一届亚洲部长级减灾大会	会议通过了《亚洲减少灾害风险北京行动计划》
2007 年 11 月 6—8 日	新德里	印度	第二届亚洲部长级减灾大会	《2007 亚洲减少灾害风险德里宣言》
2008 年 12 月 2—4 日	吉隆坡	马来西亚	第三届亚洲部长级减灾大会	《2008 亚洲减少灾害风险吉隆坡宣言》
2008 年 12 月		中国	加强亚洲国家应对巨灾能力建设研讨会	
2009 年 12 月 8—9 日	北京	中国	第二届亚洲巨灾风险保险国际会议	亚洲地区对于巨灾风险管理方法和保险的需求进行讨论

———————————

① 《亚洲减少灾害风险北京行动计划》，《中国减灾》2005 年第 11 期。

② 《第 5 届亚洲减灾部长级会议 2012 年亚太地区减灾日惹宣言》，中国民政部—国际合作司，参见 http://wss. mca. gov. cn/article/hwsj/201301/20130100412267. shtml。

③ 资料来源：根据《李立国参加第四届亚洲部长级减灾大会并顺访韩国》，2010 年 11 月 5 日等整理，参见 http：//www. gov. cn/gzdt/2010—11/05/content_ 1738822. htm。

④ 亚洲备灾中心（Asian Disaster Preparedness Central，ADPC，以下简称备灾中心）是一个地区性的备灾中心，主要工作目标是减少亚洲及太平洋地区的自然灾害，以维护社会的安全与持续发展。备灾中心创立于 1986 年，是亚洲及太平洋地区在增进灾害认知及地方政府制度化灾害管理能力的一个重要信息中心。备灾中心与各国和地方政府通力合作对灾害做出回应并制订有关减灾政策。

续表

时间	地点	主办国	事件	主要成果
2010年10月25—28日	仁川	韩国	第四届亚洲部长级减灾大会	通过了《亚太2010年减轻灾害风险仁川宣言》《适应气候变化减轻灾害风险仁川区域路线图》和《仁川行动计划宣言》
2012年10月22—25日	日惹市	印度尼西亚	第五届亚洲部长级减灾大会	会议通过了《亚太2012年减轻灾害风险日惹宣言》，会议主题是"加强地方减轻灾害风险能力"

三 次区域机制：东亚机制与上海合作组织机制

1. 东亚机制：东盟（ASEAN）主导机制

面对东亚灾害问题，东亚各国寻求国际减灾合作将成为必然趋势。灾害频发给东亚人民带来巨大的生命财产损失，为共同应对这一挑战，东亚①各国在救灾领域展开了积极合作。形成了"一轴心两大国三层次"的救灾合作机制，这不仅有助于东亚地区的救灾合作与人道主义救援，而且也将为东亚国家密切彼此关系和维护地区和平与繁荣提供动力和契机。

（1）中国参与东亚救灾合作机制建构的动因。东亚地区针对救灾这一领域已展开了积极合作，救灾合作的动力主要来自经济、机制和政治三方面。从经济上来讲，救灾合作，特别是通过灾害预防、救灾及灾后恢复重建的合作，可以产生正经济效益，通过减少受灾损失或通过资源共享实现经济收益；从机制上来讲，救灾合作机制的形成是东亚合作成果，也是其合作的开始，既可以丰富东亚合作内涵，也可形成合作路径惯性，产生扩溢效应，促进东亚其他领域的合作；从政治上来讲，救灾合作可以使东亚受灾国尽快恢复，有利于维护东亚的繁荣稳定，也可以通过这一人道主义救援行动，加深东亚各国认同，从而推动东亚合作和一体化进程。冷战结束以来，世界政治中的全球性因素减弱，地区力量加强，国家和国际社

---

① 本书指广义的东亚，包括东北亚5国和东盟，它们是中国（包括中国港澳台地区）、日本、韩国、朝鲜、蒙古、印度尼西亚、马来西亚、菲律宾、新加坡、泰国、文莱、越南、老挝、缅甸和柬埔寨。

会的发展越来越被地区动力所左右。[①]

首先是经济动因。东亚位于亚洲东部、太平洋西侧,属于灾害频发地区。1975—2008 年灾害损失(如表 3—16 所示)的统计表中可以看出,30 余年间全球单次自然灾害经济损失超过 100 亿美元有 25 例,东亚(表中显示的有中国、日本、朝鲜、印度尼西亚和中国台湾)12 例,占 48%,其中 1995 年日本神户地震经济损失达 1000 亿元,仅次于美国 2005 年"卡特里娜"飓风 1250 亿美元的损失,而中国(包括台湾在内)经济损失逾 100 亿美元的达 6 例(1998 年洪水与 2008 年四川地震位列第三,经济损失达 300 亿美元),仅次于美国的 10 例,日本则达 4 例,居第三位。而 2003—2008 年 5 年间经济损失逾 100 亿美元达 9 例,占总数的 36%。

表 3—16　　　　　1975—2008 年灾害损失超过 100 亿美元统计[②]　　　单位:亿美元

国家	年份	灾害	损失	国家	年份	灾害	损失
美国	2005	"卡特里娜"飓风	1250	中国	2008	四川地震	300
	2005	"威尔玛"飓风	143		1998	长江洪水	300
	1993	中西部洪水	120		1996	黄河洪水	126
	1995	西海岸大风	100		1999	台湾集集地震	141
	2004	"弗朗西斯"飓风	110		1994	中国旱灾	137.55
	2004	"伊万"飓风	180		1991	东部洪水	136
	1994	北岭地震	165	日本	2007	新潟地震	125
	1992	"安德鲁"飓风	265		1991	"密瑞儿"台风	100
	2005	"查理"飓风	160		2004	中越地震	280
	2004	"塔丽"飓风	160		1995	神户地震	1000
朝鲜	1995	朝鲜洪水	150	德国	2002	易北河洪水	117
苏联	1988	斯皮塔克地震	140	意大利	1980	伊尔皮尼亚地震	200
印度尼西亚	1997	野火	170				

---

① Peter. J. Katzenstein, "Introduction: Asia Regionalism in Comparative Perspective", in Peter J. Katzenstein and Takashi Shiraishi, eds, *Network Power: Japan and Asia*, Ithaca: Cornell University Press, 1997, p. 1.

② 资料来源:国际灾害数据库。

另据 2000—2006 年自然灾害导致死亡人数的平均数来看，亚洲占 78.8%，以 21 世纪东亚遭受巨灾为例，2004 年印度洋海啸造成近 30 万人死亡；2008 年中国四川大地震造成 86633 人死亡；2011 年日本大地震海啸造成 19752 人死亡（同时，这三大自然灾害造成的经济损失是巨大的，中方数据显示 2008 年四川地震直接经济损失为人民币 8452 亿元）。灾害频发给东亚人民带来了不必要的损失和痛苦，为共同应对灾害的侵袭，东亚各国积极寻求国际救灾合作。

天下熙熙皆为利来，天下攘攘皆为利往。国际关系中，合作与冲突皆因利益。救灾合作最直接的利益驱动就是经济利益，无论是灾害的预防体系建设，还是救灾和灾后恢复重建都需要大笔资金，各国通过合作，可以分担这一经济压力，不至于因灾致贫或影响受灾国经济发展和社会稳定。东亚地区展开救灾合作的经济动力可以从以下两方面来分析。

一是通过灾害预防合作，减少灾害发生或灾害损失，产生正经济效益。东亚地区通过灾害预防合作，建立了完善的灾害预警系统和灾害预防设施，一方面可以通过在灾前做好人员财产转移，减少灾害损失；另一方面因合作共同投入资金，使相关设施可以抵御灾害或部分抵御灾害，从而减少灾害损失。例如：针对台风、海啸等灾害，可以通过及时预警，转移人员、财产来减少损失；针对地震等灾害可以通过提高地震带建筑物的抗震能力而减少损失；针对重大疫情，包括禽流感、SARS、疯牛病、AIDS 等，可以通过合作研究，研制出预防疫苗或想出其他遏制疫情蔓延的措施，减少灾害损失。减少灾害造成的损失，也就是产生相对的经济收益。

二是通过救灾和灾后恢复重建合作，减少受灾国一次性遭遇的经济损失或负担，避免因灾致贫或影响其经济正常发展，产生积极经济效益。历史上，东亚地区发生过多起巨灾，中日凭借强大的经济实力可以主要依靠本国财力进行救灾和灾后恢复重建（如中国在 2013 年 4 月 20 日四川雅安地震后婉拒国际援助），但东南亚诸国在印度洋海啸后主要靠国际援助进行救灾和灾后恢复重建，比如印度尼西亚只负担了重建资金的 35%，这避免了印度尼西亚因灾致贫或者因灾难以持续发展其经济。这样，印度尼西亚政府可以将本应用在救灾方面的资金投入其他领域，产生经济效益，维持其可持续发展。

没有永恒的朋友，只有永恒的利益。马克思曾指出："追求利益是人类一切社会活动的动因，利益对政治权力具有决定作用。"[1] 东亚各国可以通过救灾合作，共同承担灾害风险，减少其经济损失，从而产生经济收益。因此，经济利益便成为东亚地区展开救灾合作的动因之一。

其次是机制动因。东亚合作有别于欧盟、北美等区域合作的显著特征是其软合作或者说是其具有东盟方式特征的软机制化特征。但合作的深入仍需合理的机制加以保障。

一是救灾合作机制的构建能够为救灾合作提供保障。新自由制度主义认为国际制度是产生、维持国际合作的主要因素。[2] 同理，东亚地区救灾合作机制的建构便决定了东亚地区各国展开救灾合作这一国家行为。不可否认的是，有了从灾害预防、救灾响应到灾后恢复重建方面的合作机制，东亚各国可以稳步开展在救灾各个领域的合作。目前，东亚地区救灾合作机制尚不完善，根据对救灾合作经济动因的分析，东亚各国可以从救灾合作中获得经济收益，利益决定行动，而国际制度是国际合作的保障，为此，东亚各国应进一步完善救灾合作机制，而完善机制的过程也是合作的过程，因此，救灾合作机制可成为救灾合作的动力之一。反之，我们也可以说救灾合作机制的建构是救灾合作成果的体现。

二是救灾合作机制的溢出效应可以丰富东亚地区合作内涵。新功能主义（neo-functionalism）扩溢理论（spillover）认为，国家之间在经济、技术等功能性领域的合作可以扩溢到政治性领域，从而实现政治统合，并逐渐形成超国家权威机构。救灾合作不仅仅局限于救灾这一单一领域的合作，还将产生扩溢效应，推动其他领域合作，包括开启安全领域的合作（军队参与救灾为安全领域合作打下基础），与此同时，救灾合作机制的建构必将有利于救灾合作的开展。

———————————

[1]　参见《马克思恩格斯全集》第 1 卷，人民出版社 1956 年版，第 82 页。

[2]　David Baldwin, *Neorealism and Neoliberalism: The Contemporary Debate*, Columbia University Press, 1993, pp. 269 - 300.

最后是政治动因。"美国东亚政策的核心目标是防止地区大国崛起,防止独立的排他性的地区合作,维持美国东亚事务主导权。"① 东亚地区合作面临着内忧外患的复杂局面,如何推动东亚合作成为一个新课题。东亚地区为避免在经济、安全等敏感领域开展合作而开罪美国,可以在人道主义援助领域——救灾领域开展合作,从而推动其他领域的合作,如灾害预防及救灾装备所涉及的经济技术领域、军队救灾所涉及的安全领域等方面的合作。救灾合作属于人道主义援助范畴,拥有道德制高点,美国等窥觑东亚影响力的域外大国便无话可说。因此,救灾合作有其重要的政治动因。

一是救灾合作有利于东亚地区的和平与社会稳定。路易丝·康福特(Louise Comfort)认为减灾和救灾可以作为一个改变国家内部和国家之间的关系的过渡进程。伊兰·凯尔曼(Ilan Kelman)在《缅甸和中国灾难外交》一文中认为,1970 年 11 月发生在东巴基斯坦的气旋灾害是触发成功产生孟加拉国的独立战争的诱因。由此可见,救灾不仅影响国家间关系,也可能诱发冲突甚至是战争,从而危害国家或地区的和平与稳定。然东亚地区灾害频发,特别是大灾不断,这对东亚人民生活、经济发展和社会稳定造成重大冲击,在救灾领域开展合作,从而减少东亚地区人员财产损失就有了强大的动力。稳定是发展的关键,发展的目的是造福人民。救灾合作是利国利民之举,有其合法性和原动力。

二是通过人道主义援助,加深东亚人民身份认同,促进东亚合作和一体化进程。"传统上,儒家文化、佛教文化、伊斯兰文化和基督教文化在东亚地区不同的国家都有不同程度的存在,并且影响着不同国家社会生活的方方面面。"② 这种文化背景的多元,直接导致语境和话语的相异。"在建构主义的地区观念中,地区国家的主体间性(Inter-subjec-

---

① 陈寒溪:《美国"重返亚洲"对东亚合作的影响》,《国际关系学院学报》2012 年第 4 期。

② 在印度支那三国和泰国,佛教文化是主流;在缅甸和印度尼西亚,佛教、基督教和伊斯兰教文化并存,但缅甸信仰佛教的人数占 85%,而印度尼西亚 84% 的人信仰伊斯兰教,菲律宾则有 93% 的人信仰基督教。韩国居民大多信仰佛教、基督教、天主教。日本居民大多信仰神道和佛教。

tive）特点，对发展共同的地区认同或共同的归属感，并形成机制化的地区合作是必不可少的基础元素。"① 东亚合作缺乏共同的理念，而这一理念是合作的基础，根据温特的建构主义理论，身份认同（文化）决定利益，而利益决定行为。东亚地区灾害发生后，灾区灾民心理情感受到很大影响，在绝望和无助的时候，看看是谁伸出援助之手，是谁帮我们走出困境，谁就是"我们"的一分子，这对东亚人民身份的认同产生直接影响。因此，东亚地区展开深入的救灾合作，为"东亚一家子"身份认同奠定了群众基础。这也可以说是救灾合作的政治动因之一。

（2）中国开展救灾外交的重要舞台——东亚救灾合作机制（"一轴心"主导机制）。"一轴心"指东盟（ASEAN）。2009 年 10 月 25 日通过的《东亚峰会灾害管理帕塔亚声明》指出："支持东盟努力加强人道主义协调并增强应对重大灾害的领导作用。"可见，东盟借助自己在东亚事务上的主导权，在东亚地区救灾合作机制的建构中发挥着独特领导作用，其主导的救灾合作机制如下：首先是东盟地区论坛（ARF）救灾合作机制。东盟地区论坛每年召开一次救灾会间会，制定了《ARF 地区论坛人道主义援助和减灾战略指导文件》《ARF 减灾工作计划》《ARF 灾害管理与应急反应声明》和《ARF 救灾合作指导原则》等框架性文件。中国作为"东盟地区论坛"的 27 个与会国之一，积极参加了东盟地区论坛救灾会间会。

"救灾领域是东盟地区论坛所涉及的重要领域之一，在东盟地区论坛框架下所建立起来的救灾合作机制近年来发挥着越来越重要的作用。中国作为正在崛起的世界大国，也作为论坛重要的成员国，理应在论坛救灾合作机制的建设中发挥更加重要的作用。"② 从表 3—17 可以看出中国积极参与东盟地区论坛及其救灾会间会的具体情况。

---

① Glenn Hook & Ian Kearns, *Sub-regionalism and World Order*, Macmillan PressLtd, 1999, p. 3.

② 王勇辉、孙赔君：《东盟地区论坛框架内的救灾合作机制研究》，《社会主义研究》2012 年第 2 期。

表 3—17　　　　　　中国参加东盟地区论坛救灾合作大事记①

时间	地点	事件
1994 年 7 月 25 日	泰国曼谷	首届东盟地区论坛，中国作为东盟磋商伙伴国参加
1999—2000 会间年度期间		新加坡和日本共同举办了 ARF 建立信任措施会间会议。蒙古、澳大利亚、泰国等国分别举办了第三届国防院校长会议、军事冲突法研讨会和抢险救灾培训研讨会等一轨道会议，中国均派人参加
2006 年 9 月 18—20 日	中国山东青岛	举办了第六次东盟地区论坛救灾会间会，中国向会议提交了《ARF 救灾合作指导原则》
2008 年 12 月 5—6 日	印度尼西亚的班达亚齐	第八届 ARF 减灾会间会
2009 年 4 月 23—25 日	中国北京	第一届东盟地区论坛武装部队国际救灾法律规程建设研讨会
2009 年 5 月 4—8 日	菲律宾马尼拉和克拉克	中国国防部和外交部联合举办的以《中国，为了生命救灾》为主题的图片展览
2010 年 8 月 30—9 月 1 日	中国北京	中国举办"第二届东盟地区论坛武装部队国际救灾法律规程建设研讨会"
2011 年 3 月 15—19 日	印度尼西亚北苏拉威西省万鸦老	中方派出由 25 人组成的代表团，首次参与联合救灾演练（东盟地区论坛第二次救灾演练）
2012 年 6 月 11—12 日	中国北京	"第三届东盟地区论坛武装部队国际救灾法律规程建设研讨会" 11 日在北京举行，来自东盟各国、中国、美国、俄罗斯、欧盟、澳大利亚、日本、国际红十字会等 27 方代表百余人与会
2013 年 5 月 7—11 日	泰国碧武里府差安县	东盟地区论坛第三次救灾演练，中国派 12 人参演，来自 26 个成员的民事和军事人员近 1000 人参加

---

① 资料来源：根据《东盟地区论坛"武装部队国际救灾法律规程建设"研讨会召开》，《中国军网》，2012 年 6 月 11 日等新闻整理，参见 http://chn.chinamil.com.cn/jwjj/2012—06/11/content_ 4891873. htm。

一是积极参与并承办论坛救灾会间会,推动论坛成员国加强国际救灾合作;二是多次承办"东盟地区论坛武装部队国际救灾法律规程建设研讨会",为军队参与救灾合作进行法律规程方面的探索;三是中国积极参与东盟地区论坛救灾演练,促使东盟地区论坛国际救灾合作进入实质性阶段。

其次是东盟与中日韩(10+3)救灾合作机制。2004年印度洋海啸后,防灾减灾成为10+3的重要合作领域之一。《第二份东亚合作联合声明》及《2007—2017年东盟与中日韩合作工作计划》提出了灾害管理领域的合作措施。2007—2008年,中国举办了两届10+3武装部队国际救灾研讨会,探讨了加强武装部队国际救灾协调机制建设、标准操作程序和法律保障等问题。2010年,"10+3城市灾害应急管理研讨会"在中国北京召开。在10+3框架下,东盟10国与中日韩均参加了这一对话合作。

表3—18 中国参与"东盟与中日韩(10+3)"救灾合作大事记①

时间	地点	事件
2007年6月4—7日	中国石家庄	东盟与中日韩(10+3)武装部队国际救灾研讨会
2008年6月11—12日	中国石家庄	"东盟与中日韩(10+3)武装部队国际救灾研讨会",涉及救灾合作的法律保障、协调机制构建和标准操作程序等问题
2009年6月9—11日	中国石家庄	第一届东盟与中日韩(10+3)武装部队非传统安全论坛
2010年10月12—13日	中国石家庄	第二届东盟与中日韩(10+3)武装部队非传统安全论坛,中国人民解放军石家庄陆军指挥学院还举行了抗震救灾行动指挥所演练,包括应急响应、指挥与控制部队机动和协调三部分
2012年6月25—27日	中国石家庄	第三届东盟与中日韩(10+3)武装部队非传统安全论坛,就中国汶川抗震救援、日本福岛抗震救援、救灾桌面推演三个案例进行案例介绍和共同研讨;还将进行名为"救援-2012"的抗震救灾行动桌面推演

① 资料来源:根据《东盟与中日韩(10+3)武装部队国际救灾研讨会闭幕》,中央政府门户网站2007年6月8日新闻资料整理,参见 http://www.gov.cn/jrzg/2007—06/08/content_640870.htm。

中国在"东盟与中日韩（10＋3）"框架下参与救灾合作的主动性和积极性都很高，推动国际救灾合作的方向很明确，如表3—18所示，一是关注的重点很明确，就军队参与"10＋3"框架内国际救灾合作的法律保障、协调机制构建和标准操作程序等问题进行探讨；二是合作不断深化，从2007年的"东盟与中日韩（10＋3）武装部队国际救灾研讨会"发展到2009年的"东盟与中日韩（10＋3）武装部队非传统安全论坛"，内容从救灾合作发展到其他非传统安全领域。

再次是东亚峰会救灾合作机制。减灾是2007年1月第二届东亚峰会确定的重点合作领域之一。2009年第四届东亚峰会发表《东亚峰会灾害管理帕塔亚声明》，包括支持灾害管理能力建设合作；开发本地区一体化、跨界及多灾种的备灾能力、彼此相连的早期预警系统和应对能力等。2012年及以前的东亚峰会不包括东亚15国中的朝蒙两国。即东盟与中日韩均参与了东亚峰会这一框架下的救灾合作对话。

表3—19　　　　　　　　中国参与东亚峰会救灾合作大事记①

时间	举办国	事件	主要内容
2007年1月15日	菲律宾	第二届东亚峰会	减灾是2007年1月第二届东亚峰会确定的重点合作领域之一
2009年10月25日	泰国	第四届东亚峰会	同意在经济、教育、应对气候变化等方面加强合作，并发表《东亚峰会灾害管理帕塔亚声明》
2010年10月30日	越南	第五届东亚峰会	温家宝在发言中表示，东亚峰会成立5周年来，在救灾等五个重点领域开展富有成果的对话合作，增进了各方的相互了解，促进了本地区和平、稳定与发展②

---

① 资料来源：根据《东亚峰会重特大自然灾害风险管理研讨会在京召开》，中国民政部救灾司资料整理，参见 http：//www.mca.gov.cn/article/zwgk/gzdt/201306/20130600477729.shtml。

② 参见《温家宝与菅直人在河内进行十分钟非正式会谈》，参见 http：//www.s1979.com/a/news/china/2010/1031/79794.shtml。

续表

时间	举办国	事件	主要内容
2011 年 11 月 28—30 日	中国	"东亚峰会灾害社会心理干预研讨会"	加强中国和东亚国家灾害社会心理干预机制和干预技术建设,推动建立中国和东亚国家防灾减灾合作
2013 年 6 月 25—27 日	中国	"东亚峰会重特大自然灾害风险管理研讨会"	围绕重特大自然灾害风险管理的应对机制、应用技术、业务平台三个专题展开

中国有必要以东亚区域发展为核心,大力促进东亚一体化,创立有助于区域经济和进一步经济开放的区域性国际制度,为其他国家搭中国发展的便车提供机会。① 中国作为东亚区域性大国,要实现成为世界大国的战略目标,就必须首先成为推动东亚一体化的主导性力量,通过多边外交逐步实现大战略目标。②

中国自 2005 年第一届东亚峰会开始就是其重要的一员,在推动东亚峰会框架下的救灾合作方面发挥出了自己的"正能量"。从减灾是 2007 年 1 月第二届东亚峰会确定的重点合作领域之一、2009 年第四届东亚峰会发表《东亚峰会灾害管理帕塔亚声明》,到 2011 年 11 月中国举办"东亚峰会灾害社会心理干预研讨会"、2013 年 6 月中国举办"东亚峰会重特大自然灾害风险管理研讨会",正如表 3—19 所示,也正如 2010 年中国总理温家宝所说,救灾成为过去五届峰会(五年)合作的五大重点领域之一。中国为推动东亚峰会框架下的国际救灾合作展开了积极的救灾外交,从领导人峰会发言提出救灾合作倡议到中国举办灾害相关研讨会可窥见一斑。

最后是东盟与中国(10 + 1)救灾合作机制。自 1991 年伊始,中国

---

① David Kang, "Getting Asia Wrong: The Need for New Analytical Frameworks", *International Security*, Vol. 27, No. 4, Spring 2003, pp. 57 – 85.

② Joseph Nye. , *The Paradox of American Power: Why the World's Only Superpower Can't Go It Alone?* New York: Oxford University Press, 2002, pp. 157 – 160.

同东盟便开启对话。到了 1997 年，中国与东盟双方建立了睦邻互信伙伴关系。2003 年，双方建立"面向和平与繁荣的战略伙伴关系"，中国作为域外大国率先加入《东南亚友好合作条约》。中国—东盟合作已成为中国周边外交一大亮点。①

中国参与东盟与中国（10＋1）救灾合作的主要特点有以下几方面：一是灾害驱动。2003 年的非典型肺炎（SARS）促使 2003 年 4 月 29 日"中国—东盟领导人关于非典型肺炎特别会议"在泰国曼谷的召开，并发表了《中华人民共和国与东盟国家领导人特别会议联合声明》，中国与东盟加强和深化了在非典型肺炎（SARS）防治领域的合作；2004 年 12 月 26 日印度洋海啸的爆发促使 2005 年 3 月 17—18 日"中国—东盟灾后防疫研讨会"在中国北京的召开，研讨会交流预防控制灾后传染病暴发的措施，并就建立区域间救灾防病应急合作机制进行探讨，通过"关于加强中国—东盟救灾防病应急合作的北京行动计划"。② 二是中国—东盟领导人会议的推动。2005 年 12 月 12 日在马来西亚吉隆坡举行的"第九次中国—东盟领导人会议"，公共卫生（特别是防治禽流感）列为双方新的五大重点合作领域之一。2010 年 10 月 29 日在越南河内举行的"第十三次中国—东盟领导人会议"，发表了《中国和东盟领导人关于可持续发展的联合声明》，声明中说，"考虑到《东盟灾害管理与紧急应对协议》已于 2009 年 12 月生效，通过对减少灾害风险、救灾和重建等信息分享、经验知识交流，增强灾害管理合作，支持建立东盟人道主义援助中心"③。2011 年 11 月 18 日在印度尼西亚巴厘岛举行的"第 14 次中国—东盟（10＋1）领导人会议暨中国—东盟建立对话关系 20 周年纪念峰会"，发表了《第 14 次中国—东盟领导人会议联合声明》，声明中说"进一步加强在灾害管理方面的务实合作，包括应急准备、减少风险、人道主义救

---

① 参见中国—东盟中心《中国—东盟关系》，参见 http：//www.asean-china-center.org/zxgk/#。

② 《为期两天的中国—东盟灾后防疫研讨会》，新浪网 2005 年 3 月 17 日国际在线，参见 http：//news.sina.com.cn/s/2005—03—17/12275385799s.shtml。

③ 《温家宝出席第十三次中国与东盟领导人会议并发表讲话》，新华网 2010 年 10 月 29 日，参见 http：//news.xinhuanet.com/world/2010—10/29/c_ 12717805.htm；又见《中国和东盟领导人关于可持续发展的联合声明》，参见 http：//laws.66law.cn/law—128333.aspx。

援、重建和恢复"①。三是中国主动作为。2006 年 10 月至 11 月，中国在北京举办的"中国—东盟艾滋病实验室网络培训班""中国—东盟传统医药防治艾滋病研讨会"，为东盟培训艾滋病实验室网络技术人员 20 人。2007 年 10—11 月中国在北京举办两期"人禽流感实验室诊断技术培训班"、一期"中国—东盟人感染高致病性禽流感防控进展研讨会"，培训了东盟 9 国共 18 名人禽流感实验室诊断技术人员。②

表 3—20　　　　中国参与东盟与中国（10＋1）救灾合作大事记③

时间	地点	主办国	事件	取得的成果
2005 年 3 月 17—18 日	北京	中国	"中国—东盟灾后防疫研讨会"	交流预防控制灾后传染病暴发的措施，并就建立区域间救灾防病应急合作机制进行探讨，通过"关于加强中国—东盟救灾防病应急合作的北京行动计划"
2003 年 4 月 29 日	曼谷	泰国	中国—东盟领导人关于非典型肺炎特别会议	发表了《中华人民共和国与东盟国家领导人特别会议联合声明》
2005 年 12 月 12 日	吉隆坡	马来西亚	第九次中国—东盟领导人会议	公共卫生（特别是防治禽流感）列为双方新的五大重点合作领域之一
2006 年 10 月	北京	中国	中国—东盟艾滋病实验室网络培训班	为东盟培训艾滋病实验室网络技术人员 20 人
2006 年 11 月			中国—东盟传统医药防治艾滋病研讨会	共同探讨艾滋病防治

---

① 资料来源:《温家宝出席第 14 次中国—东盟（10＋1）领导人会议暨中国—东盟建立对话关系 20 周年纪念峰会》，2011 年 11 月 18 日，新华网，参见 http: //news. xinhuanet. com/photo/2011—11/ 18/c_ 1223 01 794_ 3. htm 。

② 资料来源:《中国—东盟合作: 1991—2011》，2011 年 11 月 15 日，新华网，参见 ht-tp: //news. xinhuanet. com/2011—11/15/c_ 111169085_ 3. htm 。

③ 资料来源:根据《中国和东盟探讨建区域间救灾防病应急合作机制》，2015 年 3 月 17 日，新浪网—国际在线，参见 http: //news. sina. com. cn/s/2005—03—17/15375387713s. shtml ;《东盟与中国（10＋1）领导人会议》，2002 年 10 月 25 日，新华网等新闻资料整理，参见 ht-tp: //news. xinhuanet. com/ziliao/2002—10/25/content_ 607654_ 1. htm。

续表

时间	地点	主办国	事件	取得的成果
2007 年 10 月至 11 月	北京	中国	举办两期人禽流感实验室诊断技术培训班 举办中国—东盟人感染高致病性禽流感防控进展研讨会	培训了东盟 9 国共 18 名人禽流感实验室诊断技术人员
2010 年 10 月 29 日	河内	越南	第十三次中国—东盟领导人会议	发表了《中国和东盟领导人关于可持续发展的联合声明》，声明中说，"增强灾害管理合作，支持建立东盟人道主义援助中心"
2011 年 11 月 18 日	巴厘岛	印度尼西亚	"第 14 次中国—东盟（10 + 1）领导人会议暨中国—东盟建立对话关系 20 周年纪念峰会"	发表《第 14 次中国—东盟领导人会议联合声明》，声明中说"进一步加强在灾害管理方面的务实合作，包括应急准备、减少风险、人道主义救援、重建和恢复"
2013 年 6 月 17—21 日	文莱	文莱	东盟防长扩大会人道主义援助救灾和军事医学联合演练	中方派指挥参谋人员、工兵和卫勤分队共 110 名官兵参加演习，中国海军医院船也将访问文莱并参加演练

2. 上海合作组织（SCO）救灾合作机制

中国努力推动上海合作组织成员国政府间救灾合作，主要表现在以下几个方面：一是积极参与和承办"上海合作组织成员国紧急救灾部门领导人会议"，2002 年 4 月，上合组织成员国紧急救灾部门领导人第一次会晤在俄罗斯圣彼得堡举行，会议通过了《上海合作组织成员国政府相互配合应对紧急情况协议》草案。2006 年 11 月，第二次上海合作组织成员国紧急救灾部门领导人会议在北京召开，通过《上海合作组织成员国 2007—2008 年救灾合作行动方案》，为上合组织成员国在救灾联络、信息交流、边境区域救灾、人员研修和技术交流等方面开展活动奠定行动框架。2007 年 9 月,上合组织成员国紧急救灾部门领导人第三次会议在吉尔吉斯斯坦比什凯克举行,研究落实救灾合作协定、深化救灾领域合作等问题。上合组织成员国商定将建立上合组织救灾中心。2009 年 6 月,第四次上合组织成员国紧急救灾部门领导人会议在哈萨克斯坦阿克套市召开,会议通过了《上海合作组织框架内实施救灾互助合作 2009—2010 年活动计划》。2013 年 9 月,在俄罗斯联邦圣彼得堡市召开第七次上合组织成员国紧急救灾部门领导人会议,会议讨论通过了《〈上海合作组织成员国政府间救灾互助协定〉实施行动计划(2014—2015 年)》,并签署了会议纪要。二是中国主办"灾害应急管理研修班"和"边境地区领导人会议",深化上海合作组织成员国在防灾、减灾、救灾领域的交流与合作。如 2007 年 6 月中国主办了上海合作组织成员国"灾害应急管理研修班",2008 年 9 月下旬,中国在乌鲁木齐主办了上海合作组织成员国边境地区领导人首次会议。会议就开展成员国边境地区救灾合作,推动建立边境地区联合救灾行动机制等问题达成共识。① 三是中国积极参加"上海合作组织成员国联合救灾演练",如 2009 年 5 月在俄罗斯莫斯科参加上合组织"博戈罗茨克"救灾演练、2013 年 6 月中国在浙江绍兴主办了"上海合作组织成员国联合救灾演练"。

表 3—21　　　中国参与上海合作组织(SCO)救灾合作大事记②

时间	地点	主办国	事件	取得的成果
2002 年 4 月	俄罗斯圣彼得堡	俄罗斯	第一次上海合作组织成员国紧急救灾部门领导人会议	《上海合作组织成员国政府相互配合应对紧急情况协议》草案
2003 年 4 月	北京	中国	上海合作组织救灾部门专家级会议	对《上海合作组织成员国政府间救灾互助协定》进行磋商

---

① 参见《中国的减灾行动》白皮书,2009 年 5 月。

② 资料来源:根据《我国派队伍赴俄参加上海合作组织联合救灾演练》,2009 年 5 月 18 日,中央政府门户网站等新闻资料整理,参见 http://www.gov.cn/gzdt/2009—05/18/content_1318210.htm。

时间	地点	主办国	事件	取得的成果
2005 年 10 月	俄罗斯莫斯科	俄罗斯	签署《上海合作组织成员国政府间紧急救灾互助协定》	签署《上海合作组织成员国政府间紧急救灾互助协定》
2006 年 11 月	中国北京	中国	第二次上海合作组织成员国紧急救灾部门领导人会议	通过了《上海合作组织成员国 2007—2008 年救灾合作行动方案》
2007 年 6 月 11 日	中国哈尔滨	中国	上海合作组织成员国"灾害应急管理研修班"	深化在防灾、减灾、救灾领域的交流与合作
2007 年 9 月	吉尔吉斯斯坦比什凯克	吉尔吉斯斯坦	第三次上海合作组织成员国紧急救灾部门领导人会议	研究落实救灾合作协定，深化救灾领域合作等问题。成员国商定将建立上海合作组织救灾中心
2008 年 9 月	中国乌鲁木齐	中国	上海合作组织成员国边境地区领导人首次会议	开展成员国边境地区救灾合作，推动建立边境地区联合救灾行动机制，以及开展有关信息交流、人员培训等问题达成共识
2009 年 6 月 5 日	哈萨克斯坦阿克套市	哈萨克斯坦	第四次上海合作组织成员国紧急救灾部门领导人会议	会议通过了《上海合作组织框架内实施救灾互助合作 2009—2010 年活动计划》
2009 年 5 月 19—22 日	俄罗斯莫斯科州诺金斯克市	俄罗斯	上合组织"博戈罗茨克"救灾演练	增进了解各成员国的救援指挥体系、救援方法、救援装备和技术进展，提高各方协同救灾能力

续表

时间	地点	主办国	事件	取得的成果
2011 年 11 月 28—29 日	中国西安	中国	上海合作组织成员国紧急救灾部门专家会议	形成了《上海合作组织成员国政府间救灾互助协定》补充议定书相关问题意见纪要文本等
2013 年 6 月 11—16 日	中国绍兴	中国	上海合作组织成员国联合救灾演练	促进了紧急救灾领域的务实合作
2013 年 9 月	俄罗斯圣彼得堡	俄罗斯	第七次上合组织成员国紧急救灾部门领导人会议	通过了《〈上合组织成员国政府间救灾互助协定〉实施行动计划（2014—2015 年）》

从表 3—21 可以看出，中国在上合组织框架下推动成员国国际救灾合作方面扮演着积极的推动者和领导者（中俄共同扮演）角色，从《上海合作组织成员国政府相互配合应对紧急情况协议》草案到"上海合作组织成员国联合救灾演练"，上合组织把救灾合作作为该组织重要合作领域之一已有 10 余年，从协商到务实合作，从发出倡议到形成机制，该组织在救灾领域取得的进步斐然。中国为推动该组织机制建设及合作领域的拓展毫无疑问发挥着关键的作用，也为推动成员国国际救灾合作展开积极的外交——救灾外交。

四　三边机制：中日韩三国机制与中俄印三国机制

1. 中日韩三国救灾合作机制

中日韩都是自然灾害多发的国家，近年来通过顶级合作体制的推进，实现了紧急救援队的派遣、救援物资的提供和民间级别的捐款等各种防灾合作。从 2008 年中国汶川大地震后的应对工作来看，可以说已经实现了从灾害时的紧急援助到制定恢复重建计划的支援、人才培养支援等一系列中长期的防灾合作。①

　　本书所论述中国参与中日韩三国救灾合作，对于中日韩在"10＋3"框架下的合作以及三国间的中日、日韩、中韩双边合作另有论述。中国参与中日韩三国救灾合作具有以下几个特点：一是通过顶层机制的推动，特别是中日韩峰会的直接推动，促进了中日韩三国间的救灾合作。2008年12月在日本福冈举行的"第一次中日韩领导人会议"共同发表《三国灾害管理联合声明》，强调促进三国灾害管理合作的重要性，② 2009年10月在中国北京举行的"第二次中日韩领导人会议"发表的《中日韩合作十周年联合声明》中说："要积极应对全球性问题。三国将在诸如气候变化、自然灾害等领域加强沟通协商，进行合作。"③ 2010年5月在韩国济州岛举行的"第三次中日韩领导人会议"，会议通过的《2020中日韩合作展望》中说"将充分利用中日韩三国灾害管理部门负责人会议等现有机制和机构，分享与灾害有关的信息、政策和技术，以共同有效应对自然灾害，减少东北亚灾害风险"④。2011年5月在日本东京举行的"第四次中日韩领导人会议"通过的《第四次中日韩领导人会议宣言》附件一为《灾害管理合作》;⑤ 2012年5月在中国北京举行的"第五次中日韩领导人会议"上发表的《第五次中日韩领导人会议关于提升全方位合作伙伴关系的联合宣言》中说"注意到三国已在救灾、核安全和地震联合研究等领域展开广泛合作，欢迎东日本大地震以来，三国根据2011年第四次

---

　　① ［日］荒木田胜：《中日韩三国间防灾合作体制的现状、问题点与展望》，载《中日韩救灾减灾合作研讨会论文集》，又载虞少华主编《中日韩救灾减灾合作研究》，社会科学文献出版社2012年版，第60页。

　　② 《中日韩领导人会议在日本福冈举行 温家宝出席会议》，2008年12月13日，新华社中央政府门户网站，参见 http://www.gov.cn/ldhd/2008—12/13/content_ 1176967. htm。

　　③ 《温家宝主持第二次中日韩领导人会议》，2009年10月10日，新华网，参见 http://news.xinhuanet.com/world/2009—10/10/content_ 12208131. htm 。

　　④ 《第三次中日韩领导人会议发布〈2020中日韩合作展望〉》，2010年5月29日，新华网，参见 http://news.xinhuanet.com/world/2010—05/29/c_ 12157475. htm 。

　　⑤ 《第四次中日韩领导人会议宣言》，2011年5月22日，新华网，参见 http://news.xinhuanet.com/world/2011—05/22/c_ 121444999. htm 。

中日韩领导人会议联合宣言及其附件推进灾害管理及核安全合作"①。由此可见,"救灾合作"成为每次"中日韩领导人会议"所关注和推动的焦点问题之一。

表 3—22　　　　　　　　中国参与中日韩三国救灾合作大事记②

时间	地点	主办国	事件	取得的成果
2005 年 7 月 7 日	东海	中国	中日韩东海联合搜救演习	促进救灾合作
2008 年 12 月 13 日	福冈	日本	第一次中日韩领导人会议	共同发表《三国灾害管理联合声明》,强调促进三国灾害管理合作的重要性
2009 年 10 月 10 日	北京	中国	第二次中日韩领导人会议	发表《中日韩合作十周年联合声明》,声明中说"积极应对全球性问题。三国将在诸如气候变化、自然灾害等领域加强沟通协商,进行合作"
2009 年 10 月 31 日	兵库县神户	日本	第一届中日韩防灾管理部长级会议	会议讨论并通过了《灾害管理合作三方联合声明》,主题是深化三国在灾害管理领域的合作,旨在通过三国共享信息和科学技术以及建立灾害管理部门负责人定期会晤机制,制定全面灾害管理框架,增强防灾抗灾能力,最大限度地减少灾害损失
2010 年 5 月 29 日	济州岛	韩国	第三次中日韩领导人会议	会议通过了《2020 中日韩合作展望》,展望中说"将充分利用中日韩三国灾害管理部门负责人会议等现有机制和机构,分享与灾害有关的信息、政策和技术,以共同有效应对自然灾害,减少东北亚灾害风险"

① 《第五次中日韩领导人会议关于提升全方位合作伙伴关系的联合宣言》,《人民网—人民日报》2012 年 5 月 15 日 05:17,参见 http://politics.people.com.cn/GB/8198/243336/243338/17886315.html。

② 虞少华主编:《中日韩救灾减灾合作研究》,社会科学文献出版社 2012 年版,第 57—60 页。根据《中日韩三国发表〈三国灾害管理联合声明〉》,2008 年 12 月 13 日,新浪网等新闻资料整理,参见 http://news.sina.com.cn/w/2008—12—13/184714875736s.shtml。

时间	地点	主办国	事件	取得的成果
2010 年 10 月 18—22 日	四川省兴文县	中国	"中日韩国际救援技术培训交流活动暨国际山地救援演习"	中日韩三方开展救援技术培训和山地救援演练，相互交流救援技术
2011 年 5 月 22 日	东京	日本	第四次中日韩领导人会议	通过的《第四次中日韩领导人会议宣言》附件一为《灾害管理合作》
2011 年 10 月 27—28 日	北京	中国	第二届中日韩灾害管理部门负责人会议	会议通过了《第二届中日韩灾害管理部门负责人会议联合声明》
			中日韩救灾减灾合作研讨会	会议围绕"中日韩各国的救灾减灾体系""三国救灾减灾合作机制的现状与前景""核能安全与三国合作""媒体在三国救灾减灾合作中的地位和作用"等议题进行了深入探讨
2012 年 1 月 13—19 日	富山县	日本	中日韩三国登山救援交流活动	旨在提高中日韩三国的山地救援技术
2012 年 5 月 13 日	北京	中国	第五次中日韩领导人会议	发表《第五次中日韩领导人会议关于提升全方位合作伙伴关系的联合宣言》，宣言中说"注意到三国已在救灾、核安全和地震联合研究等领域展开广泛合作，欢迎东日本大地震以来，三国根据 2011 年第四次中日韩领导人会议联合宣言及其附件推进灾害管理及核安全合作"
2013 年 3 月 14 日	首尔	韩国	"三国灾害管理桌面演练"	与会人员根据"受灾国国内应对及灾情通报""请求与协调国际援助""派遣与接受国际援助"三个环节可能出现的问题进行推演，模拟大规模地震场景下的应急反应

二是中日韩三国救灾部门间务实合作，特别是"中日韩灾害管理部

门负责人会议"的机制化进一步推动了中日韩三国间救灾合作的开展。
2009 年 10 月在日本兵库县神户举行了"第一届中日韩防灾管理部长级会
议"，会议讨论并通过了《灾害管理合作三方联合声明》，主题是深化三
国在灾害管理领域的合作，旨在通过三国共享信息和科学技术以及建立灾
害管理部门负责人定期会晤机制，制定全面灾害管理框架，增强防灾抗灾
能力，最大限度地减少灾害损失。① 2011 年 10 月在中国北京举行了"第
二届中日韩灾害管理部门负责人会议"，会议通过了《第二届中日韩灾害
管理部门负责人会议联合声明》。

　　三是中国积极参与中日韩三国间的救灾研讨及演练，为三国国际救灾
合作注入实质性的内容。2005 年 7 月在中国东海举行的"中日韩东海联
合搜救演习"、2010 年 10 月在中国四川省兴文县举行的"中日韩国际救
援技术培训交流活动暨国际山地救援演习"、2012 年 1 月在日本富山县举
行的"中日韩三国登山救援交流活动"、2013 年 3 月在韩国首尔举行的
"三国灾害管理桌面演练"等都阐释中日韩三国推动救灾合作的诚意和
决心。

　　2. 中俄印三国救灾合作机制

　　中俄印"战略三角"是历史的机缘、时代的产物，并负有重大的历
史使命。它不针对任何第三方，是一种建设性、开放性的对话。这种
"战略三角"的组合，其真正意义在于建立一个真正公正合理的国际新秩
序，去解决 21 世纪人类所面临的各种问题。② 中俄印三国总人口占世界
总人口的 40% 以上，其国内生产总值占全球逾 20%，三国所面临的问题
包括人类共同面临的气候、环境、灾害等问题，三国加强救灾合作意义重
大。中国参与中俄印三国救灾合作主要具有以下特点：一是依托中俄印三
国外长会晤机制，2005 年 6 月、2007 年 10 月、2008 年 5 月、2010 年 11
月、2012 年 4 月举行的三国外长会晤都关注和推动了三国的救灾合作；
二是依托中俄印三国救灾部门专家会议机制，自 2008 年开始，每年举行

---

　　① 《首次中日韩三国灾害管理部门部长级会议在日举行》，2009 年 10 月 31 日，中央政府门
户网站，参见 http：//www.gov.cn/jrzg/2009—10/31/content_ 1453454. htm 。
　　② 吴永年：《论 21 世纪国际关系中的中俄印"战略三角"》，《俄罗斯中亚东欧研究》2006
年第 5 期。

一次中俄印灾害管理问题专家会议；三是灾害促进了中俄印三国间的救灾合作，如2004年印度洋海啸发生后，2005年6月2日在俄罗斯符拉迪沃斯托克举行了"中俄印三国外长非正式会晤"，三国外长指出，三国在不久前的海啸救灾中付出了巨大努力。有鉴于此，三国外长认为三国有必要协调行动，共同应对亚太地区的自然灾害及其后果。

表3—23　　　　　　　　中国参与中俄印三国救灾合作大事记①

时间	地点	主办国	事件	取得的成果
2005年6月2日	符拉迪沃斯托克	俄罗斯	中俄印三国外长非正式会晤	三国外长指出，三国在不久前的海啸救灾中付出了巨大努力。有鉴于此，三国外长认为三国有必要协调行动，共同应对亚太地区的自然灾害及其后果
2007年10月24日	哈尔滨	中国	中俄印三国外长会晤	三国外长商定，应建立三方农业、灾害管理、医药和卫生领域的政府部门间司局级工作机制，寻求具体合作途径和方式，推进三方在农业资源开发和农产品加工与研发、减灾能力建设和减灾技术应用、传染病防治信息交流和传统医药等方面开展合作
2008年5月15日	叶卡捷琳堡	俄罗斯	中俄印三国外长会晤	三方还启动了建立减灾救灾、医药卫生主管部门间合作的具体工作，商定2008年举行这些领域的首次对口会晤
2008年7月29日	萨马拉	俄罗斯	中俄印减灾救灾第一次专家会议	三国确认未来在该领域的合作包括：研究机构间的交流；专家学者交流；重大灾害应对经验交流；紧急情况下国家灾害管理部门间的信息交流；联合举办会议和研讨会

① 根据《中俄印外长会晤联合公报发布》2007年10月24日，新华网等新闻资料整理，参见 http://news.sina.com.cn/c/2007—10—24/221814157411.shtml。

续表

时间	地点	主办国	事件	取得的成果
2009 年 11 月 2—4 日	三亚	中国	中俄印三国救灾部门第二次专家会议	各方明确将建立信息联络机制、建立定期会晤机制、开展人员互访交流和组织相关国际培训作为三国间减灾救灾优先合作领域
2010 年 11 月 12—13 日	新德里	印度	中俄印救灾部门第三次专家会议	
2010 年 11 月 15 日	武汉	中国	中俄印外长第十次会晤	三国外长赞赏 2010 年 11 月 12—13 日在新德里举行的中俄印减灾救灾专家会议所取得的成果，期待 2011 年下半年在俄罗斯举行下次专家会议
2012 年 4 月 13 日	莫斯科	俄罗斯	中俄印外长第十一次会晤	外长们强调在灾害管理领域开展合作的重要性，赞赏 2011 年在印度海德拉巴举行的关于应用地球空间技术监测和预报水旱灾害的三国信息和技术交流项目成果。外长们欢迎 2011 年 9 月在俄罗斯圣彼得堡举行的中俄印第四次灾害管理问题专家会的成果，并确认了合作重点

五 双边机制

中国展开双边救灾外交的机制，根据双边受灾情况可以分为三类：一是中国与受灾国；二是中国与援助国；三是中国与他国在非受灾状态下的减灾防灾合作。

1. 中国与受灾国

中国与受灾国展开救灾外交，主要形式有：一是国家领导人致电慰问，如 2005 年美国"卡特里娜"飓风发生后，时任国家主席胡锦涛于 2005 年 8 月 31 日致电美国总统布什表示慰问；2005 年 10 月 8 日巴基斯坦发生 7.8 级大地震后，当日，胡锦涛就巴基斯坦发生强烈地震造成重大人员伤亡和财产损失向穆沙拉夫总统致慰问电。二是提供救援物资，2005年巴基斯坦发生地震后，中国向巴方提供总价值 2673 万美元的紧急人道主义援助，自 10 月 9 日至 11 月 29 日，共向巴空运 26 批次救灾物资。三是派遣人员，2005 年巴基斯坦发生 7.8 级大地震、2008 年缅甸发生"纳吉斯"热带风暴后，中国派遣人员参与救灾，包括国际救援队和医疗队。四是中国派遣军队参与救灾，2013 年 11 月 22 日，中国海军"昆仑山"号船坞登陆舰从广东某军港起程，前往菲律宾配合海军"和平方舟"医院船执行医疗救助任务。中国海军"昆仑山"号船坞登陆舰携带两架舰载直升机和数十名特战队员，并搭载部分救援装备和物资，配合"和平方舟"医院船执行医疗救助任务。①

表 3—24　　　　　　部分中国与受灾国双边救灾合作情况②

灾难	受灾国	双边救灾合作情况
2005 年美国"卡特里娜"飓风	美国	8 月 31 日，胡锦涛致电布什表示慰问
		中国提供 500 万美元救灾援款和一批救灾急需物资
2005 年 10 月 8 日巴基斯坦 7.8 级大地震	巴基斯坦	10 月 8 日，时任中国国家主席胡锦涛向穆沙拉夫总统致慰问电
		提供总价值 2673 万美元的紧急人道主义援助，从 10 月 9 日到 11 月 29 日，共向巴空运 26 批次救灾物资③
		派出中国国际救援队、医疗救援队，深入灾区一线，帮助巴方开展救灾行动

---

① 《中国登陆舰起程奔赴菲律宾 被称展开救灾外交》，《环球时报》2013 年 11 月 23 日，参见 http://world.huanqiu.com/exclusive/2013—11/4593615.html

② 资料来源：根据《巴基斯坦强烈地震造成重大伤亡胡锦涛致慰问电》，2005 年 10 月 9 日，新浪网，参见 http://news.sina.com.cn/c/2005—10—09/09437120901s.shtml；《中国的减灾行动》白皮书，中华人民共和国国务院新闻办公室，2009 年 5 月等新闻资料整理。

③ 参见《中国的减灾行动》白皮书 2009 年 5 月，参见 http://www.humanrights.cn/cn/rqlt/rqwj/rqbps/t2 0090511_ 449403_ 6.htm。

续表

灾难	受灾国	双边救灾合作情况
2008 年,缅甸发生"纳吉斯"热带风暴	缅甸	中国政府先后提供价值 100 万美元的紧急援助物资、3000 万元人民币援助款和 1000 万美元援助
		派出医疗救援队救治伤员

2. 中国与援助国

从改革开放前坚决拒绝救灾外援,到如今从容开展"救灾外交",中国政府应对国际救灾援助的政策演变,通过一个侧面展现了改革开放 30 年来中国逐渐融入国际社会的不平凡历程。[①] 中国在 2008 年汶川地震后展开积极救灾外交,表现出开放的心态、自信的姿态,也重申和奉行了人道主义普世价值。

如表 3—25 所示,2008 年中国汶川地震发生后,中国展开了形式多样、内容丰富的救灾外交,既包括首脑外交,如接受外国领导人致电慰问、国家元首间互动频繁,也包括公共外交,如媒体的开放、外国领导人到访灾区、外国国际救援队医疗队到灾区参与救灾、国内外志愿者到灾区参与救灾、受灾儿童受邀出国做客和疗养等。从这个救灾外交案例中我们可以看出,一是中国的大国外交与全方位外交得以充分体现。一方面同美俄等大国救灾合作顺畅,突出了重点;另一方面先后有 170 多个国家和地区、20 多个国际组织向中国提供了资金或物资援助,救灾主体涵盖了国家、组织和个人,展示了"全方位"的特点。二是救灾外交也反映灾前两国关系。在 2008 年中巴地震外交中,中巴"全天候朋友"关系得以体现,巴基斯坦从提供资金、救灾物资到派遣人员救灾等方面都是尽其所能,特别是捐出国家战略储备的所有帐篷 22260 顶,可见其是"真"朋友。相应的,虽然,中国也接受了日本派遣国际救援队和医疗队参与救灾,但事后显示日本携带救灾装备超出救灾所需,国际救援队里也有多名情报人员,可见其是"假"慈悲。

---

① 李天华:《从"拒绝外援"到"救灾外交"——改革开放以来中国政府应对国际救灾援助的政策演变及其评价》,《党史研究与教学》2008 年第 6 期。

表 3—25　　　　　　　　部分中国与援助国双边救灾合作情况①

灾难	援助国		双边救灾合作情况
2008 年 5 月 12 日中国汶川地震	俄罗斯、日本、韩国、新加坡		派出专业救援队伍，参与地震灾区的紧急救援工作
	英国、日本、俄罗斯、意大利、法国、古巴、印度尼西亚、巴基斯坦和德国		来自英国、日本、俄罗斯、意大利、法国、古巴、印度尼西亚、巴基斯坦政府和德国红十字会的九支医疗队共223 名医疗技术人员参与四川和甘肃两省地震灾区的伤员救治工作
	日本、意大利、美国		来自日本 ALOS、意大利 COSMO‐SkyMed、美国 LandSat 等多颗卫星向中国提供了灾区遥感影像
	巴基斯坦		提供 90 万美元的救援物资，捐款 5 万美元；5 月 27 日，由 28 名巴基斯坦医生和辅助医疗人员组成的医疗队，抵达中国；巴基斯坦这次动用了国家战略储备的所有帐篷22260 顶
	日本		相当于 5 亿日元的支援；派遣国际救援队（5 月 15—21日）；派遣医疗队（5 月 20 日—6 月 2 日）
	其他情况	志愿者	国内外入灾区志愿者达 300 万人以上
		援助物资	现金援助 44 亿多元人民币以及大批救灾物资
		援助国家和组织	先后有 170 多个国家和地区、20 多个国际组织向中国提供了资金或物资援助
		外国领导人致电慰问	胡锦涛 5 月 13 日同俄罗斯、美国总统等通电话
			灾后多国政府、工会等领导人致电慰问
		外国领导人访问灾区	2008 年 5 月 24 日，联合国秘书长潘基文访问灾区
			2008 年 5 月 30 日，韩国总统李明博访问灾区
		受灾儿童到国外疗养做客	四川灾区儿童受邀到俄罗斯首都莫斯科疗养
			四川灾区儿童受邀到韩国总统府青瓦台做客

---

① 资料来源：根据《中国的减灾行动》白皮书，中华人民共和国国务院新闻办公室，2009年 5 月等资料整理。

3. 中国与他国（非受灾国）

中国与他国展开减灾防灾救灾外交成绩斐然，主要表现在以下几个方面：一是国家元首外交推动，2006 年 3 月 21 日，在中俄元首会晤签字仪式上，中国民政部部长李学举和俄罗斯外交部长谢尔盖·拉夫罗夫共同签署了《中华人民共和国政府和俄罗斯联邦政府关于预防和消除紧急情况合作协定》就是一例。二是中俄救灾外交与合作形式最多、水平最高。形式最多，中俄救灾合作的形式包括元首会晤、救灾会议、救灾展示、元首电话外交、救灾合作演习等，而中美、中日间的救灾合作形式就显得较为单一；水平最高，救灾问题成了中俄元首外交的众多议题之一，联合搜救成了中俄军演的内容之一都可以说明这一点。三是中国同水域邻国"海上联合搜救演习"已经机制化了，这里中国同韩国、日本的年度海上联合搜救演习已经形成惯例，从表 3—26 可以看出。四是救灾外交与军事外交相结合。中国同俄罗斯军演时演练联合搜救、同美国举行海上联合搜救演习、同韩日的海上联合搜救演习都是在"救灾合作"的主题下进行军事交流与合作。

表 3—26　　　　部分中国与他国（非受灾）双边救灾合作情况①

双边	救灾合作形式	双边救灾合作情况
中国—俄罗斯	元首会晤	2006 年 3 月 21 日，在中俄元首会晤签字仪式上，民政部部长李学举和俄罗斯外交部长谢尔盖·拉夫罗夫共同签署了《中华人民共和国政府和俄罗斯联邦政府关于预防和消除紧急情况合作协定》
	救灾会议	2009 年 11 月 6 日，中俄"边境地区救灾部门领导人会议"在中国海南三亚举行
	救灾展示	2010 年 10 月 8 日，在莫斯科举行《面对灾难》汶川抗震救灾摄影展

① 资料来源：根据《中俄将加强边境地区救灾合作》，2009 年 11 月 6 日，新浪网—国际在线等新闻资料整理，参见 http://news.sina.com.cn/c/2009—11—06/150218991621.shtml。

双边	救灾合作形式	双边救灾合作情况
中国—俄罗斯	救灾演习	2010年8月15日，两国元首通电话，中方愿同俄方在双边协作机制和上海合作组织等框架内加强减灾救灾合作，交流经验，取长补短，相互借鉴，相互支援
		2012年4月22日，联合搜救是"海上联合－2012"中俄海上联合军事演习的内容之一
	元首电话外交	2013年4月23日，"中俄界河冰上应急救援比武练兵"在黑龙江黑河举行
		2013年7月10日，中俄海上联合搜救演练（作为中俄"海上联合－2013"联演实兵演习的内容之一）
中国—日本	救灾演习	2007年3月13日，在上海成功举行了"2007中日海上搜救联合通信演习"
		2008年3月19日，"2008中日海上搜救联合通信演习"在青岛成功举行
		2009年3月17日，"2009中日联合海上搜救通信演习"在山东省海上搜救中心与日本海上保安厅鹿儿岛搜救中心之间成功举行
		2010年3月12日，在南京和日本舞鹤成功举行"2010中日联合海上搜救通信演习"
		2011年3月7日，在上海成功举行了"2011中日联合海上搜救通信演习"
		2012年3月15日，2012中日联合海上搜救通信演习在浙江举行
中国—韩国	救灾演习	2005年7月7日海上联合搜救演习
		2008年9月2日海上联合搜救演习
		2009年10月15日，中韩联合海上搜救通信第二次演习成功举行
		2010年8月26日2010中韩联合海上搜救通信演习
		2011年11月22—25日在宁波和上海沿海举行第四次海上联合搜救演习

续表

双边	救灾合作形式	双边救灾合作情况
中国—韩国	救灾演习	2011 年 11 月 22—25 日在宁波和上海沿海举行第四次海上联合搜救演习
		2012 年 4 月 12 日,中韩海上搜救联合通信演习在青岛举行
		2013 年 4 月 17 日,中韩海上搜救联合通信演习
中国—美国	救灾演习	2006 年 9 月 20 日美国圣迭戈,海上联合搜救演习
		2012 年 9 月 6 日在美国夏威夷,海上联合搜救演习
		2012 年 11 月 29—30 日四川成都,人道主义救援减灾联合演练
	救灾会议	2008 年 9 月 18 日四川绵阳,中美合作抗震救灾通用航空技术洽谈会

中国展开救灾外交呈现"多层次"参与的特点。"多层次"指涵盖从联合国框架机制到双边机制的各个层次,主要参与机制包括联合国框架机制、区域机制、次区域机制、三边机制和双边机制,"联合国框架机制"指中国参与联合国框架下的救灾合作机制;"区域层次"指亚洲救灾合作机制;"次区域机制"指东亚机制与上合机制;"三边机制"指中俄印及中日韩三国救灾合作机制;"双边机制"指中国与受灾国、中国与援助国及中国与他国(非受灾国)双边救灾合作机制。

总之,中国展开救灾外交,要以建构国际救灾合作机制为主要手段,以国际救灾合作为主要途径,以宣扬人道主义普世价值、改善国家形象为主要目标。① 从中国外交丰富多彩的实践行为中,体现出伙伴关系的目标定位、多重积极的身份定位、互惠互利的行为定位。② 中国过去强调"修文德服远人","柔远人则四方归之,怀诸侯而天下畏之"。③ 可见中国外

---

① 门洪华:《构建中国大战略的框架——国家实力、战略观念与国际制度》,北京大学出版社 2005 年版,第 292—293 页。门洪华指出,"中国大战略的主导理念强调'以区域优先(regional primacy)为重点;以制度主义(institu-tionalism)为主要手段;以合作主义为主要途径;以形象主义为主要目标'"。

② 秦亚青:《国际体系与中国外交》,世界知识出版社 2009 年版,第 250 页。

③ 冯友兰:《中国哲学简史》,北京大学出版社 1985 年版,第 221 页。

交要注重"软实力"（soft power）和"巧外交"（smart diplomacy）的应用。无论中国怎么强调和平发展，都始终无法改变西方世界的"中国威胁论"思维定式。[①] 中国外交要找到突破口，救灾外交就是一个可行的选择。基于救灾与外交需求，在各个层次的机制（主要参与机制包括联合国框架机制、区域机制、次区域机制、三边机制和双边机制）下，中国展开了形式丰富多样（主要包括协商合作、救灾演习、声援慰问与救灾支援）的救灾外交。中国救灾外交取得了一定的成就，但仍还存在许多不足与障碍。

---

① 赵可金：《建设性领导与中国外交转型》，《世界经济与政治》2012 年第 5 期。

第 四 章

中国救灾外交的评估：
成就、不足与障碍

灾害是全人类面临的共同挑战，中国为推动国际救灾合作、发扬人道主义救援精神、推动各国人民的交流与合作而展开救灾外交。中国救灾外交取得了包括提升国家形象、加深周边合作、拓宽外交视野等方面的成就；也存在重物援轻人文、重参与轻主导及重应灾轻预防等方面的不足；同时存在法律机制不完善、技术装备较落后及政治因素的干扰等方面的障碍。

第一节　中国救灾外交的主要成就

在新中国成立初期的三十年间，中国拒绝国际援助，强调"自力更生"，中国在这一时期的救灾外交具有浓厚的"保守"色彩，也基本处于"被动"应对国际救灾的局面。第二个三十年，中国的外交发生了巨大的变化，中国的救灾外交也是如此。1980年首次接受国际救灾援助，1981—1986年趋于保守，1987年因大兴安岭火灾再次对国际救灾援助持开放态度，1991年首次正式地直接呼吁国际社会提供救灾援助，2004年印度洋海啸实施史上最大规模对外救灾援助，2008年汶川地震后全方位大规模的接受国际救灾援助，以及接受他国国际救援队、医疗队、NGO、志愿者赴灾区救灾。在2014年马航失联飞机搜救行动中，中国由主要力量变为主导力量（中澳马共同主导）。中国救灾外交日趋成熟，这有助于提升中国国家形象，加深中国周边外交和拓展中国外交视野。

一　提升国家形象

1. 逐渐改善国家形象：以人为本，化保守被动为开放主动

中国救灾外交由拒绝国际救援到全方位接受国际援助，允许国际救援队进入灾区救灾，化被动为主动，体现"以人为本"的宗旨，以灾害的危害和灾民的需求为出发点，积极展开国际救灾合作，这一改中国在国际救灾领域"保守"的形象与"被动"的处境，特别是 2004 年印度洋海啸外交、2008 年中国地震外交、2011 年日本地震海啸外交、2013 年菲律宾飓风外交与 2014 年马来西亚航空客机失联救援外交的成功开展更进一步改善了中国的国家形象。

中国救灾外交以 1980 年首次接受国际救灾援助为分界线，新中国成立前三十年（1949—1979 年），中国救灾外交保守色彩明显，这一时期中国救灾外交受到国内政治、中国外交布局等方面的影响和约束，主要表现为"自力更生"和"拒绝国际救灾援助"，"把接受外援当作一种不光彩的事情，而援助别人是应该的"①。而自中国实施改革开放政策后，其总的外交政策也发生了显著的变化，中国救灾外交在第二个三十年（1979—2009 年）表现出"合作性"和"开放性"。

中国救灾外交从"保守"到"开放"的转变是中国救灾外交的一大进步和成就。其前三十年的保守特征表现在以下几个方面：一是中国灾害不断，但中国拒绝接受国际救灾援助。1949—1979 年的 30 年间，尽管中国遭遇了包括 1954 年江淮特大洪水、1976 年唐山 7.8 级地震在内的多次严重自然灾害，但中国政府从来没有接受任何外国政府或国际组织的救灾援助。②

二是中国应对灾害，靠的是"自助"，而不是国际合作。为了应对灾害，内务部提出了"节约防灾，生产自救，群众互助，以工代赈"救灾工作方针。③ 1949 年 12 月，时任总理周恩来在《中央人民政府政务院关于生产救灾的指示》中明确指出："生产自救。"④ 说到底，就是要靠自力

---

① 范宝俊：《中国国际减灾十年实录》，当代中国出版社 2000 年版，第 153 页。
② 李天华：《从"拒绝外援"到"救灾外交"——改革开放以来中国政府应对国际救灾援助的政策演变及其评价》，《党史研究与教学》2008 年第 6 期。
③ 孙绍骋：《中国救灾制度研究》，商务印书馆 2004 年版，第 130 页。
④ 方樟顺：《周恩来与防震减灾》，中央文献出版社 1995 年版，第 383 页。

更生战胜灾害。

三是在救灾外交中强调"独立性"，对以美国为首的西方抱有很高的"警惕性"和"敌意"。1950 年 3 月 15 日，美国国务卿艾奇逊在《美国对亚洲政策》的演说中扬言："今天的中国面对着 4000 万灾民，在忍受饥饿，数以万计的人会死亡。"① 刘少奇 4 月驳斥道："由于人民自己的努力和人民政府的组织工作，灾荒可以渡过，而不要外国一粒粮食的救济。美国忽然又装作慈善家的面孔，说是要来救济我们的灾民，我们不需要这些人来进行破坏活动。"② 1959—1961 年三年自然灾害在中国引发严重饥荒，美国 1962 年 2 月企图以粮食援助换取中国在台湾问题上让步，遭到严厉拒绝。王炳南大使表示："中国人民绝不依靠别人的施舍而生活，更不会拿原则去做交易。"③ 同年 6 月 11 日，中国外长陈毅表示："现在处境不美妙和维持不下去的，正是帝国主义和殖民主义者自己……但中国人民一定能够用集体的力量和辛勤的劳动去战胜它。"④ 美国准备利用救灾来换取其他方面的利益，但被中国严词拒绝，可见救灾外交的目的并不单纯，在中美敌对的情况下，双方互信基础为零，对救灾外交的目的也疑虑重重。

四是中国在巨灾面前依然固守"自力更生"的底线。1976 年中国唐山大地震，造成 24.2 万多人死亡，16.4 万多人伤残；⑤ 直接经济损失达 30 亿元（人民币）以上，间接经济损失无法计算。不少国家和国际组织立即表示将向中国提供救灾援助，中国政府拒绝一切外援。⑥ 中国表示要靠"自力更生"应对灾害，即使在巨灾面前也是如此。

五是响应式参与国际救灾合作。1989 年 4 月 12 日，响应第 42 届联合国大会第 169 号决议的倡议，中国国际减灾十年委员会成立。⑦ 另外，中

---

① 孙绍骋：《中国救灾制度研究》，商务印书馆 2004 年版，第 137—138 页。

② 《建国以来刘少奇文稿》第 2 册，中央文献出版社 2005 年版，第 105 页。

③ 王炳南：《中美会谈九年回顾》，世界知识出版社 1985 年版，第 84 页。

④ 资中筠：《战后美国外交史——从杜鲁门到里根》（上），世界知识出版社 1994 年版，第 431—432 页。

⑤ 新华社：《唐山地震死亡 24 万多人》，《人民日报》1979 年 11 月 23 日。

⑥ 詹奕嘉：《唐山大地震后 30 年：中国接受救灾外援的历程》，《世界知识》2006 年第 14 期。

⑦ 范宝俊：《中国国际减灾十年实录》，当代中国出版社 2000 年版，第 153 页。

国参加了联合国主导下的世界气候大会、联合国"国际减灾十年"会议。

六是灾害驱动型外交明显。中国在 20 世纪展开的救灾外交，虽后 20 年呈现出"越来越开放"和"越来越合作"的特点，但每每都具有"灾害倒逼"的特点，如中国接受国际救灾援助法律的不断完善，中国参与国际救灾合作，都显示出主动性不足。

中国救灾外交的转变发生在 1980 年中国首次接受国际救灾援助，自此，中国救灾外交走上"合作"与"开放"之路。主要表现在以下几个方面：一是突破"坚冰"，为国际救灾援助打开方便之门。中国政府为接受国际救灾援助逐步完善了法律机制，如 1980 年的《对外经济贸易合作部、民政部、外交部关于接受联合国救灾署援助的请示》;① 1981 年的《关于减免外援救灾物资运输、商检和卫检费用的请示报告》中提出，"从政治上考虑，外援救灾物资，在国内的运输费用原则上也作适当减免";② 2000 年的《救灾捐赠管理暂行办法》，专设一章"境外救灾捐赠"；2003 年的《关于进一步规范境外救灾捐赠物资进口管理的通知》；2005 年的《国家自然灾害救助应急预案》;③ 2008 年的《救灾捐赠管理办法》，对"境外救灾捐赠"内容进行了补充修订；2009 年的《自然灾害救助应急工作规程》；等等。④

表4—1　　　　　　　　　中国对国际救灾援助的态度变迁⑤

时间	基本态度	主要行为
1980 年，湖北、河北遭受严重旱涝自然灾害	及时向救灾署提供灾情，对于情况严重的，亦可提出援助	首次接受 2000 多万美元国际救灾援助

① 民政部政策研究室：《民政工作文件汇编（二）》（内部文件），1984 年 9 月，第 167 页。

② 同上书，第 172 页。

③ 《国家自然灾害救助应急预案》，2006 年 1 月 10 日，http：//www.gov.cn/yjgl/2006—01/11/content 153952.htin。

④ 《民政部自然灾害救助应急工作规程》，2008 年 3 月 11 日，http：//www.Inca.gov.cn/article/zwgk/fvfg/jzjj/200805/200805000 15846.shtinl。

⑤ 根据柴观珍、麻书涛：《建国以来我国接受国际救灾援助政策的演变及经验教训》，《衡阳师范学院学报》2010 年 8 月第 31 卷第 4 期等资料整理。

续表

时间	基本态度	主要行为
1981—1986 年,1981 年四川遭遇大水	灾情由新华社适当报道,对救灾署也适当提供灾情,但不发出救灾呼吁	中国接受国际救灾援助的工作基本处于停滞状态
1987 年,大兴安岭特大火灾	成立了统筹国外援助工作小组,统一办理接受外援工作	截至 1987 年 7 月底,共接受了 600 多万美元救灾援助
1991 年,华东地区发生大水灾	中国政府准备接受国际组织和友好国家政府的紧急援助	第一次正式地直接呼吁国际社会提供救灾援助
2004 年印度洋海啸	最大规模的对外援助	中国提供折合人民币 68763 万元救灾物资;派遣国际救援队、医疗队参与救灾;全国上下掀起了为灾区捐款活动;等等
2008 年中国汶川地震	最大规模接受国际救灾援助	接受 44 亿元的国际现金援助;接受国际救援队、医疗队参与灾区救灾;接受国际非政府组织、志愿者参与灾区救灾;等等
2013 年菲律宾飓风	首次派军舰参与国际救灾	派出"和平方舟"号医院船及一艘两栖登陆舰"昆仑山"号(有数十名特战队员随行)参与救灾

二是主动向国际社会发出救灾援助呼吁,这是救灾一小步,而是救灾外交一大步。1991 年华东水灾,中国第一次正式地、直截了当地向国际社会发出救灾呼吁,并第一次在国内外同时发动救灾捐赠。①

三是积极接受国际救灾援助。1996 年丽江地震、1998 年长江流域特大洪水等自然灾害中,中国都积极接受了来自国际社会的一切人道主义援助,如 1998 年抗洪救灾接受捐赠款物中,外国政府、国际组织及海外各界捐款物合计 4.72 亿元,占救灾捐赠总数的 6.51%。② 2008 年南方冰冻

① 史维勤:《第一次向国内外发出救灾援助紧急呼吁》,《中国社会导刊》2002 年第 5 期。
② 民政部:《民政 30 年》(内部资料),2009 年,第 36 页。

灾害捐赠，据统计，截至 2008 年 2 月 29 日，来自境外的捐赠为 7.34 亿元，占总捐赠额的 32.26%。[①]

四是倡导和主办国际救灾合作会议。如中国首倡"亚洲减灾大会"。2005 年在北京召开"第一次亚洲部长级减灾会议"。[②] 2009 年 4 月 23—25 日，中国在北京举办"第一届东盟地区论坛武装部队国际救灾法律规程建设研讨会"。

五是展现中国救灾外交形式的多样性。如 2004 年印度洋海啸，中国不仅提供救援物资，派遣国际救援队、医疗队参与救灾，还组织广大民众参与救灾募捐，"两岸三地"明星举办赈灾义演等。2011 年日本 3·11 大地震发生后，中国不仅提供物资、派遣国际救援队参与救灾，而且时任中国总理温家宝还访问灾区。2008 年中国四川汶川地震外交，更是中国救灾外交的经典之笔。

六是积极举办双边或多边救灾演习，如已经连续举办多年的中日、中韩海上联合搜救演习，上合组织成员国救灾演习、东盟地区论坛成员国救灾演习等。

七是为参与国际救灾合作积极创造条件。2001 年 4 月 27 日成立中国国际救援队；1999 年 6 月 28 日，《中华人民共和国公益事业捐赠法》的颁布和实施，是中国首次以国家法律形式来规范社会组织和个人的捐赠行为；多次举办军队参与国际救灾的法律问题研讨会。

2. 发扬人道主义精神：不计旧怨，不以意识形态划线

中国救灾外交在改革开放前除拒绝国际援助外，对外援助对象的选择主要以意识形态或政治考量为主，主要集中于社会主义国家。据统计，1950—1963 年中国仅向朝鲜和越南提供的援助就有约 9.78 亿元人民币，占同期对外援助总支出的 20% 左右。[③] 1964—1970 年，中国向越南提供

---

① 《民政部发布低温雨雪冰冻灾害全国社会捐赠总体情况》，2008 年 4 月 7 日，http://www.crcf.org.cn/sys/news-view.asp? newsid =4781。

② 虞少华主编：《中日韩救灾减灾合作研究》，社会科学文献出版社 2012 年版，第 47—49 页。

③ 李小云、唐丽霞、武晋：《国际发展援助概论》，社会科学文献出版社 2009 年版，第 330 页。

的援助约为 79.19 亿元人民币，占同期对外援助总支出的 57.6% 。① （虽然中国当时还很贫困，）还有对非洲国家的援助（结果在 20 世纪七十年代，非洲国家把中国抬进了联合国）。改革开放后，这一情况得到改善，特别是进入 21 世纪，中国参与国际救灾不再以意识形态划线，如中日地震外交便抛弃了部分历史恩怨，2008 年中国允许日本国际救援队进入汶川灾区救灾，2011 年中国派出国际救援队赴日本灾区救灾，2013 年菲律宾飓风灾害，虽中菲关系紧张，但中国依然提供救援物资，并派出"和平方舟"号医院船与"昆仑山"号两栖登陆舰参与菲律宾救灾。

中国在新中国成立初期对美国等西方国家的援助也是忌讳莫深，但随着改革开放，中国外交政策的变化，中国同西方国家的救灾合作也日趋增多。中国在接受和捐赠救灾物资及参与救灾外交的行为主体也发生了变化。一是接受国际救灾援助的内容由单一走向多元。1981 年四川省发生重大水灾，《关于处理国际上对四川水灾救济问题的请示》决定对国际救灾援助，"接受的援助只限物资和款项，志愿人员和技术性援助一概婉拒"②。2008 年中国四川汶川地震发生后，中国不仅接受了数十亿元的国际救灾现金援助，还接受国际救援队、医疗队、国际非政府组织及他国志愿者参与救灾。据相关媒体报道，"在这场大灾难降临时，中国政府采取了及时、果断而有效的救援措施，堪称成功应对自然灾害的典范，显示了中国政府的超凡能力"③。二是中国救灾外交的主要行为体由政府包办到政府、组织和个人多元参与。2004 年印度洋海啸发生后，中国政府在救灾外交中发挥主导作用，提供援助物资 68763 万元人民币，派遣国际救援队、医疗队参与救灾，另外中国的企业、个人纷纷捐款，充分展示了中国人民"一方有难，八方支援"的人道主义精神风貌。三是中国救灾外交的形式从单一到多元。中国展开救灾外交从单一灾后提供或接受救灾物资（包括现金）变为参与国际救灾演习、国际救灾

---

① 石林：《当代中国的对外经济合作》，中国社会科学出版社 1989 年版，第 52 页。

② 民政部政策研究室：《民政工作文件汇编》（二），内部文件，1984 年，第 175—176 页。

③ 熊思浩、章念生：《就中国抗震救灾行动国际社会继续予以高度评价》，《人民日报》2008 年 6 月 20 日第 3 版。

会议等。

3. 奉行道义优先原则: 不乘人之危, 不附加政治条件

进入 21 世纪, 中国政府提出树立正确的义利观, 坚持道义为先。2003 年中国 "非典"(SARS) 疫情发生, 在疫情之初, 因疫情信息公布不及时, 中国政府受到国际社会的巨大压力, 特别是来自西方国家及西方媒体的口诛笔伐; 随后随着中国同世界卫生组织的合作、疫情信息的公开、应对疫情措施举措得当, 中国逐步改变了其不利的被动局面。中国经常受到西方国家的刁难, 经常一方面要忙于国内救灾, 另一方面要应对来自西方苛责和带有偏见的宣传。而中国在展开国际救灾时, 奉行道义优先, 不乘人之危, 不附加任何政治条件, 这与西方某些国家的做法形成了鲜明的对比。

一是不乘人之危。中国与菲律宾关系因岛屿争端近年来一直很紧张, 但当 2013 年菲律宾遭受飓风灾害时, 中国并没乘人之危在争议岛屿搞一些小动作, 且以德报怨, 不仅提供救灾物资, 而且派出医院船与两栖登陆舰参与菲律宾救灾。这与美国在灾后一开始便派出航母等军舰显摆一番, 见外交目的已达, 早前计划派出的 "慈善号" 医院船便按兵不动, 且有在新中国成立初期, 欲以救灾援助换取中国在台湾问题上的让步等表现形成了鲜明的对比。

二是不奉行双重标准。恐怖袭击不论是发生在东方国家还是西方国家, 中国政府都会第一时间给受灾国发去慰问电, 并严厉谴责恐怖分子所犯下的反人类的滔天罪行, 这与西方某些国家把发生在本国或者盟友国家的恐怖袭击称为恐怖案件, 而对发生在其他国家包括中国的恐怖袭击却遮遮掩掩、含糊其辞, 新闻媒体也是阴阳怪气, 甚至称之为 "民族矛盾" "刑事案件" 形成了又一鲜明对比。

三是不附加任何政治条件。朝鲜常因干旱等灾害导致粮食短缺, 中国时时提供援助, 不附加任何条件。美日韩等国也表示要提供援助, 美国常要求朝鲜放弃核计划或者是停止核浓缩活动, 日本常将援助与人质事件挂钩, 韩国常与南北离散家属见面等作为条件。同样, 中国对非洲提供援助也是如此, 从不附加任何条件, 纯粹出于人道主义援助, 体现的是人道主义精神和人本精神。

二　加深周边合作

2013 年中国召开首次周边外交座谈会,明确周边是中国外交的首要,提出亲诚惠容的周边外交理念。中国坚持"以邻为伴、与邻为善""富邻、安邻、睦邻"的周边外交政策。中国通过与周边国家开展救灾合作,丰富了中国与周边国家的合作内容与途径,加深了中国同周边国家的联系,从救灾合作国际会议,到国际救灾合作演习,从双边到三边,从区域到全球,处处可见中国同周边国家展开国际救灾合作的身影。邻国因地理位置近,灾害具有相似性,甚至会遭受同一灾害的威胁,在展开救灾外交方面具有得天独厚的优势:一是可及时展开灾后国际救援;二是可便利展开国际救灾合作;三是邻国间可展开投桃报李互惠互利救灾外交,如2001 年 9 月 11 日美国遭到恐怖袭击,古巴表达了慰问,2001 年 11 月"米歇尔"飓风袭击古巴,导致美巴间贸易的发生,同样 2005 年"丹尼斯"飓风袭击古巴也开启了美巴间的贸易,古巴在"卡特里娜"飓风后也向美国提供了援助。①

1. 投桃报李,互惠互利

伊兰·凯尔曼(Ilan Kelman)认为"投桃报李互惠救灾外交"(Tit for tat disaster diplomacy)指一国向另外一国提供救灾援助将来会得到类似的回报。②中日间的地震救灾外交就属于此类。2008 年中国四川 5·12 汶川地震,日本不仅提供物资,还派遣国际救援队和医疗队参与灾区救灾。2011 年日本 3·11 大地震,中国同样提供物资,并派遣国际救援队参与救灾,同年 5 月中国领导人访问日本灾区。中日双方在对方发生巨灾后领导人都在第一时间致电慰问,并表示如有需求将提供力所能及的帮助,包括派遣军队参与救灾,但双方皆因中日关系现状及中日间历史恩怨而使救灾外交没能摆脱中日外交关系大局。中巴地震救灾外交也属此类,2005 年 10 月 8 日巴基斯坦发生 7.8 级大地震后,中国政府先后四次提供总价值 2673 万美元的紧急人道主义援助,并派出中国国际救援队、医疗救援

---

① Ilan Kelman, "Hurricane Katrina disaster diplomacy", *Disasters*, 2007, Vol 31, No.3, pp. 288—309.

② Ibid.

队开展救灾行动。① 2008 年中国 5·12 汶川地震发生后，巴基斯坦倾囊相赠 2 万余顶帐篷，巴基斯坦国际救援队、医疗队队员为节约空间运输救灾物资而拆掉座位卷曲于货物之间来华参与救灾，中巴之间的"真兄弟情"在救灾外交中得到淋漓尽致的体现。当然，在中国周边救灾外交中，这种"投桃报李互惠救灾外交"还很多，这也成为中国周边救灾外交的一大成就。

2. 机制依赖，形式多样

中国同周边国家的救灾合作易于展开，一是在于中国同邻国都面临着相同或相近的灾害威胁，二是中国与邻国现存诸多合作机制，如东亚峰会、上海合作组织、中俄印外长会晤机制、中日韩首脑峰会等，都是展开国际救灾合作依赖的机制，合作成本降低。

路径依赖就像物理中所说的"惯性"（Inertia），一旦采取某种路径（无论好与坏）就可能对这种路径产生依赖。在国际合作中对国际制度（或机制）的依赖也是如此。② 这里着重分析一下中国参与"东盟轴心救灾外交机制"的"惯性"。"东亚地区合作以 1967 年东盟的成立为标志，开创了地区合作'小车拉动大车'的新模式，形成了以东盟为圆心，向外依次是'10 + 1''10 + 3'和东亚峰会等多轨并存的合作机制。"③ 由东盟为轴心的东亚合作机制如东盟地区论坛（ARF）、东亚峰会、10 + 1、10 + 3 等机制，而中国周边多边救灾外交依赖于现有的地区合作机制，如东盟地区论坛每年召开一次救灾会间会，制定了《ARF 地区论坛人道主义援助和减灾战略指导文件》《ARF 减灾工作计划》《ARF 灾害管理与应急反应声明》和《ARF 救灾合作指导原则》等框架性文件。这一救灾合作机制依赖于以东盟为轴心的东盟地区论坛这一机制。2004 年印度洋海啸后，防灾减灾成为 10 + 3 的重要合作领域之一。第二份《东亚合作联合声明》及《2007—2017 年东盟与中日韩合作工作计划》提出了灾害管

---

① 商务部新闻办公室：《商务部召开例行新闻发布会》2010 年 2 月 25 日，http：//www. inofcotn. gov. cn/aarticle/ae/ah/201002/20100 206796350. htinl？test。

② 曹瑄玮、席酉民、陈雪莲：《路径依赖研究综述》，《经济社会体制比较》2008 年第 3 期。

③ 张云：《国际政治中"弱者"的逻辑——东盟与亚太地区大国关系》，社会科学文献出版社 2010 年版，第 1—2 页。

理领域的合作措施。2007—2008 年，中国举办了两届"10 + 3 武装部队国际救灾研讨会"，探讨了加强武装部队国际救灾协调机制建设、标准操作程序和法律保障等问题。2010 年，"10 + 3 城市灾害应急管理研讨会"在北京召开。减灾是 2007 年 1 月第二届东亚峰会确定的重点合作领域之一。2009 年第四届东亚峰会发表《东亚峰会灾害管理帕塔亚声明》等。当"救灾"成为东亚合作的新领域时，救灾合作并没有出现"路径创造"，开辟新的路径进行救灾合作，而是在东亚原有的合作机制下采取"路径依赖"，按照路径依赖的"惯性"进行合作。

2009 年 10 月 25 日通过的《东亚峰会灾害管理帕塔亚声明》指出："支持东盟努力加强人道主义协调并增强应对重大灾害的领导作用。"而这与国际社会支持东盟在东亚合作中发挥领导作用的表态是不谋而合的。"实际上，作为东亚地区的一个重要组成部分，东盟 10 国的作用还不仅只表现在目前的领导作用上，更体现在它为促成东南亚地区一体化以及积极倡导和推动东亚合作两个方面所作出的特殊贡献方面。""从 2002 年开始，中国政府就明确提出了东盟在东亚合作中的'核心'作用，并声明对之予以支持。"① 东亚救灾合作领导权来源于东亚合作领导权这种路径依赖的"惯性"也是显而易见的。中国在周边救灾外交中根据现有多边合作机制展开救灾外交，如上海合作组织、中日韩峰会、东亚峰会、东盟地区论坛、10 + 3、10 + 1 等地区合作机制都成为可依赖路径。

三　拓宽外交视野

中国救灾外交从双边到多边，从地区到全球都有所建树。双边救灾外交中，既重视邻国双边救灾外交，如中日、中韩、中巴救灾外交等，同样也注重大国外交，如中俄、中美双边救灾外交。在全球救灾外交中，中国积极参与联合国主导下的国际救灾合作，中国支持联合国在全球救灾合作中的领导作用。在地区层面，中国在东亚地区和亚洲展开的救灾外交更为积极主动和更有作为。在多边层面，中国在上海合作组织、中日韩峰会、中俄印外长会晤机制下展开救灾外交。另外，中国不断拓展新的外交领域，逐步涉猎与灾害有关的非传统外交。

---

① 张振江：《东盟在东亚合作进程中的地位与作用》，《东南亚研究》2004 年第 3 期。

1. 立足地区，着眼全球

中国一度被国际上认为是"没有地区政策的地区性大国"①。冷战结束后，"中国外交日趋重视将追求本国的利益与维护本地区乃至世界的共同利益相结合"②。中国的稳定是亚洲地区稳定的重要因素。③ 同时，中国的命运也与东亚的和平与稳定息息相关，随着中国外交对地区合作的关注，中国救灾外交自 20 世纪 90 年代以来，在推动地区救灾合作方面扮演着不可或缺的角色，同时，也为地区合作注入了新的内涵。

在这里不去探讨救灾外交同中国外交战略、整体外交布局、国内政治因素等方面的关系，中国注重地区救灾外交是不争的事实。一是中国积极推动亚洲层面的救灾合作。本书在第三章提及中国参与亚洲救灾合作机制中已有详尽叙述，如中国首倡的"亚洲减灾大会"2005—2013 年已经举办 4 次，首次大会"第一届亚洲部长级减灾会议"在中国北京举行。中国 2005 年签署亚洲备灾中心新章程，成为该组织创始成员国。2008 年 12 月和 2009 年 12 月中国分别主办"加强亚洲国家应对巨灾能力建设研讨会"和"第二届亚洲巨灾风险保险国际会议"。二是中国积极参与东亚地区救灾合作。东亚地区救灾合作同样坚持东盟的领导，中国支持东盟在东亚救灾合作中扮演领导角色。中国积极参与、推动东亚地区救灾合作的主要机制有：东盟地区论坛（ARF）救灾合作机制（如中国 2006 年 9 月举办了第六次东盟地区论坛救灾会间会，并向会议提交了《ARF 救灾合作指导原则》）、东盟与中日韩（10＋3）救灾合作机制（如中国 2007—2012 年在石家庄举办了多次"东盟与中日韩武装部队国际救灾研讨会"及"东盟与中日韩武装部队非传统安全论坛"）、东亚峰会救灾合作机制（中国除参加历次东亚峰会，并全程参与、推动救灾合作，并于 2011 年11 月、2013 年 6 月分别举办"东亚峰会灾害社会心理干预研讨会"与

① Steven I. Levine, "China in Asia-The PRC as a Regional Power", in Harry Harding ed, *China's Foreign Relations in the 1980s*, New Haven: Yale University Press, 1984, pp. 107 – 114; Samuel S. Kin, *China In and Out of the Changing World Order*, Princeton University Press, 1991, p. 84。另参见马荣久《中国的东亚地区外交：变化与内涵》，《山东大学学报》（哲学社会科学版）2010 年第 4 期。

② 王毅：《亚洲区域合作与中日关系》，《外交评论》2005 年第 1 期。

③ 钱其琛：《独立自主努力开拓》，《人民日报》1991 年 12 月 16 日第 7 版。

"东亚峰会重特大自然灾害风险管理研讨会"）和东盟与中国（10＋1）救灾合作机制（如 2003 年在泰国曼谷举行的"中国—东盟领导人关于非典型肺炎特别会议"等）。

"中国认识到参与地区合作和地区内国家互动，不但可以加深中国与其他国家的合作，同时也有助于建立一个和平稳定的国际环境，以推动中国的全面发展。"① "从本质上讲，区域合作实际上与今后建立何种地区秩序与格局密切相关。"② 中国是一个大国，在国际事务中要发挥大国的作用，在地区事务中的表现是其重要一环，有道是"一屋不扫何以扫天下"。中国首先要做一个名副其实的"地区大国"，而后才能成为"世界大国"。但也不能局限和满足于"井底之蛙"式的"地区大国"，作为联合国五大常任理事国之一，中国需要具有"全球视野"。中国救灾外交着眼全球表现为两方面：一是积极参与、推动联合国主导的救灾合作，如参加联合国减灾会议、直接向联合国提供资金用于救灾、响应联合国减灾倡议成立中国国际减灾委员会、响应国际救灾需求建立中国国际救援队等；二是同世界主要大国进行救灾合作，如中美间海上搜救演习、中俄在双边军演中的救灾演习及上合组织框架下的救灾演习等。影响力最大的大国三角——中美俄之间展开救灾外交，对促进国际救灾合作具有深远的示范效应和影响力。

2. 共襄双边，推动多边

中国救灾外交中坚持双边与多边互为补充，相得益彰。"多边外交（Multilateral Diplomacy），是冷战结束后中国应对谋求经济发展的紧迫性和国家安全不确定性挑战的产物，是在近十多年的外交实践中，逐步消弭中国安全的不确定因素，构建区域国际制度平台中发展起来的。"③ 中国的多边外交正在给中国带来比较稳定的周边和国际环境，正在为中国的发展创造更加广阔的空间，"发展多边外交，是中国走向世界大国的必由之

---

① 俞新天等：《际体系中的中国角色》，中国人百科全书出版社 2008 年版，第 189—190 页。

② 王毅：《全球化进程中的亚洲区域合作》，《外交评论》2004 年第 2 期。

③ 刘青建：《挑战·应对·构建——中国多边外交探析》，《思想理论教育导刊》2005 年第 9 期。

路"①。

中国救灾外交中"共襄双边"指双边救灾外交的"平等性",中国救灾外交的双边机制,包括中国与受灾国双边救灾外交、中国与援助国双边救灾外交及中国与他国(非受灾状态)双边救灾外交,这种双边外交往往是"你来我往""轮流坐庄"(在双边救灾演习中表现最为明显)。这种双边机制不以意识形态划线,具有广泛性,但重点在邻国双边与大国双边,这也反映了中国外交的侧重点。中国与受灾国双边救灾外交在2004年的印度洋海啸救灾外交中达到顶峰,在中国与援助国双边救灾外交中,2008年中国5·12汶川地震救灾外交达到顶峰,前者是中国史上最大规模的对外国际救灾援助,后者是中国史上最大规模接受国际救灾援助。而在中国与他国(非受灾状态)双边救灾外交中:一是具有军事外交与救灾外交相结合的特征,如与多国进行的海上联合搜救演习,具有传统安全与非传统安全相结合的特征;二是重视邻国双边救灾外交,如中日、中韩已连续举行多次的"海上联合搜救演习";三是注重大国双边救灾外交,如中俄、中美间救灾演习。

多边外交活动使中国逐步走出了自我封闭的状态,在国际事务中发挥的作用越来越大,并逐步树立起了一个负责任的大国形象。② 中国救灾外交在多边领域的表现主要有以下几个方面:一是中国积极参与联合国主导下的全球救灾减灾领域。如在全球气候问题上,中国既表现出负责任大国形象,签署《京都议定书》,也注重保护发展中国家的利益,在《联合国气候变化框架公约》谈判过程中,积极主张应当根据经济、技术水平和资源状况在发达国家与发展中国家之间有区别地分配责任。③ 二是中国参与亚洲、东亚区域多边救灾外交,这一点在第三章中已有论述。三是中国参与中国为主要成员(或为领导成员)的多边救灾外交,如上海合作组织救灾合作、中俄印救灾合作、中日韩救灾合作、东盟与中国(10 + 1)救灾合作等。2014年4月,中国首次主导8国海上联合搜救演习与2014

---

① 王逸舟:《全球政治和中国外交》,世界知识出版社2003年版,第275页。

② 王明进:《中国对多边外交的认识及参与》,《教学与研究》2004年第5期。

③ 方向明:《不同的承诺方式——中国与国际环境保护制度》,载肖佳灵、唐贤兴主编:《大国外交——理论·决策·挑战》(复旦大学国际政治研究论丛第3辑),时事出版社2003年版,第215—231页。

年 5 月中国与澳大利亚、马来西亚共同主导马航失联客机的后续搜救工作是中国积极展开多边救灾外交的体现。

第二节　中国救灾外交的主要不足

中国救灾外交进步明显,从拒绝国际救灾援助到主动呼吁国际救灾援助,从被动应对灾害到主动施援,展开积极救灾外交,这种外交转变对于有效进行人道主义救援、促进国际救灾合作意义非同一般。然而,中国救灾外交还处于起步阶段,不能说中国政府已经把救灾外交作为非传统外交的选项之一纳入中国大外交的顶层设计之中,国内学者对中国救灾外交的研究还处于蹒跚起步阶段,也缺乏为政府提供好的救灾外交战略选择和实用的救灾外交政策建议。本书第二章已经对救灾外交的条件约束进行了论述,这里不再赘述,仅从中国救灾外交对于有效进行人道主义救援及促进国际救灾合作存在的不足加以探讨。

一　重物援轻人文

中国在改革开放后,不仅 1980 年首次接受国际救灾援助,而且 1991 年主动呼吁国际救灾援助,这种救灾外交的转变不仅发生在接受国际救灾援助,对于提供国际救灾援助也是如此,如 2004 年印度洋海啸,中国提供了 68763 万元人民币的救灾援助。

如表 4—2 所示,中国提供救灾物资也然成绩显著,再如表 4—3 所示,中国社会对救灾的捐赠从 1997 年的 4.1 亿元增长到 2008 年的 861.65 亿元。据统计,2008 年国内个人捐款约 458 亿元,占捐款总额的 54%,首次超过企业,完全改变了此前国内个人捐赠不超过总额的 20% 的格局。[①]《2008 年度中国慈善捐助报告》显示,2008 年中国接受国内外各类社会捐赠款物共计 1070 亿元(不含港澳台地区),是 2007 年的 3.5 倍,年增长率达 246%。[②]

---

① 民政部:《2008 年度中国慈善捐赠报告》,2009 年 3 月 10 日,http://www.gov.cn/gzdt/2009—03/10/content 1255955.htin。

② 刘京:《2008 中国慈善捐赠发展蓝皮书》,中国社会出版社 2009 年版,第 61 页。

表4—2　　　　　　部分中国2004—2010年提供救灾援助情况①

时间	灾害	中国提供救灾援助
2004年12月26日	印度洋海啸	中国提供68763万元人民币救灾物资，派遣国际救援队、医疗队参与救灾
2005年8月29日	美国"卡特里娜"飓风	中国政府向美国提供500万美元救灾援款和一批救灾急需物资
2005年10月8日	巴基斯坦7.8级大地震	中国政府先后四次提供总价值2673万美元的紧急人道主义援助，并派出中国国际救援队、医疗救援队开展救灾行动
2008年5月	缅甸"纳吉斯"热带风暴	中国政府在进行四川汶川抗震救灾的同时，先后提供价值100万美元的紧急援助物资、3000万元人民币援助款和1000万美元援助，并派出医疗救援队
2010年1月	海地7.3级强烈地震	截至2月25日，中国政府已提供9300万元人民币的人道主义救灾援助，并派出中国国际救援队

表4—3　　　　　　1997—2008年中国社会捐（赠）款情况②　　　　　单位：亿元

年份	1997	1998	1999	2000	2001	2002	2003	2004	2005	2006	2007	2008
款额	4.1	50.2	6.9	9.3	11.7	19	41	34	60.3	83.1	132.8	861.65

　　中国救灾外交从拒绝物援到重视物援，从表4—3可以窥见一斑，但瑕不掩瑜，中国救灾外交中对人文关注不足也是非常明显的。虽然中共十七大把"以人为本"的治国理念摆到战略高度，③但中国救灾外交中对

---

　　① 资料来源：根据商务部新闻办公室：《商务部召开例行新闻发布会》，http：//www. inofcotn. gov. cn/aarticle /ae/ah/201002/20100 206796350. htinl？test，2010—2—25等资料整理。

　　② 中华人民共和国民政部：《中国民政统计年鉴（2008）》，中国统计出版社2008年版，第12页。

　　③ 胡锦涛：《高举中国特色社会主义伟大旗帜，为夺取全面建设小康社会新胜利而奋斗》（2007年10月15日），载《中国共产党第十七次全国代表大会文件汇编》，人民出版社2007年版，第15页。

"人文"关注依然不够。

1. 对弱势灾民关注不够

儿童、妇女和老人在灾害中受影响最大,属于弱势灾民。中国参与国际救灾的过程中,注重提供物资,同时也派遣医疗队参与救灾,但有针对性地对灾民中的脆弱群体展开救援还很不足。全球儿童受到自然灾害的影响(包括飓风、洪水、龙卷风、地震、森林火灾、山体滑坡、沙尘暴、风暴、热浪、火山爆发和海啸等),心理学家应参与学校和社区的防灾、减灾和教育编程,[1] 要加强以学校为基础的灾害心理服务。[2] 灾难之后,孩子们不论在生理、行为、情绪和认知上,均会产生许多反应,[3] 对儿童的心理干预既要注重急性期的干预,又要重视长期的干预,以避免形成永久性创伤,影响孩子的一生。[4]

儿童在灾害中是最容易受到伤害的三种人之一(还包括女性和老人),另外儿童牵连甚广,不仅一个儿童联系着数个家庭数十人,而且儿童灾后的身心恢复关系着孩子的未来,并且孩子是家庭、民族和国家的未来。不管是中国发生灾害还是他国发生灾害,都要把灾区的儿童作为特殊群体加以关爱。这一方面,中国正在关注和做一些事情,但还远远不够。2008年中国5·12汶川地震发生后,俄罗斯时任总统梅德韦杰夫邀请灾区儿童到俄罗斯首都莫斯科疗养,韩国时任总统李明博邀请灾区儿童到韩国总统府青瓦台做客。这两个举动是中国救灾外交中可借鉴的地方,到目前为止,中国还鲜有这种举措。

"老吾老以及人之老,幼吾幼以及人之幼。"灾害发生后,一方面采取措施对灾区儿童进行安慰帮扶,如派志愿者、允许 NGO 前往灾区进行救援帮扶;另一方面可邀请灾区儿童到中国疗养、做客和交流。这样,不

---

① Linda Evans and Judy Oehler-Stinnett, "Children and Natural Disasters: A Primer for School Psychologists", Oklahoma State University, Oklahoma, USA, *School Psychology International*, Vol. 27, No. 1, pp. 33 – 55.

② Melissa Allen Heath, Amanda B. Nickerson, Neil Annandale, Ana Kemple and Brenda Dean, "Strengthening Cultural Sensitivity in Children's Disaster Mental Health Services", *School Psychology International*, 2009, http: //spi. sagepub. com/content/30/4/347.

③ 刘斌志:《地震后灾区儿童心理应激障碍表现及疏导对策》,《中国公共卫生》2008 年第10 期。

④ 崔永华:《地震对儿童的心理影响及干预措施》,《中国当代儿科杂志》2013 年第 6 期。

仅对受灾国是一种友好的援助，同时，也为双方青少年交流提供了契机，为双方友好关系打下了群众基础，对双方国民增加彼此的好感也大有裨益。这不仅有利于弘扬人道主义精神，对两国间积累善意、建立长期友好外交关系也将发挥积极作用。

除儿童外，老人和妇女也容易遭受灾害创伤。老人因行动不便，身体机能下降，在救灾中应被特别关注。妇女容易遭受二次创伤，因灾造成短暂的无政府状态，妇女成了罪犯侵犯的对象，如在2004年海啸死亡人数中，妇女和女孩占绝对多数，灾害中性别差异没得到承认和理解，在海啸影响的国家中，影响女性的可怕的第二波不是来自自然灾害，而是基于社会压力和男女不平等而导致强奸和国内对女性暴力犯罪的激增。① 灾害发生后，要对失去孩子的妈妈和失去丈夫的妻子特别关注，要让她们重新树立生活的信心，也要用她们的坚强感染和鼓舞年轻一代，重建家园，共创美好生活。

2. 对外非物质援助不够

中国救灾外交中，提供帐篷等救灾物资和救灾款是其重要的一种形式，除此之外，进入21世纪，自2001年组建中国国际救援队以来，中国多次派遣国际救援队、医疗队赴受灾国参与救灾，2003年中国国际救援队在阿尔及利亚地震救灾中首次亮相，2005年到巴基斯坦、2011年到日本参与救灾。但中国救灾外交具有"政府一手包办之嫌"，鲜见组织和个人的作为。虽中国企业、个人在2004年印度洋海啸救灾外交中崭露头角，但与美国等西方国家相比差距较为明显。特别是美国的非政府组织（NGO）和志愿者活跃在世界各国的灾区，带去的不仅是救灾力量，更是这种志愿服务的机制体制、应对灾害的各种经验（包括安置灾民、分发物资、接纳使用善款、心理干预等），这一点中国大陆要逊色于中国香港、台湾等地。

一是对灾民心理干预关注不够。首先要学会"煲心灵鸡汤"，去关怀、安抚灾民。"大灾难引起一系列心理反应如果过于强烈或持续存在，

---

① Eileen Pittaway, Linda Bartolomei and Susan Rees, "Gendered Dimensions of the 2004 Tsunami and a Potential Social Work Response in Post-disaster Situations", *International Social Work*, 2007, http：//isw. sagepub. Com /content/50/3/307.

就可能导致精神疾患。重大灾害后精神障碍的发生率为 10%—20%，一般性心理应激障碍更为普遍。"[1] 灾后恢复不仅指恢复交通通信、住房学校、医院商场等物质性事务，还包括心理健康、正常生活规律等精神层面的东西。二是输出救灾防灾经验偏少。中国在机制建设方面还需加强，包括应灾机制、减灾防灾机制等，虽然中国救灾有其举国机制的优势，但对许多国家来讲明显水土不服。

3. 对志愿团体支持不够

在救灾外交中，国家、组织和个人都是主要行为主体，当国家失灵和市场失灵的情况下，我们需要第三极发挥作用。在公民社会中，许多志愿团体（或者叫作 NGO）扮演着自我服务的功能。"1949—1993 年的 44 年间，中国是没有一家直接以慈善为名的组织的。"[2] 在民间外交领域，中国非政府组织在一定程度上发挥着国家利益的积极维护者、政府间外交的有益补充者、国家形象的多元塑造者的作用。[3] 虽然中国的非政府组织（NGO）在 2008 年达到井喷式发展，但目前仍然具有"半官方"和"跛脚鸭"的特点。"半官方性质"使其在救灾外交中难摆脱"政府授意"之嫌。"跛脚鸭性质"因其自我管理不善、财务不够透明，很难在救灾外交中"发挥应有作用"。中国的非政府组织（NGO）很难在救灾外交中发挥其应有的作用，这与其国内生存环境相关，也与中国在展开救灾外交时，是否考虑志愿团体的作用和功能有关。如何盘活棋子来下一盘救灾外交的好棋仍是一个尚待解决的问题。

二　重参与轻主导

中国救灾外交从双边到多边，从地区到全球都有其足迹。从双边救灾外交和多边救灾外交的比较考量中，可以发现双边救灾外交更能体现中国救灾外交的主动性；在整体考量中，可以发现中国救灾外交中参与性大于其主导性。

---

① 齐芳:《心理专家:应重视灾后"心灵重建"》，《光明日报》2008 年 5 月 15 日。

② 徐麟:《中国慈善事业发展研究》，中国社会出版社 2005 年版，第 42 页。

③ 吕晓莉:《中国非政府组织在民间外交领域中的作用研究》，《中国治理评论》2013 年第 1 期。

表4—4　　　　　　　　中国在主要救灾外交国际机制中的影响①

类型	国际机制	成员国数量	中国的影响
全球性	联合国主导下的救灾合作，如世界气候大会	192（以2009年哥本哈根气候大会参与国数量为参考）	1/192 —1/20（中国远没达到中美共治，在气候问题上也没有5常的地位，又不是普通国家，取值1/192也不合适，以20国集团之一较为合适）
亚洲	亚洲部长级减灾大会	第五届有72个国家政府代表团以及100多个相关国际和区域组织约2600名代表参加了本次大会	1/72—1/5（中国首倡亚洲减灾大会2005年在北京召开，到2012年已经召开5届，中国的贡献不小于1/5）
东亚	东盟地区论坛（ARF）救灾合作	10 + 17个成员国	1/27—1/18（坚持东盟的主导权）
东亚	东亚峰会	10 + 8个成员国	1/18—1/9（坚持东盟的主导权）
东亚	东盟与中日韩（10 + 3）	10 + 3个成员国	1/13—1/4（坚持东盟的主导权）
东亚	东盟与中国	10 + 1个成员国	1/11—1/2（带有双边性）
上合	上海合作组织	6个成员国	1/6—1/2（中俄共同主导）
三边	中日韩灾害管理部长级会议	3个成员国	1/3
三边	中俄印外长会晤	3个成员国	1/3
双边	中美海上联合搜救演习	2个成员国	1/2
合计	10个机制	347个成员国	1.613—2.833（纯参与这些机制得分为1.623）

---

① 中国的影响指标，按照不参与到主导取值范围为0—1，0表示不参与，1表示独立主导，若2大国共同主导，取值为1/2，若纯属参与，成员国为10，则取值为1/10。若参与国际机制或组织达10个，取值范围为0—10，一国在组织中的地位与数值的大小成正比。

如表4—4所示,选取的10种救灾外交机制,涵盖了从全球到双边的各个层次,也是中国主要参与的救灾外交机制(笔者在第三章"中国救灾外交的主要机制"一节中有论述),国际机制可以降低达成国际合作协议的交易成本。① 而这些救灾机制中,属于为救灾合作而创设的机制仅4例,包括联合国主导下的"世界气候大会""亚洲部长级减灾大会""中日韩灾害管理部长级会议"和"中美海上联合搜救演习"。其他6例都具有明显的制度路径依赖的"惯性",如东盟与中日韩(10+3)救灾方面的合作依附于东盟与中日韩(10+3)合作机制。这一方面为国际救灾合作协议降低了交易成本,另一方面也丰富了国际救灾合作渠道。中国参与国际救灾合作、展开救灾外交是全方位的。但中国救灾外交中重视参与忽略主导的不足也是显而易见的,主要表现在以下几个方面。

1. 话语权不足

从表4—4中可以看出,完全由中国主导的国际救灾合作机制并不存在(10例中没有1例中国的影响力为1的),"亚洲部长级减灾大会"是中国唯一首倡和推动的。除中美等双边合作中中国的影响力为实实在在的1/2,在上合组织框架下的救灾合作中和东盟与中国(10+1)救灾合作中,中国的影响力接近1/2,而在三边合作中,中国的影响力都在1/3左右,在其他多边机制,如联合国主导机制、东盟主导机制等机制中的影响力,因大国较多,中国影响力式微。中国在救灾外交话语权不足体现在:一是很少提出国际救灾合作的"主题";二是鲜有主导国际救灾合作的成功案例;三是对灾害及国际救灾合作方面的学术研究不够;等等。

2. 机制贡献少

在大国与小国共同参与的创建或维持国际机制的活动中,合作博弈的报偿结构决定了搭便车(free-riding)是小国的理性选择,同时也决定了只有大国才会产生主动承担机制建设责任的积极性。② 中国作为一个大国,理应为国际合作提供一定的机制保障,在多边救灾合作中,中国与俄

① [美]罗伯特·基欧汉:《霸权之后——世界政治经济中的合作与纷争》,苏长和等译,上海人民出版社2001年版,第128页。

② 张维迎:《博弈论与信息经济学》,上海三联书店、上海人民出版社1996年版,第18—19页。

罗斯主导的上海合作组织是上合组织成员国开展救灾合作与救灾外交的机制保障，除此之外，还有"上海国际减灾与安全博览会""东盟与中日韩（10＋3）武装部队国际救灾研讨会"等。但对于国际救灾合作的需求和中国的大国地位来说，这还远远不够。

3. 融入胜建构

中国救灾外交与中国整个外交转型是密不可分的，有学者认为中国外交第一个30年是游离于国际体系之外的30年，而第二个30年是逐步融入国际体系的30年。而中国救灾外交成就的取得主要在第二个30年，即中国融入国际体系的30年，也有学者批评中国这30年欠缺主动性，有点反应式外交。从表4—5也可以看出，中国参与国际救灾合作的影响值为2.833，略微高于纯粹参与各种合作的影响值1.613。中国融入国际救灾合作，也展开救灾外交，有一定的主动性，但与大国身份还远远不符，通常情况下别人制定规则，中国再使出浑身解数加入，这种被动的局面必将打破。中国也要参与制定游戏规则，在这方面要有所作为。

三　重应急轻预防

中国应对灾害正在从被动灾后救援到向灾后救援与防灾减灾并重转变，但到目前，其重视灾后救援，疏于防灾减灾的基本态势没有完全改变。在推动国际救灾合作上，会议不少，纸上谈兵的多，甩开膀子干的偏少。依然灾后风风火火，灾前稳若泰山，并没有像重视灾后救援一样去重视减灾防灾。

1. 灾后救援仍是救灾外交的重头戏

从拒绝国际救灾援助到重视国际救灾援助不得不说是中国救灾外交的巨大进步，但从整体救灾外交来看，太偏重灾后救援而忽略防灾减灾救灾外交的推进实属中国救灾外交的一大不足。从2004年中国对印度洋海啸援助来看，中国援助8300万美元，排在第6位，也是史上中国最大的对外救灾援助，而当时中国的GDP仅1.6万亿美元，在全球GDP排名中仅位列第6，援助额度与中国当时的经济实力基本一致。从表4—5可以看出，比中国提供救灾援助要多而GDP又比中国少的就只有排在第1位的澳大利亚，澳大利亚提供了7.65亿美元国际救灾援助款，而其GDP仅为美国GDP总量的1/20，然美国提供3.5亿美元国际救灾援助款，仅为澳大利亚的 1/2，所以如果从 GDP 和援助款的对应关系看，仅瑞典不必汗颜。由此可以看出，2004 年印度洋海啸发生后，各国在此展开救灾外交博弈，依靠经济实力而提供国际救灾援助成为各大国在东南亚地区发挥影响力的外交选择之一。随着中国经济实力不断增强，2010 年一举超越日本成为世界第二大经济体，提供国际救灾援助也成为中国救灾外交的主要选择之一。然而 2004 年印度洋海啸造成近 30 万人死亡，预警系统缺失，防灾减灾的不足已引起世人的关注。中国作为本地区大国，在巨灾发生前的防灾减灾救灾外交方面鲜有作为。灾后，2005 年 9 月，在中国的倡议和推动下，召开了"第一届亚洲部长级减灾大会"，之后在 2008 年中国 5·12 汶川地震发生前已经于 2007 年在印度新德里召开"第二届亚洲部长级减灾大会"。

表 4—5　　　　　**2004 年印度洋海啸主要捐款国家捐款情况**①　　　单位：亿美元

捐款排名	国家	捐款金额	2004 年 GDP	GDP 排名
1	澳大利亚	7.65	5183.82	13
2	德国	6.74	25862.04	3
3	日本	5	59487.61	2
4	美国	3.5	117423.51	1
5	英国	0.95	19448.58	4
6	中国	0.83	16492.12	6
7	瑞典	0.755	3007.95	19
8	西班牙	0.68	8361.00	8
9	法国	0.57	18516.13	5

2. 防灾减灾救灾外交推行力度不够

中国在灾后一般都会推动减灾防灾方面的国际合作。2004 年印度洋海啸过后 2005 年倡议并首次举办"第一届亚洲部长级减灾大会"，2008 年中国 5·12 汶川地震后，中国 2008 年 12 月举办"加强亚洲国家应对巨灾能力建设研讨会"，2009 年 12 月举办"第二届亚洲巨灾风险保险国际

---

①　根据李天华《从"拒绝外援"到"救灾外交"——改革开放以来中国政府应对国际救灾援助的政策演变及其评价》,《党史研究与教学》2008 年第 6 期等资料整理。

会议"。但这些举措都是在灾后进行的，且推行防灾减灾救灾外交的力度不够，主要表现为：一是宣传不够，灾害发生后，国内外媒体铺天盖地，大肆宣传，而防灾减灾的宣传只是只言片语，轻轻带过；二是领导推动不够，防灾减灾救灾外交不像灾后救灾外交那样引起领导重视，2008年中国5·12汶川地震发生后，中国总理两小时后便启程前往灾区，相比中国举办的各种国际救灾合作会议，中国鲜有领导人亲临现场；三是投入不够，相比较用于救灾的巨额资金，政府用于防灾减灾外交的投入明显不足，多半是会议性支出。严文在其博士论文《减灾的经济学分析》中认为，减灾能够取得负负得正的"正经济效益"，比如面对洪水灾害，可以通过加固堤坝减少经济损失，也可以修建水库，水库一方面可以调节河水流量来防灾，另一方面可以通过发电，创造正经济效益。

表4—6　　　　　　　　中国在灾前灾后救灾外交情况

灾前救灾外交举措	灾害	灾后救灾外交举措
2001年成立国际救援队	2003年中国SARS爆发	2003年4月，中国—东盟领导人关于SARS特别会议
2002年4月，参加"第一次上合组织成员国紧急救灾部门领导人会议"		2006年10月，中国举办"中国—东盟艾滋病实验室网络培训班"
		2006年11月，中国举办"中国—东盟传统医药防治艾滋病研讨会"
2003年4月，中国举办"上合组织救灾部门专家级会议"		2007年10—11月，中国举办2期"人禽流感实验室诊断技术培训班""中国—东盟人感染高致病性禽流感防控进展研讨会"
	2004年印度洋海啸	2005年3月，中国举办"中国—东盟灾后防疫研讨会"
		2005年4月签署亚洲备灾中心新章程
		2005年9月中国举办"第一届亚洲部长减灾大会"

续表

灾前救灾外交举措	灾害	灾后救灾外交举措
		2006 年举办第六次东盟地区论坛救灾会间会
		2007 年中国举办"东盟与中日韩（10 + 3）武装部队国际救灾研讨会"
2005 年 7 月，中国主办"中日韩东海联合搜救演习"		2008 年 12 月举办"加强亚洲国家应对巨灾能力建设研讨会"
2006 年 11 月，中国举办"第二次上合组织成员国紧急救灾部门领导人会议"		2008 年 9 月，中国举办"上合组织成员国边境地区领导人首次会议"
	2008 年中国5·12 汶川地震	2009 年第二届亚洲巨灾风险保险国际会议
		2009 年 4 月、2010 年 8 月、2012 年 6 月中国连续举办三届"东盟地区论坛武装部队国际救灾法律规程建设研讨会"
		2011 年 10 月，中国举办"第二届中日韩灾害管理部门负责人会议"，2009 年 10 月参加第一届、2013 年 3 月参加"三国灾害管理桌面演练"
2007 年 6 月，中国举办"上合组织成员国灾害应急管理研修班"		2011 年 3 月、2013 年 5 月中国派人参加"东盟地区论坛救灾演练"
		2011 年 11 月，中国举办"上合组织成员国紧急救灾部门专家会议"
		2008 年 6 月、2009 年 6 月、2010 年 10、2012 年 6 月中国举办多届"东盟与中日韩（10 + 3）武装部队国际救灾研讨会/非传统安全论坛"
		2013 年 6 月，中国举办"上合组织成员国联合救灾演习"，2009 年 5 月参加"上合组织博戈罗茨克救灾演练"

从表4—5、表4—6 可以看出，2003 年中国 SARS 爆发前，中国鲜有

就传染病等灾害的预防为议题展开救灾外交，但在 2003 年中国 SARS 爆发之后，中国展开一系列传染病预防救灾外交，如 2003 年 4 月 "中国—东盟领导人关于 SARS 特别会议"、2006 年 "中国—东盟艾滋病实验室网络培训班" "中国—东盟传统医药防治艾滋病研讨会"、2007 年 "人禽流感实验室诊断技术培训班" "中国—东盟人感染高致病性禽流感防控进展研讨会" 等。2004 年印度洋海啸爆发之前，中国也很少就地震救灾、海啸预防报警等议题展开救灾外交，促进国际在这些领域的合作，但在灾后却推动了 2005 年 "中国—东盟灾后防疫研讨会" "第一届亚洲部长级减灾大会" "东盟与中日韩（10＋3）武装部队国际救灾研讨会" "中日韩东海联合搜救演习" "第二次上合组织成员国紧急救灾部门领导人会议" 等救灾外交活动。由此看来，一是减灾防灾外交缺乏 "先见之明"，往往灾害爆发后 "事后诸葛亮"；二是推动防灾减灾看似形式多样，从研讨会到救灾演习都有，但取得成果有限。

第三节　中国救灾外交的主要障碍

一　法律机制不健全

"国际制度是维持国际合作的重要因素，国际制度因可以减少不确定性、限制信息的不对称性、降低国家间的交易成本等特性而产生和维持国际合作。"[①] 新自由制度主义认为：在 "成本—收益" 计算中，理性国家更愿意通过国际合作而不是冲突甚或战争来实现国家利益。由于灾害问题是主权国家面临的集体风险，各国必然会从个体理性转向寻求集体安全。因此，构建国际制度来保障国际救灾合作便成了东亚国家的理性选择。然关于军队参与救灾的国际立法还不完善，救灾合作的国际制度尚不完备，这些都影响着国际救灾合作的深入开展。

1. 法律障碍

"法律上的障碍可能就像是灾害中的狂风暴雨冲垮了道路一样，同样构成有效的国际救灾的路障。缺少必要的法规可能导致的后果就是不合

---

① 洪凯、侯丹丹：《中国参与联合国国际减灾合作问题研究》，《东北亚论坛》2011 年第 3 期。

作、不当行为和浪费。法律问题意味着受灾者不可能在正确的时间获得正确的援助,以正确的方式交付救援货物。"①

一是军队参与国际救灾的法律不完善。派军队参加国际人道救援行动则可以彰显本国的正面形象、扩大国家影响力,还可为本国军队提供良好的锻炼机会。② 抢险救灾是军队担负的多样化军事任务之一,军队作为抢险救灾任务中的突击力量,发挥着举足轻重的作用。1978—1997 年的近20 年间,中国军队共参加抢险救灾 10 万多次,出动官兵 2300 多万人次,机械车辆 100 多万台次,飞机、舰艇 1.5 万余架(艘)次,抢救遇险群众 1000 多万人,抢运各类物资 2 亿多吨。③ 1998—2000 年的两年间,全军参加抢险救灾 100 多次,出动官兵 50 多万人。④ 2003—2004 年的两年里,军队和武警部队参加抗击洪涝、台风、地震、林火和疫情等重大自然灾害 120 多次,减少经济损失上百亿元。⑤ 2005—2006 年,全军和武警部队参加各种抢险救灾行动 2800 余次,出动官兵 34 万余人次,动用车辆机械 4 万余台次,出动飞机(含直升机)2000 余架次,转移疏散群众 340 余万人,挽回经济损失数十亿元人民币。⑥ 2007—2008 年,军队和武警部队共计出动兵力 60 万人次,各型车辆(机械)63 万台次、飞机和直升机 6500 余架次,组织民兵预备役人员 139 万人次,参加抗洪、抗震、抗冰雪、抗台风和灭火等救灾行动 130 余次,抢救转移群众 1000 万人次。⑦

然因法律问题,军队参与地区救灾大打折扣。首先是各国国内立法差异大,且不完善,各国军队参与国内救灾还有许多掣肘和盲点。如中国军队参与国内救灾主要依据《中华人民共和国宪法》《中华人民共和国突发事件应对法》和《军队参加抢险救灾条例》,但仍然存在抢险救灾程序启动、参与灾后重建任务、参与抢险救灾训练组织、紧急处置权、抢险救灾

---

① International Federation of Red Cross and Red Crescent Societies, *Law and legal Issues in International Disaster-response: A Desk Study*, p. 17, http://www.Ifrc.org/idrl.

② 梁洁:《军队参加国际人道救援行动法律问题探析》,《河北法学》2010 年第 2 期。

③ 1998 年《中国的国防》,北京:国务院新闻办公室,1998 年 7 月。

④ 2000 年《中国的国防》,北京:国务院新闻办公室,2000 年 10 月。

⑤ 2004 年《中国的国防》,北京:国务院新闻办公室,2004 年 12 月。

⑥ 2006 年《中国的国防》,北京:国务院新闻办公室,2006 年 12 月。

⑦ 2008 年《中国的国防》,北京:国务院新闻办公室,2009 年 1 月。

行动中的征用问题、抢险救灾行动中的军事交通问题等规定不明确的问题，这些都将影响军队参与救灾和救灾合作。新加坡和日本立法规定军队有救灾的职能，但也不尽完善。其次是军队参与国际救灾的法律问题还处于研讨阶段，缺少法律依据，军队参与国际救灾只能是"纸上谈兵"。中国举办了三届东盟地区论坛武装部队国际救灾法律规程建设研讨会，目的在于分享在救灾合作规则制定问题上的立场和国内立法情况，寻求各方可供普遍遵循的规则，推动武装部队国际救灾法律整体框架建设。许多国家由于目前还没有军队参与国际救灾的法律框架，军队参与救灾还困难重重，除非具有特殊友好双边关系的国家方允许对方军队参与本国救灾，如2008年中国允许俄罗斯军队参与中国四川地震灾区救灾，而日本2011年大地震后则允许美国军队提供援助。其他国家要深入参与国际救灾还存在法律障碍，因为毕竟法律是行动的保障。

中国目前签订有关军队参与国际合作的法律主要有《中华人民共和国和俄罗斯联邦关于举行联合军事演习期间其部队临时处于对方领土的地位的协定》和《上海合作组织成员国关于举行联合军事演习的协定》，但还没有与其他国家签订关于军队地位的具有普遍适用性的协定。因而实施国际救灾外交中，中国军队在受灾国的法律地位还不确定。① 中国军队逐步参加国际人道救援行动（如2013年中国曾派出"昆仑山"号两栖登陆舰参与菲律宾飓风救灾），相应的法律问题还没得到解决。军队要能很好地参与国际人道主义救援，首当其冲的是要解决好相关法律问题。②

二是接受国际救灾物资相关法律不够完善。一方面，中国接受国际救灾援助的法律不够完善。中国颁布了一些办法、通知和预案，如《救灾捐赠管理暂行办法》《关于进一步规范境外救灾捐赠物资进口管理的通知》《国家自然灾害救助应急预案》③和《救灾捐赠管理办法》（对"境外救灾捐赠"内容作了补充修订，调整了接受外汇的方式，并对国际救灾援助的呼吁、接受、备案、管理等做出更加明确具体规定）及《自然灾

---

① 梁洁：《军队参加国际人道救援行动法律问题探析》，《河北法学》2010年第2期。

② 同上。

③ 《国家自然灾害救助应急预案》，2006年1月10日，http：//www. gov. cn/yjgl/2006. 01/11/ content_ 153 95 2. h。

害救助应急工作规程》等。① 在救灾捐赠事业蓬勃发展的过程中，也存在着捐赠信息公开不透明、不规范，监督机制不健全，捐赠鼓励力度不够，受到公众质疑等问题，相关立法还有所欠缺，一些具体的规定还与现实需求相去甚远。中国目前应对巨灾的资金投入仍以政府支出为主，1998 年之前，中国还没有专门针对救灾捐赠的政策规定，救灾捐赠方面的法律法规建设还非常滞后。仅就中央财政而言，"南方雪灾"的投入为 27 亿元；"汶川地震"应急抢险投入为 700 亿元，灾后重建投入为 2203 亿元。②

表 4—7 　　　　　　　　　　中国救灾方面的法律③

类别	相关法律
防震减灾法律体系	《中华人民共和国防震减灾法》《破坏性地震应急条例》《地震预报管理条例》《关于加强地震重点监视区的地震防灾工作的意见》等
传染病防治法律体系	《传染病管理办法》《中华人民共和国急性传染病管理条例》《艾滋病监测管理的若干规定》《中华人民共和国传染病防治法》《中华人民共和国传染病防治法实施办法》《国内交通卫生检疫条例》《医疗事故处理条例》等
防洪法律体系	《水土保持工作条例》《中华人民共和国水法》《中华人民共和国防汛条例》《中华人民共和国防洪法》等
事故防治法律体系	《中华人民共和国矿山安全法》《中华人民共和国矿山安全法实施条例》《核电厂核事故应急管理条例和处理规定》《医疗事故处理条例》《中华人民共和国消防法》《中华人民共和国森林防火条例》等
环境灾害防治法律体系	《中华人民共和国环境保护法》《中华人民共和国海洋环境保护法》《中华人民共和国水污染防治法》《中华人民共和国大气污染防治法》等
地质灾害防治法律	《中华人民共和国草原法》《水土保持工作条例》等

① 民政部自然灾害救助应急工作规程，2008 年 3 月 11 日，http：//www.mca.gov.cn/article/zwgk/fvfg/jzjj/200805/20080500015846.shtml。

② 冯俏斌：《我国自然灾害资金保障体系的制度框架设计》，《中国经济》2011 年第 1 期。

③ 康沛竹：《当代中国防灾救灾的成就与经验》，《当代中国史研究》2009 年第 5 期。

续表

类别	相关法律
救灾捐赠法律体系	《救灾捐赠管理暂行办法》《中央级救灾储备物资管理办法》《自然灾害情况统计制度》《民政部应对自然灾害工作规程（修订稿）》《救灾捐赠管理办法》
中国军队参与救灾法律	《中华人民共和国突发事件应对法》《军队参加抢险救灾条例》《国家突发事件总体应急预案》《中华人民共和国国防法》等
国际救灾法律体系	《国际红十字会和红新月会救灾原则和规则》《在灾害情况下对平民实施人道主义救助的原则宣言》《加快紧急救援的措施》《国际红十字与红新月运动和非政府组织救灾行动守则》《为减轻灾害和救助行动而提供电信资源的坦佩雷公约》和《黑海经济合作参加国政府间紧急援助和紧急应对自然和人为灾害协作协定》（以下简称《BSEC协定》），以及2001年"欧洲共同体民众保防机制"（Mechanism for Civil Protection）[1]

表4—8 　　　　　　1978—1990年中国主要接受国际援助情况[2]

灾害	援助国	援助物资
1980年中国湖北、河北遭受严重旱涝灾害	20多个国家和国际组织	共接受了2000多万美元的物资援助
1986年中国广东省遭受7号台风灾害	欧洲共同体委员会	接受了欧洲共同体委员会50万（欧洲货币单位）和2.7万吨小麦的援助[3]
1987年5月大兴安岭特大火灾	20多个国家、地区和国际组织	生产工具7995台（件）、药品13630箱（盒）、食品584544件（箱）、生活用品59362箱（件）、现金702903.79美元。截至1987年底，国际救灾外援物资折合现金4134408美元（不包括在途物资）[4]

---

① 姜世波：《国际救灾法：一个正在形成的国际法律部门》，《科学·经济·社会》2012年第1期。

② 根据柴观珍、麻书涛：《建国以来我国接受国际救灾援助政策的演变及经验教训》，《衡阳师范学院学报》，2010年第4期等资料整理。

③ 孙绍聘：《中国救灾制度研究》，商务印书馆2004年版，第140页。

④ 詹奕嘉：《唐山大地震后30年》，《世界知识》2006年第14期。

续表

灾害	援助国	援助物资
1988 年 5 月福建建阳等地遭受特大水灾	8 个国家和国际组织	截至 7 月底，共接受了 200 多万美元的救灾援助

另一方面，国际社会接受救灾援助的法律体系不够完善，也成为中国救灾外交的一大障碍，如 2005 年美国"卡特里娜"飓风灾害，由于缺乏法律指导和特别程序已经影响到现金援助的使用，12600 万美元外国捐款到 2006 年 4 月转账给所需的机构。① 此外，救灾行动还经常在获得受灾国的正式授权和承认上受到刁难。如 2004 年飓风袭击泰国后，国际和当地非政府组织（NGO）都发现，注册程序让人费解，即使要求获得临时法律地位都很少能够成功。② 在获得救灾工作许可、开立银行账户、捐款豁免税收等方面尤其困难。③

三是灾害保险法律不够健全。以雪灾为例，在 1998 年"北美雪灾"中，加拿大的保险赔付占雪灾直接经济损失的 37%，美国的保险赔付占14%；在中国"南方雪灾"中，直接经济损失为 1516.65 亿元，各类保险赔付合计 16 亿元，占比仅为 1%。④ 汶川地震的直接经济损失为 8451亿元，保险赔付为 18.6 亿元，占比仅为 0.2%。一方面中国要完善国内灾害保险赔偿法律系统，另一方面要共同构建国际灾害保险法律体系。

---

① United States Government Accountability Office, *Hurricane Katrina: Comprehensive Policies and Procedures are Needed to Ensure Appropriate Use of and Accountability for International Assistance*, U. S. Doc., No. GAO— 06 —460, 2006.

② 姜世波:《国际救灾法：一个正在形成的国际法律部门》,《科学经济社会》2012 年第 2 期。See Victoria Bannon et al, *Legal Issues from the International Response to the Tsunami in Thailand*, International Federation of Red Cross and Red Crescent Societies, 2006, pp. 12 – 15; see also *International Federation Sri Lanka Study*, supra note 1, pp. 8 – 9.

③ Presentation of Johannes Richert, Head of National and International Cooperation Division, German Red Cross, to the European Forum on Disaster Response Laws, Rules and Principles (IDRL), Antalya, Turkey, May 2006, pp. 25 – 26. 另见姜世波《国际救灾法：一个正在形成的国际法律部门》,《科学经济社会》2012 年第 1 期。

④ 魏华林:《中国雪灾损失与保险补偿问题研究》,《保险研究》2008 年第 3 期。

2. 机制障碍

从博弈论观点看，虽然各国参与国际救灾合作是从维护本国利益出发，但是只要不合作成本大于交易成本，合作就对各方有利。各国救灾合作不是排他的"零和博弈"，而是互利共生的"正和博弈"。另外，非传统安全因素的显现，为世界各国通过国际合作消除共同的灾害威胁提供了强大动力。"新自由制度主义认为国际制度是维持国际合作的重要因素。"① 国际制度是国际合作的成果，同时也是国际合作的可依赖路径。世界各国缺乏救灾合作的有效国际制度，一方面说明世界各国救灾合作的成果一般，合作水平还很低，尚未构建好国际合作机制；另一方面也说明世界各国救灾合作因缺少成熟的国际制度，使救灾合作难有路径依赖，难有合作惯性而易于在灾害发生时进行有效的救灾合作。这就可以说，救灾合作机制的不完善形成一种机制障碍从而影响了救灾合作的深入开展。

中国救灾外交的机制障碍主要体现在以下几个方面。一是国际救灾物资的物流和分配机制不完善。如 2004 年 12 月印度洋海啸发生后，虽然印度和斯里兰卡政府为接受和便利国际援助已经作出了巨大努力，但海关清关手续上的烦琐还是导致了救援物资的大量积压，几百个集装箱的物资滞留了很长时间，里面所装物品如帐篷、睡袋、殓尸袋等成为不再需要的东西，食品则烂掉了。印度尼西亚到 2006 年 1 月还有超过 400 个集装箱的货物处在海关的监管之下。② 2011 年中国援助日本大地震的物资抵达机场后无人认领，需要自己送到灾区，成为国际救援的一段插曲，反映了两国双边救灾合作机制的不完善，也为人道主义救援减色不少。在区域的生态环境建设中，加强国际间防灾减灾合作，提高国际防灾减灾能力是中国与东盟各国面临的共同挑战和使命。③

二是国际应灾机制不完善。2008 年中国 5·12 汶川地震时中国首次

---

① 宋秀琚：《国际合作理论：批判与建构》，世界知识出版社 2006 年 11 月版。

② Victoria Bannon et al, *Legal Issues from the International Response to the Tsunami in Sri Lanka*, International Federation of Red Cross and Red Crescent Societies, 2006, p. 12; Victoria Bannon et al, *Legal Issues from the International Response to the Tsunami in Indonesia*, International Federation of Red Cross and Red Crescent Societies, 2007, pp. 20 – 22.

③ 杨亚非：《广西北部湾经济区推进中国与东盟加强防灾减灾国际合作的战略选择》，《东南亚纵横》2012 年第 11 期。

接受国际救援队参与救援。但直至 5 月 16 日，首批日本、俄罗斯、新加坡和韩国的救援队伍才抵达灾区。最终共有 7 支共 281 人的国际救援队伍参与汶川地震救援。① 可见，这些中国的邻国派国际救援队进入中国灾区救灾都错过了"救灾黄金 72 小时"，国际社会都在第一时间作出派出国际救援队参与救灾的声明，但一些国际公约强调了受灾国的主导作用及其对国际援助予以同意的重要性，如《在救灾中使用外国军事和民防资源的准则》《东盟灾难处置和危机应对协定》。② 但从 2008 年中国地震灾后的应对来讲，除国内应灾机制需进一步完善外，国际应灾机制也应进一步完善，要体现"人本思想"和"人道主义精神"，不要借助"救灾"之名去做些"刺探情报"的不耻行为。可以鼓励各国通过国际救灾合作加深双边友好关系、密切两国民众之间的感情，而要坚决抵制"消费"灾害与灾民，谋求军事情报等不友好的外交目的。

表 4—9　　　　　　　　　　中美日灾后表现比较③

项目 国家	中国	美国	日本
国家领导人反应	时任总理温家宝灾后 2 小时后，启程去灾区	时任总统布什 2 天后结束休假，4 天后进入灾区	菅直人立即成立了紧急对策本部，第 2 天去灾区
军队介入	当日紧急调动万余解放军、武警投入救灾。数日内，救灾的总兵力达到 14.6 万	国民警卫队 2 天后才抵达现场，持有枪弹，先睡觉、打牌，曾发生枪击军机和车队情况	日本也在当日即派遣自卫队参与救灾，几天后增至 10 万

---

①　史培军、张欢:《中国应对巨灾的机制—汶川地震的经验》，《清华大学学报》（哲学社会科学版）2013 年第 3 期。

②　《东盟灾难处置和危机应对协定》，第 3 条第 1 款。

③　根据熊贵彬《中日美救灾体制比较——以汶川地震、东海岸地震、卡特里娜飓风为例》，《中国青年政治学院学报》2011 年第 6 期等资料整理。

项目 国家	中国	美国	日本
救灾物资调配	大量物资进入灾区，能满足灾民的需要，有重复救济、骗取救灾物资等现象	现场指挥混乱、气候恶劣、运输工具缺乏，救灾物资难以送达灾区，大量废弃	大量救灾物资无法尽快分送到灾区，导致部分灾民被饿死、冻死
灾后社会秩序	灾区军民积极救灾，秩序井然	灾区发生了抢劫、纵火、强奸等行为	灾区秩序井然，相互救援，东京出现抢购

三是中国救灾外交的机制还不完善。中国救灾外交在 2004 年印度洋海啸、2008 年中国 5·12 汶川地震和 2011 年日本 3·11 大地震中都有所展示，从国家领导人到普通民众，从政府部门到企业及非政府组织都有所参与。但针对不同的国家、不同的灾害，中国应该在其大外交的整体布局下启动何种机制、以何种形式展开救灾外交，既保证重点突出，又体现灵活多样，目前尚未形成成熟的机制。另外灾害信息的通报机制（从预警、灾害评估到灾后恢复进展等）、国际救灾物资捐赠接收机制、国际救灾人员参与救灾机制（包括专业人员、军队、科学家、志愿者等）、国际社会参与灾后恢复重建机制等保障救灾外交顺利开展的机制还不完善。无论是双边、多边，是地区还是全球救灾合作机制都需要进一步完善。

二 技术装备不完善

世界各国救灾合作中诸如灾害预警体系不完善、灾害评估体系不完善等方面均与信息等技术的不足存在着千丝万缕的联系，在救灾响应合作中，诸如生命探测仪、救灾运输工具等装备的缺乏均与救援装备技术不足存在着必然联系。可以说，技术装备是影响世界各国救灾合作深入开展的重要因素之一。

1. 技术障碍

中国救灾外交面临的技术障碍主要有：一是信息技术。随着中国北斗系统的构建（目前可服务亚太地区）、神州系列飞船的发射成功等，中国的信息技术已经取得了巨大进步，但与美国的差距还很大，对灾害的监测等技术还需进一步完善。同时，中国同各地区建立完善的预警系统还存在许多困难。一方面信息技术水平有待提高。信息技术的不足是导致预警合作无法深入展开的关键因素之一，如对自然灾害的预警，不仅需要计算机技术、卫星技术，还需要建立地理信息系统（GIS）等。同时，要对灾害进行深入研究，对各种主要灾害的成因、危害等要有科学的认知，建立完善的数据库，方可对灾害做出预判，有效进行预警。另一方面信息技术发展不平衡。以东亚地区为例，在信息技术领域仅中日韩三国具备一定实力，如中日的卫星技术、中国的北斗导航技术、韩日的电子技术。而其他国家在信息技术领域对外依赖度较高，只能搭中日韩的便车，同时各国信息技术处于不同水平层次，信息技术基础设施的差异巨大，导致东亚地区目前还无法"联网预警"，这也成为影响东亚地区在灾害预警方面开展合作的技术因素。

二是灾害技术。灾害技术指对某特定灾害的深入研究，了解其成因，能具备相应的减灾防灾技术。一方面，中国对各种灾害的研究正在进行中，同欧美等发达国家相比还存在一定的差距。地质灾害如地震、山体滑坡等，水文灾害如风暴潮灾害、洪灾等都是人类面临的主要自然灾害，中国与周边的日本、印度、巴基斯坦、伊朗等经常遭遇地震等灾害的国家对地震灾害的研究层次和水平还存在差异，日本在地震预防方面有一定的优势，这些对中国展开地震预防外交带来一定的困扰。另一方面，中国在生化核泄漏灾害的研究还有待进一步加强，如 2011 年日本 3·11 核泄漏，中国尚不具备提供防止核污染和核扩散方面的技术的能力，中国失去借助技术优势展开魅力救灾外交的机会。

2. 装备障碍

救灾装备上的欠缺（一方面中国救灾装备还不能完全满足救灾的需求，如大飞机、大船等；另一方面，他国救灾装备的不足，也影响与中国展开双边或多边救灾合作）直接影响了中国救灾外交的开展。一是可应用于救灾的工具装备缺乏。如在东亚地区，能生产生命探测仪、夜视仪等高科技产品的只有中日等少数几个国家，一旦灾害发生，许多东亚国家想参与救灾，但往往有心无力，只能望洋兴叹，没有这些设备，救灾合作就少了许多关键的内容。再如若发生森林火灾，如大兴安岭火灾，目前只有美俄几个少数国家有用于灭火的专用大型飞机，中国这方面的装备还相对不足。

二是救灾运输装备的缺乏，严重影响了中国参与国际救灾合作。如2004年印度洋海啸，中国很想派出大吨位舰船参与救灾——运输救灾物资、转移伤员等，但"巧媳妇难为无米之炊"，美国能派出包括航母在内的多艘军舰参与救灾，日本也派出军舰参与运输救灾物资。目前由于"辽宁号"航母服役，中国的大型运输装备得到一定的改善，但在运输机、大型运输船只方面都比较匮乏，这严重影响到中国国际救灾合作的开展。当然，参与救灾的各种特制车辆装备的缺乏也使救灾合作面临挑战。救灾装备的缺乏还体现在应对各种灾害的设备上，如防核辐射、防生化的服装、DNA检测设备等，这些设备目前东亚地区也没几个国家拥有。救灾装备的不足归其原因是救援装备技术欠缺，而这一技术因素也严重影响了国际救灾合作的深入开展。

三 政治因素的干扰

对外援助，即便是看上去非政治性的对外人道主义援助，也只不过是保护与推进国际力量对比和大国进行竞争和获得霸权的政策工具。[①] 救灾合作通常建立在已有的合作机制上，伊兰·凯尔曼（Ilan Kelman）认为与灾害有关的活动可以建立在已存在的联系上。[②] 现有的国际关系现状（国际关系良好或者国际关系紧张）对救灾外交产生不可低估的影响，由此可见，国际合作中的障碍和不足也将成为国际救灾合作的障碍，中国救灾外交中的政治障碍主要包括国际冲突因素和国内政治因素。

1. 国际冲突因素

国际冲突因素包括矛盾、摩擦、一般冲突、国际危机和战争。两国国际关系现状决定了两国沟通渠道是否顺畅、合作机制是否可靠、双边互信程度如何等，因此，现行的国际关系是影响救灾外交的重要因素。新中国

---

① Hans Morgenthau, "A Political Theory of Foreign Aid", *American Political Science Review*, Vol. 56, No. 2, June 1962, pp. 301 – 309; Kenneth Waltz, *Theory of International Politics*, New York: Random House, 1979, p. 200. 另见施爱国《印度洋海啸灾难与国际人道主义援助》，《国际论坛》2005年第3期。

② Ilan Kelman: Acting On Disaster Diplomacy, *Journal of International Affairs*, Vol. 59, No. 2, Spring/Summer 2006.

成立初期的三十年,中国救灾外交处于保守状态(具体表现为拒绝接受国际救灾援助),不能仅说是受新中国当时的外交总方针总政策的影响,当时中国选择加入苏联的社会主义阵营,与美国等资本主义阵营的国家处于敌对状态,这样我们就能理解在新中国成立初期一穷二白且灾害不断的情况下,包括 1959—1961 年三年严重自然灾害导致灾民过亿的情况下,依然拒绝美国等西方国家提供的救灾援助,因为中国同西方处于严重对立的情况下,双方没有政治互信可言,中国不明白美国等西方国家的真实意图是什么,是否具有打着救灾援助的幌子干着干涉中国内政或离间社会主义国家间关系的目的。目前,影响中国救灾外交的国际冲突因素包括以下几个方面。

一是领土争端问题。中国同多个周边国家存在领土争端,导致双边关系受到严重影响。首先是中日钓鱼岛争端。随着日本钓鱼岛国有化,中国巡航钓鱼岛进一步机制化,中日之间的关系日趋紧张,虽 2008 年中国5·12 汶川地震、2011 年日本 3·11 大地震后双方都派了国际救援队参与救灾,中国领导人温家宝还访问了灾区,但双边缺乏政治互信,两国关系并没因救灾合作而得到实实在在的改善。其次是中菲南海岛屿争端。从黄岩岛到仁爱礁,只是中菲岛争中的冰山一角,菲律宾一方面享受中国经济发展带来的好处,另一方面充当美国的马前卒,在安全问题、领土问题上挑战中国的核心利益,导致中菲关系近年来日趋紧张。再次是中印边境领土争端。中印因 1967 年边境冲突而耿耿于怀,而因领土问题出现的"帐篷对峙"等也使中印双边互信不足。中印同为发展中大国,且是全球人口超过 10 亿的仅有两个国家,有许多共同的地方,但因领土争端,双边关系发展不尽如人意。最后是中越南海争端。越南是社会主义国家,曾是中国的兄弟,中国曾对越提供数十亿美元的援助,特别是美越战争期间,中国对越南的支持是很大的,但两国 20 世纪也曾爆发过战争,中越间存在南海岛屿、划界等问题,使中越关系蒙上阴影。"上海五国机制"(后发展为上合组织)为解决邻国领土争端树立了典范,而中国同俄罗斯等国边境划线问题的解决为推动双边关系的发展解除了绊脚索。中国同周边邻国领土争端的解决是促进中国同周边国家关系正常化的关键所在。

二是地区热点问题。新现实主义认为,国际结构决定了国家间的合作。自 1997 年东南亚金融危机爆发以后,中国—东盟—日本三角关系基本成型。中国—东盟—日本三角关系的发展深刻影响和制约着东亚地区合作进程。中日之间存在的结构性矛盾，使得中国或日本，又或是双方共同主导三角关系向前发展难以成为现实。① 让东亚地区国家间关系紧张的不仅是国际结构问题，还有地区热点争端。第一，领土争端，如中日钓鱼岛争端、中越和中菲南海岛屿争端等。第二，历史问题，二战日本侵略战争导致的历史认知、慰安妇、遗弃化学武器等问题。第三，朝核问题，这一问题常常引起东北亚局势紧张。第四，台湾问题，日本常和台独分子"眉来眼去"，另外中美因台湾问题时有关系紧张。这些地区热点争端影响了东亚地区国家间关系，也势必影响包括救灾合作在内的地区合作。中国参与东亚合作的情势势必影响中国周边救灾外交的开展。

　　三是域外大国因素。"国际合作因公共产品的提供、集体行动的困境和搭便车的行为而变得十分困难。但新现实主义认为有解决这些问题的途径，那就是大国数量越少越好。"② 然东盟为平衡东亚地区内中日等大国的影响，积极发展同域外大国美国、俄罗斯、印度、澳大利亚等国的关系。域外大国因素的存在势必影响本地区国际合作，包括救灾合作的开展。第一，大国越多，东亚地区国际关系越复杂，越不利于本地区开展合作。"詹姆斯教授认为采取行动的集团和小集团一般要比不采取行动的集团规模小，采取行动的小集团平均数为6.5，而不采取行动的小集团平均成员数为14。"③ 东亚地区本有15国，外来大国越多采取行动就越困难，大国间的博弈就越复杂。第二，美日同盟是东亚不安定因素，美日同盟针对中国意图明显，导致中日关系在这一背景下无法进一步改善与发展，中日长期不睦必将影响东亚合作，包括救灾合作。"美国的亚太战略是美国阻碍中日共建东亚区域合作的重要因素。"④ 第三，地区内国家主要精力用来发展同域外大国关系，必将减少对本地区国家间合作的关注。第四，某些域外大国在东亚地区谋求霸权或者挑拨本地区国家间关系，导致地区

---

　　① 谢俊才：《中国—东盟—日本三角关系发展趋势展望》，《世纪桥》2009年第10期。

　　② 宋秀琚：《国际合作理论：批判与建构》，世界知识出版社2006年版。

　　③ ［美］曼瑟·奥尔森：《集体行动的逻辑》，陈郁等译，上海三联书店、上海人民出版社1995年版，第65—75页。

　　④ 王英英：《论东亚区域合作中的美国因素和主导权问题》，《亚太经济》2012年第3期。

纷争不断。当然，大国介入东亚产生的负面影响还很多，但最直接的影响就是使东亚地区国际合作和本地区一体化进程变得更为复杂。

四是跨境灾害因素。灾害既可以导致合作，也可能诱发冲突。第一，是跨境河流的洪水灾害及污染灾害。与中国存在跨境河流的国家如中俄间的额尔古纳河、黑龙江干流、乌苏里江；流经中国、缅甸、老挝、泰国、柬埔寨和越南的澜沧江（东南亚称为湄公河）；中朝之间的鸭绿江、图们江；流经缅甸入海的萨尔温江（上源称为怒江）；流经印度的布拉马普特拉河（上源称为雅鲁藏布江）和印度河（上源称为狮泉河）。这些跨境河流沿岸地区既面临着洪水灾害，如 2013 年 8 月中国东北洪水灾害，中国与俄罗斯友好协商，俄方实时调节水库泄洪量，避免中国洪水灾害进一步恶化；也面临河水污染等灾害，如 2005 年 11 月吉林石化公司爆炸导致松花江污染严重，"俄罗斯对松花江水污染对中俄界河黑龙江（俄称阿穆尔河）造成的影响表示关注。中国向俄道歉，并提供援助以帮助其应对污染"①。中俄顺利解决河水污染问题，避免产生矛盾，影响中俄两国关系。再如印度十分关注中国在雅鲁藏布江修水库、建电站的事情，中国表示不会损害他国利益。有的国家为争夺水源而爆发冲突也是值得引以为戒的事情。第二，是沙尘暴。中国西北各种沙漠总面积达 60 万平方千米，并同蒙古接壤，治理起来很有挑战性。沙尘暴影响朝鲜、韩国、日本等境外国家。沙尘暴影响空气质量，危害人类健康，日本等国也早有怨言，并表示也愿出资一起治理，但目前的合作还有限。第三，是海水污染。与中国有共同海域的国家有韩国、日本、菲律宾、马来西亚、文莱、印度尼西亚、朝鲜和越南。无论是东海还是南海，需要这些国家共同保护，包括渔业保护，如中国实施的休渔制度。而围海造田、建楼，向海洋排放污水等，以及中日很多核电站建在海边，另外各国都在海里开采石油，这些行为对海洋有极大的破坏。如 2011 年日本 3·11 地震后导致核燃料泄漏，核污水直接排放到海水里，虽在日本的东海岸，但海水的流动，致使中韩等国渔业养殖遭受经济损失，而海生产品的食用也将威胁到附近沿海国家人民的身心健康。以上这些跨境灾害因素可能导致国际冲突，影响以此展开的救

---

① 参见新华网:《2005 年:松花江发生重大水污染事件》，网址: http://news.qq.com/a/20090729/001188.htm。

灾外交。第四，是全球气候问题。

　2. 国内政治因素

　　国际援助是战后国际关系，尤其是南北关系中的一个历久而又常新的重要方面和内容，属于传统的国际人道主义援助范畴的国际赈灾，其本身就是传统国际援助多种形式之一。[①]　中国救灾外交受到国内政治因素的影响，主要包括以下几个方面。

　　一是国家形象。这与中国人所熟知的"国家面子"概念非常相近，金灿荣认为，"一个国家在国际上的基本形象，主要还是取决于这个国家在国际上的表现、实践和成就。其次，还取决于其他一些要素，比如两国关系、国家所处的发展阶段等"[②]。管文虎等人认为，"国家形象具有极大的影响力、凝聚力，是一个国家整体实力的体现"[③]。中国是一个深受"儒家文化"影响的国家，中国的外交也深深烙上中华文化的精髓，时常给人留有余地（即面子），当然这种为了面子、保留颜面的外交方式并不是中国的"专利"。新中国成立初期，灾害不断，单纯从需求来讲，的确需要美国等西方国家提供的救灾援助，但正如刘少奇所说，一个资助过蒋介石的人，不知道他会怀啥"好意"。关键是要展现新中国"独立自主、自力更生"的精神风貌。2013 年中国 4·20 雅安地震发生后，中国也拒绝国际救灾援助，也有意展现"示强救灾外交"。事后发现，中国也的确能依靠自己的力量进行救灾及灾后恢复重建，但是，中国也失去一次展开

---

　　① 对外援助一般包括对外发展援助、紧急人道主义援助和军事援助等不同性质的援助。现实主义国际政治理论家汉斯·摩根索曾经将对外援助细化为人道主义援助、生存援助、军事援助、名望援助、贿赂、经济发展援助六种基本的对外援助形式，See Hans Morgenthau, "A Political Theory of Foreign Aid", *American Political Science Review*, Vol. 56, No. 2, June 1962, p. 301；另一研究对外援助的知名学者澳拉乌·斯多克则专门针对 20 世纪 80 年代以前由西方发达国家主导的国际发展援助，依据一种"国家内部因素外化理论"将其界定为人道主义、现实主义以及激进主义的三种国际主义。在斯多克那里，人道主义的国际主义从人道关怀出发，感到对于国界以外的人类苦难负有责任，希望福利国家的理想与实践能够跨国界延伸；现实主义的国际主义不主张干预他国内政，主张为了本国的私利而提供发展援助；激进主义的国际主义主张通过外援，积极输出包括价值观在内的意识形态，从而保证外援政策能够更加有效地为扩展国家利益服务。See Olav Stoke（ed.）, "Western Middle Powers and Global Poverty", *The Scandinavian Institute of African Studies*, Uppsala, 1989.

　　② 中国改革论坛网，http：//www. chinareform. org. cn. cirdbbs。

　　③ 管文虎主编：《国家形象论》，电子科技大学出版社 1999 年版，第 23 页。

国际救灾合作和救灾外交的机会。

二是总的外交政策及外交选择。中国的外交政策随着国际形势、中国实力的变化、中国国家利益的界定及中国领导人的偏好等方面的变化而变化。如果用两个字概括中国每个三十年的外交，第一个三十年是"孤傲"，第二个三十年是"和好"，第三个三十年将是"表现"。"孤傲"对应的是"生存外交"，"和好"对应的是"发展外交"，"表现"对应的"强国外交"。我们现在正步入第三个三十年，"强国外交"要求我们更为主动和积极。中国需要提升其软实力，中国在促进国际救灾合作中的机制创新、救灾理念、人道主义救援思想等都有利于提升中国的软实力。然救灾外交在中国非传统外交中的作用，在中国大外交中的地位将直接影响中国救灾外交的选择与开展，救灾外交服务国家利益，服从中国整体外交政策。

三是灾民需求与国民情感。救灾外交具有公开性和公共性，民众的参与度超过其他形式的外交，因此，普通民众对救灾外交的影响也就更大。第一，灾民需求是否满足。"灾害引发的需求主要有两类：一类是由灾害本身引发的需求（ agent-generated demands），包括预警、灾前准备、搜救、伤员护理和死者安置等；另一类是回应上述需求而产生的需求（ response - generated demands），包括信息沟通、灾情评估等。"① 灾民的需求是什么？"人道主义精神"与"人本精神"不是官方语言与表演，民众自有真切实感。一国政府因"斗气"拒绝接受国际救灾援助，而本国灾民却"同死神赛跑"，"食不果腹""衣不蔽体"，灾民将会对政府产生怨言与反感。第二，普通民众情感是否能接受。这主要表现在处于冲突状态中双方国民是否能接受对方的援助，如中日之间的地震救灾外交，因中日关系紧张，两国国民互不友好。很难想象，如果 2008 年中国允许日本军机进入中国领空运输救灾物资，又或允许日本兵参与救灾，中国民众将会做出何种举措，因历史原因，中国民众情感上是不能接受的，同样，日本

① 张海波、童星：《巨灾救助的理论检视与政策适应——以"南方雪灾"和"汶川地震"为案例》，《社会科学》2012 年第 2 期。另见：Russell R. Dynes，E. L. Quarantelli and Gary A. Kreps，*A Perspective on Disaster Planning*，3rd edition，Paper Series #11 of Delaware University Disaster Research Center，May 1981。

2011 年也没同意中国军队参与救灾，日本民众对这一点也很敏感。2004 年印度洋海啸发生后，中国很多民众自愿捐款，慷慨赈灾，很多艺人、企业、组织纷纷捐款。2011 年日本地震发生后，有企业或个人捐款，但都面临着被贴上"汉奸"或"卖国贼"标签的风险，许多企业捐款后被中国网民找出来与 2008 年捐款数额比较，部分激进网民措辞严厉加以批评。由此可见，普通民众的反应、普通民众的情感都将对救灾外交产生影响，甚至是形成一种无形的障碍。

总之，中国救灾外交在提升其国家形象、加深其周边外交和拓展其外交视野等方面取得了积极进展，但仍存在轻人文、轻主导与轻预防等方面的不足和法律机制不健全、技术装备不完善与政治因素干扰等方面的障碍。中国救灾外交需创造相应的条件，对救灾外交进行顶层设计和战略布局，并切实采取措施，推进中国救灾外交向前发展。

第 五 章

中国救灾外交的展望：
条件、策略与建议

"外交服务于国内政治需要，是国际关系的铁律。对于国际问题研究者来说，观察、分析、预测、进言的出发点，首先是'国内国际两个大局'。"①"先谋于局，后谋于略，略从局出"是中华民族战略谋划的优秀传统思想。中国的全球战略经历了"两大阵营""三个世界""四点布局""五大兼顾"等阶段，②体现了中国外交战略布局的与时俱进。

自 2013 年中国领导人换届以来，中国外交呈现出新的特点，外交的主动性更强，更注重战略布局。从 2013 年 3 月 22—30 日的"俄非之行"（首访俄罗斯、非洲三国，并参加在南非举行的金砖国家峰会），到 2013 年 5 月 31 日至 6 月 8 日的"拉美之行"（习近平访问拉美三国，并在美国安纳伯格庄园同奥巴马举行中美元首会晤，为中美新型大国关系奠定基调），再到 2013 年 9 月 3—13 日的"中亚之行"（习近平出席 G20 峰会和上合组织峰会，并访问中亚土哈乌吉四国），再到 2013 年 10 月 2—10 日的"东南亚之行"（习近平访问印度尼西亚和马来西亚两国，并出席印尼巴厘岛的 APEC 会议）。外交开局和布局体现了战略性、全局性和创新性。主要表现在：一是积极运筹与主要大国关系；二是全力稳定和拓展周边睦邻友好关系；三是大力加强与发展中国家友好合作；四是深入参与和引导

---

① 王缉思：《中美竞争，看谁先变增长方式》，《环球时报》2010 年 2 月 12 日；杨鲁慧：《环境外交中的国家意志与公共政策协调》，《世界经济与政治》2010 年第 3 期。

② 杨洁勉：《中国特色外交的实践自觉和理论自觉》，《外交评论》（外交学院学报）2012 年第 1 期。"四点布局"是：大国是关键，周边是首要，发展中国家是基础，多边是重要舞台。"五大兼顾"是：国别/地区和领域、国家行为体和非国家行为体、传统和非传统安全、具体合作和体系建设、维权和维稳五方面的平衡与兼顾。

多边外交进程。

"习近平同志多次强调，要从顶层设计角度对中长期对外工作做出战略规划。要高瞻远瞩、总揽全局，观大势、谋大事，不断加强顶层设计和战略谋划。"① 中国救灾外交作为非传统外交的重要形式，在中国中长期外交布局中应占有一席之地，与经济外交、军事外交等传统外交相得益彰、互为补充和依托，为打开中国外交新局面而奠定基础。

第一节　中国救灾外交的条件建设

一　救灾外交理论的丰富与发展

中国特色外交理论是指导中国外交实践、解决中国外交重大问题的理论。在中国与世界的关系发生历史性变化的重要时刻，构建中国特色外交理论已经是中国外交迫切需要面对的事情。② 自中共十八大和 2013 年两会中国领导换届以来，中国外交理论和实践创新取得一系列重大成果：一是提出"中国梦"重要思想并赋予其深刻的内涵，增进中国与世界各国的交流合作；二是提出构建中美新型大国关系，同时努力推动与各大国关系的发展；三是提出坚持正确义利观，加强与周边和发展中国家的友好合作；四是提出加强外交工作的顶层设计、策略运筹和底线思维，坚定维护国家核心利益；五是提出加强外事工作的统筹协调，以确保中央对外交工作的集中统一领导。③ 杨洁篪指出："不断优化外交布局，更好发挥首脑外交引领作用，大力推动与各大国关系的发展，加大与周边和发展中国家的友好互利合作，推动国际秩序朝着更加公正合理的方向发展。"④

中国的外交与国际关系理论研究的"现实主义"导向过于强烈，在一个全球政治时代，这往往会驱使中国的外交与国际关系理论过于追求权力和"高位政治"（high politics），而忽视了全球事务中的社会问题（如

---

① 杨洁篪：《新形势下中国外交理论和实践创新》，《求是》2013 年第 16 期。
② 秦亚青：《关于构建中国特色外交理论的若干思考》，《外交评论》2008 年第 1 期。
③ 钟声：《战略性、全局性、创新性的外交开局》，《人民日报》2013 年 8 月 22 日。
④ 杨洁篪：《新形势下中国外交理论和实践创新》，《求是》2013 年第 16 期。

环境、气候变化、能源安全等）和人文关怀。①

1. 救灾外交范畴的界定

环境外交、气候外交、对外援助外交、人道主义救援外交是否属于救灾外交，取决于对"灾害"范畴的界定。"灾害"包括自然灾害、人为灾害、复合灾害（既有自然因素也有人为因素）。伦道夫·C. 肯特（Randolph C. Kent）在《灾害十年反思：国际社会的响应演变》（"Reflecting upon a Decade of Disasters：The Evolving Response of the International Community"）一文中指出，灾害可分为三类：一是自然灾害，如地震、海啸等；二是人为灾害，如内乱；三是技术性灾害，如化学中毒、核泄漏等。易卜拉欣·穆罕默德·哈鲁夫（Ibrahim Mohamed Shaluf）在"灾难类型"（Disaster types）一文中对灾害的种类进行了综合论述。认为可将灾害分成三类：自然灾害（natural disasters）、人为灾害（man-made disasters）与混合灾害（hybrid disasters）。② 随着全球人口激增，人类的生产生活与灾害的频发日益密切相关，既包括温室气体排放导致全球气温升高，人类对生态的破坏和对环境的污染；也包括大规模杀伤性生化核武器的扩散威胁人类安全、战争的爆发等造成的人道主义灾难。因此，救灾外交从灾害涉及的领域来看主要包括：一是显性自然灾害救灾外交，如地震外交、飓风外交、海啸外交、洪灾旱灾外交等；二是隐形灾害但关乎人类共同利益的救灾外交，如气候外交、环境外交等；三是关乎世界安全与和平并威胁人类安全的灾害、防止大规模杀伤性武器的扩散和使用的救灾外交，如削减大规模杀伤性生化武器、核裁军等；四是对欠发达国家出现的饥荒等灾害展开的粮食外交等；五是由于战争、冲突爆发而展开的对难民的人道主义救援外交等；六是突发公共安全灾害救灾外交，包括人质危机、恐怖袭击等。救灾外交从时间跨度上来讲主要包括：一是防止灾害发生的预防性

---

① 朱锋:《中国特色的国际关系与外交理论创新研究——新议程、新框架、新挑战》,《国际政治研究》2009 年第 2 期; "The New World Order：How China Sees the World?", *Economist*, March 21, 2009; Minxin Pei and Jonathan Anderson Debate Beijing's Rise, "Are China's Fifteen Minutes Up?", *The National Interest*, No. 1000, March/April 2009, pp. 13 – 30; Susan L. Shirk, *China：Fragile Superpower, How China's Internal Politics Could Derail Its Peaceful Rise*, Oxford：Oxford University Press, 2008。

② Ibrahim Mohamed Shaluf, "Disaster Types", *Disaster Prevention and Management*, Vol. 16, No. 5, 2007, pp. 704 – 717.

外交，包括备灾、防灾等；二是灾害发生后采取救援合作外交，包括提供物资、派遣人员等方面；三是灾后恢复重建外交，包括提供资金和技术、承包工程等方面。救灾外交同样具有复杂性，主要表现在：一是救灾外交内容的复杂性，如气候外交与经济外交、能源外交糅合在一起；二是救灾外交话语权争夺异常激烈，有人认为气候外交所谓全球气温升高是个伪命题，部分西方国家借重节能减排的技术优势，进一步展开对发展中国家打压的伎俩，借机限制发展中国家的发展速度，当然话语权还与一国的整体实力息息相关；三是救灾外交在中国外交大局中的地位和作用界定清晰还很困难。

学界和政界对救灾外交的范畴的认知还不统一，学界对救灾外交的研究还不深入，这都是救灾外交面临的障碍。学界和外交部门需要对救灾外交统一认知，并对救灾外交涉及的范畴进行清晰的界定。我们需要从增强软实力的角度加强中国外交理论建设，在中国外交实践成果和理论建设的双重推动下，中国外交的理论自觉和理论自信正在不断增强。[①]

2. 救灾外交原则的选择

中国救灾外交原则有待进一步确立。本书基于国内外学者对救灾外交研究的基础和中国外交一直以来所秉持的"独立自主的和平外交政策"，将中国救灾外交原则初步总结为：一是人道原则；二是平等原则；三是独立原则；四是互利原则。

一是人道原则，即救灾外交必须以"人道主义救援"为立足点，任何偏离或者抛弃这一原则的行为，都将失去道德底线，也将失去展开救灾外交的正当性。在《护理伦理》（*Nursing Ethics*）的《守则及声明：国际红十字与红新月运动和非政府组织（NGOs）在抢险救灾中的行为守则》一文中，对国际红十字和红新月运动及从事救灾援助的非政府组织行为准则做出了明确规定："人道责任是首要的，坚持生命关怀优先性原则。"[②]不能打着"人道主义救援"的旗帜，干着干涉他国内政的勾当，甚至

---

① 杨洁勉：《中国特色外交理论体系精髓和创新发展》，《毛泽东邓小平理论研究》2012 年第 7 期。

② SAGE，"Codes and Declarations：Code of Conduct for the International Red Cross and Red Crescent Movement and Nongovernmental Organizations（NGOs）in Disaster Relief"，*Nurs Ethics*，1996，p. 268，http：//nej. sagepub. com/content/3/3/268. citation.

"乘人之危"颠覆他国政权,谋取"渔翁之利"。援助的提供,不应考虑接受者的种族、宗教信仰或国别,并且不应做出任何类型的不利区分,援助的优先性仅以需求的状况来加以确定。

二是平等原则,无论是救援国还是受灾国,在"国格"上都是平等的,不是"施舍"与"乞丐",无论是灾民还是救援人员,在"人格"上都是平等的,受人帮助理应"感恩",但施援者绝不应"以求回报为目的",我们应该将(灾害)受害者作为有尊严的人类,而不是绝望的物品来看待。灾民的隐私,受灾国的"国情"不应成为"趁浑水摸鱼"的对象。国际人道主义援助一般遵循"正义原则、平等原则、权利原则、需要原则"①。

三是独立原则,援助不应被用来促进某一特定的政治或宗教立场,我们应该努力不使自己成为政府外交政策的工具,要秉持自愿、无偿、需求等原则。我们应该努力增强当地的灾害应对能力,找到适当的办法,使项目受益人参与救灾援助的管理。我们应该尊重文化与习俗,不可谣传或者隐瞒灾情,尊重灾害知情权原则。一国展开救灾外交,不可强迫受灾国接受救援,也不可强迫一国援助另一国,充当"梁山好汉,劫富济贫"。

四是互利原则,即展开救灾外交,促进国际救灾合作,特别是国家间要形成"一国有难八国支援"的救援传统,救灾援助除了应满足基本需求外,还应该尽量减少将来受到灾害冲击的可能性。在突发性灾害救济的过程中应当坚持损失最少化原则、整体利益大于局部利益原则。② 不能一遇到灾害就"只顾各扫门前雪,不管他人瓦上霜",也不能只为自己一时之安,干出"损人利己"又或"损人不利己"的事。

3. 救灾外交战略的确立

中国作为一个大国,要实现和维护本国的国家利益,既要有高明的"外交战略",也要有巧妙的"外交战术"。"世界上最弱和最不牢固的东西,莫过于不以自己的力量为基础的权力的声誉了。"为了更好地运用自

---

① 焦佩:《从印度洋海啸分析国际人道主义援助模式》,《南亚研究季刊》2005 年第 3 期。
② 艾有福、徐保风:《论突发性灾害救济的公共伦理原则》,《桂海论丛》2004 年第 1 期。

己的实力，既要像狮子一样会用武力，亦要像狐狸一样会用计谋。① 在中国的大外交中，救灾外交是提升国家软实力、展现"巧实力"的重要选项。"使我国在政治上更有影响力、经济上更有竞争力、形象上更有亲和力、道义上更有感召力。"②

中国救灾外交战略的选择应遵循以下几个原则：一是要发挥正能量，能弘扬人道主义精神，能改善国家形象，能体现中国独立自主的外交政策；二是要契合需求，能满足救灾应急需要，能满足灾民灾区灾后重建需要，能满足国际救灾合作的需要；三是要着眼未来，能有效防范潜伏灾害，能在国际救灾合作上未雨绸缪，能关注气候环境等全球性问题；四是要破解难题，能与地区热点问题的解决相联系，能有利于改善中国与他国紧张的国际关系。加之救灾外交人道原则、平等原则、独立原则和互利原则，中国救灾外交战略基本确立为以下几点。

一是化灾为益：以灾害信息共享为依托搭建沟通平台，包括建中国海洋邻国网，以应对台风、海啸、海难等灾害；建中国国际地震网，以应对地震及其引发的次生灾害；建中国国际沙漠网，以应对沙尘暴等生态环境性灾害。这一救灾外交战略的选择：一是符合中国防沙治沙、台风预警等救灾之需；二是中国也是量力而承担国际责任，加强灾害预警系统的建设与中国信息技术的发展（包括北斗导航系统、卫星通信技术等日新月异的进步）密不可分，而且依赖于此。

二是化敌为友：以国际救灾合作为契机改善国际关系，包括深化中日救灾外交，弥合两国人民之间的间隙；布局南海环境治理，化解岛屿争端之困境。这一战略同救灾外交与难题破解，特别是地区热点问题的解决相联系。中国周边外交中，目前最为头疼的就是紧张的中日关系和南海问题，中日两国关系仍没有缓和的迹象，但两国在气候、环保等方面存在着共同的利益和责任，加之地震等灾害时而骚扰两国，在救灾合作上也存在着共同的利益，两国合作应开辟新的领域（除经济等传统合作项目外），逐步积累善意，为改善两国关系增添正能量。南海环境治理，也是促进南

---

① ［意］尼科洛·马基雅维里：《君主论》，潘汉典译，商务印书馆1985年版，第57、69、68、17、83—84页。

② 杨洁勉：《中国特色外交的实践自觉和理论自觉》，《外交评论》2012年第1期。

海利益攸关方展开合作、淡化分歧的可行性选项。

三是化危为机:以紧急人道救援为旗帜提升国家实力,包括设立中国国际环境治理援助基金;建立中国国际疾病防控中心;建立中国军队国际应灾机制。国际救灾,不仅看你捐赠多少,还看你反应快慢,快慢多少反映的是一国的意愿和能力。这一战略选择着眼未来,环境治理援助基金一旦设立,围绕基金援助对象、如何援助将展开长期的救灾外交,促进中外国际合作也是长期的,发挥的影响和作用也是深远的。同样,中国建立中国国际疾病防控中心,一是有利于开展国际医疗合作,二是可以整合资源应对类似非典型肺炎(SARS)等疾病灾害,进而建立中国国际应灾机制,为中国快速参与国际救灾提供了有效的机制保障。

中国救灾外交理论的建构也是对中国国际关系理论的丰富和发展。根据中国及国际救灾外交理论与实践,要明确规划出中国救灾外交战略,即救灾外交在中国外交中的地位和作用,特别是在中国非传统外交中的地位和作用,对于日益强大的中国而言,不仅要注重展示自己的硬实力,而且更要注重提升价值观、制度、文化等方面的软实力。人道主义精神是普世价值观之一,也是很少存在争议的价值观,被世人所接受。中国在救灾领域展开外交,对于宣扬人道主义精神、提升中国软实力大有裨益。

研究表明一个崛起的中国更愿意尊重而不是挑战国际关系现状,中国对世界资本主义体系的适应性远大于其他国家,中国崛起的全球政治结果更趋向于合作而不是对抗。[①] 未来中国是区域大国(regional power),还是"全球大国"(global power)?这一系列的问题需要中国不断更新和发展自身的外交思想与外交指导原则背后的认知系统。[②] 对于全球性气候、

---

① Scott L. Kastner, "Global Implications of China's Rise", *International Studies Review*, Vol. 10, No. 4, 2008, pp. 786 – 794; Christopher A. McNally, *China's Emergent Political Economy: Capitalism in the Dragon's Lair*, London: Loutledge, 2008; Jeffrey Lewis, *The Minimum Means of Reprisal: China's Search for Security in Nuclear Age*, Cambridge: MIT Press, 2007; Avery Goldstein, *Rising to the Challenge: China's Grand Strategy and International Security*, Stanford, Calif: Stanford University Press, 2005; A Lastair Lain Johnston, "Is China a Status Quo Power?", *International Security*, Vol. 27, No. 4, Spring, 2003, pp. 5 – 56.

② 王缉思:《中国国际战略研究的视角转换》,载《中国国际战略评论2008》,世界知识出版社2008年版,第1—10页;王逸舟:《中国外交新高地》,中国社会科学出版社2008年版,第135—153页。

环境等灾害，中国应发挥自己"全球角色"（global actor）或者"全球大国"（global power）的作用，积极展开救灾外交，促进国际节能减排等方面的合作；对于中国及周边地区地震等灾害频发，中国应发挥区域大国（regional power）区位的优势，积极推动和促进区域救灾合作。地区主义方兴未艾，各大国都有自己区域"基本盘"，美国有"北美"作为自己的大本营，俄罗斯有原苏联加盟共和国作为自己的战略缓冲，连法德也把欧盟作为依托，比较起来，中国略感"孤独"，东亚地区汇聚中美俄日短兵相接，中国周边有世界人口第二大的印度，也有澳大利亚、印度尼西亚等区域大国，更有想利用大国间隙甘当犬牙的菲律宾等国。中国要成长为实实在在的全球大国，首先要做好一个区域大国，救灾外交是中国地区外交战略的一大抓手，同时，也将为中国成为称职的全球大国增色不少。

开展救灾外交，发扬人道主义精神，是中国外交"民本观"的体现。民为邦本，国家的利益与人民的利益密不可分。中国外交只有植根于人民，造福人民，才能得到人民的信任与支持，才能有人气、有底气，立于不败之地，获得前进动力。[①] "民本观"凝聚了党和政府从"为人民服务"到"以人为本"的执政理念，也顺应了经济发展、社会进步、生态文明的历史潮流。[②]

中国救灾外交战略理论的建构需回答以下几个问题：人道主义精神能否成为中国价值观外交的一部分？救灾外交是否构成中国大外交的组成部分？救灾外交能否与军事外交、经济外交、能源外交等有机结合？如何建构中国救灾外交的话语权？如何建构中国救灾外交的顶层设计？中国救灾外交的重点区域、重点领域在哪儿？学界要建构中国救灾外交理论，来有效指导中国救灾外交实践仍然任重而道远。

---

① 王毅：《探索中国特色大国外交之路》，《国际问题研究》2013 年第 4 期。本文为外交部部长王毅 2013 年 6 月 27 日在第二届世界和平论坛午餐会上的演讲。

② 杨洁勉：《中国特色外交的实践自觉和理论自觉》，《外交评论》2012 年第 1 期。对上述各种观念和理念的总结，参见秦亚青《关于构建中国特色理论的若干思考》，《外交评论》2008 年第 1 期；杨洁勉《改革开放 30 年的中国外交和理论创新》，《国际问题研究》2008 年第 6 期；杨洁勉《试论和平发展观的发展和挑战》，《现代国际关系》2011 年第 5 期。

二　救灾合作机制的建构与完善

中国参与国际救灾合作机制看似丰富，既有联合国主导的全球性机制，也有区域机制；既有多边机制，如上合救灾合作机制，也有双边救灾合作机制，如中韩、中蒙救灾演习。但很多合作机制还不完善，象征意义大于实在意义，还很难满足真正的国际救灾合作的需要，中国需要进一步完善各个层级的国际救灾合作机制，主要包括中国与邻国救灾合作机制的完善和全球性灾害救灾合作机制的建构。

1. 完善中国与邻国救灾合作机制

邻国间建立救灾合作机制对于国际救灾合作的有效开展提供了机制保障，同时也具有非邻国不具备的优势：一是救灾时效性更强，邻国地理距离更近，开展对邻国的国际救援所需时间更短，交通运输更为便利，可在灾后黄金 72 小时内展开救援；二是邻国民众联系更为紧密，相互认同度更高，展开国际救援更为容易。中国同邻国，特别是陆地邻国联系更为紧密，临近国界民众在文化、血缘等方面相同或相近，有的是一村跨两国，有的甚至是一家跨国界，邻国间展开救援，更容易被对方接受，沟通也更为便利。中国是世界上拥有邻国最多的国家之一，其中陆地邻国有 14个——俄罗斯、哈萨克斯坦、吉尔吉斯斯坦、塔吉克斯坦、蒙古、朝鲜、越南、老挝、缅甸、印度、不丹、尼泊尔、巴基斯坦、阿富汗；与中国隔海相望的国家有 6 个——韩国、日本、菲律宾、马来西亚、文莱、印度尼西亚。[①]

中国与邻国救灾合作机制主要有：一是区域机制，如东盟地区论坛救灾会间会、东亚峰会、东盟与中日韩（10＋3）框架下的救灾合作、上合组织救灾合作机制等；二是三边机制，如中日韩灾害管理部门部长级会议、中俄印外长会晤机制等；三是双边机制，如中蒙、中韩、中印等双边救灾合作机制。[②] 中国邻国众多，邻国外交成为中国外交中的重大课题，邻国因具有地位优势，在灾后救援及防灾合作上具有非邻国无法具有的有

---

① 阮宗泽：《赢得下一个十年：中国塑造多支点外交》，《国际问题研究》2013 年第 4 期。
② 何章银：《东亚救灾合作机制建构的动因、特点及阻力研究》，《社会主义研究》2013 年第 3 期。

利条件。中国目前与邻国救灾合作形式丰富多样，但主要合作在 21 世纪才开始，部分合作始于 20 世纪 90 年代，这些合作机制的建构一方面为中国与邻国展开救灾合作提供了平台，另一方面这些机制建立时间不长，合作还不深入，中国在这些机制建构中扮演的角色各不相同，起主导角色的还很少，因此，中国在针对邻国的救灾外交中就显得主动权不足。因此，中国需从以下几方面建构和完善中国与邻国救灾合作机制。

一是逐步建构独立的邻国救灾合作机制。目前的邻国救灾合作机制主要依赖于现有的国际合作机制，继续深化在这些机制框架下的救灾合作，逐步摆脱救灾话题的"捎带"角色地位，如东盟地区论坛救灾会间会，逐步形成国际救灾合作的专门机制。

二是逐步转变以已有机制固化救灾合作机制，逐渐形成以灾害为导向的国际救灾合作机制。中国与邻国建构的救灾合作机制基本上都是以其他机制为依托，通过合作功能延伸、合作内容的更新来达到进行救灾合作的目的，如中俄印三国主要依托三国外长会晤机制，东盟地区论坛救灾会间会主要依托东盟地区论坛。要促成中国同邻国救灾合作机制运转的高效性，建立以灾害为导向的合作机制，有利于找到国际合作的利益汇合点，如以海难海事、台风、海啸等灾害为导向的可以建立中国邻国海洋灾害救灾合作，包括中国的 6 个海洋邻国，以沙尘暴、沙漠化、雾霾为主要灾害导向的可以建立中国邻国沙漠灾害救灾合作机制等。

2. 建构全球性灾害救灾合作机制

中国对全球性灾害救灾合作机制建构的主要贡献在于积极参与，但随着中国国力不断提升，作为当前世界上排放温室气体总量第二、温室气体排放增量最多的国家，中国所持的气候变化立场也备受国际社会瞩目。中国在气候和环境这些全球性危机应对中，要借鉴日本等国的经验，展开积极救灾外交，搭建国际救灾合作平台，主导参与国际救灾合作主题、标准的设置，力争拥有本国的发言权与话语权，并建构国际合作机制，为全人类谋福祉，为中国软实力的提升、国家形象的改变做出贡献。中国要推动建构全球性救灾合作机制，应主要从以下几方面着手。

一是更加坚定支持联合国框架下的国际救灾合作。中国参与全球救灾合作主要通过联合国框架下的救灾合作来实现，但从联合国统计的相关数据可以看出，中国是主要接受援助的国家，而在前 30 位主要捐赠国中却没有中国的名字，可见中国通过联合国相关机构提供援助的数额和方式还与中国的大国实力与地位不匹配（中国 GDP 在 2010 年已经位居世界第二）。中国应更多地向联合国提供救灾资金，发挥大国该有的作用，承担大国应有的责任。

二是更加积极地参与世界气候大会，推动节能减排协议尽早达成。中国在世界政治经济舞台上的影响力越来越大，对国际气候制度的形成、发展和未来走向具有举足轻重的作用。[①] 中国要在推动解决全球气候变暖这一事关全人类生死的难题上发挥主动性，中国是第一人口大国，事关近14 亿国人和全球近 70 亿人共同利益的事，应花力气去做，展开积极救灾外交（气候外交），摒弃狭隘的利益之争。

三是尽快建构中国海外国际救援机制，主要包括：一是设立中国国际救灾援助基金和成立国际灾害保险公司，解决国际救灾资金问题；二是设立中国海外应灾中心，包括在离中国较远的中东、拉美、非洲等地，设立地区中国国际应灾中心；三是进一步完善和加强中国国际救援队的建设，解决中国参与国际救灾的人员问题；四是完善中国国际救灾相应机制，形成从受灾国使馆到中国政府再到地区中国海外应灾中心的快速申报、批准和反应，且成立专门部门，负责协调外交部、商务部、民政部和国防部的国际救援，总体上把握中国救灾外交。

3. 健全国际救灾合作法律体系

我们要逐步健全中国参与国际救灾合作的法律体系，主要包括：一是要完善国内立法，为中国政府、组织和个人参与国际救灾提供法律保障，特别是为军队、国际救援队等参与国际救灾的行为主体提供法律依据和保障；二是推动签订双边和多边国际救灾合作协议，特别是为军队参与国际救灾确立法律地位和提供法律保障；三是推动《国际救灾捐赠法》《国际救灾物流法》等事关救灾物资捐赠、流通和分发的国际立法；四是推动国际救灾专项基金的设立和国际灾害保险公司的成立，解决国际救灾资金问题；五是为推动减灾经济发展、加强救灾领域的技术交流与合作提供法律或者协议支持。

---

① 杨毅：《国内约束、国际形象与中国的气候外交》，《云南社会科学》2012 年第 1 期。

三 国际救灾硬件的装备与选择

中国在救灾领域的装备，目前在国内救灾方面还显得吃力，如中国海岸线长达 1.8 万千米，渔船和商船都比较多，海上安全事故时有发生，往往因救灾船只（立体搜救需要直升机）装备不足，致使海上救援力不从心。这一点已经在前面章节中论述，不再赘言。中国在救灾硬件建设方面应进一步加强，为中国展开救灾外交、促进国际救灾合作提供硬件保障。

1. 灾害信息系统的建构与完善

灾害信息系统主要包括：一是建立灾害数据库，包括灾害种类、发生频率、灾害损失、灾害特征等，特别是对频发灾害，对其形成的原因及对其预防要进一步研究，完善灾害数据库，目前，中国在这方面做得还很不够，需重视和加强；二是灾害预警系统，包括气象、环境等高频卫星的组网，北斗导航定位系统的完善，并建立灾害预警中心，对灾害进行预报，目前对台风等灾害性天气能进行基本有效预报，但对地震等灾害预报还很困难；三是灾害救援恢复动态信息，包括建立网络平台，对灾区的灾情、灾区需求、社会救援状况、灾后恢复重建等信息实施动态互动，有利于整合社会资源，这一点应学习美国的经验，"'亚太地区网'为美军太平洋司令部所主导的另一方案，在 2004 年海啸救援行动中，业已证实颇有助益。该网站成为许多参与救灾的注册非政府组织及相关团体主要消息来源，并促进成立其他一些以网际网络为基础的咨询入口网站及技术资源中心"①。

2. 大型运输工具的建造与装备

中国在救灾方面明显存在大型运输交通工具的不足：一是大型运输机，主要用来运送救灾物资和疏散灾民，目前中国研制的大飞机运－20于 2013 年 1 月 26 日实现首飞，但离装备部队还有数年，现阶段中国军用运输机主要靠进口俄罗斯的大型运输机，而民用飞机主要靠进口美欧波音和空客飞机，中国的大飞机项目正在研制中。二是大型运输船，中国目前

---

① ［美］查理斯·派里（Charles M. Perry）、玛莉纳·特拉瓦雅琪丝（Marina Travayiakis）、巴比·安德森（Bobby Andersen）、亚隆·艾森柏格（Yaron Eisenberg）：《临危不乱：救灾外交、国家安全与国际合作》，台湾"国防部"史政编译室译印，2009 年，第 190 页。

主要装备有 4 艘 20000 吨级的 071 型两栖登陆舰;081 型是 071 型的升级版,排水量更大、能搭载更多直升机,不过正在建造中,另外中国第一艘航母"辽宁号"2012 年 9 月 25 日交付海军,这为中国海军展开人道主义救援提供了一定的保障,但仅能在周边发挥影响和作用,离满足全球人道主义救援的需要还有一段距离。

3. 移动救灾医院的建设与部署

中国移动救灾医院主要有两方面:一是"和平方舟"号,它已出访过多国,是中国专门为海上医疗救护"量身定做"的专业大型医院船,船上有 300 个床位,船上搭载的某些医疗设施装备达到三甲医院的水平。2008 年交付海军,2011 年赴美完成人道主义救援任务,它是中国展开救灾外交重要的媒介,但一艘"和平方舟"号还远远不够,在中国尚无海外基地的情况下,多建几艘医院船并部署海外,可为人道主义救援提供保障;二是野战医院,野战医院的配套设施十分齐全,它功能齐全、设备先进、信息化程度高、机动性能好、自身保障能力强,但军事用途明显,展开国际救援尚存在机制和法制上的障碍。

第二节　中国救灾外交的策略谋划

中国救灾外交不能简单化——"应急反应式",也不能"头疼医头,脚疼医脚"。中国要从战略高度审视救灾外交,以改善国际关系、搭建沟通平台和提升国家实力为导向,精心设计、潜心谋划。救灾外交不仅反映一国的道义、人文精神、价值观念、制度体系、社会动员能力与治理能力等软实力,而且能反映一国经济实力、军事实力等硬实力,也是改善国家形象、提升国家地位的重要途径。

一　化灾为益:以灾害信息共享为依托搭建沟通平台

"即使是规划最周密的计划,如果未能适切执行,终将功亏一篑,人道主义援助及救灾行动也是如此。再者,鉴于参与的军民组织既多且乱(许多单位可能少有合作经验,而且作业方式迥异),因此要将国际作业的各参与者整合为一且相互协调,恐怕是极为艰巨的任务。事实上,传统的人道团体与军方之间救灾技术及经验不尽相同,对于如何做好危机应变的看法亦各异，致使双方协调合作更为困难。"① 建立网络平台，对救灾行动进行有效协调显得尤为重要，也有利于各国人民进行沟通和交流。

1. 建"中国海洋邻国网"：以应对台风、海啸、海难等灾害

据《2012 中国国土资源公告》显示，中国 2012 年海洋灾害情况比较严重，共发生 138 次风暴潮、海浪和赤潮过程，各类海洋灾害（含海冰、绿潮等）造成直接经济损失 155.25 亿元，死亡（含失踪）68 人。

中国的海岸线长达 18000 千米，中国海洋邻国有 6 个，与中国陆海相邻的有朝鲜、越南等国，中国与邻国为共同应对台风、海啸、海难等灾害，可建"中国海洋邻国网"，包括日本、韩国、朝鲜、菲律宾、马来西亚、文莱、越南、俄罗斯、中国台湾与中国大陆（包括港澳地区）及东盟等国家和地区。如美国太平洋司令部所建立的"亚太地区网"成为许多非政府组织及相关团体参与救灾的主要消息来源，因为它是非机密商用网站，目的在于促进亚太地区的多边国防合作，现已成为外国军事伙伴（包括英国、加拿大、澳大利亚）、海啸受灾国、国际组织、非政府组织、其他非传统安全伙伴等重要资讯入口。唯一与之媲美的太平洋司令部责任区内救灾事务资料库则是太平洋司令部灾害管理及人道援助卓越中心维护的网站。另外两个位于夏威夷的日益宝贵的救灾平台机构是"亚太安全研究中心"和"太平洋灾害中心"。② 中国可以仿效美国，建立"中国海洋邻国网""东亚地区网"或"亚洲灾害管理中心"，以利于台风、海啸等海洋灾害信息资源共享，也有利于军队、国际组织、非政府组织及相关团体在救灾方面展开合作、协同作业，为救灾建立有效的合作平台。一是建成台风、海啸等预警系统，包括海难求救等；二是可建成灾害救援协调平台，包括从灾害评估到灾后恢复的各个救灾环节；三是可建成地区其他灾害救援交流协调平台；四是可建成地区军队交流平台；五是可建成地区人民、团体、组织、政府与国际组织的交流平台；六是可建成救灾学术、科技、经验交流与沟通平台。

---

① ［美］查理斯·派里（Charles M. Perry）、玛莉纳·特拉瓦雅琪丝（Marina Travayiakis）、巴比·安德森（Bobby Andersen）、亚隆·艾森柏格（Yaron Eisenberg）：《临危不乱：救灾外交、国家安全与国际合作》，台湾"国防部"史政编译室译印，2009 年，第 159 页。

② 同上书，第 113、190、191 页。

表5—1　　　　　　　2008—2012年中国主要海洋灾害统计

年份	发生灾害次数（次）	死亡（失踪）人数（人）	直接经济损失（亿元）
2008	134	152	206.1
2009	33	95	100.2
2010	44	137	132.8
2011	44	76	62.1
2012	51	68	155.3

资料来源:中华人民共和国国土资源部:《2012中国国土资源公报》,2013年4月。

2. 建中国国际地震网:以应对地震及其引发的次生灾害

从图5—1至图5—4可以看出,中国是个地震多发国家,中国已经建有"中国地震信息网"(其中包括"国家地震科学数据共享中心"China Earthquake Data Center)、"中国地震台网中心（CENC）"等。地震是造成死亡人数最多的自然灾害,加之地震破坏性大,造成的影响深远,各国加强地震预防、地震救援和震后恢复重建等方面的合作显得意义重大。

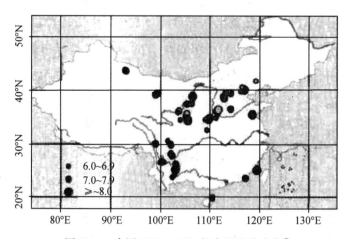

图5—1　中国1838—1893年十组强震分布①

---

① 资料来源:图5—1与5—2见马宗晋、杜品仁、高祥林、齐文华、李晓丽:《东亚与全球地震分布分析》,《地学前缘》2010年第5期。

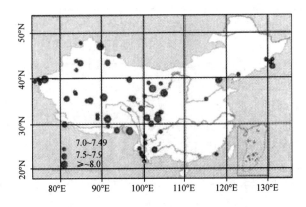

图 5—2 1902—2010 年中国强震分布

从图 5—4 可以看出，亚洲是地震重灾区，中国建立 "中国国际地震网"，其功能主要包括：一是对地震灾害科学研究进行资源整合；二是共同发展地震灾害预报、地震灾害救助科技，包括救灾防灾产品开发等；三是建立国家、组织和个人参与地震救灾的信息沟通协调平台；四是增进受灾国与他国进行互动与交流；五是有利于中国发挥大国作用和体现中国的大国担当；六是有利于发扬人道主义精神，增进不同种族、地区和国家人民之间的友谊，为积累纷繁复杂世界局势下人民之间的善意发挥积极作用。该网络可以包括中国、日本、印度、巴基斯坦、阿富汗、中国台湾等国家和地区。

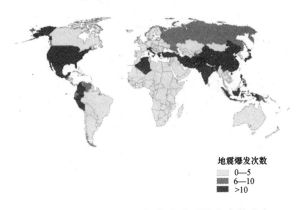

图 5—3 1974—2003 年全球地震爆发次数分布

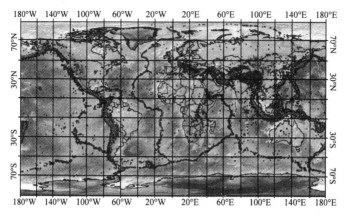

图 5—4　全球三类地震分布①

3. 建中国国际沙漠网:以应对沙尘暴等生态环境性灾害

从图 5—5 可以看出,世界沙漠面积侵蚀了大片陆地,而且世界沙漠化的趋势并没得到缓解,相反,形势日益严峻。阿尔及利亚、利比亚、埃及、毛里塔尼亚、马里、尼日尔、乍得、苏丹等国的大部分领土都属于撒哈拉沙漠,面积达 860 万平方千米;埃及、沙特阿拉伯、也门等国的领土属于阿拉伯沙漠,面积达 233 万平方千米;俄罗斯西南部的土耳其斯坦沙漠达 190 万平方千米,中国和澳大利亚的沙漠占本国国土面积的比例也比较大,澳大利亚的沙漠面积约 155 万平方千米,印度和巴基斯坦之间的沙漠也达 59 万平方千米。

世界上最大的沙漠撒哈拉沙漠面积达 860 万平方千米,与巴西的国土面积差不多。世界沙漠总面积超过俄罗斯国土面积,沙漠面积占陆地总面积的 10% 左右。中国的沙漠总面积达 71.29 万平方千米,约占中国国土总面积的 7.5%。另据中国国土资源部消息,中国荒漠化土地面积为 262.2 万平方千米,占国土面积的 27.4%,近 4 亿人口受到荒漠化的影响。据中、美、加国际合作项目研究,中国因荒漠化造成的直接经济损失约为 541 亿元人民币。② 中国建立"中国国际沙漠网"基于以下几方面考

---

① 图片来自马宗晋、杜品仁、高祥林、齐文华、李晓丽:《东亚与全球地震分布分析》,《地学前缘》2010 年第 5 期。

② 资料来源: 《中国土地沙漠化概况》,中华人民共和国国土资源部,参见 http://www.mlr.gov.cn/tdzt/zdxc/tdr/21tdr/tdbk/201106/t20110613_878377.htm。

虑：一是警示世人，注意保护环境、维护生态平衡，沙漠化已经严重威胁到人类的生存，防沙治沙已经刻不容缓；二是加强各国在防沙治沙方面的交流与合作；三是促进利益攸关国家采取可行行动，共同支持和推动联合国关于防沙治沙方面的行动；四是促进相关国家加强学术、科技、沙漠治理监控方面的合作；五是为各国企业、组织和个人参与各国主导的防沙治沙提供参与、协调平台。该网络主要包括中国、俄罗斯、蒙古、澳大利亚、阿尔及利亚、利比亚、埃及、毛里塔尼亚、马里、尼日尔、乍得、苏丹、埃及等国家。

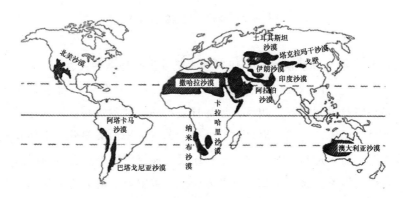

图5—5　世界主要沙漠分布

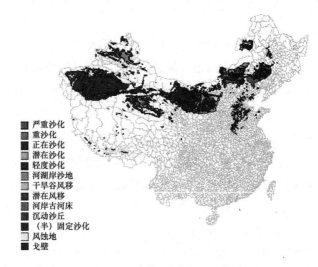

图5—6　中国沙漠化土地分布

二 化害为谊:以国际救灾合作为契机改善国际关系

1. 深化中日救灾外交, 弥合两国人民之间隙

中国与日本一衣带水, 隔海相望, 两国同处地震带上, 面临着地震、台风、核能安全等诸多灾害, 两国 GDP 总量分别为世界第 2、第 3 位, 同为地区大国和世界有影响力的大国, 但中日因近百年的不幸历史, 中日之间因历史问题、教科书问题、岛屿争端、靖国神社问题互不信任, 又因日本把钓鱼岛国有化, 中国划定东海防控识别区, 中日关系日趋紧张, 中日之间外交困局如何化解, 已然成为中日两国政治家面临的最大挑战。

中日两国"合则两利, 斗则俱损", 然因历史原因, 中日积怨已深, 日本政坛出现日本领导人"反华越彻底, 国内支持度越高"的怪象, 当年的小泉纯一郎与当今的安倍晋三就是明显的例子。可见中日要改善双边关系, 增强双边互信是块"硬骨头", 但为了东亚的和平稳定与中日两国人民的福祉也必须啃下这块硬骨头。中日两国须另辟蹊径, 寻求改善双边关系的途径。展开救灾外交, 寻求中日两国在救灾领域的合作就是一条可试的外交途径。中日可在环保、地震、海上搜救等方面展开合作。

一是中日在环保领域开展合作。实际上, 在东亚的环保合作中, 日本占有绝对的优势, 技术先进, 经验丰富。中国则是人口众多, 地域广阔, 市场潜力巨大。[1] 日本在环境外交方面成绩斐然, 在这一点上行动得比中国快, 且成绩更为明显。第一, 日本环境外交力求通过参与和倡导国际环境对话与合作确立外交主导权,[2] 中日可加强该领域合作, 正如中国领导人习近平所言:"要共同搭台唱戏, 且要好戏连台, 而不是相互拆台"。第二, 日本加大了国际环境援助的力度。日本政府用于环境领域的对外官方援助贷款 (ODA) 占 ODA 总量的比重由 1989 年的 9.8% 上升至 1999 年的 30.3%, 2002 年更是达到前所未有的 35.2%,[3] 随着中国的国力上

---

① 张云方:《加强中日环保合作共同应对人类面对的挑战》,《中日关系史研究》2011 年第 2 期。

② 吕耀东:《试析日本的环境外交理念及取向——以亚太环境会议机制为中心》,《日本学刊》2008 年第 2 期。

③ 根据日本外务省 1993 年《ODA 年度报告》及 2001 年、2003 年《ODA 白皮书》计算得出。张海滨:《中日关系中的环境合作:减震器还是引擎》,《亚非纵横》2008 年第 2 期。

升，中国应加强在环保方面的国际援助，若能在该领域加强同日本方面的合作，中国将开辟环境外交的新领域。第三，合作发展低碳经济。以"节能环保"为特征的"低碳经济"领域是中日经济关系中最能体现互利和互补性的领域之一。①

二是中日在地震领域展开合作。2008 年中国 5·12 汶川地震和 2011 年日本 3·11 大地震，中日双方均提供救援物资、派遣国际救援队和医疗队参与救灾，双方都试探派军队参与对方灾区救灾，但都被对方婉言拒绝。中日两国都处于地震带上，都是地震频发国家。日本应灾体制比较完善，防灾知识宣传、防灾演练比较到位，灾后社会秩序井然，日本在防灾技术上具有一定实力。中国具有举国体制的优势，救灾效率较高，灾后恢复进展较为顺利。两国要在地震预警、灾后救援、灾后恢复重建方面深入合作，并就军队参与对方救灾展开协商，建立相应的机制。当然，因两国积怨很深，两国人民互不怀有好感，军队参与救灾还很困难。

三是中日在气候领域的合作。从中日合作的角度看，中日在气候变化领域的合作面临难得的历史机遇。双方应抓紧落实已达成的双边协议，并不断扩大合作领域，使中日在能源和气候变化领域的合作成为中日关系新的战略纽带。② 同时，中日加强在气候外交方面的协调和合作，共同推动全球气候问题的解决。如表 5—2 所示，中日关于应对气候方面的合作已经取得了积极成果，可继续加强在该领域的合作，特别是在推动全球气候问题解决方面携手合作，以共同应对"温室气体排放、气候变暖"这一世界难题。

表 5—2　　　中日关于应对气候变化合作的主要双边协定③

签订的协议	级别	与气候变化有关的合作内容
《中日两国政府关于进一步加强气候变化科学技术合作的联合声明》（2007 年）	部级	双方表明共同为解决气候变化问题做出贡献，文件规定了一系列具体的技术合作措施

① 赵旭梅：《中日合作发展低碳经济的双赢效果分析》，《世界经济研究》2011 年第 1 期。

② 张海滨：《应对气候变化：中日合作与中美合作比较研究》，《世界经济与政治》2009 年第 1 期。

③ 根据张海滨《应对气候变化：中日合作与中美合作比较研究》，《世界经济与政治》2009 年第 1 期等资料整编。

续表

签订的协议	级别	与气候变化有关的合作内容
《关于进一步加强中日环境保护合作的联合声明》	部级	继续开展《京都议定书》下清洁发展机制项目方面的合作
《中日两国政府关于推动环境能源领域合作的联合公报》（2007年）	部级	双方愿进一步加强在技术转让方面的合作
《中日关于全面推进战略互惠关系的联合声明》（2008年）	元首级	双方确认就能源安全、环境保护等全球性问题开展有效合作
《中日两国政府关于气候变化的联合声明》（2008年）	部级	建立应对气候变化伙伴关系，加强两国在应对气候变化领域的合作
《中日两国政府关于加强交流与合作的联合新闻公报》（2008年）	部级	达成20多项与节能和环保相关的合作项目
《关于继续加强节能环保领域合作的备忘录》（2008）	部级	双方继续开展钢铁、水泥领域的节能环境诊断，加强"中日节能环保商务示范项目"挖掘和成果普及

四是海上联合搜救合作。中日关系"从善如登，从恶如崩"。[①] 中日关系的发展跌宕起伏，日益复杂，如果只从传统的政治和经济角度观察中日关系而忽视环保、气候、灾害等非传统安全因素日益增长的影响，也很难准确把握中日关系的发展脉络和未来走向。[②] 中日关系现状，很难开启传统安全领域的合作，两军的交流也只能从非传统领域着手，如已经连续举行多年的中日联合海上搜救演习就属于此类。中日之间海上联合搜救演习要更为务实、深入，一方面为中日展开实质性的海上救援奠定机制基础和实践经验，另一方面也为中日军事交流另辟蹊径。

五是核能安全合作。2011年日本3·11地震导致日本核泄漏，引起东亚人民的恐慌，导致商场食盐等含碘物资被抢一空。中国政府一度暂停新核电厂的建设，并对已建核电厂进行安全检查。中日两国都面临着核电安全的问题，中国已建核电站大多在东南沿海，和日本核电站一样同样处

---

① 刘江永：《中日关系"从善如登，从恶如崩"——论钓鱼岛问题与日本防卫计划大纲的影响》，《日本学刊》2011年第1期。

② 张海滨：《中日关系中的环境合作：减震器还是引擎》，《亚非纵横》2008年第2期。

于地震带上，可见中日两国加强核电安全合作，关乎两国的共同利益，两国应加强在核电安全信息、技术、预防体制建构等方面的合作。

2. 布局南海环境治理，化解岛屿争端之困境

中国面临着南海复杂的局势，从图5—7至图5—9可以看出，南海面临着五国六方的岛屿割据与主权主张，20世纪南海因岛屿之争导致了几场海上冲突，中国都是主角之一，中国海军发展滞后，难以实际控制南海，导致越南、菲律宾、马来西亚、文莱趁机就近实际侵占中国南海数十个岛屿，随着中国实力不断增强，中国国内维护主权和领土完整的呼声日益高涨，加之自"1969年，联合国暨远东经济委员会发布勘探报告，公布了南海地区蕴藏着丰富的石油、天然气资源的调查结果"①，有学者把南海称为"第二个中东"，石油等资源是南海岛屿之争的"经济考量"，美国、日本等域外大国打着维护南海"航行自由"的旗号，大肆拉拢、支持菲越等国挑战中国维护南海和平稳定、"搁置争议、共同开发"的既定方针政策，以扰乱中国发展经济、改善民生之专注，延缓中国崛起之势是这场南海闹剧的重要政治因素。"2002年签署的《南海各方行为宣言》（DOC）作为迄今南海地区最重要的制度安排，对于地区的和平与稳定起到了非常重要的作用。"② 随着2013年中国新一届政府上台执政，对制定和签署《南海各方行为准则》持积极开放态度，中国外交部部长王毅在2013年6月的第二次世界和平论坛期间表示，中国将依照循序渐进的原则，稳步推进"准则"的商谈。

2011年以来，菲律宾激进的南海政策恶化了中菲关系，加剧了中国与东盟部分国家在南海问题上的对立，给中国周边环境带来了不利影响。③ 在挑战中国南海主权的几个国家中，有很少发声的马来西亚和文莱，也有时而要耍小动作，而实际侵占岛屿最多、同为社会主义国家、与中国有过革命传统友谊又曾刀枪相向、又是陆海邻国的越南，也有试图游走大国之间博取利益、傍着美日、经济上想从中国捞到好处、政治军事上

---

① ECAFE, Committee for Coordination of Joint Prospecting for Mineral Resources in Asia Offshore Areas, *CCOP Technical Bulletin*, Vol. 2, 1969, p. 2.

② 任远喆：《南海问题与地区安全：西方学者的视角》，《外交评论》2012年第4期。

③ 鞠海龙：《菲律宾南海政策：利益驱动的政策选择》，《当代亚太》2012年第3期。

想从美日捞到好处、开着二手军舰不停叫嚷的菲律宾。此外，与中国大陆同种同族、因党政分裂至今、如少女犹抱琵琶半遮面偶与美日含情脉脉盯上几眼余情未了、与大陆亲情血浓于水剪不断理还乱、情到浓时忘乎所以竟偎依杀父仇人日本之怀抱、偶有菲越等动手动脚亦忍气吞声或娇嗔几句的中国台湾，也是南海争端中的一方。中国大陆与台湾虽自 2008 年国民党上台执政交流日趋活跃，但两岸在共同维护领土主权这一涉及中国核心利益与中华民族共同利益的大是大非的问题上还没有实质性的合作。

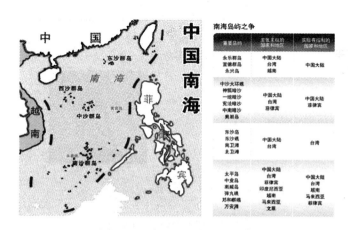

图 5—7　中国南海岛屿争端①

　　美日在中国南海问题上动作频频。美国一方面与菲律宾频繁举行联合军事演习，有为菲律宾在中国南海搅局打气撑腰之嫌，"没有美国政府的支持，阿基诺三世政府是不会如此主动寻求挑衅中国南海主权要求的"②。另一方面在东亚地区峰会上强化南海话题，显示美国的存在并煽动南海利益攸关方采取相应行动。"美国可以帮助东南亚国家较好理解并处理资源和环境相互作用带来的挑战。"③ 日本逐步介入南海地区，其目的是使南海问题久拖不决，牵制中国的发展，并在限制中国的同时扩大日本在东亚的影响力。美日借助南海救灾演习之名，行南海军事演习之实。美日两国

　　① 图片来源:《参考消息》，参见 http：//www.cankaoxiaoxi.com/s/nanhai/。

　　② Joseph Santolan, "Tensions Escalate over the South China Sea"．

　　③ U. S. Defense Spending and East Asian Security, http：//www.brookings.edu/events/2011/1017_ east_ .

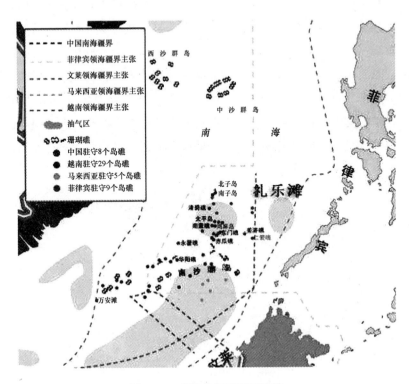

图 5—8 南海各国声索国界线

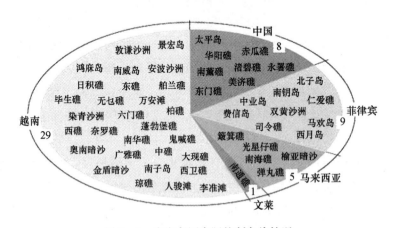

图 5—9 南海各国实际控制岛屿情况

派出军舰在中国南海举行"太平洋伙伴 2010"的联合人道主义救援

演习。① 美日在中国南海"挂羊头，卖狗肉"的行径，就是为美日日后联合干涉中国南海事务进行军事预演，可谓"司马昭之心，路人皆知"。

中国的发展催生了巨大的海上利益，南海因而成为影响中国稳定、繁荣和发展的关键因素之一。② 一则中国南海油气资源丰富，对于中国经济意义非凡；二则南海为中国这样一个世界第一贸易大国、世界第二大经济体的主要贸易海上运输生命线；三则中国要成为真正的世界大国、强国需要有清晰的海洋战略，并有能力维护本国海域主权完整；四则南海航行自由关乎美日等大国的命脉，南海同时关乎菲越等国的安全，南海问题具有"国际性"，中国处理南海问题必须理解各方关切，因此中国需要有高超的政治智慧、灵活的外交手段和扎实的军事实力来应对南海局势。

在南海局势如此复杂的情况下，中国应一方面主动回应南海各方关切——中国即使强大了，也不会威胁到任何国家。另一方面要主动构建南海利益共同体，围绕南海环境治理、灾害救助等方面展开合作：一是中国与南海各方建立南海紧急救助中心，建立南海搜救网络，建设搜救队伍，装备救助舰船飞机等设备；二是建立南海灾害预警系统，包括对恶劣天气、台风、地震、海啸等灾害信息共享；三是构建南海生态环保机制，比如设立休渔期（中国等国已经开始实施）、南海油气无害开采、南海周边无害排放等；四是共同发展海洋经济、旅游等。

当然，要把"中国南海"建成"中国的南海"，把"岛争不断的南海"建成"和平友谊之海"，把"利益分歧严重之南海"建成"利益共享之南海"还有很长的路要走。

三　化危为机：以紧急人道救援为旗帜提升国家实力

1. 设立中国国际环境治理援助基金

在2012年的"里约+20"峰会上，中国宣布向联合国环境规划署信托基金捐款600万美元，用于发展中国家的项目安排和人员培训，并在3年内提供2亿元人民币的气候援助，帮助小岛屿国家、最不发达国家、非

---

① 张瑶华：《日本在中国南海问题上扮演的角色》，《国际问题研究》2011年第3期。

② Toshi Yoshihara, James R. Holmes, "Can China Defend a 'Core Interest' in the South China Sea?", *The Washington Quarterly*, Vol. 34, No. 2, spring 2011, pp. 31－47.

洲国家应对气候变化。尽管中国仍为发展中国家，但中国对外援助规模和力度都在不断扩大。截至 2009 年底，中国累计向 161 个国家以及 30 多个国际和区域组织提供了援助，经常性接受中国援助的国家有 123 个。中国累计对外提供援助金额达 2562.9 亿元人民币，其中无偿援助 1062 亿元，无息贷款 765.4 亿元，优惠贷款 735.5 亿元。1993 年，中国政府利用发展中国家已偿还的部分无息贷款资金设立援外合资合作项目基金。该基金主要用于支持中国中小企业与受援国企业在生产和经营领域开展合资合作。1995 年，中国开始通过中国进出口银行向发展中国家提供具有政府援助性质的中长期低息优惠贷款，有效扩大了援外资金来源。① 中国对外援助资金主要有 3 种类型：无偿援助、无息贷款和优惠贷款。其中，无偿援助和无息贷款资金在国家财政项下支出，优惠贷款由中国政府指定中国进出口银行对外提供。人道主义援助属于无偿援助。中国对外援助主要有 8 种方式：成套项目、一般物资、技术合作、人力资源开发合作、援外医疗队、紧急人道主义援助、援外志愿者和债务减免。

他山之石可以攻玉，日本的环境 ODA 的确值得中国借鉴。环境 ODA 不仅是日本彰显国际贡献的重要凭借，更是日本追求国家权力、实现国家目标、推进国家对外战略的重要工具。② 随着中国对国际环境治理的关注度的上升和中国国力的提升，中国应更关注自身软实力的提升，要进一步丰富中国对外援助内容，调整对外援助结构，增加对环境治理的援助力度。从图 5—10 可以看出，进入 21 世纪，日本对外环境 ODA 呈上升趋势，日本借环境 ODA 获取了不少在气候、环境等问题的话语权。中国也应展开对外环境治理援助，并可从以下几方面为"中国国际环境治理援助基金"募集资金：一是政府财政拨款；二是鼓励企业团体个人捐款；三是实施环保税，包括对进口汽车等排放污染物产品、电子产品等产生难以自然回收垃圾的产品征收环保税；四是大力发展环保经济；五是中国相关银行提供优惠贷款等。从图 5—12 可以看出，中国对外援助提供优惠贷款的行

---

① 《中国的对外援助》，中华人民共和国国务院新闻办公室，2011 年 4 月，参见 http://www.gov.cn/zwgk/2011—04/21/content_ 1850553. htm。

② 屈彩云：《宏观与微观视角下的日本环境 ODA 研究及对中国的启示》，《东北亚论坛》2013 年第 3 期。

业中，主要用于经济基础设施（占61%），环境治理尚未提上议事日程。

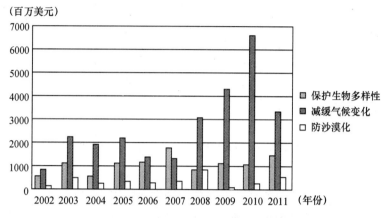

图5—10　2002—2011年日本环境ODA援助类型①

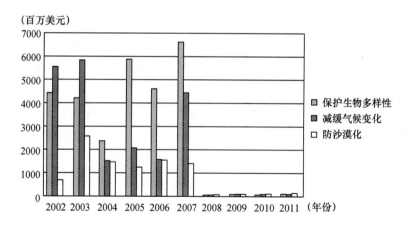

图5—11　2002—2011年日本对中国环境ODA援助

2. 建立中国国际疾病防控中心

中国政府于2004年9月正式建立人道主义紧急救灾援助应急机制。2004年12月印度洋海啸发生后，中国开展了对外援助历史上规模最大的紧急救援行动，向受灾国提供各种援助共计7亿多元人民币。2004—2009

---

① 图5—10和图5—11来自屈彩云《宏观与微观视角下的日本环境ODA研究及对中国的启示》，《东北亚论坛》2013年第3期。

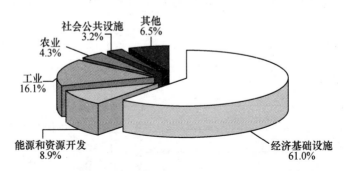

图 5—12 中国对外援助优惠贷款行业分布（截至 2009 年底）①

年的 5 年间，中国政府累计开展紧急援助近 200 次。② 商务部是中国国务院授权的政府对外援助主管部门，负责拟定对外援助政策、规章、总体规划和年度计划，审批各类援外项目并对项目实施进行全过程管理。

截至 2009 年底，中国累计对外派遣 21000 多名援外医疗队员，经中国医生诊治的受援国患者达 2.6 亿人次。2009 年，有 60 支援外医疗队，共 1324 名医疗队员，分别在 57 个发展中国家的 130 个医疗机构提供医疗服务。③

中国建有"中国国家疾病预防控制中心"，可在此基础上另建立"中国国际疾病防控中心"，可做好以下几方面工作：一是建立国际重大疾病研究中心，包括艾滋病（AIDS）、禽流感、尘肺病等疾病；二是组建国际医疗卫生界专家学者团队，加强学术交流与合作；三是分享流行病（包括像 2003 年中国 SARS）的防治经验；四是推动国际医疗队参与国际人道主义救援；五是推动成立国际医院，为落后国家和地区的患者提供就诊治疗服务。

3. 建立中国军队国际应灾机制

中国军队积极参加抢险救灾，一方面积极参加国内抢险救灾，如2008 年，中国出动 126 万名官兵和民兵预备役人员抗击南方严重低温雨

---

① 图片来自《中国的对外援助》，中华人民共和国国务院新闻办公室，2011 年 4 月。

② 《中国的对外援助》，中华人民共和国国务院新闻办公室，2011 年 4 月，参见 http：// www.gov.cn/zwgk/2011—04/21/content_ 1850553. htm。

③ 同上。

雪冰冻灾害,22.1万人参加四川汶川特大地震抗震救灾;① 另一方面,中国军队积极参与国际救灾,如表5—3所示,2011年3月日本海啸,中国军队捐赠价值3000万元(人民币)的帐篷、矿泉水、橡胶手套,并派遣中国国际救援队前往日本救援,2011年9—10月巴基斯坦洪水灾害,中国军队捐赠价值3000万元的帐篷,并出动空军和陆航飞机(直升机)运送救灾物资,派出医疗救援队前往救援,仅2011年,中国军队向受灾国捐赠物资价值近3亿元人民币。

表5—3　　　　　2011—2012年中国军队参与国际灾难救援情况②　　　单位:万元

时间	地点	原因	筹措和援助物资	物资价值(人民币)	专业力量救援
2011年3月	日本	海啸	帐篷、矿泉水、橡胶手套	3000	参与中国国际救援队前往救援
2011年4月	突尼斯	动乱	药品、食品、帐篷	3000	
2011年7月	利比亚	内战	药品、食品、帐篷	5000	
2011年9月	巴基斯坦	洪灾	帐篷	3000	出动空军和陆航飞机(直升机)运送救援物资
2011年10月	巴基斯坦	洪灾			派出医疗教授队前往救援
2011年10月	泰国	洪灾	冲锋舟、净水设备	8500	
2011年10月	泰国	洪灾	冲锋舟、柴油发电机组、应急灯	955	出动空军飞机运送救援物资
2011年10月	柬埔寨	洪灾	药品、床上用品	5000	
2011年11月	古巴	飓风	药品、帐篷	1700	毛巾被、净水设备、发电机

---

① 《中国武装力量的多样化运用》,中华人民共和国国务院新闻办公室,2013年4月,参见 http://www.gov.cn/jrzg/2013—04/16/content_ 2379013. htm。

② 图表来源:参见《中国武装力量的多样化运用》,中华人民共和国国务院新闻办公室,2013年4月,参见 http://www.gov.cn/jrzg/2013—04/16/content_ 2379013. htm。

美国军队参与国际救灾有自己独特的优势。美国在海外 67 个国家建有 737 个军事基地，分为北方司令部、南方司令部、太平洋司令部、欧洲司令部、非洲司令部和中央司令部。各司令部在自己的辖区都建有救灾应急机制。

美军各辖区可各司其职，图 5—13 所示是正规申请程序，首先由美国驻受灾国大使申请支援，并由美国国际开发总署或者海外灾害救援办公室确认申请，再由国务院撰写申请书，申请书送交国防部，然后由国防部核准申请，并作出批示，由联合参谋部给区域司令部下达救援命令。但有些情况下可回避这些繁文缛节。首先，当快速反应为拯救生命财产极重要手段时，各作战司令部指挥官有一定的权限可独立行动（通常为灾后 48 小时内）；其次，甚至在作战司令部指挥官开始行动前，其责任区内美国大使也可直接向作战司令部指挥官请求援助（两人私交较好的情况下），但这显然违背灾害正常反应程序。不可否认的是，受灾国民众对美国参与救援后的好感会增加，如 2004 年海啸救援行动后，印度尼西亚对美国好感自 15% 跳升至 79%，大部分得益于"慈悲号"的医疗救助。2006 年该船的第 2 次后续任务，医疗船活动使 87% 的孟加拉国人民对美国持正面观感。① 由此可见，救灾外交对于改善一国的国家形象发挥着积极作用。相比较美军而言，中国军队参与国际救灾面临着一些不足。一是中国军队在海外没有军事基地，一旦受灾国离中国较远，无法立即展开救援行动；二是中国军队的装备不及美军，特别是大船大飞机等用于运输救灾物资的装备，如美军在 2004 年海啸和 2011 年日本大地震都出动包括航母在内的军舰参与救灾，其优势明显；三是中国没有盟友，不像美军出入他国早有法可依，中国军队迈出国门尚缺相应法律机制保障；四是中国军队尚没有建立相应的国际应灾机制，不像美军，各区域司令部负责各自辖区，有较完善的国际应灾反应机制。但中国军队为参与国际救灾，可做好以下几方面准备：一是把军队参与国际救灾相关法律机制的研讨变为可行的相关法律

① ［美］查理斯·派里（Charles M. Perry）、玛莉纳·特拉瓦雅琪丝（Marina Travayiakis）、巴比·安德森（Bobby Andersen）、亚隆·艾森柏格（Yaron Eisenberg）：《临危不乱：救灾外交、国家安全与国际合作》，台湾"国防部"史政编译室译印，2009 年，第 35、117 页。

机制，使中国军队"师出有名"；二是根据中国军队目前装备水平，可率先与邻国展开军队参与救灾协商，并根据邻国地理位置和军区方位，秉持"就近原则"，实行区域负责制；三是扩容中国国际救援队，"平时在军区，灾时赴灾区"，前文已对中国军队参与国内外救灾做过阐述，此处不再赘言，参与国内外救灾是中国军队神圣职责之一；四是完善军队装备，除大船大飞机外，还包括大型医疗船的增建、大型移动医院的建设等。对外援助由商务部主管，但国际救灾由外交部牵头，国防部、商务部、民政部协助为好。

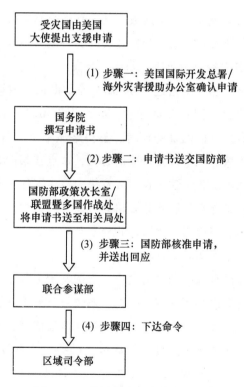

图5—13　美国海外灾害应变程序①

---

①　根据［美］查理斯·派里（Charles M. Perry）、玛莉纳·特拉瓦雅琪丝（Marina Travay-iakis）、巴比·安德森（Bobby Andersen）、亚隆·艾森柏格（Yaron Eisenberg）:《临危不乱：救灾外交、国家安全与国际合作》，台湾"国防部"史政编译室译印，2009年，第35页整理。

第三节 中国救灾外交的政策建议

一 展开积极救灾外交

积极救灾外交，指救灾外交主体把握时机开展救灾外交，一方面促进国际救灾合作；另一方面促进国际其他方面的合作。救灾外交不是静态的，它是外交主体与客体的动态过程。积极救灾外交不是灾后被动反应，要展开预防外交。2013 年中国外交具有主动进取的特点，中国国家主席和总理共密集出访 22 国，接待了 65 位国家元首或政府首脑，同 300 多位外国政要进行会见交流，与外国达成了约 800 项合作协议。在中国新一届政府积极主动外交的大背景下，积极救灾外交将成为可能选择。

1. 积极通过多边和双边机制参与国际救灾

中国救灾外交比起日本通过环境 ODA 等获得在"气候外交""环境外交"话语权，比起美国在全球建有 700 余个军事基地，具备救灾外交机制与装备软硬实力方面的优势而言，显得略显不足。但中国进入 21 世纪，在救灾外交领域的积极开拓也显而易见，这点在第四章第一节中国救灾外交取得的成就中已有论述，在第五章第一节中国救灾外交的条件建设中对中国应加强救灾外交机制化建设也有叙述。回顾中国救灾外交的成绩与不足，中国应通过多边与双边机制积极展开救灾外交，参与国际救灾合作，主要从以下几个方面着手。

一是中国要在已有双边和多边救灾合作的基础上深化合作内容，完善合作机制。除灾后提供和接受救灾援助、双边举行海上搜救演习、多边进行研讨演习外，应加强军队参与救灾的多边和双边协商，推动和支持组建多边国际救灾部队，特别是上合组织成员国已经连续举行多次救灾演习，也同时面临着三股势力的威胁，可借组建"上合国际救灾部队"，发出地区组织的"声音"；另外可尝试组建中日韩、中俄印三国联合国际救援队，而中日韩之间组建三国联合国际救援队的难度远远大于中俄印三国间的合作，但中日韩三国若能摒弃之间的历史恩怨，化敌为友，加强在人道主义救援方面的合作，将具有重要的意义，这一点对中国的意义更大，随着中国国力不断提升，中美之间的摩擦越来越多，要化解中美之间的心结，建立新型的中美大国关系，中国拉拢和团结美国的盟友（同时也是自己的邻国），具有重大战略意义。

二是中国要抓住时机展现自己的善意，不断积累与他国的友谊，促进中国与他国间关系良性发展。有学者认为，当灾害的影响超出某国的应对能力才需要接受国际援助，当然仅从客观上来讲的确如此，从主观上来讲，受灾国往往倾向于接受友邦的援助，而不是敌国或关系一般国家的援助。如中日之间的历史恩怨难以短时间内冰释，中日受灾时也对对方的援助心存怀疑，甚至拒绝对方哪怕是单纯的"人道主义救援"，2013 年中国雅安地震发生后，中国就拒绝了包括日本在内的国际社会的援助，事后证明，中国确实有实力凭借自身努力完成救灾和灾后重建，但笔者仍然认为，救灾能力是一回事，是否接受他国援助是另外一回事。若把接受日本救灾援助当作积累中日间善意和改善中日关系的契机，那就没有理由拒绝日本的援助了。

2. 建设性地参与世界气候大会与环境治理

中国作为世界工厂，作为拥有逾 13 亿人口的世界大国，中国在节能减排方面面临着前所未有的压力。今天的中国，已经成为 128 个国家的最大贸易伙伴，还是世界上增长最快的主要出口市场、最被看好的主要投资目的地，以及能源资源产品的主要进口国。2012 年，中国对亚洲经济增长的贡献率已经超过 50%，并已成为推动世界经济增长的主要引擎之一。[1] 世界在享受中国廉价产品带来实惠的同时，也把生产这些产品的国度钉在了"温室气体排放大国"的标靶上，在全球人与环境矛盾日益突出的今天，中国在发展过程中面临着国内国际双重环保压力。中国改革开放 30 余年来，经济发展一路高歌猛进，环境却日益遭到破坏，很多地方处于过度开发、对环境过度消费状态。习近平 2013 年在国内考察时曾讲："我们既要绿水青山，也要金山银山。宁要绿水青山，不要金山银山，而且绿水青山就是金山银山。我们绝不能以牺牲生态环境为代价换取经济的一时发展。我们提出了建设生态文明、建设美丽中国的战略任务，给子孙留下天蓝、地绿、水净的美好家园。"历届领导人都强调和重视环保，从"退耕还林"到"可持续发展""科学发展"等政策的实施可以窥见一

---

[1]　王毅：《探索中国特色大国外交之路》，《国际问题研究》2013 年第 4 期。本书为外交部部长王毅 2013 年 6 月 27 日在第二届世界和平论坛午餐会上的演讲。

斑，但环境保护是一项长期而艰巨的任务，不可一蹴而就。中国如何面对国际社会越来越大的减排压力，维护中国在全球环境事务中负责任的大国形象，在环境外交这一国际政治舞台上发挥积极建设性的作用，以消除"中国气候威胁论"的负面影响，是急需解决的重要课题。①

随着世界各国对气候变化问题的日益重视，气候外交开始成为外交舞台的新主角。气候变化问题正演变成一个涉及全球环境、国际政治、世界经济、国际贸易等问题的复杂议题。② 随着中国二氧化碳排放量的增加，中国在气候外交上面临着越来越大的国际压力，急需创新思路，提出气候外交新对策。③ 随着中国国际地位和国际影响力的不断提升，中国在气候变化问题上的表现成为世人关注的焦点，并且事关国家整体形象的塑造。④

中国在气候、环境外交方面要展开"积极而又具战略性"的外交选择。第一，要善于同发达大国博弈，以合作弥补分歧，以大国担当承担大国责任。如中美之间的气候外交成果显著，双边合作取得的成果比双方在多边及全球层面合作取得的成果要多，在中美关系中，气候外交合作成为高层对话的重点诉求，并被纳入中美战略对话的框架。两国有希望扩大共识，实现战略合作，使气候外交成为中美关系的新增长点。⑤ 如表5—4所示，中美环境外交取得了一些积极成果。中国要进一步加强同美、德、日、法、英等发达国家在气候、环境领域的合作与协调，推动大国承担大国责任，为全人类共同利益谋福祉。第二，要积极同发展中国家协调，团结一心，共同进退，以开放姿态承担有区别的责任。中国应广泛团结发展中国家，特别是加强与其他金砖国家的协调，积极推动在减排方面承担与发达国家有区别的责任。

---

① 杨鲁慧：《环境外交中国家意志与公共外交政策协调》，《世界经济与政治》2010年第6期。

② 陶正付：《气候外交背后的利益博弈》，《中国社会科学院研究生院学报》2009年第1期。

③ 胡宗山：《政治学视角下的国际气候合作与中国气候外交新对策》，《社会主义研究》2010年第5期。

④ 毛艳、甘钧先：《中国在气候领域的公共外交及手段创新》，《国际论坛》2012年第1期。

⑤ 周绍雪：《气候外交将成为中美战略合作新增长点》，《国际关系学院学报》2010年第6期。

表5—4　　　　　　　　　　　　　中美环境外交成果①

时间	外交领域	外交成果
1980 年 2 月 5 日	环保科学技术	签署了《环境保护科学技术合作议定书》,分别于 1985 年 2 月、1991 年 4 月和 1996 年 10 月续签
2003 年 12 月 8 日		签署《环境领域科学技术合作谅解备忘录》
1997—2000 年	环保合作	举行三次环境与发展讨论会
2008 年 6 月		签署《中美能源环境十年合作框架》
2008 年 12 月		第 5 次战略经济对话中,中美在能源与环境合作方面取得了显著的成果,同意继续进行密切沟通和广泛合作
1997 年 10—11 月江泽民主席访美期间	国家元首访问推动环保合作	签署《中美能源与环境合作倡议书》
1998 年 6—7 月克林顿总统访华期间		签署《中美城市空气质量监测项目合作意向书》和《中美关于国家公园及其自然文化遗产保护地的管理与保护备忘录》,同意加强在清洁能源、提高能效和资源回收再利用方面的技术合作
2005 年 9 月在纽约出席联合国成立 60 周年首脑会议期间		胡锦涛访美时谈到,中美在环境保护等一系列全球性问题上的合作取得了新的进展。布什总统访华时,胡锦涛主席提出要加强两国在能源领域的互利合作
2006 年 4 月胡锦涛主席访美期间		中美同意加强能源领域的战略磋商,在共同研发清洁能源、新能源和可再生能源方面深化合作
2009 年 7 月		草签《加强气候变化、能源和环境合作的谅解备忘录》
2009 年 4 月		在伦敦出席 20 国集团领导人第二次金融峰会期间,胡锦涛主席与奥巴马总统会晤时一致同意加强能源、环境以及气候变化领域的政策对话和务实合作

① 根据丁金光、史卉《中美环境外交的回顾与展望》,《现代国际关系》2010 年第 4 期等资料整理。

时间	外交领域	外交成果
1986 年	防治酸雨	中国云南省环境监测中心站与弗吉尼亚大学签订《中美科技合作全球内陆降水背景值研究》协议①
1982 年开始	环境与人类健康	中国预防医学科学院环境卫生与卫生工程研究所同美国环保署下属一研究所从 1982 年起在中国云南开展燃煤大气污染与肺炎及呼吸道疾病发病率合作研究
1985 年	清洁能源、节能	签订《中美化石能源研究与发展合作议定书》
1994 年 7 月		就建立中国煤层气信息中心达成协议
2000 年 4 月		两国续签《中美化石能源合作协定》和《中美能源效率和可再生能源科技合作协定》
2001 年		中国科技部和美国能源部可再生能源合作项目——北京地源热泵示范工程开始实施
1991 年始	保护大气和防治空气污染	北京家用电器研究所、青岛海尔冰箱厂和美国马里兰大学于 1991 年开始研制节能、无氟冰箱,1993 年投入生产,中国冰箱的无氟时代即由此开始
自 1999 年起		美国康明斯公司与北京公交公司开始进行天然气项目合作
2000 年 4 月 17 日		中美两国城市空气质量自动监测系统二期建设项目(1998 年达成第一期合作项目)在北京启动
2002 年	生态保护	中美两国合作的森林健康示范项目启动
2007 年 5 月		召开"中美合作森林健康评价因子研讨会"
2007 年 4 月		中国国家环保总局与美国农业部第一个农业科技合作项目——生态水产养殖示范项目在江苏扬中市启动

---

① 汪巍:《环保领域国际合作对中国至关重要》,《中国青年报》2006 年 1 月 23 日。

续表

时间	外交领域	外交成果
2001 年 9 月	民间环保合作	由美国驻华大使馆主办、北京地球村环境文体中心承办和赛特集团有限公司协办的"民间环保组织与在华外国企业文化交流研讨会"在北京举行
1999、2001 年		召开两届"中美民间环境组织合作论坛"
2001、2004 年		中国国际民间组织合作促进会与美国环保协会先后签订了合作协议、民间环保合作备忘录,形成了战略伙伴关系
2005 年 2 月		中美合作的"环境保护教育师资培训"项目——"绿色种子行动"启动,该项目由北京师范大学设计执行
2006 年 9 月		中山大学法学院与佛蒙特法学院成功申请美国国际开发署 180 万美元基金,用于中国环境法领域（含环境法、能源法和比较法）为期 3 年的培训合作

中国在气候与环境领域的外交与美日等国比起来还存在一些不足之处,中国需要在环境、气候外交方面实施战略规划,采取可行的外交政策。一是中国在气候、环境领域的研究不够,缺乏相应的学术话语权,西方学者和研究机构一直把持着"全球气候变暖"等指标性学术话语霸权,中国应加强在气候、环境及其治理领域的研究;二是中国在承办世界气候、环境会议方面做得还不够,应积极主办这类会议,促进国内民众与国际社会对气候、环境问题的关注;三是积极制定节能减排战略,做到国内环境治理与国际气候、环境合作两手抓;四是大力发展节能减排经济,推广绿色产品;五是发展环保科技,并加强该领域的国际合作。

3. 充分利用救灾平台展开经济与军事合作

中国国际救灾合作无论在双边还是多边都取得了令人可喜的成绩,但中国救灾外交的主要成果是进行人道主义援助和促进国际救灾合作。中国利用救灾平台展开国际经济与军事合作成绩还不显著,措施还不到位,需要将救灾外交与经济外交、军事外交有机结合,使救灾外交取得更多的国际合作成果。

中国要努力实现救灾外交与经济外交相结合,推动救灾外交取得更为丰硕的成果。一是实现气候外交与低碳经济外交相结合,推动中国与他国在发展低碳经济领域的国际合作,中国同时要制定低碳经济发展战略,实现从生产产品到制定标准的跨越,也为实现节能减排的目标提供技术及硬件保障;二是发展备灾经济,推动国际救灾装备合作,如灾害预警系统的建设,随着中国北斗系统的日趋完善,中国在航天领域取得骄人的成绩,中国可以在卫星发射、灾害预报等领域提供更多的国际合作机会;三是实现环境外交与经济外交相结合,如在发展循环经济、清洁能源等领域展开国际合作。这些领域的合作,融合经济合作与救灾合作为一体,经济合作是救灾合作的延续和深化,同时也是救灾合作的具体化。

中国要尽量实现救灾外交与军事外交的结合,逐步深化中国与他国的安全互信。一是继续维持和深化海上双边与多边联合搜救演习,进一步加强中国海军与外军的交流与合作;二是继续推动上合组织成员国救灾演习,借救灾演习进一步深化上合组织成员国在军事领域的合作;三是继续参与东盟地区论坛联合救灾演习,进一步深化中国与东亚邻国的军事互信与合作;四是拓展中国与他国展开军队参与救灾方面的合作,积极开展军队参与国际救灾合作的法律机制方面的建设,丰富中国军队参与国际救灾合作实践。

二 谋划全球备灾布局

1. 建立海外中国应急中心

随着中国国力的提升,中国要承担起"大国责任",中国理应在国际人道主义救援方面承担更多的责任,建设中国海外应急中心,就是中国加强国际人道主义救援能力建设的体现。中国应主要在亚非拉地区建设中国海外应急中心,主要建成东南亚中国国际应急中心、中东中国国际应急中心、拉美中国国际应急中心、非洲中国国际应急中心。至于北美和欧洲应急中心的建设可作为第二步战略,根据国际形势及需求来确定。

(1)东南亚中国国际应急中心。东南亚是中国的南大门,发展同东盟的战略伙伴关系是中国既定的外交方针。东南亚国家主要面临的自然灾害包括地震、海啸、台风等。位置离中国可谓"近在咫尺,远在天涯",离中国近在咫尺的如越南等邻国,离中国远的如印度尼西亚、马来西亚等远隔千里。中国在全球应急布局应考虑"3 小时反应"或者更短时间内的应急反应。中国在东南亚 10 国中，可优先发展同印尼和马来西亚的关系，特别是同印尼的关系，我们从 2013 年中国国家主席习近平对东南亚的访问专选印、马两国可窥见一斑。中国同印尼没有领土争端，且进入 21 世纪两国关系良好，2012 年中国印尼双边贸易额超过 660 亿美元，习近平访问时提出 2017 年双边贸易额突破 1000 亿美元的目标，且印尼国土面积逾 190 万平方千米，人口逾 2.3 亿，是东南亚 10 国中的大国，中国可考虑在该国设立"东南亚中国国际应急中心"。第二个选择是马来西亚，中国同马来西亚关系良好，且双边贸易额在 2013 年可突破 1000 亿美元，习近平提出 2017 年中马双边贸易额突破 1600 亿美元。第三个选择是泰国，中泰关系发展良好，2012 年中泰双边贸易额近 700 亿美元，2013 年 10 月李克强访问泰国时提出到 2015 年双边贸易突破 1000 亿美元的目标。在选择时既要考虑双边关系，也要考虑地位优势，同时要具有后期跟进的战略眼光。

（2）中东中国国际应急中心。"中东乱，则天下乱"充分说明中东对全球国际政治经济关系的重要性，中东面临的主要问题是长期战乱导致的人道主义灾难，许多难民"食不果腹，衣不遮体"，中国作为一个发展中的世界大国，在中东的影响很有限，但中国对中东的能源依赖关系到中国经济命脉，事关中国的核心利益，中国应从中东人道主义救援入手，逐步扩大中国在中东的影响力，维护中国在中东的利益。"中国与中东国家的关系经受住了国际风云变幻的考验。中国在中东国家需要时提供了一些援助，中东国家在中国需要时也援助了中国。中国汶川地震发生后，沙特等中东国家提供的慷慨援助便是证明。30 年来，中国以新思路发展与中东国家的关系，开辟了双方关系发展的广阔新天地。"[1] 中国应进一步增强对中东战略地位的认识，冷静客观地认识中东变局对中国国际环境变化的影响，并在坚持原则的同时适度扩大对中东事务的参与。[2] 中国可考虑在埃及、沙特或伊朗选择一国设立"中东中国应急中心"。当然，中国理应考虑与中国国际关系、地位优势及地主国地区事务的影响力等因素。

---

[1]　安维华:《开辟中国与中东国家关系新天地三十年》,《西亚非洲》2008 年第 11 期。

[2]　刘中民:《中东变局与世界主要大国中东战略的调整——兼论中国的中东外交》,《西亚非洲》2012 年第 2 期。

（3）拉美中国国际应急中心。中国与拉丁美洲国家关系发展并非完全同步，根据双方政治关系和经济关系的发展水平，呈现出一定的地域性：中国与墨西哥政治关系稳步发展，但经济上存在竞争；中国与中美洲、加勒比国家政治和经济关系都面临困难；中国和南美洲国家政治和经济关系均发展良好。① 从 2013 年 5 月 31 日至 6 月 6 日中国国家主席习近平对特立尼达和多巴哥、哥斯达黎加、墨西哥三国访问，可见这三国在中国未来 10 年拉美外交中的地位和作用，中国可考虑在这三国中选择一国设立"拉美中国国际应急中心"。拉美距离中国本土近 2 万公里，展开紧急人道主义救援往往显得"鞭长莫及"，而拉美地区面临的主要自然灾害是地震、山洪、泥石流、海洋污染，尤其是厄尔尼诺和拉尼娜现象。发展中拉关系具有战略意义，当美国不遗余力在中国周边寻找同盟、建立军事基地，中国除同拉美国家发展经济合作外，积极开展同拉美国家的救灾合作，提供人道主义援助具有非同寻常的意义。

（4）非洲中国国际应急中心。近年来，随着亚非经济体的加速发展与亚非关系的加强，当代世界正在发生一系列深刻的结构性变革。而快速推进的中非关系及中国在非洲影响力的提升，正是这一世界性变革浪潮的一个窗口。② 亚非间的经济关系正迅速加强和提升，中国、印度、东南亚国家的贸易与投资日益成为拉动非洲经济发展的发动机，这是非洲经济的"新曙光"。③ 中非关系凝聚着几代中国领导人的心血，进入 21 世纪，日本、印度等国加强了对非洲的外交攻势，中国与非洲的关系遇到了一定的挑战，要发展全面的对非关系，需要进一步丰富中非合作内涵。同样，非洲是一个自然灾害频发、艾滋病危害极大、战乱不断的大陆，发展对非的人道主义援助是中国对非外交的重要内容。中国可以在坦桑尼亚、南非和刚果共和国三个国家中选一个设立"非洲中国国际应急中心"，比较起来，坦桑尼亚的地理位置较好，中坦之间的关系也不错，也是 2013 年中国国家

①　湛华侨：《中国与拉美地区国家间关系的地域性考量》，《社会主义研究》2011 年第 4 期。

②　刘鸿武：《当代中非关系与亚非文明复兴浪潮——关于当代中非关系特殊性质及意义的若干问题》，《世界经济与政治》2008 年第 9 期。

③　Femi Akomolafe, "No One Is Laughing at the Asians Anymore", *New African*, No. 452, 2006, pp. 48 – 50.

主席访问非洲三国中的重要一国,可见该国在中非关系中的地位与作用。

2. 完善中国国际应急机制

完善中国国际应急机制主要包括:国际救灾应对机制、国际救灾队伍、国际救灾能力（包括救灾装备开发与装备、海外救灾应急中心的设立等）。2014年3月8日马航飞机失联事件发生后,中国动用海、空、天搜救力量参与搜救,虽动用了包括21颗卫星,包括井冈山号两栖登陆舰在内的先进舰艇参与搜救,但截至3月10日20时,仅有3艘舰艇到达失联海域进行搜救,到3月11日晚17时仅有7艘舰艇、3架飞机参与搜救,对于浩瀚的海洋来讲,这远远不够的,飞机失联4天,还完全不知道飞机的踪迹,更别说救人了,究其原因,中国在南海相关海域没有机场码头做支撑是主因,虽然中国派出了史上最强大、最先进的搜救力量,但反应速度和救援的迫切性与美国等发达国家相比还存在巨大差距,中国在海外设立灾害应急中心迫在眉睫,救灾能力还需进一步加强。

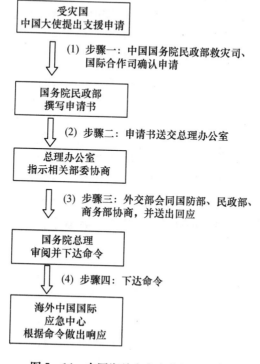

图5—14　中国海外灾害应变机制设想

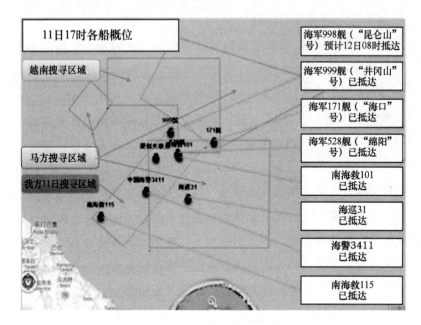

图 5—15　2014 年 3 月 11 日 17 时中国搜寻船只位置

中国在海外设立数个"中国国际应急中心"，国内也应设立相应的机构，如设立"中国海外国际应急总局"。在中国目前的政治架构中，笔者认为，可建立如图 5—15 中国海外灾害应变机制。受灾国中国大使根据灾害情况提出支援申请，第一步，由中国国务院民政部救灾司和国际合作司确认申请，并由民政部撰写申请书；第二步，将申请书送交总理办公室，由总理办公室指示相关部委协商；第三步，由外交部牵头会同国防部、民政部和商务部协商，并将协商结果汇报给总理；第四步，由总理定夺对申请的反应方式，并对区域中国国际应急中心下达命令。

3. 明确军队国际救灾责任

中国军队根据《中华人民共和国国防法》和《军队参加抢险救灾条例》可参加国内抢险救灾，目前中国军队参加国际救灾还缺乏法律依据。一方面中国要抓紧立法，为中国军队参与国际救灾提供法律支持；另一方面中国要尽快参与双边及多边协商，为军队参与抢险救灾扫清国际法制障碍，为军队顺利进入他国救灾奠定国际法基础。在目前法制基础还不够完善的现实情况下，中国可在"中国国际救援队"的基础上，为各个海外

"中国国际应急中心"配备"中国国际救援支队",人数可初步定为 30 人左右,人员结构可根据各区域主要灾害的分布而定。

而随着中国国力的提升,中国国家利益的扩展,中国海军还可能组建太平洋舰队、印度洋舰队等大洋舰队,中国军队也有可能在海外寻求补给基地,这将为中国军队参与国际救灾应急响应提供硬件保障。在这些硬件还不成熟之前,中国可继续深化中国军队与各区域国家开展军队救灾合作演习,并在建立相应的国际合作机制的基础上,明确中国军队各军区的责任范围及国际应灾措施。

三　寻求救灾外交话权

1. 发展低碳经济:节能产品的应用与推广

改革开放以来中国社会的巨大变迁提供了中国对外政策变迁的一大根本背景和动能。两个寓于中国社会变迁中的密切相连的概念——"经济第一"和"愈益并入世界体系"——可被用作概览和分析当代中国外交战略的一项主要工具,据以揭示和阐说在此背景下中国外交战略的新特征。[①] 预计未来 5 年,中国将进口 10 万亿美元商品,对外投资 5000 亿美元,出境人数超过 4 亿,这是中国发展给世界带来的重大机遇。今后中国的对外开放将更加突出合作共赢,更加注重共同繁荣。[②] 可见,改革开放以来中国外交中经济元素在未来 5 年甚至更长时间仍很重要。中国救灾外交中的经济元素不可或缺。中国已经跃居为世界第一贸易大国与世界工厂,国际国内两个市场的消费是中国经济三驾马车之一,发展清洁能源、低碳经济已然成为世界各国共识。中国政府对节能减排产品的扶持和推广不仅与中国的主要贸易伙伴欧美日等环保理念相同,而且对深化国际救灾合作具有重要推动作用。

中国政府继续扶持和推广低碳经济。"光伏产品"成为 2013 年中欧贸易争端的焦点,虽然最终达成价格下限 0.57 欧元/瓦,出口配额为 70 亿瓦/年的为期 2 年的解决方案,但仅仅从贸易战的角度去诠释或者单纯

---

① 时殷弘:《中国的变迁与中国外交战略分析》,《国际政治研究》2006 年第 1 期。

② 王毅:《探索中国特色大国外交之路》,《国际问题研究》2013 年第 4 期。本书为外交部部长王毅 2013 年 6 月 27 日在第二届世界和平论坛午餐会上的演讲。

从贸易的角度去理解似乎显得不足。在中欧光伏产品贸易中，欧洲享用清洁能源，中国独自面对生产环节产生的污染所带来的环保压力（因为中国光伏产品90%销往国外，仅10%国内销售），可见，从环保的角度来考量是很不合算的。中国应把经济外交同环保外交结合起来，增强中国发展清洁能源的国际话语权。当然，除光伏产品外，中国应大力发展新能源汽车等新产业。

2. 重现绿水青山：水土资源的保护和利用

世界并不缺水，但人类所需的淡水资源却相对匮乏，从世界陆地沙漠化分布也可看出水资源分布严重不均。中国有长江、黄河等大江大河，西北缺水是沙漠主要分布地，东南地区又常有水灾之患，西南是主要河流发源地，但云南、贵州却常有旱灾之患。湖北等长江沿岸之地有"千湖之城"的美誉，而京津塘地区却只能靠南水北调解决饮水之困。随着中国GDP几年便上一个台阶，"世界工厂"美誉下的中国却因工厂污水肆意排放，导致"青山绿水"变成了"秃山黑水"，为了"金山银山"放弃"绿水青山"实在"得不偿失"。从2012年中国地下水监测来看情况很不乐观。"中国198个地市级行政区开展了地下水水质监测工作，监测点总数为4929个，其中国家级监测点800个。依据《地下水质量标准》（GB/T14848－93），综合评价结果为水质呈优良级的监测点为580个，占全部监测点的11.8%；水质呈良好级的监测点为1348个，占27.3%；水质呈较好级的监测点为176个，占3.6%；水质呈较差级的监测点为1999个，占40.6%；水质呈极差级的监测点为826个，占16.8%。"① 水和空气一样，都是人类生存所不可或缺的。保护水土资源是环保的重要内容，也同样可成为国际合作的重要内容之一。从图5—16可以看出，中国地下水资源近60%水质较差，可以说形势严峻，如若得不到很好的治理，逾13亿中国人的饮水和生存将面临灭顶之灾。中国一方面要兴修水利，科学用水；另一方面要发展节约用水与保护水土科技，这需要加强国际合作。建设生态家园是中国未来的选项和努力方向，同样也将成为中国救灾外交的重要内容之一。

---

① 中华人民共和国国土资源部：《2012 中国国土资源公报》，2013 年 4 月。

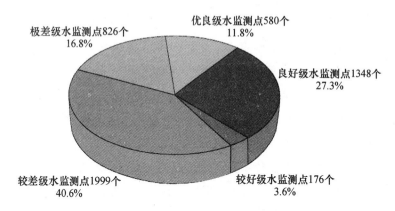

图5—16　2012年中国地下水监测情况①

3. 重视共同安全:核能安全与核武的销毁

核武器扩散、核能利用安全、核恐怖主义问题是当前国际核安全领域急需解决的热点问题,亦是关乎世界和平与安全的重大命题。② 核能的利用分为两个方面:一是和平利用——如核电的利用就是其和平利用的重要方式;二是非和平利用——核武的发展和应用,包括原子弹、氢弹及核导弹的应用等。而这两方面的利用所带来的安全威胁是客观存在的,特别是核武的扩散,甚至脏弹有可能落入恐怖分子之手都将对人类的生命财产安全构成巨大威胁。

一是要加强核能安全合作。"截至2010年1月1日,全世界有437座核动力堆在运行,核电在全球发电量中的份额已达到14%—16%。"③ 根据中国国务院批准的《核电中长期发展规划(2005—2020年)》,到2020年,中国核电运行装机容量争取达到4000万千瓦,并有1800万千瓦在建项目结转到2020年以后续建。④ 可见,即使到2020年中国核电所占全部电力装机容量的比例翻番,但与法国逾70%和日本的近30%核电相比还显得微不足道。核电被称为最为经济和清洁的能源,但显然随着核电安全

①　图片来自《2012中国国土资源公报》,中华人民共和国国土资源部,2013年4月。

②　高宁:《国际核安全合作法律机制研究》,《河北法学》2009年第1期。

③　赵洲:《国际法视野下核能风险的全球治理》,《现代法学》2011年第4期。

④　国家发展和改革委员会:《核电中长期发展规划(2005—2020年)》,2007年10月。

事故的不断发生，民众对核电安全的信心明显不足，核电安全事故一旦发生，后果不堪设想，核电安全也是中国急需多加关注和寻求国际合作的重要领域。1979 年美国三哩岛核事故、1986 年苏联的切尔诺贝利核事故和2011 年日本核泄漏事故使人们对核能安全的担心从未减弱。核能的和平利用关乎全人类共同利益，一方面核能清洁能源的利用，对于缓解节能减排的压力意义重大；另一方面核能的安全利用事关人类生命财产安全，一旦发生核事故，后果不敢设想。"福岛核事故直接动摇了自切尔诺贝利核事故发生以来人们好不容易才重建起来的对核能安全的信心。"[1]

核能的开发利用在给人类带来巨大助益的同时也伴随着各种潜在的风险。国际社会需要在相关的现有国际法规范和国际实践的基础上逐步形成核能风险的全球治理机制。[2] 如图 5—17 所示，全球核电安全机制的建立有利于提高核电运行的安全性，但核电猛于虎，一旦笼子不够牢靠，猛虎脱缰而出便会伤人无数。中国应在核电安全领域展开积极外交，促进国际合作，这不仅可以扩展中国救灾外交的内涵，也可提升中国救灾外交的话语权。

二是促进核武削减与销毁，推动建立无核世界。目前全球至少有23000 枚核弹头，其中美俄拥有 22000 枚，总爆炸能量相当于 15 万个投到广岛的原子弹。美俄各有 2000 多件核武器处于危险的高度戒备状态，只给对方 4—8 分钟的决策反应时间。[3] 有学者认为，到 2025 年，美俄应各把它们的核弹头总数减少到 500 枚，其他核武器国家也参与裁减，使全球核弹头总数届时不超过 2000 枚，相当于当今核武库裁减 90% 以上。[4]中国的核武数量虽然有限，但作为一个拥核国家，对维护核武安全负有不可推卸的责任。中国承诺不首先使用核武器，但有的核大国却经常挥舞核大棒，恫吓其他国家，出于安全困境下的伊朗、朝鲜等国对拥有核武便趋之若鹜，想拥核以自保。再加之核武的扩散趋势并没减弱，一旦核武落入

---

① 王伟男：《核事故、能源结构调整与国际气候合作》，《东北亚论坛》2012 年第 1 期。

② 赵洲：《国际法视野下核能风险的全球治理》，《现代法学》2011 年第 4 期。

③ Gareth Evans and Yorriko Kawaguchi, "Eliminating Nuclear Threats, A Practical Agenda for Global Policymakers", Report of International Commission on Nuclear Non-proliferation and Disarmament, Synopsis, p. XVIII.

④ Ibid., pp. 186 – 187.

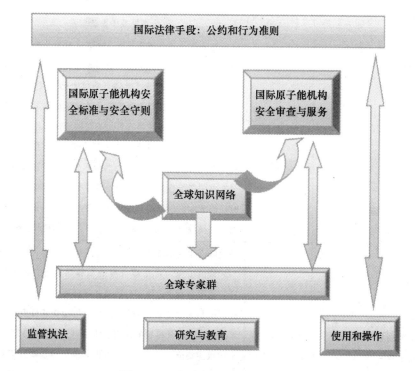

图5—17 全球核安全规则与制度

恐怖分子之手,将给人类带来灭顶之灾。核安全是国际社会面临的共同问题,维护世界核安全需要各国携手合作,但各国不同的安全利益和安全诉求却制约着有效持久的国际合作。①

三是中国要积极参与和承办核安全峰会。自2010年4月在美国华盛顿举行首届核安全峰会以来,已于2012年3月、2014年3月在韩国首尔和荷兰海牙召开了第二届和第三届核安全峰会,中国国家主席参加了历届峰会,并在峰会上发表讲话,提出中国的主张。特别是在2014年的第三届核安全峰会上,中国国家主席习近平首次阐述了中国的核安全观。中国应积极争取承办核安全峰会,为建立全球核安全长效机制及防范核恐怖主义威胁做出积极贡献。

① 梁长平:《全球安全治理视野下的核安全》,《阿拉伯世界研究》2013年第3期。

表5—5   中国参加核安全峰会情况

峰会	举办地点	举办时间	峰会成果及中国的主张
第一届核安全峰会	美国华盛顿	2010年4月12—13日	会议的主要议题是加强国际合作、应对核恐怖主义威胁。47国领导人及联合国、国际原子能欧盟的组织和地区负责人参与，形成全球严防核恐怖主义的共识，乌克兰、加拿大、墨西哥等国承诺消除境内剩余高浓缩铀，美俄签署把武器级钚化为民用核反应堆所需燃料的新协议，确定将经过修订的《核材料实物保护公约》和《制止核恐怖主义行为国际公约》等国际核安全文书的目标作为全球核安全体系的实质要素。中国时任国家主席胡锦涛出席峰会，并发表了《携手应对核安全挑战 共同促进和平与发展》，提出五点主张①
第二届核安全峰会	韩国首尔	2012年3月26—27日	该次峰会主要围绕防范核恐怖主义活动、确保核材料与核设施安全、打击核材料走私等问题进行深入讨论。重申核裁军、核不扩散及和平利用核能的共同目标。峰会通过《首尔公报》，主要包括全球核安全体系、国际原子能机构的作用、核材料、放射源、核安全与核能安全、运输安全、打击非法贩运、核分析鉴定、核安全文化、信息安全和国际合作。时任中国国家主席胡锦涛在会上发表题为《深化合作提高核安全水平》的重要讲话，全面阐述中国在核安全领域的政策主张、所做努力和重要举措②
第三届核安全峰会	荷兰海牙	2014年3月24—25日	本届峰会的主题为"加强核安全、防范核恐怖主义"。53国4个国际组织领导人与会，本次峰会更注重核安全合作长效机制建设，中国（国家主席习近平）首次阐述核安全观③

① 胡锦涛就国际社会合作应对核安全挑战提出5点主张：切实履行核安全的国家承诺和责任；切实巩固现有核安全国际法框架；切实加强核安全国际合作；切实帮助发展中国家提高核安全能力；切实处理好核安全与和平利用核能的关系。

② 胡锦涛指出，中国将继续高度重视核安全问题，不断提高自身核安全能力，确保本国核材料、核设施安全，并将继续同国际社会加强合作，共同应对有关挑战，为加强核安全的国际努力做出应有贡献。

③ 习近平首提中国核安全观。第一，发展和安全并重，以确保安全为前提发展核能事业。第二，权利和义务并重，以尊重各国权益为基础推进国际核安全进程。第三，自主和协作并重，以互利共赢为途径寻求普遍核安全。第四，治标和治本并重，以消除根源为目标全面推进核安全努力。

续表

峰会	举办地点	举办时间	峰会成果及中国的主张
第四届核安全峰会	美国华盛顿	2016年3月31日至4月1日	此次峰会继续讨论核恐怖主义威胁的演变，并重点讨论各国可采取的应对措施，以最大限度地减少高浓缩铀的使用，确保核材料安全，打击核材料走私，吓阻、侦查和挫败实施核恐怖活动的图谋

中国要在核武扩散、核能安全及核恐怖主义三个方面采取外交举措，展开预防外交。在防止核武扩散方面：一是要防止核武的小型化、智能化；二是要防止核武及其相关技术向非核国家扩散；三是要制定中国促进全球限制核武甚至废除核武直至建立无核世界的外交战略。在核能安全方面：一是要加强核能安全技术国际交流与合作；二是要加强核能安全信息监测的交流与合作，特别是区域国家间的安全运营联合交互监测合作。在防止核恐怖主义方面：一是要加强核武、核原料及核技术的国际监管合作；二是要加强反恐合作，避免实施双重标准；三是要有效管控核武的非法交易。

总之，我们要通过救灾外交理论的丰富与发展、救灾合作机制的建构与完善、国际救灾硬件的装备与选择，不断完善中国救灾外交条件，以期实现以灾害信息共享为依托搭建沟通平台、以国际救灾合作为契机改善国际关系、以紧急人道救援为旗帜提升国家实力的救灾外交战略目标。中国救灾外交要有"运筹帷幄之中，决胜千里之外"的战略谋划，所谓"夫权谋方略，兵家之大经，邦国系以存亡，政令因之而强弱"。中国救灾外交要立足国内国外两个实情，结合周边及热点，抓主要灾害的预防与救援，争取话语权，掌握主动权，服务中国大国外交大局，有所作为！

第 六 章

结 语

天有不测风云，人有旦夕祸福。地震、海啸等自然灾害，内乱等人为灾害，化学中毒、核泄漏等技术性灾害给人类的生命财产安全带来了巨大的威胁。当灾害的影响超越一国国界或者救灾超越一国自救能力时，救灾合作（寻求国际援助或者实施国际援助）就成为主权国家的不二选择。救灾外交的主要目的是促进国际救灾合作，以期应对灾害威胁，减轻灾害对人类造成的影响，救灾外交同样也可以实现提升国家形象、改善国际关系的目标。

中国自 1980 年开始接受国际援助，中国救灾外交蹒跚前行，进入 20 世纪 90 年代，以"国际减灾十年"为契机，中国积极参与国际救灾，进入 21 世纪，中国救灾外交取得巨大进步，特别是以 2004 年印度洋海啸为契机，中国展开了史上对外最大规模的援助，作为援助国，中国开展了成功的援助救灾外交；以 2008 年中国汶川地震为契机，中国作为受灾国，全面接受国际援助，从接受物资到接受国际救援队、医疗队到灾区参与救灾，从而展开了全方位救灾外交；以 2013 年菲律宾飓风灾害为契机，中国首次派出军舰（"昆仑山"号船坞登陆舰）及医院船（"和平方舟"号）参与国际救援，实现了中国救灾外交与军事外交（展示了中国军事实力）的有机结合；以 2014 年马航失联飞机搜救为契机，中国动用了史上最强大的天空海三位一体的军事力量（包括动用了 21 颗卫星、"昆仑山"号两栖登陆舰在内的 10 余艘最先进的军舰、"南海救 101"和"南海救 115"等多艘专业搜救船）参与国际救援，并在由马来西亚主导的第一阶段、由澳大利亚主导的第二阶段中扮演绝对主要的搜救力量，在第三阶段实现中马澳共同主导，这也是中国首次主导多国国际救援，中国展示了自身实力与大国担当；以 2014 年 4 月 23 日在中国青岛附近海域进行的 8

国海军联合搜救为契机，中国首次实现主导多国联合搜救演习，中国救灾外交的主动性也悄然增加。

中国救灾外交是中国外交实践的一种重要形式，也势必影响中国与他国的国际关系，而同样，中国同他国的国际关系也将影响中国救灾外交。与此同时，救灾外交也反映出中国的软硬实力。中美在应对 2004 年印度洋海啸与 2013 年菲律宾飓风救灾外交上存在巨大差异，美国以军队为中心迅速开展大规模救援行动，而中国在开始之初只是表示哀悼并提供援助资金，英国《金融时报》2013 年 11 月 13 日报道认为："菲律宾救灾努力让中国的局限性暴露无遗。美国派遣包括'乔治·华盛顿'号航母在内的 9 艘军舰帮助救灾，而中国表示'慰问'并提供 10 万美元援助，虽后（2013 年 11 月 21 日）派出'和平方舟'号医院船、海军'昆仑山'号船坞登陆舰（2013 年 11 月 22 日广东起航）参与菲律宾救灾，但开局不利，因中菲关系紧张，中国国内许多民众反对援助菲律宾，哪怕只是被世人称之为'小气'的 10 万美元（后增加 1000 万元人民币的物资援助）。"这与美国一出手就是 3000 万美元（后增至 8600 万美元）的援助形成了鲜明的对比。新加坡东南亚研究院南中国海问题专家伊恩·斯托里认为："目前与美国相比，中国的海外救灾能力甚至无法望其项背。"尽管中国与菲律宾在南海问题上存在着分歧和矛盾，但在自然灾害面前，中国无私地伸出援助之手，彰显着中国作为一个负责任大国在地区事务中的重要作用。① 中菲间的紧张关系影响到中菲飓风救灾外交效果，虽然中国的"和平方舟"号赴菲救灾，而美国的"仁慈"号没能成行，菲不会为此"厚中薄美"，美菲间的同盟关系不会受到影响，中菲间的紧张关系也将持续，如 2014 年 2 月菲总统阿基诺称"中国在南海声索有争议领土之举堪比纳粹德国"引发两国外交口水仗，这与"和平方舟"号医院船 2013 年 12 月 15 日结束援菲才一月有余，可谓"菲灾民头上裹着的纱布还没拆，菲总统便迫不及待地跳出来继续'反华'"。2013 年 11 月菲律宾飓风救灾外交中，中国被扣上"小气"和"没承担起地区大国责任"的帽子，"人道主义救援"是否应超越"两国关系"的局限的讨论也甚嚣尘上。另外，

---

① 参见《中国海军和平方舟号赴菲救灾 尚属"处女战"》，环球网，参见 http：//sd. people. com. cn/n/2013/1121/c172839—19963885—3. html。

友好的国际关系与救灾外交将产生良性循环。2013 年底到 2014 年初，中国"雪龙"号在南极上演了一出救灾外交的好戏。从 2014 年 1 月 2 日完成对俄罗斯"绍卡利斯基院士"号被困 52 名乘客的救援到 2014 年 1 月 7 日 18 时 30 分"雪龙"号成功突围，顺利完成自救，避免了"雪龙"号救人后又转向美国"北极星"号求救的尴尬局面，彰显了中国在南极的大国存在，中俄间特殊友谊在这一救灾外交中得以体现。①

但是，从综合灾害与非灾害因素对国家间关系的影响来看，往往非灾害因素对国家间关系有着更大的影响。中日间紧张的外交关系并没因地震外交而缓和，中国 2008 年地震和日本 2011 年地震发生后，双方都派出了国际救援队参与对方救灾，且 2011 年中国总理访问了日本灾区，但两国并未借助"救灾外交"之良机改善两国关系，而靠救灾外交积累起来的些许善意被中日间因岛争出现的紧张关系消耗殆尽；中菲 2013 年的飓风救灾外交（虽中国派出"和平方舟"号医院船与"昆仑山"号两栖登陆舰参与救灾）并未改善中菲间因领土争端所导致的紧张关系；中俄间的友好关系也并未受松花江河水污染事件的影响而改变。中日、中菲间的领土争端显然比地震、飓风灾害对两国关系更具影响力，中俄间战略伙伴关系显然远超出一次河水污染灾害的影响。但灾害对国家间关系的影响仍不容小视，如气候问题导致国际社会分野和对立；1971 年气旋灾害诱发战争，导致孟加拉国从巴基斯坦独立可窥见一斑。

中国救灾外交形式多样，主要包括声援慰问、协商合作、救灾演习与救灾支援。中国救灾外交参与机制涵盖从联合国机制、区域机制（亚洲机制）、次区域机制（东亚机制与上合机制）、三边机制（包括中俄印三国机制与中日韩三国机制）到双边机制等多种机制。中国救灾外交的实施提升了中国国家形象，加深了中国同周边国家的合作，拓宽了中国全球外交视野。但也还存在法律机制不健全、技术装备不完善与政治因素的干扰几方面的障碍。为了更好地推进救灾外交，中国需要创造合适的条件，包括理论的发展、机制的建设与硬件的完善等。在救灾外交策略方面，要以救灾合作为契机，搭建沟通平台、改善国际关系、提升国家实力（特

---

① 参见《"雪龙"号 13 小时闯出重冰区》，《环球时报》2014 年 1 月 8 日，参见 http://www.ckxxbao.com/huanqiushibaodianziban/010W2962014_ 16.html。

别是软实力)。所以,中国救灾外交应积极主动有为,寻求救灾外交话语权,在全球范围内谋划布局。

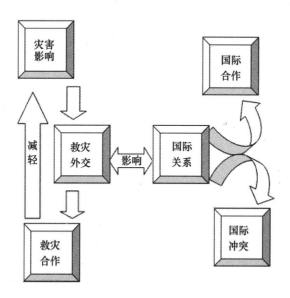

图6—1 救灾外交相关概念关系

总之,救灾外交与国际关系是相互影响又相互作用的关系。即成功的救灾外交将促进国际合作,使国际关系良性发展,而失败的救灾外交将导致国际冲突,致使国际关系恶性发展,引发国际危机;与此同时,现有的国际关系也将影响救灾外交的成效,特别是国际救灾合作的开展,处于合作中的国际关系将对救灾外交产生积极影响,国家间将更易于合作,包括展开救灾在内的各项合作,而处于冲突中的国际关系将对救灾外交产生消极影响,国家间难于展开有效合作,或者合作程度大打折扣,甚至加剧国际冲突。

面对大变革、大调整的世界,我们要善于"观大势、谋大事",要"营造稳定周边环境,处理好大国关系"。① 在新时期各方面的要求和利益驱动下,在量力而行与统筹兼顾的前提下,中国外交需对国际事务有更大

① 《习近平主持召开中共中央政治局专门会议并发表重要讲话》,新华网,2013 年 6 月 25 日,http://news. Xinhua net. com/politics/2013—06/25/c_ 116286091. htm。

的"创造性介入"（Creative Involvement）。① 救灾外交作为一种新的外交形式，作为传统外交的有益补充，如若应用得当，不仅可很好地维护中国相关国家利益，也必将为中国新时期的外交增色不少。中国救灾外交已悄然展开，但理论准备不够充分、战略目标缺少谋划、法律机制尚不健全、硬件装备有所欠缺、角色定位尚不明确。可谓"中国救灾外交之路远兮，须上下而求索"。

---

① 王逸舟：《创造性介入——中国外交新取向》，北京大学出版社 2011 年版，第 9 页。

附 录 一

中国的国际救灾合作

一 中国减灾的国际合作

中国本着开放合作的态度，积极参与减灾领域的国际合作，建立和完善国际减灾合作机制，加强国际减灾能力建设，在重大灾害中相互援助。

中国在减灾领域与联合国开发计划署、联合国国际减灾战略、联合国人道主义援助事务协调办公室、联合国亚太经社理事会、联合国世界粮食计划署、联合国粮农组织和联合国外空委等机构建立紧密型合作伙伴关系，积极参与联合国框架下的减灾合作。2006 年 3 月，向联合国成立的"中央紧急应对基金"认捐 100 万美元。2006 年 11 月，与联合国驻华机构共同举办印度洋海啸紧急援助回顾研讨会，回顾中国多边援助使用情况。与联合国国际减灾战略共建国际减轻旱灾风险中心，参与联合国灾害管理与应急反应天基信息平台（UN—SPIDER），积极筹建北京办公室。派遣专家参与联合国灾害评估队，多次执行灾害评估任务，积极参与联合国搜索与救援咨询国活动，积极推进全球灾害应急救援领域的合作，举办2006 年联合国亚太地区地震应急演练。

中国积极推动建立亚洲国家间的减灾对话与交流平台。2005 年 9 月，中国政府在北京主办第一届亚洲部长级减灾大会，会议通过了《亚洲减少灾害风险北京行动计划》，为亚洲各国进一步加强减灾合作奠定基础。中国政府积极参与第二届、第三届亚洲部长级会议，共同推动《2007 亚洲减少灾害风险德里宣言》《2008 亚洲减少灾害风险吉隆坡宣言》的形成。2008 年 12 月举办了加强亚洲国家应对巨灾能力建设研讨会。

中国重视与东盟和南亚国家讨论签署双边或多边减灾救灾协定，注重开展减灾人力资源开发合作。2005年5月，中国为印度洋地震海啸受灾国举办了防灾减灾人力资源培训班，2006年5月在北京召开了中国—东盟框架下的防灾减灾研讨会。2007年先后举办了东盟和亚洲国家应急和救助研讨会、灾害风险管理研修班和灾后恢复重建管理研修班。中国积极参与东盟灾害管理各项活动，出席东盟举办的各类研讨会，观摩灾害应急演练，积极探讨中国—东盟合作协议和行动计划。

中国努力推动上海合作组织成员国政府间救灾协作。2002年4月，上海合作组织成员国紧急救灾部门领导人在俄罗斯圣彼得堡举行首次会晤。2003年4月，上海合作组织在北京举行救灾部门专家级会议，对《上海合作组织成员国政府间救灾互助协定》进行磋商。2005年10月，《上海合作组织成员国政府间救灾互助协定》在莫斯科签署。2006年11月，第二次上海合作组织成员国紧急救灾部门领导人会议在北京召开，通过《上海合作组织成员国2007—2008年救灾合作行动方案》，为上海合作组织成员国在救灾联络、信息交流、边境区域救灾、人员研修和技术交流等方面开展活动奠定行动框架。2007年9月，成员国紧急救灾部门领导人第三次会议在比什凯克举行，研究落实救灾合作协定，深化救灾领域合作等问题。成员国商定将建立上海合作组织救灾中心。2008年9月下旬，中方在乌鲁木齐主办了上海合作组织成员国边境地区领导人首次会议。会议就开展成员国边境地区救灾合作，推动建立边境地区联合救灾行动机制，以及开展有关信息交流、人员培训等问题达成共识。

在应对重大自然灾害中，中国和国际社会相互支持、相互援助。2004年12月印度洋海啸发生后，中国向各有关受灾国政府及联合国有关机构提供了中国有史以来最大规模的紧急救援，救灾援助总额达68763万元人民币，并在第一时间派出中国国际救援队和医疗救援队赴印尼开展紧急救援。2005年8月29日，美国南部地区遭受"卡特里娜"飓风袭击，中国政府向美国提供500万美元救灾援款，并提供一批救灾急需物资。2005年10月8日巴基斯坦发生7.8级大地震后，中国政府先后四次向巴提供总价值2673万美元的紧急人道主义援助，自10月9日至11月29日，共向巴空运26批次救灾物资，并派出中国国际救援队、医疗救援队，深入灾区一线，帮助巴方开展救灾行动。2008年，缅甸发生"纳吉斯"热带风暴，中国政府先后提供价值100万美元的紧急援助物资、3000万元人民币援助款和 1000 万美元援助，并派出医疗救援队救治伤员。

2008 年 5 月四川汶川特大地震发生后，中国得到国际社会的大力援助。先后有 170 多个国家和地区、20 多个国际组织向中国提供了资金或物资援助。国际社会向中国地震灾区提供了现金援助 44 亿多元人民币以及大批救灾物资。俄罗斯、日本、韩国、新加坡还派出专业救援队伍，参与地震灾区的紧急救援工作。来自英国、日本、俄罗斯、意大利、法国、古巴、印度尼西亚、巴基斯坦政府和德国红十字会的九支医疗队共 223 名医疗技术人员参与四川和甘肃两省地震灾区的伤员救治工作。在重灾区之一的四川省北川县，美国、英国和墨西哥等国家的 16 名志愿者立即投入救援行动。10 名英国搜救小组的志愿者到震区开展救灾活动。来自日本 ALOS、意大利 COSMO—SkyMed、美国 LandSat 等多颗卫星向中国提供了灾区遥感影像。中国政府和中国人民对此深怀感激，深表感谢。①

二　中国减灾的自身能力建设

中国政府重视减灾的能力建设，在减灾工程、灾害预警、应急处置、科技支撑、人才培养和社区减灾等方面做了大量工作。

（一）实施减灾工程，提高灾害综合防范防御能力

近年来，国家实施防汛抗旱、防震抗灾、防风防潮、防沙治沙、生态建设等一系列重大减灾工程。

——大江大河治理工程。国家通过实施积极的财政政策、发行国债等，大幅增加江河治理投入，加快大江大河大湖治理步伐。目前，长江中下游干堤全部修完修好，黄河下游标准化堤防建设全面展开，治淮 19 项骨干工程基本建成，长江三峡、黄河小浪底、淮河临淮岗等枢纽工程全面发挥效益。中国大江大河防洪能力进一步提高，部分主要河段已基本具备防御百年一遇洪水能力。中小河流防洪能力不断提高，重点海堤设防标准提高到防御五十年一遇洪水能力。

——农村困难群众危房改造工程。国家注重提高农村居民住房抗灾能

---

① 　参见 2010 年中国政府发布的《中国的减灾行动》白皮书。

力建设。在灾后倒房重建工作中加强房屋选址设计、施工验收等环节的技术指导和质量监督，结合扶贫开发工作推进减灾安居工程建设。自 2005 年以来，全国各地共投入资金 175.35 亿元人民币，完成改造、新建农村困难群众住房 580.16 万间，使 180.51 万户、649.65 万人受益。

——中小学危房改造工程。从 2001 年开始，国家实施对全国中小学危房改造工程。截至 2005 年，中央财政安排专项资金 90 亿元人民币，全国纳入农村中小学危房改造规划的项目学校共 4 万多所。从 2006 年起，将全国农村义务教育阶段中小学校舍维修改造纳入农村义务教育经费保障机制。

——中小学校舍安全工程。从 2009 年起，国家将用三年时间，在全国中小学开展抗震加固、提高综合防灾能力建设，使学校校舍达到重点设防类抗震设防标准，并符合对山体滑坡、岩崩、泥石流、热带气旋、火灾等灾害的防灾避险安全要求。

——病险水库除险加固工程。2008 年 3 月，国家颁布《全国病险水库除险加固专项规划》，提出在三年内完成现有大中型和重点小型病险水库除险加固。2008 年，全国即安排专项规划内病险水库除险加固工程项目 4035 个，占规划内全部 6240 座病险水库的 65%。

——农村饮水安全工程。"十五"期间（2000—2005 年），国家共投入资金 223 亿元人民币，解决了 6700 万人的饮水问题，基本结束了农村严重缺乏饮用水的历史。从 2006 年开始，农村饮水工作进入以保障饮水安全为中心的新阶段。从 2006 年到 2008 年，安排中央投资 238 亿元人民币，地方自筹配套资金 226 亿元人民币，累计解决 1.09 亿农村人口的饮水安全问题。

——水土流失重点防治工程。20 世纪 80 年代，国家开始在黄河、长江等水土流失严重地区实施水土流失重点防治工程。进入"九五"（1996—2000 年）末期，开始加大投入力度并扩大治理规模，水土流失重点防治工程覆盖了全国七大江河（长江、黄河、淮河、海河、松辽、珠江、太湖）的上中游地区。截至 2008 年，重点防治工程共治理水土流失面积 26 万平方千米，已实施重点区域治理的水土流失治理程度达到 70%，减沙率达 40% 以上。长江上游嘉陵江流域土壤侵蚀量减少三分之一，黄河流域每年减少入黄河泥沙 3 亿吨左右。

——农田灌排工程。自"九五"以来，国家加大投入，开展以大型灌区续建配套与节水改造为重点的农田灌排工程设施建设，农田灌排能力明显提高，抗御干旱、洪涝灾害能力得到加强。

——生态建设和环境治理工程。21世纪初，国家开始实施天然林资源保护、退耕还林、三北（东北、华北、西北）防护林建设、长江中下游重点防护林建设、京津风沙源治理、岩溶地区石漠化综合治理、野生动植物保护以及自然保护区建设、沿海防护林建设、退牧还草等重点生态建设工程，抑制荒漠化扩张速度，缓解极端气候的危害程度。开展生态补偿试点工作，确定山西省煤炭资源开发等6个生态环境补偿试点。组织开展生态省、市、县和环境优美乡镇、生态村建设，推进建设103个重点生态环境工程示范县。

——建筑和工程设施的设防工程。国家出台《市政公用设施抗灾设防管理规定》，发布《城市抗震防灾规划标准》、《镇（乡）、村建筑抗震设计规程》。发布国家标准《中国地震动参数区划图》，完善重大建设工程地震安全性评价管理制度，推进全国农村民居地震安全工程的实施，完成约245万户抗震安居房的建设和改造加固。四川汶川特大地震后，修订《建筑工程抗震设防分类标准》、《建筑抗震设计规范》。

——公路灾害防治工程。从2006年起，结合公路水毁震毁等灾害发生情况，国家开始实施公路灾害防治工程。截至2008年，全国各地共投入资金15.4亿元人民币，以增设和完善山岭重丘区公路的灾害防护设施为重点，对公路边坡、路基、桥梁构造物和排（防）水设施进行综合处治，普通公路防灾能力全面提高。

（二）构建立体监测体系，提高监测预警预报能力

建立包括地面监测、海洋海底观测和天—空—地观测在内的自然灾害立体监测体系，灾害监测预警预报体系初步形成。

——灾害遥感监测业务体系。成功发射环境减灾小卫星星座A、B星，卫星减灾应用业务系统初具规模，为灾害遥感监测、评估和决策提供先进技术支持。

——气象预警预报体系。成功发射"风云"系列气象卫星，建成146部新一代天气雷达、91个高空气象探测站L波段探空系统，建设25420

个区域气象观测站。初步建立全国大气成分、酸雨、沙尘暴、雷电、农业气象、交通气象等专业气象观测网。基本建成比较完整的数值预报预测业务系统，开展灾害性天气短时临近预警业务，建成包括广播、电视、报纸、手机、网络等覆盖城乡社区的气象预警信息发布平台。

——水文和洪水监测预警预报体系。建成由 3171 个水文站、1244 个水位站、14602 个雨量站、61 个水文实验站和 12683 眼地下水测井组成的水文监测网。构建洪水预警预报系统、地下水监测系统、水资源管理系统和水文水资源数据系统。

——地震监测预报体系。建成固定测震台站 937 个，流动台 1000 多个，实现了中国三级以上地震的准实时监测。建立地震前兆观测固定台点 1300 个，各类前兆流动观测网 4000 余测点。初步建成国家和省级地震预测预报分析会商平台，建成由 700 个信息节点构成的高速地震数据信息网，开通地震速报信息手机短信服务平台。

——地质灾害监测系统。从 2003 年起，开展地质灾害气象预警预报工作，已建立群测群防制度的地质灾害隐患点 12 万多处。三峡库区滑坡崩塌专业监测网和上海、北京、天津等市地面沉降专业监测网络基本建成。

——环境监测预警体系。组织开展环境质量监测、污染物监测、环境预警监测、突发环境事件应急监测等，客观反映全国地表水、地下水、海洋、空气、噪声、固体废物、辐射等环境质量状况。新建成环境一号 A、B 星，大范围、快速和动态地开展生态环境宏观监测及评价，初步形成环境监测天地一体化格局。目前，全国共有 2399 个环境监测站、49335 名环境监测技术人员。

——野生动物疫源疫病监测预警系统。建立全国野生动物疫源疫病监测总站，已在候鸟等野生动物重要聚集分布区设立 350 处国家级监测站、768 处省级监测站、1400 多处地县级监测站，初步形成国家、省、地县三级野生动物疫源疫病监测预警网络。

——病虫害监测预报系统。建立由 3000 多个站组成的农作物和病虫害测报网，240 多个台（点）组成的草原虫鼠害监测预报网。全国性系统监测预报的农作物有害生物种类由 20 世纪 90 年代初的 15 种增加到目前的 26 种，重大病虫害由旬报制缩短为周报制。建立国家、县、乡（镇）

三级 2500 多个站点组成的森林病虫害监测预报网络，主测对象 35 个种（类），涵盖最具危险性的和常发的森林病虫害种（类）。

——海洋灾害预报系统。对原有海洋观测仪器、设备和设施进行更新改造，大力发展离岸观测能力，海上浮标观测能力和断面调查能力进入整体提升阶段。新建改造一批海洋观测站点，对一些中心站进行实时通信系统改造。建设海气相互作用—海洋气候变化观测及评价业务化体系，积极开展对海平面上升、海岸侵蚀、海水入侵、咸潮等与气候变化密切相关的海洋灾害的业务化监测。

——森林和草原火灾预警监测系统。完善卫星遥感、飞机巡护、视频监控、瞭望观察和地面巡视的立体式监测森林和草原火灾体系，初步建立森林火险分级预警响应和森林火灾风险评估技术体系。

——沙尘暴灾害监测与评估体系。建立沙尘暴卫星遥感监测评估系统和手机短信平台，在北方重点区域布设沙尘暴灾害地面监测站，组成国家、省、市、县四级队伍，初步形成覆盖中国北方区域的沙尘暴灾害监测网络。

（三）建立抢险救灾应急体系，提高应急处置能力

以应急救援队伍、应急响应机制和应急资金拨付机制为主要内容的救灾应急体系初步建立，应急救援、运输保障、生活救助、卫生防疫等应急处置能力大大增强。

——应急救援队伍体系。以公安、武警、军队为骨干和突击力量，以抗洪抢险、抗震救灾、森林消防、海上搜救、矿山救护、医疗救护等专业队伍为基本力量，以企事业单位专兼职队伍和应急志愿者队伍为辅助力量的应急救援队伍体系初步建立。国家陆地、空中搜寻与救护基地建设加快推进。应急救援装备得到进一步改善。

——应急救助响应机制。根据灾情大小，将中央应对突发自然灾害划分为四个响应等级，明确各级响应的具体工作措施，将救灾工作纳入规范的管理工作流程。灾害应急救助响应机制的建立，基本保障了受灾群众在灾后 24 小时内能够得到救助，基本实现"有饭吃、有衣穿、有干净水喝、有临时住所、有病能医、学生有学上"的"六有"目标。

——救灾应急资金拨付机制。包括自然灾害生活救助资金、特大防汛

抗旱补助资金、水毁公路补助资金、内河航道应急抢通资金、卫生救灾补助资金、文教行政救灾补助资金、农业救灾资金、林业救灾资金在内的中央抗灾救灾补助资金拨付机制已经建立。积极推进救灾分级管理、救灾资金分级负担的救灾工作管理体制，保障地方救灾投入，有效保障受灾群众的基本生活。

（四）建立减灾科技支撑体系，提高减灾科技水平

注重科技在防灾减灾中的重要作用，通过制定专门的防灾减灾科技发展规划、建立科技应急机制、实施科技项目等措施，不断提高防灾减灾的科技水平。

——组织制定《国家防灾减灾科技发展规划》。针对自然灾害预警预报、应急响应、恢复重建、减灾救灾、信息平台等各个环节存在的问题，加强顶层设计，统筹布局，强化薄弱环节，逐步建立和完善防灾减灾国家科技支撑体系。

——加强科技应急机制建设。建立国家突发公共事件科技应急机制，明确科技应急体系的建设、科技支撑能力建设、应急技术应用与示范等环节的工作机制和部署安排。

——启动一批防灾减灾科技项目。在国家科技项目、863计划和国家自然科学基金重大项目中安排实施一批气象、地震、地质、海洋、水利、农林、雷电等方面的科技项目。资助一批关于防灾减灾的基础研究项目，深入揭示各类自然灾害的形成机理和演变规律，以及综合风险防范的模式等。开展亚洲巨灾综合风险评估技术及应用研究、中国巨灾应急救援信息集成系统与示范、中国重大自然灾害风险等级综合评估技术研究，以及"汶川地震断裂带科学钻探"（WFSD）等项目。

——加强科研技术机构建设。分别于2003年、2007年、2009年成立民政部国家减灾中心、国际减轻旱灾风险中心和民政部卫星减灾应用中心，2006年成立民政部和教育部减灾与应急管理研究院。

（五）建立人才培养体系，提高减灾工作人员素质

将防灾减灾人才队伍建设纳入国家人才队伍建设发展规划，减灾的国民教育体系和减灾的培训平台逐步建立。

——把减灾纳入国民教育体系。加强人才培养教育,充分利用高校的减灾研究与学科优势培养多层次防灾减灾人才。加强防灾减灾学科体系建设,按照现有的财政管理体制支持防灾减灾技术类本专科院校,以及开设防灾减灾管理和技术专业的院校,提高人才培养质量。

——把防灾减灾纳入干部培训规划。全国各级行政学院、干部学院根据人才队伍建设的需要,开设防灾减灾和应急管理的专门培训课程。筹建国家应急管理人员培训基地,对政府中高级公务员、各类企事业单位高层管理人员、高层次理论研究人员开展防灾减灾和应急管理培训。国家地震灾害紧急救援培训基地已经建立并投入使用。

——开展领导干部灾害应急管理专题培训。举办"省级干部灾害应急管理专题研究班"和"省部级干部突发事件应急管理研讨班",各省(自治区、直辖市)和国务院有关部门分管防灾减灾及应急管理工作的负责人参加了专题研讨。2005 年以来,积极开展公务员灾害应急管理专题培训活动,有效提高各级灾害应急管理人员防范处置自然灾害及各类突发事件的综合素质和能力。2005—2006 年,连续举办四期地市级干部灾害应急管理专题培训班,自 2006 年起连续举办四期地市级防汛抗旱行政首长培训班。

——对各类企业和应急救援队伍开展应急救援能力培训。各级政府会同有关部门采取集中培训和自主培训相结合的办法,组织开展对企业负责人、管理人员和各类应急救援队伍的防灾减灾和应急管理培训工作,提高他们在灾害突发情况下实施救援、自身防护和协同处置的能力。

(六) 开展社区减灾工作,提高社区防灾减灾能力

社区减灾能力建设工作全面展开,基层社区抵御灾害风险的能力和水平逐步提高。

——推动社区建立减灾工作机制。在各级政府的推动下,全国社区逐步建立健全负责社区减灾工作的组织,制定规范的减灾工作制度,组织减灾志愿者队伍,制定突发灾害发生时保护儿童、老年人、病患者、残疾人等弱势群体的对策,建立起有效的减灾工作机制。

——指导社区制定灾害应急救助预案并定期演练。基层政府根据《国家突发公共事件总体应急预案》、《国家自然灾害救助应急预案》以及

地方政府制定的应急预案，结合社区所在区域环境、灾害发生规律和社区居民特点，指导社区制定社区灾害应急救助预案，明确应急工作程序、管理职责和协调联动机制。社区在政府有关部门的支持、配合下，经常组织社区居民开展形式多样的预案演练活动。

——加强社区减灾公共设施和器材装备建设。通过政府财政支持和社会积极参与，社区利用公园、绿地、广场、体育场、停车场、学校操场或其他空地建立应急避难场所，设置明显的安全应急标识或指示牌，建立减灾宣传教育场所（社区减灾教室、社区图书室、老年人活动室）及设施（宣传栏、宣传橱窗等），配备必需的消防、安全和应对灾害的器材或救生设施工具，使减灾公共设施和装备得到健全和完善。

——组织社区开展减灾宣传教育活动。社区结合人文、地域等特点，定期开展形式多样的社区居民减灾教育活动，在社区宣传教育场所经常张贴减灾宣传材料，制订结合社区实际情况的减灾教育计划，社区居民的防灾减灾意识和社区综合减灾能力得到提高。

——开展减灾示范社区创建活动。2007 年，国家开展了减灾示范社区创建活动。截至 2008 年，国家共授予 284 个社区为"全国综合减灾示范社区"称号。①

三　中国减灾的法律机制建设

中国注重减灾的法制建设，颁布实施一系列减灾法律、法规，逐步把减灾工作纳入法制化轨道。20 世纪 80 年代以来，颁布了《中华人民共和国突发事件应对法》、《中华人民共和国水土保持法》、《中华人民共和国防震减灾法》、《中华人民共和国水法》、《中华人民共和国防洪法》、《中华人民共和国防沙治沙法》、《中华人民共和国气象法》、《中华人民共和国森林法》、《中华人民共和国草原法》、《中华人民共和国水污染防治法》、《中华人民共和国环境噪声污染防治法》、《中华人民共和国固体废物污染环境防治法》、《中华人民共和国海洋环境保护法》、《中华人民共和国消防法》和《中华人民共和国抗旱条例》、《中华人民共和国水文条

---

①　参见 2010 年中国政府发布的《中国的减灾行动白皮书》。

例》、《中华人民共和国防汛条例》、《森林防火条例》、《草原防火条例》、《重大动物疫情应急条例》、《森林病虫害防治条例》、《地质灾害防治条例》、《破坏性地震应急条例》、《水库大坝安全管理条例》、《人工影响天气条例》等 30 多部防灾减灾或与防灾减灾密切相关的法律、法规。中国将根据减灾工作的实际需要，进一步加强减灾的法制建设。

多年来，中国政府坚持把减灾纳入国家和地方可持续发展战略。1994年 3 月，中国政府颁布《中国 21 世纪议程》，从国家层面明确减灾与生态环境保护的关系，把提高对自然灾害的管理水平、加强防灾减灾体系建设以及减少人为因素诱发和加重自然灾害作为议程的重要内容。1998 年 4月，国家颁布《中华人民共和国减灾规划（1998—2010 年）》，第一次以专项规划的形式提出了国家减灾的指导方针、发展目标、主要任务和具体措施。2006 年 10 月，中国政府颁布《国家"十一五"科学技术发展规划》，把建立国家公共安全应急技术体系、提升国家应对公共安全灾害事故与突发公共事件能力作为未来发展的重点任务之一。2007 年 8 月，中国政府颁布《国家综合减灾"十一五"规划》，明确要求地方政府将减灾纳入当地经济社会发展规划。

中国实行政府统一领导，部门分工负责，灾害分级管理，属地管理为主的减灾救灾领导体制。在国务院统一领导下，中央层面设立国家减灾委员会、国家防汛抗旱总指挥部、国务院抗震救灾指挥部、国家森林防火指挥部和全国抗灾救灾综合协调办公室等机构，负责减灾救灾的协调和组织工作。各级地方政府成立职能相近的减灾救灾协调机构。在减灾救灾过程中，注重发挥中国人民解放军、武警部队、民兵组织和公安民警的主力军和突击队作用，注重发挥人民团体、社会组织及志愿者的作用。

在长期的减灾救灾实践中，中国建立了符合国情、具有中国特色的减灾救灾工作机制。中央政府构建了灾害应急响应机制、灾害信息发布机制、救灾应急物资储备机制、灾情预警会商和信息共享机制、重大灾害抢险救灾联动协调机制和灾害应急社会动员机制。各级地方政府建立相应的减灾工作机制。

——灾害应急响应机制。中央政府应对突发性自然灾害预案体系分为三个层次，即：国家总体应急预案、国家专项应急预案和部门应急预案。政府各部门根据自然灾害专项应急预案和部门职责，制定更具操作性的预案实施办法和应急工作规程。重大自然灾害发生后，在国务院统一领导下，相关部门各司其职，密切配合，及时启动应急预案，按照预案做好各项抗灾救灾工作。灾区各级政府在第一时间启动应急响应，成立由当地政府负责人担任指挥、有关部门作为成员的灾害应急指挥机构，负责统一制定灾害应对策略和措施，组织开展现场应急处置工作，及时向上级政府和有关部门报告灾情和抗灾救灾工作情况。

——灾害信息发布机制。按照及时准确、公开透明的原则，中央和地方各级政府认真做好自然灾害等各类突发事件的应急管理信息发布工作，采取授权发布、发布新闻稿、组织记者采访、举办新闻发布会等多种方式，及时向公众发布灾害发生发展情况、应对处置工作进展和防灾避险知识等相关信息，保障公众知情权和监督权。

——救灾应急物资储备机制。已经建立以物资储备仓库为依托的救灾物资储备网络，国家应急物资储备体系逐步完善。目前，全国设立了10个中央级生活类救灾物资储备仓库，并不断建设完善中央级救灾物资、防汛物资、森林防火物资等物资储备库。部分省、市、县建立了地方救灾物资储备仓库，抗灾救灾物资储备体系初步形成。通过与生产厂家签订救灾物资紧急购销协议、建立救灾物资生产厂家名录等方式，进一步完善应急救灾物资保障机制。

——灾情预警会商和信息共享机制。建立由民政、国土资源、水利、农业、林业、统计、地震、海洋、气象等主要涉灾部门参加的灾情预警会商和信息共享机制，开展灾害信息数据库建设，启动国家地理信息公共服务平台，建立灾情信息共享与发布系统，建设国家综合减灾和风险管理信息平台，及时为中央和地方各部门灾害应急决策提供有效支持。

——重大灾害抢险救灾联动协调机制。重大灾害发生后，各有关部门发挥职能作用，及时向灾区派出由相关部委组成的工作组，了解灾情和指导抗灾救灾工作，并根据国务院要求，及时协调有关部门提出救灾意见，帮助灾区开展救助工作，防范次生、衍生灾害的发生。

——灾害应急社会动员机制。国家已初步建立以抢险动员、搜救动员、救护动员、救助动员、救灾捐赠动员为主要内容的社会应急动员机制。注重发挥人民团体、红十字会等民间组织、基层自治组织和志愿者在灾害防御、紧急救援、救灾捐赠、医疗救助、卫生防疫、恢复重建、灾后心理支持等方面的作用。①

四 中国对外援助（2014）

（2014 年 7 月）

中华人民共和国国务院新闻办公室

前 言

中国是世界上最大的发展中国家。在发展进程中，中国坚持把中国人民的利益同各国人民的共同利益结合起来，在南南合作框架下向其他发展中国家提供力所能及的援助，支持和帮助发展中国家特别是最不发达国家减少贫困、改善民生。中国以积极的姿态参与国际发展合作，发挥出建设性作用。

中国提供对外援助，坚持不附带任何政治条件，不干涉受援国内政，充分尊重受援国自主选择发展道路和模式的权利。相互尊重、平等相待、重信守诺、互利共赢是中国对外援助的基本原则。

近年来，中国对外援助规模持续增长，对外援助事业稳步发展。这里，就 2010 年至 2012 年的对外援助情况作一介绍。

（一）稳步发展对外援助事业

2010 年至 2012 年，中国对外援助规模持续增长。其中，成套项目建设和物资援助是主要援助方式，技术合作和人力资源开发合作增长显著。亚洲和非洲是中国对外援助的主要地区。为促进实现千年发展目标，中国对外援助资金更多地投向低收入发展中国家。

1. 援助资金

2010 年至 2012 年，中国对外援助金额为 893.4 亿元人民币。对外援助资金包括无偿援助、无息贷款和优惠贷款三种方式。

无偿援助重点用于帮助受援国建设中小型社会福利项目以及实施人力资源开发合作、技术合作、物资援助和紧急人道主义援助等。三年中，中国对外提供无偿援助 323.2 亿元人民币，占对外援助总额的 36.2%。

---

① 参见 2010 年中国政府发布的《中国的减灾行动白皮书》。

无息贷款主要用于帮助受援国建设社会公共设施和民生项目。三年中，中国对外提供无息贷款72.6亿元人民币，占对外援助总额的8.1%。

优惠贷款主要用于帮助受援国建设有经济社会效益的生产型项目、大中型基础设施项目，提供较大型成套设备、机电产品等。三年中，中国对外提供优惠贷款497.6亿元人民币，占对外援助总额的55.7%。

援外预算资金由财政部按预决算制统一管理。优惠贷款本金由中国进出口银行通过市场筹措，贷款利率低于中国人民银行公布的基准利率，由此产生的利息差额由国家财政补贴。

2. 援助分布

2010年至2012年，中国共向121个国家提供了援助，其中亚洲地区30国，非洲地区51国，大洋洲地区9国，拉美和加勒比地区19国，欧洲地区12国。此外，中国还向非洲联盟等区域组织提供了援助。

3. 援助方式

2010年至2012年，中国对外援助方式主要包括援建成套项目、提供一般物资、开展技术合作和人力资源开发合作、派遣援外医疗队和志愿者、提供紧急人道主义援助以及减免受援国债务等。

（1）援建成套项目。中国共在80个国家建设成套项目580个，重点集中于基础设施和农业等领域。

（2）提供一般物资。中国共向96个国家和地区提供物资援助424批，主要包括办公用品、机械设备、检测设备、交通运输工具、生活用品、药品以及医疗设备等。

（3）开展技术合作。中国共在61个国家和地区完成技术合作项目170个，主要涉及工业生产和管理、农业种植养殖、文化教育、体育训练、医疗卫生、清洁能源开发、规划咨询等领域。

（4）开展人力资源开发合作。中国在国内举办1951期培训班，其中包括官员研修班、技术人员培训班、在职学历教育项目等，为其他发展中国家培训人员49148名。

（5）派遣援外医疗队。中国向54个国家派遣55支援外医疗队，共计3600名医护人员，开展定点或巡回医疗服务，诊治患者近700万人次。

（6）派遣志愿者。中国向60多个国家派遣青年志愿者和汉语教师志愿者近7000名。

（7）提供紧急人道主义援助。中国向30余个国家提供紧急人道主义援助，包括物资和现汇援助，价值约15亿元人民币。

（8）减免受援国债务。中国免除坦桑尼亚、赞比亚、喀麦隆、赤道几内亚、马里、多哥、贝宁、科特迪瓦、苏丹9个最不发达国家和重债穷国共计16笔到期无息贷款债务，累计金额达14.2亿元人民币。

（二）推动民生改善

支持其他发展中国家减少贫困和改善民生，是中国对外援助的主要内容。中国重点支持其他发展中国家促进农业发展，提高教育水平，改善医疗服务，建设社会公益设施，并在其他国家遭遇重大灾害时及时提供人道主义援助。

1. 促进农业发展

农业发展对发展中国家减少贫困至关重要。中国通过援建农业技术示范中心、派遣农业专家提供咨询和开展技术合作、培训农业技术和管理人员等方式，积极帮助其他发展中国家提高农业生产能力，有效应对粮食危机。2010—2012年，中国对外援建49个农业项目，派遣1000多名农业技术专家，并提供大量农业机械、良种、化肥等农用物资。

（1）援建农业技术示范中心。农业技术示范中心是中国在农业领域开展对外援助的重要平台。2010—2012年，中国在贝宁、莫桑比克、苏丹、利比里亚、卢旺达、老挝、东帝汶等17国援建的农业技术示范中心陆续竣工。中国通过试验、示范、培训等多种方式，将先进适用的农业生产技术推广给当地民众。利比里亚农业技术示范中心推广杂交水稻和玉米种植面积近千公顷，培训当地农业科研人员和农民千余人次。卢旺达农业技术示范中心开展菌草、稻谷等种类的适应性研究、试验和示范工作，注意结合当地传统农业，并将技术培训推广至卢旺达妇女协会、稻谷种植协会等机构。

（2）派遣高级农业专家和农业技术组。中国向其他发展中国家派遣的农业专家，积极参与受援国农业规划工作，援贝宁专家组协助起草该国《农业法》和《农业管理法》，援博茨瓦纳、几内亚比绍专家组分别参与编写两国的《农业发展规划》。协助受援国完成促进农业发展工作，援莱索托专家组协助该国向世界卫生组织申请无口蹄疫国家地位，援毛里塔尼

亚专家组协助制定农业综合分析测试中心实验室建设方案。积极推广简单
适用的农业技术，援博茨瓦纳专家组推广地膜覆盖种植技术，援马里专家
组设计推广稻田铁制水耙，帮助当地农民进行精耕细作。

（3）开展农业管理与技术培训。中国结合发展中国家农业发展特点
和实际需要，举办近 300 期形式多样、内容丰富的研修和培训项目，培训
了近 7000 名农业官员和技术人员。农业培训项目领域广泛，既涵盖种植
业、林业、畜牧业、渔业等农业管理领域，也涉及农村发展与减贫、粮食
安全、农业南南合作等宏观政策制定问题，同时关注农业技术推广、农产
品加工、储藏、销售与流通等产业链发展议题。

2. 提高教育水平

2010—2012 年，为帮助其他发展中国家提升教育水平，支持其教育
均衡、公平发展，中国通过援建维修校舍、提供教学设备、培养师资力
量、增加来华留学政府奖学金名额、支持职业技术教育发展等，不断加大
教育援助力度。

（1）改善教学条件。中国援助了 80 余个教育设施项目，包括援建或
维修中小学校、大学院校、图书馆等，有效改善了受援国的教学环境。中
国为受援国无偿提供计算机、教学用具、文体用品等大批教学设备物资，
帮助受援国建设大学网络平台和远程教学系统，为受援国丰富教学方式、
扩大教学覆盖面创造了条件。

（2）培养师资力量。中国举办了 30 多期院校高级管理人员培训班、
高等教育管理培训班、职业教育管理培训班、中小学校长和教师研修班、
现代远程教育研修班等，为发展中国家培训千余名教育官员、校长和教职
人员。

（3）支持职业技术教育。中国在苏丹援建的恩图曼友谊职业培训中
心累计为苏方培训学员数千名，为进一步扩大招生规模，中国已启动该中
心的改扩建工程。中国积极帮助受援国发展职业技术教育。2001—2012
年，中国与埃塞俄比亚联合开展农业职业技术教育培训，累计向埃方派出
400 余人次教师，培训当地农业职业院校教师 1800 名、农业技术人员
35000 名。

增加来华留学政府奖学金名额。2010—2012 年，中国政府共资助
76845 名留学生来华学习。为促进地区发展，中国不断扩大非洲国家来华

留学政府奖学金名额，加大对东盟国家以及太平洋岛国等来华留学的支持，帮助上述地区欠发达国家培养人才。

3. 改善医疗卫生条件

医疗卫生是中国对外援助的重点领域之一。2010—2012 年，通过援建医院、提供药品和医疗设备、派遣医疗队、培训医疗人员、与发展中国家共同开展疾病防治交流合作等形式，中国支持受援国进一步改善医疗卫生条件，提高疾病防控水平，加强公共卫生能力建设。

（1）援助设施和设备。中国援建约 80 个医疗设施项目，其中包括综合性医院、流动医院、保健中心、专科诊疗中心、中医中心等，有效缓解受援国医疗卫生设施不足的问题。同时，中国向受援国提供约 120 批医疗设备和药品物资，包括多普勒彩超仪、CT 扫描仪、全自动生化仪、母婴监护仪、重要手术器械、重症监护检测仪、核磁共振仪等高端医疗设备，以及防治疟疾、霍乱等疾病的药品。

（2）派遣医疗队。中国对外派遣 55 支援外医疗队，累计 3600 名医护人员，在受援国近 120 个医疗点开展工作，培训当地医护人员数万人，一定程度上缓解了受援国医疗服务供需矛盾。在援外医疗工作中，医疗队员通过观摩示范、专题讲座、技术培训和学术交流等方式积极培训当地医务人员，内容涉及疟疾、艾滋病、血吸虫病等传染病防治，病人护理以及糖尿病、风湿病治疗等领域，针灸、推拿、保健、中医药等中国传统医学。三年中，100 多名中国医疗队员因贡献突出获得受援国颁发的勋章。

（3）开展"光明行"活动。中国通过政府与民间渠道并进的方式积极开展"光明行"活动，帮助其他发展中国家治疗更多眼病患者。从2003 年起，中国先后派医疗队赴朝鲜、柬埔寨、孟加拉国、越南、巴基斯坦等亚洲国家，为当地眼科疾病患者免费实施治疗。2010 年 11 月，中国"光明行"医疗队首次赴非洲，为津巴布韦、马拉维、莫桑比克、苏丹等国千余名白内障患者进行治疗。

（4）提供传染病防控援助。三年中，中国向其他发展中国家无偿提供了 60 批抗疟药、甲流疫苗及霍乱疫苗，并开展传染病防治培训，以上援助项目累计金额近 2 亿元人民币。2007 年，中国与科摩罗启动青蒿素复方快速控制疟疾合作项目，使科摩罗莫埃利岛的疟疾发病率较同期下降90%。2010—2012 年，在进一步巩固已开展灭疟项目成效的同时，中国在科摩罗昂儒昂岛推广灭疟项目。

4. 建设公益设施

为支持其他发展中国家改善民众生活条件、开展社会公共活动，2010—2012 年，中国积极援建城市和农村公共福利设施、民用保障性住宅以及社会活动场馆，提供相关设备及物资，并开展运营管理技术合作。

（1）实施打井供水项目。中国在发展中国家实施打井供水项目 29 个，共打水井 600 余眼。中国派遣高级水文地质与工程地质专家，克服自然环境恶劣、疾病侵袭及恐怖主义威胁等困难，帮助受援国打井供水。中国在多哥的卡拉区和中央区各打出 200 眼饮用水井，在苏丹达尔富尔地区和南苏丹朱巴市科托尔地区共打出 38 眼水井，并修建配套潜水泵和发电机组。在尼日尔援建的津德尔供水工程，解决了该地区数十万居民的饮水问题。

（2）改善民众居住环境。中国为其他发展中国家援建民用住宅、经济保障性住房等民生项目 80 个，总建筑面积近 60 万平方米。中国结合受援国当地生活习惯和环境特点，科学设计住宅外观，合理安排内部结构，在节约建筑成本的同时，严把建筑质量关，努力为受援国民众建造简洁美观、结实耐用的经济型住房。

（3）援建公用设施。中国在其他发展中国家援建文化场所、体育场馆、办公会议设施等公共设施项目 86 个，为丰富当地民众文化体育生活、改善所在国政府办公条件、提升城市形象发挥了促进作用。中国为斯里兰卡维修纪念班达拉奈克国际会议中心，使这一 40 年前中方援建的项目焕然一新。中国为加蓬援建的 4 万人座体育场，2012 年成功承办了第 28 届非洲杯足球赛决赛和闭幕式。在塞内加尔援建的国家大剧院总建筑面积近 2 万平方米，是目前非洲规模最大的剧院之一。

5. 开展人道主义援助

近年来，地震、飓风、洪涝、干旱等自然灾害和战乱造成的人道主义灾难时常发生，造成受灾国人员伤亡和重大财产损失。中国积极响应国际社会呼吁，及时提供紧急救灾物资或现汇援助，并根据需要派遣救援队和医疗队，帮助受灾国减轻灾害影响，尽快重建家园。

（1）提供紧急救援物资或现汇援助。三年中，中国政府针对海地地震、柬埔寨特大洪灾、缅甸地震、巴基斯坦洪灾、古巴飓风、利比亚战乱、叙利亚动荡等自然灾害和人道主义灾难，提供了近50批紧急救灾物资，包括帐篷、毛毯、紧急照明设备、发电机、燃油、食品、药品及净水设备等，价值约12亿元人民币。此外，提供现汇援助约3亿元人民币。

（2）帮助非洲国家应对粮食危机。2011—2012年，非洲之角和萨赫勒地区连续遭遇严重旱灾，超过3000万民众陷入饥饿之中。2011年，中国政府先后三次向埃塞俄比亚、肯尼亚、吉布提、索马里等非洲之角国家提供紧急粮食援助，总额达4.4亿元人民币。2012年，中国政府向乍得、马里、尼日尔等非洲萨赫勒地区国家提供了价值总计7000万元人民币的粮食援助。

（3）支持灾后重建。2010年，巴基斯坦遭受历史罕见洪灾，中国政府迅速展开多渠道、全方位的救援行动，并根据巴方需要，在灾民救助、交通基础设施等领域参与灾后重建。中国提供现汇援助，支持巴基斯坦政府"灾民补偿计划"；承担了受灾地区全长340公里的国道公路网修复工程，辐射受益人口达1.5亿。2012年3月，刚果（布）首都布拉柴维尔姆皮拉地区发生爆炸事件后，中国援建了灾民安置住房，积极支持灾后重建。

（4）提高防灾救灾能力。中国通过提供物资、开展培训等方式，帮助受援国提升应急救援水平，增强防灾救灾能力。三年中，中国对外无偿提供了十余批救援车辆及其他设备；为发展中国家举办防灾救灾培训班和研修班约30期，与700余名官员、技术人员交流分享救灾防灾经验。

（三）促进经济社会发展

中国积极帮助其他发展中国家建设基础设施，加强能力建设和贸易发展，加大对环境保护领域的援助投入，帮助受援国实现经济社会发展。

1. 改善基础设施

中国根据不同国家经济发展条件，合理安排无偿援助、无息贷款资金，发挥优惠贷款融资优势，帮助受援国建设有迫切需求的基础设施项目。2010—2012年，中国对外援建了156个经济基础设施项目。中国发挥在技术、设备材料和人力资源等方面优势，在确保工程质量的同时，有效降低了项目投资成本。

（1）支持交通运输建设。中国援建了70余个交通运输项目，包括公路、桥梁、机场、港口等。中国援建的肯尼亚西卡高速公路第三标段，使首都内罗毕到经济重镇西卡全线贯通，为肯尼亚、埃塞俄比亚、坦桑尼亚等国实现互联互通做出了贡献。中国援建的斯里兰卡汉班托塔国际机场进一步完善了该国立体化交通网络，对提升该国与周边地区的交往和联系发挥了积极作用。

（2）提升能源供给能力。中国援建了 20 余个能源项目，包括水电站、热电站、输变电和配电网、地热钻井工程等。中国援建的加纳布维水电站具备水力发电、农业灌溉、渔业发展和观光旅游等多重功能，建成后不仅直接促进加纳经济社会发展，而且惠及西部非洲更广阔的地区。中国援塞内加尔达喀尔市输变电和配电网项目覆盖 15 万居民，有效解决了该市电网设备老化、经常性大面积停电的问题。

（3）推动信息化社会发展。中国援建了 60 余个信息化项目，包括光缆电信传输网、电子政务网以及广播电视调频发射台等。中国在土库曼斯坦、多哥、厄立特里亚等国援建的电信项目，为上述国家提供了高质量稳定的通信系统，使用户容量成倍增长。中国在喀麦隆、坦桑尼亚等国援建的光纤骨干传输网项目，有效促进光缆在非洲国家的广泛应用。

2. 加强能力建设

中国坚持"授人以渔"的援助理念，通过人力资源开发合作、技术合作、志愿者服务等方式，与其他发展中国家分享发展经验和实用技术，帮助发展中国家培养人才，增强自主发展的造血功能。

（1）人力资源开发合作发展迅速。2010—2012 年，中国共举办 1579 期官员研修班。中国邀请其他发展中国家政府部门近 4 万名官员来华研修，内容涉及经济管理、多边贸易谈判、政治外交、公共行政、职业教育、非政府组织等。中国举办技术人员培训班 357 期，为其他发展中国家培训技术人员近万名，涵盖农业、卫生、信息通信、工业、环境保护、救灾防灾、文化体育等领域。为满足其他发展中国家提升公共部门中高级管理人员能力的需要，三年中，中国举办了 15 期在职学历教育项目，来自 75 个发展中国家的 359 名政府官员分别获得公共管理、教育、国际关系以及国际传媒硕士学位。

（2）技术合作广泛开展。三年中，中国向 50 多个国家派遣 2000 多名各类专家，在农业、手工艺、广播电视、清洁能源、文化体育等领域广泛开展技术合作，转让适用技术，提高受援国技术管理水平。中国派出高级规划咨询专家，与其他发展中国家共同制定土地开发利用、清洁能源利用、河流治理以及经济合作等规划。中国专家在利比里亚开展竹藤编织技术合作，向当地近500人传授竹藤编织技能，不仅有助于当地民众增加收入、扩大就业、摆脱贫困，也促进了利比里亚竹藤产业的发展。

（3）志愿者服务发挥积极作用。中国继续向其他发展中国家派遣志愿者，服务领域涉及语言教学、体育教学、计算机培训、中医诊治、农业科技、艺术培训、工业技术、社会发展、国际救援等，服务对象包括学校、医院、政府机关、农场、科研院所等。援利比里亚志愿者成功救治严重腹裂畸形新生儿，获得"非洲之星"勋章。援埃塞俄比亚志愿者改良甜瓜种植法，当年使果农获得大丰收；志愿者传授的沼气池修建方法，帮助当地民众有效利用清洁能源。

3. 促进贸易发展

中国积极响应世界贸易组织"促贸援助"倡议，通过加强基础设施建设、提高生产能力、给予零关税待遇、支持参与多边贸易体制、培训经贸人才等，促进其他发展中国家的贸易发展。

（1）改善与贸易有关的基础设施。三年中，中国援建与贸易有关的大中型基础设施项目约90个，有效改善了受援国贸易运输条件，扩大了与其他地区的互联互通。中国积极提供商品检测设备、交通运输工具等与贸易相关的物资设备，如向柬埔寨、老挝、缅甸、埃塞俄比亚、埃及、乍得、佛得角、赞比亚、塞尔维亚等国提供集装箱检测设备，为提升上述国家贸易产品检验水平和通关能力、有效打击走私行为发挥了重要作用。

（2）提高与贸易有关的生产能力。中国援建一批与贸易相关的生产性项目，在一定程度上提高受援国相关产业的生产能力，满足市场需求，优化进出口商品结构。2011年12月，中国在世界贸易组织第八届部长级会议期间，与贝宁、马里、乍得和布基纳法索"棉花四国"达成合作共识，通过提供优良棉种、农机、肥料，推广种植技术，开展人员培训，支持企业技术升级和产业链拓展，促进四国棉花产业和贸易发展。

（3）促进对华产品出口。为有效推动发展中国家对华产品出口，2005年，中国首度对非洲25个最不发达国家190个税目的商品实施零关税，之后不断扩大零关税待遇受惠面。2011年11月，中国国家领导人在二十国集团戛纳峰会上宣布,将对与中国建交的最不发达国家97%税目的产品给予零关税待遇。到2012年底,最不发达国家对华出口近5000个税目商品已享受零关税待遇。2008年以来,中国已连续五年成为最不发达国家第一大出口市场,吸收最不发达国家约23%的产品出口。

(4)支持最不发达国家参与多边贸易体制。中国是世界贸易组织"促贸援助"倡议工作组机制的积极参与者。2008—2010年,中国每年向世界贸易组织"促贸援助"项目捐款20万美元,2011年后提升至每年40万美元。中国利用上述捐款设立"最不发达国家加入世贸组织中国项目",为最不发达国家举办加入世界贸易组织的相关研讨会,资助最不发达国家人员参加世界贸易组织重要会议和到世界贸易组织秘书处实习。2010—2012年,中国以促进贸易便利化及加入世界贸易组织为主题,举办了18期研修班,与发展中国家400余名政府官员分享经验。

4. 加强环境保护

在坎昆、德班以及多哈举办的联合国气候变化大会上,中国在分享国内节能减排经验的同时,承诺对最不发达国家、小岛屿国家及非洲国家加大环保领域的援助投入,帮助其发展清洁能源,提高应对气候变化的能力。

(1)援建项目。中国在清洁能源、环境保护、防涝抗旱、水资源利用、森林可持续发展、水土保持、气象信息服务等领域,积极开展与其他发展中国家的合作。三年中,中国为58个发展中国家援建了太阳能路灯、太阳能发电等可再生能源利用项目64个。

(2)提供物资。2010—2012年,中国向柬埔寨、缅甸、埃塞俄比亚、南苏丹、密克罗尼西亚等13个发展中国家援助了16批环境保护所需的设备和物资,包括风能和太阳能发电及照明设备、太阳能移动电源、沼气设备、垃圾车、排水灌溉设施等。中国积极推动应对气候变化南南合作,与格林纳达、埃塞俄比亚、马达加斯加、尼日利亚、贝宁、马尔代夫、喀麦隆、布隆迪、萨摩亚等9个国家签订了《关于应对气候变化物资赠送的谅解备忘录》,共向相关国家赠送节能灯50多万盏,节能空调1万多台。

(3)开展能力建设。三年中,中国与埃塞俄比亚、布隆迪、苏丹等国开展技术合作,促进了上述国家太阳能、水力等清洁能源利用及管理水平的提高。中国为120多个发展中国家举办了150期环境保护和应对气候变化培训班，培训官员和技术人员 4000 多名，培训领域包括低碳产业发展与能源政策、生态保护、水资源管理与水土保持、可再生能源开发利用、林业管理和防沙治沙、气象灾害早期预警等。

（四）区域合作机制下的对外援助

中国注重在区域合作层面加强与受援国的集体磋商，利用中非合作论坛、中国—东盟领导人会议等区域合作机制和平台，多次宣布一揽子援助举措，积极回应各地区的发展需要。

1. 推动中非新型战略伙伴关系发展

非洲是发展中国家最集中的地区。自 2000 年中非合作论坛成立以来，中国积极在论坛框架下同非洲国家开展发展合作，逐步增加对非洲援助力度，有效促进中非关系全面发展。

（1）优先促进农业发展。中国一贯重视与非洲开展农业合作。2010—2012 年，中国在非洲建成了 14 个农业技术示范中心，另有 8 个技术示范中心进入规划实施阶段；派遣了大量农业专家开展技术合作；为非洲国家培训农业技术人员超过 5000 名。2012 年 7 月，在中非合作论坛第五届部长级会议上，中国政府承诺援建更多农业技术示范中心，进一步加强技术培训和示范推广，帮助非洲国家提高粮食生产、加工、储运和销售能力。

（2）支持基础设施建设和一体化发展。基础设施一直是中国对非援助的重点领域。坦赞铁路是中国早期支持非洲跨国基础设施建设的标志性项目，建成后，中国不间断地开展技术合作，为铁路运营管理提供帮助。2010—2012 年，中国在非洲援建了 86 个经济基础设施项目。2012 年，中国宣布同非洲国家建立跨国跨区域基础设施建设合作伙伴关系，为项目规划和可行性研究提供支持，鼓励有实力的中国企业和金融机构参与建设。中国积极支持非洲联合自强和一体化进程，援建了非洲联盟总部大楼和会议中心，同时支持"非洲发展新伙伴计划"，帮助非洲加强能力建设。

（3）推动医疗卫生合作。中国长期致力于帮助非洲国家改善医疗卫生条件。目前，43 支中国医疗队分布在 42 个非洲国家。中国援建了近 30 所医院和 30 个疟疾防治中心，提供 8 亿元人民币的医疗设备物资和抗疟药品，为非洲国家培训医护人员超过 3000 名。援利比里亚塔佩塔医院项目医疗设备先进齐全，建成后由中国、埃及、利比里亚三国合作运营，为该项目可持续运营进行了有益尝试。

（4）开展能力建设。三年中，中国在非洲国家援建了150所中小学校，培训各类人才约4.7万名。2012年，中国宣布实施"非洲人才计划"，在今后三年内为非洲培训3万名各类人才，提供政府奖学金名额18000个。当年，中国向非洲国家提供的政府奖学金名额已达6717个。

（5）应对气候变化。中国积极帮助非洲国家提高应对气候变化的能力，加强在卫星气象监测、新能源开发利用、沙漠化防治、城市环境保护等领域的合作。中国在非洲援建的105个清洁能源和供水项目已陆续开工建设或交付使用。2012年，中国启动为有关非洲国家援建自动气象观测站、高空观测雷达站等设施，提供森林保护设备，开展人员培训和交流研讨，支持非洲加强生态环境保护，应对气候变化挑战。

2. 促进与东盟务实合作全面发展

自2003年中国与东盟宣布建立战略伙伴关系以来，中国积极在各领域与东盟国家开展合作，重点向东盟低收入国家提供经济技术援助，支持东盟缩小内部发展差距。

（1）支持多层次区域合作。中国多渠道提供资金，支持东盟在区域合作中发挥主导作用。2010—2012年，中国连续在中国—东盟领导人会议上宣布援助举措，重点支持基础设施建设。中国援建了一大批工农业生产和基础设施项目，助推东盟国家经济发展。

（2）促进农业综合发展。2010年以来，中国不断加大"中国—东盟粮食综合生产能力提升行动计划"实施力度，与东盟各国共同建设农作物优良品种试验站20个，示范推广面积达100万公顷；在东盟国家新建3个农业技术示范中心，派出300名农业专家和技术人员赴东盟进行指导；在周边国家建设跨境动植物疫病防控监测站，建立动植物疫病联防联控体系。

（3）加强能力建设。三年中，中国为东盟国家培训官员和技术人员5000余名，涉及商务会展、文化艺术、汉语、金融财税、传统医药和传染病防治、新能源、农业等领域。

3. 支持其他地区经济社会发展

中国以共同发展为目标，利用中国—葡语国家经贸合作论坛（澳门）、中国—加勒比经贸合作论坛、中国—太平洋岛国经济发展合作论坛、中国—阿拉伯国家合作论坛和上海合作组织等平台，与相关地区的发展中国家开展合作。

（1）帮助亚非葡语国家改善民生。自 2003 年中国—葡语国家经贸合作论坛（澳门）成立以来，中国同安哥拉、佛得角、几内亚比绍、莫桑比克、东帝汶等发展中葡语国家重点在文教卫生、能力建设、农业等领域开展援助合作。2010—2012 年，中国向上述五国提供优惠贷款近 16 亿元人民币，培训人员 2000 多名。2011 年中葡论坛培训中心在澳门落成，截至目前已举办 10 余期研修班。

（2）加强与加勒比地区国家务实合作。中国积极落实 2011 年第三届中国—加勒比经贸合作论坛宣布的援助举措。截至 2012 年底，中国在第三届论坛框架下，向加勒比地区国家提供优惠贷款近 30 亿元人民币，主要用于建设基础设施项目，同时，为加勒比国家培训官员和技术人员 500 余名，在地震或海啸预警监测网建设方面提供培训，为安提瓜和巴布达、多米尼克等国家援建学校，向多米尼克派遣医疗队并培训医护人员，与多米尼克、格林纳达、古巴等国家开展农渔业技术合作。

（3）支持太平洋岛国经济可持续发展。中国重视发展与太平洋岛国的友好合作关系，支持其提出的旨在推进区域合作进程的"太平洋计划"。自 2006 年首届中国—太平洋岛国经济发展合作论坛部长级会议以来，中国为岛国培训官员和技术人员超过 2500 名；与斐济、巴布亚新几内亚、萨摩亚、汤加、密克罗尼西亚等国开展农渔业技术合作。中国协助巴布亚新几内亚进行疟疾防治，分别向萨摩亚、瓦努阿图、密克罗尼西亚、汤加、巴布亚新几内亚等国派遣医疗队，并为岛国举办卫生官员、医院管理及医药研究人员培训班。

（五）参与国际交流合作

随着参与国际发展事务能力的增强，中国在力所能及的前提下，积极支持多边发展机构的援助工作，以更加开放的姿态开展经验交流，探讨务实合作。

1. 支持多边机构发展援助

近年来，联合国等多边机构在发展援助领域的作用突出，尤其在推动发展筹资、实现千年发展目标以及应对全球性发展问题等方面发挥巨大作用。中国通过自愿捐款、股权融资等方式，支持并参与多边机构发展援助行动。

（1）参与多边发展机构的援助工作。2010—2012 年，中国向联合国开发计划署、工业发展组织、人口基金会、儿童基金会、粮食计划署、粮食及农业组织、教育科学及文化组织，世界银行、国际货币基金组织、世界卫生组织以及全球抗击艾滋病、结核病和疟疾基金等国际机构累计捐款约 17.6 亿元人民币，支持其他发展中国家在减贫、粮食安全、贸易发展、危机预防与重建、人口发展、妇幼保健、疾病防控、教育、环境保护等领域的发展。三年中，中国通过联合国粮食及农业组织项目，先后派出 235名专家赴蒙古、尼日利亚、乌干达等 9 个国家，为当地提高农业生产水平提供技术援助。2011—2012 年，中国与世界卫生组织密切配合，先后派出 15 名专家赴纳米比亚、尼日利亚、埃塞俄比亚和巴基斯坦，帮助当地控制脊髓灰质炎传播。2012 年，中国在联合国教育科学及文化组织设立援非教育信托基金，帮助非洲 8 个国家开展师资培训。

（2）支持地区性金融机构的发展筹资。中国加强与亚洲开发银行、非洲开发银行、泛美开发银行、西非开发银行、加勒比开发银行等地区性金融机构的合作，促进更多资本流入发展中国家的基础设施、环保、教育和卫生等领域。截至 2012 年，中国向上述地区性金融机构累计捐资约 13 亿美元。继 2005 年中国出资 2000 万美元在亚洲开发银行设立减贫和区域合作基金之后，2012 年中国再次出资 2000 万美元续设该基金用于支持发展中成员的减贫与发展。截至 2012 年底，中国累计向亚洲开发银行的亚洲发展基金捐资 1.1 亿美元。此外，中国利用在非洲开发银行、西非开发银行和加勒比开发银行设立的技术合作基金，支持上述机构的能力建设。

2. 参与发展合作国际交流

中国积极参与发展合作领域的国际交流，与其他国家和国际组织加强对话，分享发展合作经验。

（1）积极参与全球发展议题研究与讨论。三年中，中国在联合国的千年发展目标高级别会议、可持续发展大会、发展合作论坛、最不发达国家会议、南南合作高级别会议，以及二十国集团峰会、世界贸易组织

"促贸援助"全球审议大会、援助有效性高级别论坛等一系列国际会议上，积极阐释中方的原则立场和政策主张。

（2）与其他国家和组织开展发展合作对话交流。中国以开放的姿态与其他国家和多边发展组织在发展援助领域加强对话沟通，增强互信，相互学习借鉴。中国与英国、澳大利亚、瑞士等国以及经济合作与发展组织举行发展援助研讨或业务交流活动。

3. 开展援外国际合作

为有效借鉴国际经验，提升援助效果，丰富援助方式，中国加强在发展援助领域的国际合作，并在尊重受援国意愿的前提下，与其他多双边援助方试点开展优势互补的三方合作。

（1）联合开展培训活动。中国继续与联合国开发计划署，儿童基金会，粮食及农业组织，工业发展组织，人道主义事务协调办公室，商品共同基金，最不发达国家、内陆发展中国家和小岛屿发展中国家高级代表办公室以及世界银行和国际货币基金组织等机构开展针对发展中国家的培训合作。2010—2012 年，中国与上述机构联合举办各类培训班近 50 期，涉及农业、贸易发展、防灾救灾、金融、工业发展以及社会公共管理等领域。

（2）分享发展合作经验。中国与世界银行合作举办以能力建设、基础设施建设为主题的国际发展合作研讨会，邀请发展中国家政府官员参会，共享发展合作经验。2011 年 10 月，中国与联合国教育科学及文化组织合作举办"中非大学校长论坛"，中非双方围绕中非大学未来合作前景进行研讨。中国与国际农业发展基金连续五年开展南南合作研讨活动，共同分享农业发展和农村扶贫经验。中国与亚洲开发银行连续举办五届研讨班，就亚太地区城市建设与中小企业发展议题开展交流。

（3）试点开展三方合作。中国、联合国开发计划署与柬埔寨三方在成功开展"木薯种植技术培训班"项目基础上，启动"扩大木薯出口"合作项目。2012 年 3 月，由中国出资设立的联合国教科文组织中非多边教育合作信托基金正式启动，加大对非洲基础教育的投入。应库克群岛政府要求，2012 年 8 月，中国、新西兰和库克群岛就合作建设库克供水项目达成共识，项目建成后将为当地民众提供安全卫生的饮用水。

结束语

当前，国际金融危机的影响仍未消退，发展中国家特别是最不发达国家消除贫困与实现发展的任务依然艰巨。国际社会应动员更多的发展资源，加强南北合作，支持南南合作，推动发展中国家经济社会发展，以最终在全球范围内消除贫困。

中国正在全面建设小康社会，致力于实现国家富强、民族振兴、人民幸福的中国梦。中国将顺应和平、发展、合作、共赢的时代潮流，坚持正确的义利观，尊重和支持发展中国家探索符合本国国情的发展道路，积极推动南南合作，切实帮助其他发展中国家促进经济社会发展。

今后，中国将继续增加对外援助投入，进一步优化援助结构，突出重点领域，创新援助方式，提高资金使用效率，有效帮助受援国改善民生，增强自主发展能力。中国愿与国际社会一道，共享机遇，共迎挑战，推动实现持久和平、共同繁荣的世界梦，为人类发展事业做更大贡献。

五 中国的核应急国际合作

中国是国际原子能机构成员国，始终致力于同各国一道推动建立国际核安全应急体系，促进各国共享和平利用核能事业成果，坚定不移支持和推进核应急领域国际合作与交流。中国与国际原子能机构等国际组织在核应急领域开展多层次、全方位合作，与世界有关国家核应急领域合作与交流不断拓展。

1. 积极加入相关国际公约。中国作为联合国常任理事国、国际原子能机构理事国，高度重视融入国际核安全应急体系。自1984年加入国际原子能机构以来，先后加入《核事故或辐射紧急情况援助公约》《及早通报核事故公约》《核材料实物保护公约》《不扩散核武器条约》《核安全公约》《制止核恐怖主义行为国际公约》等国际公约。在这些公约机制内，中国始终致力于同各国一道推动建立和平、合作、共赢的国际核安全应急体系，充分发挥建设性作用。

2. 积极履行核应急国际义务。中国支持国际原子能机构在促进核能与核技术应用、加强核安全、加强核应急、实施保障监督等领域发挥主导作用。中国积极履行有关国际公约规定的国际义务，响应国际原子能机构理事会、大会提出的各项倡议。中国代表团出席了历次国际原子能机构组织的核应急主管当局会议和核安全公约履约大会，负责任地提交核应急、核安全履约国家报告。多次参加国际原子能机构组织的公约演习活动。推荐中国核应急领域的专家学者数百人次参加国际原子能机构开展的工作，为全球核应急领域合作献计献策。2014 年 5 月，中国加入"国际核应急响应与援助网络"，为国际社会核应急体系建设提供支持。

3. 积极开展双边交流。1984 年以来，中国先后与巴西、阿根廷、英国、美国、韩国、俄罗斯、法国等 30 个国家签订双边核能合作协定，开展包括核应急在内的合作与交流。中国同美国合作在华建设核安保示范中心，为地区乃至国际核安保技术交流合作提供平台。在中美和平利用核能协定框架下，中国国家原子能机构与美国能源部联合举办核应急医学救援培训班、核应急后果评价研讨班等多种培训活动。在中俄总理定期会晤框架内设立中俄核问题分委会机制，定期研讨交流核应急领域合作与交流事宜。中国与法国建立中法核能合作协调委员会机制，与韩国建立中韩核能合作联委会机制，定期开展相关活动。中国援助巴基斯坦建设核电站，在核应急领域开展广泛深入的合作交流。

4. 积极拓展多边合作。中国坚持合作共赢原则，与各国开展核应急领域合作与交流。中国国家领导人先后出席 2010 年华盛顿核安全峰会、2012 年首尔核安全峰会、2014 年海牙核安全峰会，呼吁国际社会加强核安全应急管理、提升核安全应急能力、增强各国人民对实现持久核安全、对核能事业造福人类的信心。中国国家原子能机构以各种形式与国际原子能机构开展交流与合作，2014 年 7 月，在福建举办"严重核事故下核应急准备与响应"亚太地区培训班，为 11 个国家和地区的专家提供交流平台；2015 年 10 月，在首次全球核应急准备与响应大会上，中国与 90 多个与会国家和 10 多个国际组织共同分享核应急准备与响应的成就，介绍中国核应急方针政策。中国通过亚洲核安全网络、亚洲核合作论坛、亚太地区核技术合作协定等机制，在地区合作交流中积极发挥作用。中国于 2004 年 1 月正式加入世界卫生组织辐射应急医学准备与救援网络。中国持续举办核应急领域国际学术交流活动。中日韩建立核事故及早通报框架和专家交流机制，定期开展相关领域合作与交流。

5. 积极开展应对福岛核事故合作交流。中国是日本的近邻，对福岛核事故尤为关切。在第一时间启动核应急响应机制、开展本国应对工作的同时，积极履行《核事故或辐射紧急情况援助公约》国际义务，向日本政府表明提供辐射监测、医疗救护等援助的意愿。2011 年 5 月，应日本政府邀请，中国组织专家代表团赴日本，就福岛核事故进行交流，提出处置意见建议。中国还选派权威专家参加国际原子能机构福岛核事故评估团，开展福岛核事故影响评估。福岛核事故发生后四年多来，中国政府机关、企事业单位、大专院校、科研院所，以各种形式与国际组织合作，总结探讨后福岛时代核应急领域重大问题。这些合作交流活动，既促进了中国核应急的改进提高，也促进了国际社会对福岛核事故的经验反馈。

积极响应国际原子能机构核安全行动计划。福岛核事故后，国际原子能机构发布《核安全行动计划》，为国际社会改进核应急工作提供借鉴。中国参考新的标准和理念，全面改进国家核应急准备与响应工作；充实增加国家核安全核应急监管力量和技术支持力量；全面检查所有核设施营运单位核应急工作，按照新的标准完善应急措施；加强顶层设计，进行统筹规划，建立健全核应急能力体系。中国坚持采用最先进的技术、执行最严格的标准，全面提升核应急管理，努力把核应急提高到新水平。①

附件　中国的核应急

（2016 年 1 月）

中华人民共和国国务院新闻办公室

前　言

原子的发现和核能的开发利用给人类社会发展带来新的动力，极大增强人类认识世界和改造世界的能力。核能发展伴随着核安全风险和挑战。人类要更好利用核能、实现更大发展，必须创新核技术、确保核安全、做好核应急。核安全是核能事业持续健康发展的生命线，核应急是核能事业持续健康发展的重要保障。

核应急是为了控制核事故、缓解核事故、减轻核事故后果而采取的不

---

① 参见 2016 年 1 月中华人民共和国国务院新闻办公室发布的《中国的核应急》白皮书。

同于正常秩序和正常工作程序的紧急行为,是政府主导、企业配合、各方协同、统一开展的应急行动。核应急事关重大、涉及全局,对于保护公众、保护环境、保障社会稳定、维护国家安全具有重要意义。

中国始终把核安全放在和平利用核能事业首要位置,坚持总体国家安全观,倡导理性、协调、并进的核安全观,秉持为发展求安全、以安全促发展的理念,始终追求发展和安全两个目标有机融合。半个多世纪以来,中国人民奋发图强、历尽艰辛,创建发展核能事业并取得辉煌成就。同时,不断改进核安全技术,实施严格的核安全监管,加强核应急管理,核能事业始终保持良好安全记录。

核事故影响无国界,核应急管理无小事。总结三哩岛核事故、切尔诺贝利核事故、福岛核事故的教训,中国更加深刻认识到核应急的极端重要性,持续加强和改进核应急准备与响应工作,不断提升中国核安全保障水平。中国在核应急法律法规标准建设、体制机制建设、基础能力建设、专业人才培养、演习演练、公众沟通、国际合作与交流等方面取得巨大进步,既为自身核能事业发展提供坚强保障,也为推动建立公平、开放、合作、共赢的国际核安全应急体系,促进人类共享核能发展成果作出积极贡献。

(一) 核能发展与核应急基本形势

20 世纪 50 年代中期,中国创建核工业。60 多年来,中国致力于和平利用核能事业,发展推动核技术在工业、农业、医学、环境、能源等领域广泛应用。特别是改革开放以来,中国核能事业得到更大发展。

发展核电是中国核能事业的重要组成部分。核电是一种清洁、高效、优质的现代能源。中国坚持发展与安全并重原则,执行安全高效发展核电政策,采用最先进的技术、最严格的标准发展核电。1985 年 3 月,中国大陆第一座核电站——秦山核电站破土动工。截至 2015 年 10 月底,中国大陆运行核电机组 27 台,总装机容量 2550 万千瓦;在建核电机组 25 台,总装机容量 2751 万千瓦。中国开发出具有自主知识产权的大型先进压水堆、高温气冷堆核电技术。"华龙一号"核电技术示范工程投入建设。中国实验快堆实现满功率稳定运行 72 小时,标志着已经掌握快堆关键技术。

伴随着核能事业的发展,核安全与核应急同步得到加强。中国的核设施、核活动始终保持安全稳定状态，特别是核电安全水平不断提高。中国大陆所有运行核电机组未发生过国际核与辐射事件分级表二级以上事件和事故，气态和液态流出物排放远低于国家标准限值。在建核电机组质量保证、安全监管、应急准备体系完整。

中国高度重视核应急，始终以对人民安全和社会安全高度负责的态度强化核应急管理。早在作出发展核电决策之时就同步部署安排核应急工作。切尔诺贝利核事故发生后，中国明确表示发展核电方针不变，强调必须做好核应急准备，1986年即开展国家核应急工作。1991年，成立国家核事故应急委员会，统筹协调全国核事故应急准备和救援工作。1993年，发布《核电厂核事故应急管理条例》，对核应急作出基本规范。1997年，发布第一部《国家核应急计划（预案）》，对核应急准备与响应作出部署，之后，为适应核能发展需要，多次进行修订形成《国家核应急预案》。目前，中国核应急管理与准备工作的体系化、专业化、规范化、科学化水平全面提升。

按照中国核电中长期发展规划目标，到2020年，中国大陆运行核电装机容量将达到5800万千瓦，在建3000万千瓦左右；到2030年，力争形成能够体现世界核电发展方向的科技研发体系和配套工业体系，核电技术装备在国际市场占据相当份额，全面实现建设核电强国目标。面对核能事业发展新形势新挑战，中国核应急在技术、装备、人才、能力、标准等方面还存在一定不足，这也是其他国家在开发利用核能进程中面临的共同课题。中国将通过理念创新、科技创新、管理创新，不断强化国家核应急管理，把核应急提高到新水平。

（二）核应急方针政策

中国是发展中大国，在发展核能进程中，通过制定法律、行政法规和发布政令等方式，确定核应急基本方针政策。

中国核应急基本目标是：依法科学统一、及时有效应对处置核事故，最大程度控制、缓解或消除事故，减轻事故造成的人员伤亡和财产损失，保护公众，保护环境，维护社会秩序，保障人民安全和国家安全。

中国核应急基本方针是：常备不懈、积极兼容，统一指挥、大力协同，保护公众、保护环境。

——常备不懈、积极兼容。各级核应急组织以"养兵千日，用兵一时"的态度，充分准备，随时应对可能发生的核事故。建立健全专兼配合、资源整合、平战结合、军民融合的核应急准备与响应体系。核应急与其他工作统筹规划、统筹部署、兼容实施。

——统一指挥、大力协同。核设施营运单位统一协调指挥场内核事故应急响应行动，各级政府统一协调指挥本级管辖区域内核事故应急响应行动。在政府统一组织指挥下，核应急组织、相关部门、相关企业、专业力量、社会组织以及军队救援力量等协同配合，共同完成核事故应急响应行动。

——保护公众、保护环境。把保护公众作为核应急的根本宗旨，以一切为了人民的态度和行动应对处置核事故。把保护环境作为核应急的根本要求，尽可能把核事故造成的放射性物质释放降到最小，最大程度控制、减轻或消除对环境的危害。

中国核应急基本原则是：统一领导、分级负责，条块结合、军地协同，快速反应、科学处置。

——统一领导、分级负责。在中央政府统一领导下，中国建立分级负责的核应急管理体系。核设施营运单位是核事故场内应急工作责任主体。省级人民政府是本行政区域核事故场外应急工作责任主体。

——条块结合、军地协同。核应急涉及中央与地方、军队与政府、场内与场外、专业技术与社会管理等方面，必须坚持统筹兼顾、相互配合、大力协同、综合施救。

——快速反应、科学处置。核事故发生后，各级核应急组织及早介入，迅速控制缓解事故，减轻对公众和环境的影响。遵循应对处置核事故特点规律，组织开展分析研判，科学决策，有效实施辐射监测、工程抢险、去污洗消、辐射防护、医学救援等响应行动。

（三）核应急"一案三制"建设

中国高度重视核应急的预案和法制、体制、机制（简称"一案三制"）建设，通过法律制度保障、体制机制保障，建立健全国家核应急组织管理体系。

加强全国核应急预案体系建设。《国家核应急预案》是中央政府应对处置核事故预先制定的工作方案。《国家核应急预案》对核应急准备与响应的组织体系、核应急指挥与协调机制、核事故应急响应分级、核事故后恢复行动、应急准备与保障措施等作了全面规定。按照《国家核应急预案》要求，各级政府部门和核设施营运单位制定核应急预案，形成相互配套衔接的全国核应急预案体系。

1. 加强核应急法制建设。中国基本形成国家法律、行政法规、部门规章、国家和行业标准、管理导则于一体的核应急法律法规标准体系。早在 1993 年 8 月就颁布实施《核电厂核事故应急管理条例》。进入 21 世纪以来，又先后颁布实施《中华人民共和国放射性污染防治法》《中华人民共和国突发事件应对法》，从法律层面对核应急作出规定和要求。2015 年 7 月，新修订的《中华人民共和国国家安全法》开始实施，进一步强调加强核事故应急体系和应急能力建设，防止、控制和消除核事故对公众生命健康和生态环境的危害。与这些法律法规相配套，政府相关部门制定相应的部门规章和管理导则，相关机构和涉核行业制定技术标准。军队制定参加核电厂核事故应急救援条例等相关法规和规章制度。目前，正积极推进原子能法、核安全法立法进程。

2. 加强核应急管理体制建设。中国核应急实行国家统一领导、综合协调、分级负责、属地管理为主的管理体制。全国核应急管理工作由中央政府指定部门牵头负责。核设施所在地的省（区、市）人民政府指定部门负责本行政区域内的核应急管理工作。核设施营运单位及其上级主管部门（单位）负责场内核应急管理工作。必要时，由中央政府领导、组织、协调全国的核事故应急管理工作。

3. 加强核应急机制建设。中国实行由一个部门牵头、多个部门参与的核应急组织协调机制。在国家层面，设立国家核事故应急协调委员会，由政府和军队相关部门组成，主要职责是：贯彻国家核应急工作方针，拟定国家核应急工作政策，统一协调全国核事故应急，决策、组织、指挥应急支援响应行动。同时设立国家核事故应急办公室，承担国家核事故应急协调委员会日常工作。在省（区、市）层面，设立核应急协调机构。核设施营运单位设立核应急组织。国家和各相关省（区、市）以及核设施营运单位建立专家委员会或支撑机构，为核应急准备与响应提供决策咨询和建议。

（四）核应急能力建设与保持

中国坚持积极兼容、资源整合、专业配套、军民融合的思路，建设并保持与核能事业安全高效发展相适应的国家核应急能力，形成有效应对核事故的国家核应急能力体系。

国家建立全国统一的核应急能力体系，部署军队和地方两个工作系统，区分国家级、省级、核设施营运单位级三个能力层次，推进核应急领域的各种力量建设。

1. 建设国家核应急专业技术支持中心。建设辐射监测、辐射防护、航空监测、医学救援、海洋辐射监测、气象监测预报、辅助决策、响应行动等 8 类国家级核应急专业技术支持中心以及 3 个国家级核应急培训基地，基本形成专业齐全、功能完备、支撑有效的核应急技术支持和培训体系。

2. 建设国家级核应急救援力量。经过多年努力，中国形成了规模适度、功能衔接、布局合理的核应急救援专业力量体系。适应核电站建设布局需要，按照区域部署、模块设置、专业配套原则，组建 30 余支国家级专业救援分队，承担核事故应急处置各类专业救援任务。军队是国家级核应急救援力量的重要组成部分，担负支援地方核事故应急的职责使命，近年来核应急力量建设成效显著。为应对可能发生的严重核事故，依托现有能力基础，中国将组建一支 300 余人的国家核应急救援队，主要承担复杂条件下重特大核事故突击抢险和紧急处置任务，并参与国际核应急救援行动。

3. 建设省级核应急力量。中国设立核电站的省（区、市）均建立了相应的核应急力量，包括核应急指挥中心、应急辐射监测网、医学救治网、气象监测网、洗消点、撤离道路、撤离人员安置点等，以及专业技术支持能力和救援分队，基本满足本区域核应急准备与响应需要。省（区、市）核应急指挥中心与本级行政区域内核设施实现互联互通。

4. 建设核设施营运单位核应急力量。按照国家要求，参照国际标准，中国各核设施营运单位均建立相关的核应急设施及力量，包括应急指挥中心、应急通信设施、应急监测和后果评价设施；配备应对处置紧急情况的应急电源等急需装备、设备和仪器；组建辐射监测、事故控制、去污洗消等场内核应急救援队伍。核设施营运单位所属涉核集团之间建立核应急相互支援合作机制，形成核应急资源储备和调配等支援能力，实现优势互补、相互协调。

按照积极兼容原则，围绕各自职责，中国各级政府有关部门依据《国家核应急预案》明确的任务，分别建立并加强可服务保障核应急的能力体系。

按照国家、相关省（区、市）和各核设施营运单位制定的核应急预案，在国家核应急体制机制框架下，各级各类核应急力量统一调配、联动使用，共同承担核事故应急处置任务。

（五）核事故应对处置主要措施

中国参照国际先进标准，汲取国际成熟经验，结合国情和核能发展实际，制定了控制、缓解、应对核事故的工作措施。

1. 实施纵深防御。设置五道防线，前移核应急关口，多重屏障强化核电安全，防止事故与减轻事故后果。一是保证设计、制造、建造、运行等质量，预防偏离正常运行。二是严格执行运行规程，遵守运行技术规范，使机组运行在限定的安全区间以内，及时检测和纠正偏差，对非正常运行加以控制，防止演变为事故。三是如果偏差未能及时纠正，发生设计基准事故时，自动启用电厂安全系统和保护系统，组织应急运行，防止事故恶化。四是如果事故未能得到有效控制，启动事故处理规程，实施事故管理策略，保证安全壳不被破坏，防止放射性物质外泄。五是在极端情况下，如果以上各道防线均告失效，立即进行场外应急响应行动，努力减轻事故对公众和环境的影响。同时，设置多道实体屏障，确保层层设防，防止和控制放射性物质释入环境。

2. 实行分级响应。参照国际原子能机构核事故事件分级表，根据核事故性质、严重程度及辐射后果影响范围，确定核事故级别。核应急状态分为应急待命、厂房应急、场区应急、场外应急，分别对应Ⅳ级响应、Ⅲ级响应、Ⅱ级响应、Ⅰ级响应。前三级响应，主要针对场区范围内的应急需要组织实施。当出现或可能出现向环境释放大量放射性物质，事故后果超越场区边界并可能严重危及公众健康和环境安全时，进入场外应急，启动Ⅰ级响应。

3. 部署响应行动。核事故发生后，各级核应急组织根据事故性质和严重程度，实施以下全部或部分响应行动。

——迅速缓解控制事故。立即组织专业力量、装备和物资等开展工程抢险，缓解并控制事故，努力使核设施恢复到安全状态，防止或减少放射性物质向环境释放。

——开展辐射监测和后果评价。在事故现场和受影响地区开展放射性监测以及人员受照剂量监测等。实时开展气象、水文、地质、地震等观（监）测预报。开展事故工况诊断和释放源项分析，研判事故发展趋势，评价辐射后果，判定受影响区域范围。

——组织人员实施应急防护行动。当事故已经或可能导致碘放射性同位素释放，由专业组织及时安排一定区域内公众服用稳定碘，以减少甲状腺的受照剂量。适时组织受辐射影响地区人员采取隐蔽、撤离、临时避迁或永久迁出等应急防护措施，避免或减少受到辐射损伤。及时开展心理援助，抚慰社会公众情绪，减轻社会恐慌。

——实施去污洗消和医疗救治。由专业人员去除或降低人员、设备、场所、环境等放射性污染。组织核应急医学救援力量实施医学诊断、分类，开展医疗救治，包括现场紧急救治、地方医院救治和后方专业救治等。

——控制出入通道和口岸。根据受事故影响区域具体情况，划定警戒区，设定出入通道，严格控制各类人员、车辆、设备和物资出入。对出入境人员、交通工具、集装箱、货物、行李物品、邮包快件等实施放射性污染检测与控制。

——加强市场监管与调控。针对受事故影响地区市场供应及公众心理状况，及时进行重要生活必需品的市场监管和调控。禁止或限制受污染食品和饮用水的生产、加工、流通和食用，避免或减少放射性物质摄入。

——维护社会治安。严厉打击借机传播谣言、制造恐慌等违法犯罪行为。在群众安置点、抢险救援物资存放点等重点地区，增设临时警务站，加强治安巡逻。强化核事故现场等重要场所警戒保卫，根据需要做好周边地区交通管制等工作。

——发布权威准确信息。参照国际原子能机构做法，根据中国法律法规，由国家、省（区、市）和核设施营运单位适时向社会发布准确、权威信息，及时将核事故状态、影响和社会公众应注意的事项、需要个人进行防护的措施告知公众，确保信息公开、透明。

——做好国际通报与申请援助。按照国际原子能机构《及早通报核事故公约》要求，做好向国际社会的通报。按照国际原子能机构《核事故或辐射紧急情况援助公约》要求，视情向国际原子能机构和国际社会申请核应急救援。

4. 建立健全国家核应急技术标准体系。建立包括设置核电厂应急计划区、核事故分级、应急状态分级、开展应急防护行动、实施应急干预原则与干预水平等完整系统的国家核应急技术标准体系，为组织实施核应急准备与响应提供基本技术指南。

5. 加强应急值班。建立核应急值班体系，各级核应急组织保持24小时值班备勤。在国家核事故应急办公室设立核应急国家联络点，负责核应急值班，及时掌握国内核设施情况，保持与国际原子能机构信息畅通。

（六）核应急演习演练、培训与公众沟通

中国高度重视核应急演习演练，切实加强专业培训，注重公众沟通，不断提高各级核应急组织应对处置严重核事故的能力水平，普及社会公众核安全应急知识，营造促进核能发展良好环境，树立全社会对发展核能事业信心。

1. 组织实施核应急演习。发布《核电厂核事故应急管理条例》《突发事件应急预案管理办法》《突发事件应急演练指南》《核应急演习管理规定》等规章，明确规定国家核应急演习方针原则、组织机构、内容形式、分类频次、保障准备、实施程序等。适应核能发展需要，定期举行全国性核应急联合演习；相关省（区、市）每2年至4年举行一次本级场内场外核应急联合演习；核设施营运单位每2年组织一次综合演习，每年组织多种专项演习，拥有3台以上运行机组的演习频度适当增加；核电站首次装投料前，所在地省级核应急管理机构组织场内场外联合演习。近年来，先后组织代号为"神盾—2009""神盾—2015"的国家核应急联合演习，参演规模近6000人，日本、韩国、法国、巴基斯坦、国际原子能机构等派出官员、专家观摩。

2. 建立三级核应急培训制度。国家核应急管理机构负责全国核应急

管理人员培训，省（区、市）核应急管理机构负责本行政区域内核应急人员培训，核设施营运单位负责本单位核应急工作人员专业技术培训。福岛核事故以来，中国各级举办培训班110多期，培训近万人次。目前，中国核应急管理人员、专业技术人员均参加过不同级别、专业的培训。

3. 加强核应急公众沟通与信息发布。中国高度重视核应急公众沟通和信息发布，制定相关规定，明确公开透明、客观真实、权威可信、科学通俗的工作原则。各级核应急组织建立专门的核应急宣传队伍，适时向全社会宣传国家核能政策、核安全政策、核应急政策，增加核能发展透明度，确保公众享有核安全监督权、核应急准备与响应知情权。2013年以来，以"共筑核应急核安全防线、共促核能事业科学发展"为主题，多次组织全国范围核应急宣传活动，国内外受众面达到10亿人次。2015年1月，利用中国核工业创建60周年契机，开展一系列面向国内外的宣传活动。2015年12月，组织媒体走进中国核电企业，开展"助推核能发展、助力'一带一路'"采访活动，向国内外集中展示中国核电技术先进性、核电安全可靠性、核电管理规范性、核应急准备充分性，产生了积极社会反响。各涉核企业、大专院校和有关团体还以各种形式开展涉核科普宣传活动，努力营造安全高效发展核能的良好氛围。

香港特别行政区、澳门特别行政区毗邻广东省，特区公众和舆论关注内地核能发展。1992年以来，粤港双方针对广东大亚湾和岭澳核电站核应急事宜达成多项共识。国家核应急管理机构多次与广东省、香港特别行政区政府组织宣介会，不断充实粤港核应急合作机制内容，完善粤港核应急交流平台，及时回应公众关切，消除疑虑。中央政府有关部门还有针对性地与港澳地区相关部门联合开展各领域专业培训，提高当地人员专业水平，为保持香港、澳门繁荣稳定作出积极贡献。

核能安全利用是关系台湾海峡两岸人民生命财产安全的大事，两岸双方对此高度重视。2011年10月，海协会与台湾海基会签署《海峡两岸核电安全合作协议》。在该协议框架下，两岸建立核应急事务联系机制，在核电安全法规与标准、核电厂事故紧急通报、核电厂环境辐射监测、核电厂事故紧急应变及准备等领域不断拓展交流与合作，取得积极成效。

（七）核应急科技创新

中国制定国家核应急工作规划，明确核应急领域科技创新目标要求、体制机制、人才建设、主要任务、保障措施等，取得一批科技创新成果，部分成果达到国际先进水平。

1. **核事故后果评价与决策支持系统开发。**坚持技术引进与自主创新相结合，中国有关院校和科研院所，在事故源项估算、风场诊断与预报、气载放射性扩散、水体放射性扩散、核辐射医学应急分类及救援、放射性剂量估算等技术领域取得成果，为国家核应急决策提供了技术支持。

2. **核应急基础技术研究。**开展"华龙一号"反应堆、AP1000 反应堆（美国先进压水堆）、EPR 反应堆（欧洲压水堆）、高温气冷堆、快堆等三代、四代核电技术反应堆核应急技术与管理研究。针对多机组同时出现共模事故、内陆核电站严重事故源项分析、跨地区核应急准备、核燃料循环设施应急准备、核与辐射恐怖袭击事件应急处置等重大课题，持续开展研究，取得一批成果，促进了中国核应急基础技术水平的整体增强。

3. **核应急专用装备研发。**重点推进核应急辐射监测、辐射防护、医学救援、去污洗消等装备研发和系统集成。自主研制车（船）载巡测设备、航空辐射监测系统、辐射监测与事故响应机器人等装备设备，以及车（船）载核应急指挥系统、核应急医学分类及监测平台、医疗支援系统等，并已装备各级核应急救援队。中国海关使用的门户式辐射探测设备全部由国内企业自主研发制造。

4. **核应急信息化技术研究。**开展核应急数据采集和传输标准化研究，建立健全全国核应急资源管理系统。研发核应急指挥信息化系统，创新核应急预案模块化、响应流程智能化、组织指挥可视化、辅助决策科学化等技术，实现日常管理与应急响应一体化，提高了核应急响应能力和组织指挥效率。

5. **核应急医疗救治技术研究。**开展急性放射损伤诊治等技术研究，制定急性放射损伤诊断与治疗方案和救治指南。开展核辐射突发事件医学应急关键技术研究及其推广应用研究，研制适用于广大人群的核辐射事故生物剂量快速估算方法，优化重度、极重度急性骨髓型放射病患者的非清髓造血干细胞、间充质干细胞（MSC）联合移植救治模式，在放射病治疗中实现多项突破，以最大程度减少核辐射事故引起的人员伤亡。持续开展系统的间充质干细胞治疗核辐射损伤的基础与临床研究，创建了 MSC 联合造血干细胞治疗重度放射病的治疗新方案，其研究成果"成体干细胞救治放射损伤新技术的建立与应用"项目获得该领域首个国家科技进步一等奖。军队医疗机构研究创建了"三级处置、四级救治"体系化核应急医学应急救援能力建设模式。

6. 公众风险沟通和心理援助研究。开展核突发事件（事故）情况下大范围公众群体危机心理援助技术研究，构建相关心理干预模型，提出应对预案、标准和实施指南。针对核辐射特点，研究编制核事故公众防护问与答、核与辐射事故医学应急等面向社会公众的应用丛书。

7. 核应急环境气象创新性研究。持续研发并建设完善中国气象环境应急响应数值预报业务系统。通过技术引进和自主研发，改进升级核及危险化学品泄漏气象服务系统，完成大气扩散模式的精细化改进，全球模式分辨率由原来的 85 千米左右提高到 30 千米，中尺度区域模式分辨率由 15 千米提高到 10 千米，实现了对污染物扩散更加精细化模拟和预报。

（八）核应急国际合作与交流（本部分内容已置于前面）

结束语

贯彻创新、协调、绿色、开放、共享发展理念，坚定不移推进核能事业发展，是中国的重要战略选择。发展核能事业的步伐不停止，加强核应急的步伐就不会停止。中国将不断加强和改进核应急工作，为核能事业安全高效、持续健康发展提供坚强保障。

在未来，中国将坚持总体国家安全观和理性、协调、并进的核安全观，多措并举，综合施策，不断增强核安全应急能力，扎实做好核应急工作。坚持发展与安全并重，以安全为前提发展核能事业，使核应急与核能发展协调并进；坚持能力与需求匹配，适应核能事业发展要求，不断提升核应急能力，确保核应急响应及时有效；坚持国内与国际交流，继续深化核应急领域国际合作，推进建立面向未来的国际核安全应急体系，国际社会共享和平利用核能事业成果；坚持当前与长远兼顾，着眼中国和世界核能事业发展大势，前瞻谋划核应急工作，确保筹划在先、准备在先、预防在先，增强主动性、掌握主动权。

中国的发展离不开世界，世界的发展也离不开中国。中国将积极参与构建国际核安全应急体系，与国际社会一道，共同解决核应急领域面临的重大课题。中国有信心、有能力不断提升核应急准备与响应水平，为实现持久核安全、实现核能事业造福人类作出贡献。

六　中国武装力量参与国际救灾

中国武装力量积极参加政府组织的国际灾难救援和人道主义援助，向有关受灾国提供救援物资与医疗救助，派出专业救援队赴受灾国救援减灾，为有关国家提供扫雷援助，开展救援减灾国际交流。

2002年以来，人民解放军已执行国际紧急人道主义援助任务36次，向27个受灾国运送总价值超过12.5亿元人民币的救援物资。2001年以来，由北京军区工兵团官兵、武警总医院医护人员和中国地震局专家组成的中国国际救援队，已参加8次国际灾难救援行动。2010年以来，人民解放军医疗救援队先后3次赴海地、巴基斯坦执行国际人道主义医学救援任务，陆军航空兵直升机救援队赴巴基斯坦协助抗击洪涝灾害。

2011年3月，日本发生强震并引发海啸，中国国际救援队紧急赴日参与搜救工作。2011年7月，泰国发生严重洪涝灾害，人民解放军空军出动4架飞机将中国国防部援助泰国武装部队的90多吨抗洪救灾物资运抵曼谷。2011年9月，巴基斯坦发生特大洪灾，人民解放军空军出动5架飞机将7000顶救灾帐篷空运至卡拉奇，兰州军区派出医疗防疫救援队赴重灾区昆瑞开展医疗救援、卫生防疫工作。

中国武装力量积极开展对发展中国家的医疗服务和援助，参与国际医疗交流与合作，增进了与各国的友谊和互信。2010—2011年，海军"和平方舟"号医院船先后赴亚非5国和拉美4国，执行"和谐使命"人道主义医疗服务任务，历时193天，航程4.2万海里，为近5万人提供医疗服务。近年来，人民解放军医疗队还结合参加人道主义医疗联合演练，积极为加蓬、秘鲁、印度尼西亚等国家的民众提供医疗服务。

中国政府高度重视地雷引发的人道主义问题，积极支持和参与国际扫雷援助活动。1999年以来，人民解放军通过举办扫雷技术培训班、专家现场指导、援助扫雷装备等方式，配合国家相关部门向近 40 个亚洲、非洲、拉丁美洲国家提供扫雷援助，为外国培训扫雷技术人员 400 多名，指导扫除雷场 20 多万平方米，捐赠价值约 6000 万元人民币的扫雷装备器材。①

七　中国应对气候变化的国际合作

中国本着"互利共赢、务实有效"的原则积极参加和推动应对气候变化的国际合作，发挥了建设性作用。近年来，中国国家主席和国务院总理分别在八国集团同发展中国家领导人对话会议、亚太经合组织会议、东亚峰会、博鳌亚洲论坛等多边场合以及双边交往中，阐述了中国对于气候变化国际合作的立场，积极推动应对气候变化的全球行动。

中国长期以来积极参加和支持《气候公约》和《议定书》框架下的活动，努力促进《气候公约》和《议定书》的有效实施。中国专家积极参加政府间气候变化专门委员会的工作，为相关报告的编写作出了贡献。中国认真履行本国在《气候公约》和《议定书》下的义务，于 2004 年提交了《中华人民共和国气候变化初始国家信息通报》，并于 2007 年 6 月发布《应对气候变化国家方案》和《中国应对气候变化科技专项行动》。

在多边合作方面，中国是碳收集领导人论坛、甲烷市场化伙伴计划、亚太清洁发展和气候伙伴计划的正式成员，是八国集团和五个主要发展中国家气候变化对话以及主要经济体能源安全和气候变化会议的参与者。在亚太经合组织会议上，中国提出了"亚太森林恢复与可持续管理网络"倡议，并举办了"气候变化与科技创新国际论坛"。中国努力推动气候变化领域中国际社会的交流与互信，促进形成公平、有效的全球应对气候变化机制。

在双边方面，中国与欧盟、印度、巴西、南非、日本、美国、加拿大、英国、澳大利亚等国家和地区建立了气候变化对话与合作机制，并将气候变化作为双方合作的重要内容。中国一直在力所能及的范围内，帮助非洲和小岛屿发展中国家提高应对气候变化的能力。《中国对非洲政策文

---

① 参见 2013 年国务院新闻办公室发布的《中国武装力量的多样化运用》白皮书。

件》明确提出，积极推动中非在气候变化等领域的合作。中国政府分别举办了两期针对非洲和亚洲发展中国家政府官员的清洁发展机制项目研修班，提高了这些国家开展清洁发展机制项目的能力。

中国积极与外国政府、国际组织、国外研究机构开展应对气候变化领域的合作研究，内容涉及气候变化的科学问题、减缓和适应、应对政策与措施等方面，包括中国气候变化的趋势、气候变化对中国的影响、中国农林部门的适应措施与行动、中国水资源管理、中国海岸带和海洋生态系统综合管理、中国的温室气体减排成本和潜力、中国应对气候变化的法律法规和政策研究，以及若干低碳能源技术的研发和示范等。中国积极参与相关国际科技合作计划，如地球科学系统联盟（ESSP）框架下的世界气候研究计划（WCRP）、国际地圈—生物圈计划（IGBP）、国际全球变化人文因素计划（IHDP）、全球对地观测政府间协调组织（GEO）、全球气候系统观测计划（GCOS）、全球海洋观测系统（GOOS）、国际地转海洋学实时观测阵计划（ARGO）、国际极地年计划等，并加强与相关国际组织和机构的信息沟通和资源共享。

中国积极推动和参与《气候公约》框架下的技术转让，努力创建有利于国际技术转让的国内环境，并提交了技术需求清单。中国认为，《气候公约》框架下的技术转让不应单纯依靠市场，关键在于发达国家政府应努力减少和消除技术转让障碍，采取引导和激励政策与措施，在推动技术转让过程中发挥作用。对于尚在研发之中的应对气候变化的关键技术，应依靠国际社会广大成员国的合力，抓紧取得突破性进展，并为世界各国所共享。

中国重视清洁发展机制在促进本国可持续发展中的积极作用，愿意通过参与清洁发展机制项目合作为国际温室气体减排作出贡献。通过国际合作，中国进行了清洁发展机制方面的系统研究，为国际规则和国内政策措施的制定提供了科学基础，为各利益相关方提供了有益信息；进行了大量的能力建设活动，提高政府部门、企业界、学术机构、咨询服务机构、金融机构等推动清洁发展机制项目开发的能力。完善了相关的国内制度，制订和颁布《清洁发展机制项目运行管理办法》。到2008年7月20日，中国在联合国已经成功注册的清洁发展机制合作项目达到244个，这些项目预期的年减排量为1.13亿吨二氧化碳当量。清洁发展机制项目有效促进了中国可再生能源的发展，推动了能源效率的提高，极大加强了相关政府部门、企业、组织和个人的气候变化意识。中国认为，清洁发展机制作为一种比较有效和成功的合作机制，在 2012 年后应该继续得到实施，但应进一步促进项目实施中的公平、透明、简化、确定性和环境完整性，并促进先进技术向发展中国家转移，东道国应该在清洁发展机制项目开发中扮演更加重要的角色。①

（一）参与国际谈判

中国政府高度重视全球气候变化问题，以高度负责任的态度，积极建设性参与应对气候变化国际谈判，加强与各国在气候变化领域的多层次磋商和对话，努力推动各方就气候变化问题凝聚共识，为推动建立公平合理的应对气候变化国际制度作出了积极贡献。

1. 积极参加联合国进程下的国际谈判

中国坚持《联合国气候变化框架公约》和《京都议定书》（简称《议定书》）双轨谈判机制，坚持缔约方主导、公开透明、广泛参与和协商一致的规则，积极发挥联合国框架下的气候变化国际谈判的主渠道作用，坚持"共同但有区别的责任"原则，积极建设性参与谈判，加强与各方沟通交流，促进各方凝聚共识。

2007 年，中国积极建设性参加了印尼巴厘岛联合国气候变化谈判会议，为巴厘路线图的形成作出了实质性贡献。中国在此次大会上提出的三项建议，包括最晚于 2009 年底谈判确定发达国家 2012 年后的减排指标、切实将《公约》和《议定书》中向发展中国家提供资金和技术转让的规定落到实处等，得到了与会各方的认可，并最终被采纳到该路线图中。

2009 年，中国积极参加哥本哈根会议谈判，为打破谈判僵局、推动各方达成共识发挥了关键性作用。中国政府公布《落实巴厘路线图——中国政府关于哥本哈根气候变化会议的立场》，提出了中国关于哥本哈根会议的原则、目标，就进一步加强《公约》的全面、有效和持续实施，以及发达国家在《议定书》第二承诺期进一步量化减排指标等方面阐明了立场。在出席领导人会议时，中国国务院总理温家宝呼吁各方凝聚共

---

① 参见 2008 年国务院新闻办公室发布的《中国应对气候变化的政策与行动》白皮书。

识、加强合作，共同推进全球合作应对气候变化进程。会议期间，温家宝总理与各国领导人展开密集磋商，推动形成了《哥本哈根协议》，为推动气候变化国际谈判进程做出了突出贡献。

2010年，中国全面参与墨西哥坎昆会议谈判与磋商，坚持维护谈判进程的公开透明、广泛参与和协商一致，就各个谈判议题提出建设性方案，为坎昆会议取得务实成果、谈判重回正轨作出了重要贡献。特别是在关于全球长期目标、《京都议定书》第二承诺期、发展中国家减缓行动的"国际磋商与分析"以及发达国家减排承诺等分歧较大的问题的谈判中，积极与各方沟通协调，从各个层面与各方坦诚、深入交换看法，增进相互理解，凝聚政治推动力。利用"77国集团+中国"和"基础四国"等机制加强与广大发展中国家的沟通协调，利用各种渠道加强与发达国家的对话，为开好坎昆会议做了有效铺垫。中国还与会议东道国墨西哥密切沟通，提供了有益建议和全面支持。2010年10月，在坎昆会议召开前，中国在天津承办了一次联合国气候变化谈判会议，为推动坎昆会议取得积极成果奠定了基础。

2. 积极参与相关国际对话与交流

利用高层互访和重要会议推动谈判进程。中国国家主席胡锦涛在出席二十国集团峰会、八国集团同发展中国家领导人对话会议、主要经济体能源安全和气候变化领导人会议、亚太经合组织等重大多边外交活动中，多次发表重要讲话，努力促进国际社会在应对气候变化方面凝聚共识，共同推进全球合作应对气候变化进程。2009年9月22日，胡锦涛主席出席联合国气候变化峰会，发表了题为《携手应对气候变化》的讲话，阐明中国应对气候变化目标、立场和主张，并表达了加强国际合作的意愿。中国国务院总理温家宝在东亚峰会、中欧工商峰会、亚欧峰会等重要国际会议中，多次就深化应对气候变化国际交流和合作、发展绿色经济等问题阐述中国的立场和采取的行动，呼吁加强气候变化技术和管理方面的国际合作，加深各方对彼此立场的理解。

积极参与气候变化谈判相关国际进程。参与联合国气候变化大会东道国举办的部长级非正式磋商会议、"经济大国能源与气候论坛"领导人代表会议、彼得斯堡气候变化部长级对话会、小岛国气候变化部长级会议、气候技术机制部长级对话会、联合国秘书长气候变化融资高级别咨询小组会议和国际民航、国际海事组织会议及全球农业温室气体研究联盟等系列国际磋商和交流活动。中国积极参与政府间气候变化专门委员会及其工作小组的活动，中国科学家参与了历次评估报告的编写。

加强与各国磋商与对话。加强与美国、欧盟、丹麦、日本等发达国家和地区的部长级磋商。加强与其他发展中国家的沟通，推动建立"基础四国"协商机制，并采取"基础四国＋"的方式，协调推动气候变化谈判进程。加强与非洲国家、最不发达国家、小岛屿国家的沟通。中国国家气候变化专家委员会积极开展与其他国家相关智库的学术交流对话，推动气候变化科学研究、技术转让、公众教育和信息共享等方面的国际合作。

（二）加强国际合作

中国本着"互利共赢，务实有效"的原则积极参加和推动与各国政府、国际组织、国际机构的务实合作，为促进国际社会合作应对气候变化发挥着积极的建设性作用。2010 年 3 月，中国颁布《应对气候变化领域对外合作管理暂行办法》，进一步规范和促进了气候变化国际合作。

1. 拓展与国际组织合作

加强与相关国际组织和机构的信息沟通、资源共享和务实合作，签署了一系列合作研究协议，实施了一批研究项目，内容涉及气候变化的科学问题、减缓和适应、应对政策和措施等，主要包括：与联合国开发计划署、世界银行、欧洲投资银行开展项目合作，与亚洲开发银行、碳捕集领导人论坛、全球碳捕集和封存研究院开展碳捕集、利用和封存领域相关合作，与全球环境基金开展了中国技术需求评估项目合作，与能源基金会合作开展编制温室气体清单能力建设及相关政策、技术路线研究、气候变化立法研究等。中国积极参与相关国际科技合作计划，如地球科学系统联盟框架下的世界气候研究计划、国家地圈—生物圈计划、国家全球变化人文因素计划、全球对地观测政府间协调组织、全球气候系统观测计划等，相关研究成果为中国应对气候变化政策的制定提供了有益参考。

2. 加强与发达国家务实合作

中国与美国、欧盟、意大利、德国、挪威、英国、法国、澳大利亚、加拿大、日本等国家和地区建立了气候变化领域对话和合作机制，签署相关联合声明、谅解备忘录和合作协议等，将气候变化作为双方合作的重要内容。推动中日节能环保合作，与美国在建筑节能、清洁煤/碳捕集与封存、清洁能源汽车等三个优先领域开展联合研究，与德国在电动汽车领域开展深入的科技合作，与澳大利亚开展二氧化碳地质封存合作，与意大利开展清洁能源/碳捕集与封存技术合作，与欧盟开展建筑能效与质量的合作，与英国推进绿色建筑和生态城市发展合作，与加拿大开展采用现代木结构建筑技术应对气候变化合作，与瑞典开展城乡可持续发展领域合作。

3. 深化与发展中国家务实合作

与南非、印度、巴西、韩国等国家签署相关的联合声明、谅解备忘录和合作协议等，建立气候变化合作机制，加强在气象卫星监测、新能源开发利用等领域的合作，为发展中国家援建 200 个清洁能源和环保项目。加强科技合作，实施了 100 个中非联合科技研究示范项目。加强农业合作，援建农业示范中心，派遣农业技术专家，培训农业技术人员，提高非洲实现粮食安全能力。注重在人力资源开发上的合作，实施援外培训项目 85 个。2008 年 12 月，中国在吉布提举办了清洁发展机制与可再生能源培训班。2009 年 6 月，在北京举办了发展中国家应对气候变化官员研修班。同年 7 月，在北京为来自非洲国家的官员和学者举办发展中国家气候及气候变化国际高级研修班。2010 年，共安排 19 期应对气候变化和清洁能源国际研修班，为受援国培训 548 名官员和专业人员。中国还向南太平洋、加勒比等地区小岛屿国家提供支持与帮助，先后为太平洋岛屿国家援建130 多个项目，为发展中国家应对气候变化提供力所能及的援助，提高其减缓和适应气候变化的能力。

4. 积极开展清洁发展机制项目合作

为促进清洁发展机制项目在中国的有序开展，2005 年中国制定和颁布实施了《清洁发展机制项目运行管理办法》。2010 年，为提高清洁发展机制项目开发和审定核查效率，又对该管理办法进行了修订。大力开展相关能力建设，提高推动清洁发展机制项目开发的能力。每年组织专家计算电网基准线排放因子，及时公布和共享信息。截至 2011 年 7 月，中国已经批准了 3154 个清洁发展机制项目，主要集中在新能源和可再生能源、节能和提高能效、甲烷回收利用等方面。其中，已有 1560 个项目在联合国清洁发展机制执行理事会成功注册，占全世界注册项目总数的 45.67%，已注册项目预计经核证的减排量（CER）年签发量约 3.28 亿吨二氧化碳当量，占全世界总量的 63.84%，为《京都议定书》的实施提供了支持。①

附件　《中国应对气候变化的政策与行动（2011）》

（2011 年 11 月）

中华人民共和国国务院新闻办公室

前　言

气候变化是国际社会普遍关注的全球性问题。近年来，全球酷暑、干旱、洪涝等极端气候事件频发，气候变化影响日益显现。各国携手应对气候变化，共同推进绿色、低碳发展已成为当今世界的主流。

中国是全球最大的发展中国家，人口众多，能源资源匮乏，气候条件复杂，生态环境脆弱，尚未完成工业化和城镇化的历史任务，发展很不平衡。2010 年人均国内生产总值刚刚超过 2.9 万元人民币，按照联合国的贫困标准，还有上亿贫困人口，发展经济、消除贫困、改善民生的任务十分艰巨。同时，中国是最易受气候变化不利影响的国家之一，全球气候变化已对中国经济社会发展产生诸多不利影响，成为可持续发展的重大挑战。

中国政府一贯高度重视气候变化问题，把积极应对气候变化作为关系经济社会发展全局的重大议题，纳入经济社会发展中长期规划。2006 年，中国提出了 2010 年单位国内生产总值能耗比 2005 年下降 20% 左右的约束性指标，2007 年在发展中国家中第一个制定并实施了应对气候变化国家方案，2009 年确定了到 2020 年单位国内生产总值温室气体排放比 2005 年下降 40%—45% 的行动目标。

为完成上述目标任务，中国在"十一五"期间（2006—2010 年）采取了一系列减缓和适应气候变化的重大政策措施，取得了显著成效。2011 年制定实施的《中华人民共和国国民经济和社会发展第十二个五年规划纲要》确立了今后五年绿色、低碳发展的政策导向，明确了应对气候变化的目标任务。在气候变化国际谈判中，中国一直发挥着积极建设性作

①　参见 2011 年国务院新闻办公室发布的《中国应对气候变化的政策与行动》白皮书。

用，努力推动谈判进程，为应对全球气候变化作出了重要贡献。为使国际社会充分了解中国"十一五"期间应对气候变化采取的政策与行动、取得的积极成效以及"十二五"期间应对气候变化的总体部署及有关谈判立场，特发表本白皮书。

（一）减缓气候变化

"十一五"期间，中国加快转变经济发展方式，通过调整产业结构和能源结构、节约能源提高能效、增加碳汇等多种途径控制温室气体排放，取得了显著成效。

1. 优化产业结构

（1）改造提升传统产业。制定和发布汽车、钢铁等十大重点产业调整和振兴规划，修订《产业结构调整指导目录》，出台《关于抑制部分行业产能过剩和重复建设引导产业健康发展的若干意见》。提高高耗能行业准入门槛，对固定资产投资项目进行节能评估和审查，加强传统产业的技术改造和升级，促进企业兼并重组，调整出口退税政策，对煤炭、部分有色金属、钢坯和化肥等产品征收出口关税，抑制高耗能、高排放和资源性产品出口。加快淘汰落后产能。通过"上大压小"，累计关停小火电机组7682万千瓦，淘汰落后炼钢产能7200万吨、炼铁产能1.2亿吨、水泥产能3.7亿吨、焦炭产能1.07亿吨、造纸产能1130万吨、玻璃产能4500万重量箱。电力行业30万千瓦以上火电机组占火电装机容量比重由2005年的47%上升到2010年的71%，钢铁行业1000立方米以上大型高炉炼铁产能比重由48%上升到61%，电解铝行业大型预焙槽产量比重由80%提升到90%以上。钢铁、水泥、有色、机械、汽车等重点行业的集中度明显提高，重点行业能耗水平显著降低。2005年到2010年，火电供电煤耗由370克/千瓦时降到333克/千瓦时，下降10%；吨钢综合能耗由694千克标准煤降到605千克标准煤，下降12.8%；水泥综合能耗下降24.6%；乙烯综合能耗下降11.6%；合成氨综合能耗下降14.3%。

（2）培育和壮大战略性新兴产业。制定并发布《关于加快培育和发展战略性新兴产业的决定》，明确了培育发展战略性新兴产业的总体思路、重点任务和政策措施。选择战略性新兴产业重点领域，实施了若干重大工程，建设了一批重大项目。加快建设国家创新体系，实施知识创新工程和技术创新工程，加强重大技术攻关。启动新兴产业创投计划，发起设立了20只创业投资基金，支持节能环保、新能源等战略性新兴产业领域的创新企业成长。2010年中国高技术制造业的产值达到7.6万亿元人民币，位居世界第二，比2005年增长了一倍多。

（3）加快发展服务业。制定实施《关于加快发展服务业的若干意见》《关于加快发展服务业若干政策措施的实施意见》等重要文件，大力推动生产性服务业和生活性服务业的发展。出台《加快发展高技术服务业的指导意见》。2005年至2010年，中国服务业增加值年均增长11.9%，比国内生产总值年均增速高0.7个百分点，服务业增加值占国内生产总值比重由40.3%提高到43%。

2. 节约能源

（1）加强目标责任考核。分解落实节能目标责任，建立了统计监测考核体系，对全国31个省级政府和千家重点企业节能目标完成情况和节能措施落实情况进行定期评价考核。2010年，全国18个重点地区开展节能减排专项督查，进行严格的目标责任考核和问责，促进了全国节能目标的实现。

（2）推动重点领域节能。实施工业锅炉（窑炉）改造、热电联产、电机系统节能、余热余压利用等十大重点节能工程，开展千家企业节能行动，加强重点耗能企业节能管理，推动能源审计和能效对标活动。开展"车、船、路、港"千家企业低碳交通运输专项行动，大力发展城市公共交通。提高新建建筑强制性节能标准执行率，加快既有建筑节能改造，推动可再生能源在建筑中的应用，对政府机构办公用房进行节能改造。截至2010年年底，全国城镇新建建筑设计阶段执行节能强制性标准的比例为99.5%，施工阶段执行节能强制性标准的比例为95.4%。"十一五"期间，累计建成节能建筑面积48.57亿平方米，共形成4600万吨标准煤的节能能力。开展零售业节能行动，限制生产、销售、使用塑料购物袋，抑制商品过度包装。

（3）推广节能技术与节能产品。发布三批共115项国家重点节能技术推广目录，在钢铁、建材、化工等行业重点推广7项节能技术。实施节能产品惠民工程，通过财政补贴推广高效照明产品、高效空调、节能电机等节能产品，通过中央财政补贴支持推广了3.6亿只高效照明产品、3000

万台高效节能空调、100 万辆节能汽车，实现年节能能力 200 亿千瓦时。开展节能与新能源汽车示范推广工作，率先在公共服务领域推广使用混合动力、纯电动和燃料电池汽车。建立节能产品优先采购制度，制定了节能产品政府采购清单，对空调、计算机、照明等 9 类节能产品实行强制采购。"十一五"期间，纯低温余热发电、新型阴极铝电解槽、高压变频、稀土永磁电机、等离子无油点火等一大批高效节能技术得到普遍应用，高效照明产品市场占有率达 67%，高效节能空调市场占有率达 70%。

（4）发展循环经济。开展国家"城市矿产"示范基地建设，推进重点城市报废机电设备、废旧家电、废塑料、废橡胶等废弃资源的规模利用、循环利用和高值利用。积极推进大宗工业固体废弃物综合利用，"十一五"期间，综合利用粉煤灰约 10 亿吨、煤矸石约 11 亿吨、冶炼渣约 5 亿吨。安排中央投资支持再制造产业化项目建设，截至 2010 年年底，中国已形成汽车发动机、变速箱、转向机、发电机共 25 万台（套）的再制造能力。

（5）推行节能市场机制。积极利用合同能源管理、电力需求侧管理、节能自愿协议等市场机制推动节能。2010 年颁布了《关于加快推行合同能源管理促进节能服务产业发展的意见》，加大资金支持力度，实行税收扶持政策，完善相关会计制度，改善金融服务，加强对节能服务产业的支持。2005 年到 2010 年，节能服务公司数量由 80 多家增加到 800 多家，从业人员由 1.6 万人增加到 18 万人，节能服务产业规模由 47 亿元人民币增加到 840 亿元人民币，形成的年节能能力由 60 多万吨标准煤增加到 1300 多万吨标准煤。

（6）完善相关标准。完善严寒和寒冷、夏热冬冷和夏热冬暖三个不同气候区居住建筑节能工程设计标准、公共建筑节能设计标准和建筑节能工程施工质量验收规范，发布 27 项高耗能产品能耗限额强制性国家标准、19 项主要终端用能产品强制性国家能效标准，制定 15 项主要污染物排放国家标准，颁布 71 项环境标志标准，出台实行能源效率标识的产品目录。

（7）实行激励政策。加快推进能源价格形成机制改革，实施成品油税费改革，对高耗能行业实施差别电价，对超能耗产品实行惩罚性电价，推动供热计量收费。设立节能减排专项资金，"十一五"期间中央财政累计投入 2250 亿元人民币，重点支持节能技术改造和节能产品推广，形成节能能力 3.4 亿吨标准煤。稳妥推进资源税制改革，不断完善出口退税制度，调整车辆购置税政策，改革车船税，出台了节能节水、资源综合利用等方面的税收优惠政策。对高效、节能、低碳产品实施进口税收优惠政策。

（8）经过各方努力，中国完成了"十一五"规划提出的节能目标，2010 年单位国内生产总值能耗比 2005 年累计下降 19.1%，相当于少排放二氧化碳 14.6 亿吨以上。"十一五"期间中国以能源消费年均 6.6% 的增长支撑了国民经济年均 11.2% 的增速，能源消费弹性系数由"十五"时期（2001—2005 年）的 1.04 下降到 0.59，缓解了能源供需矛盾。

3. 发展低碳能源

（1）加快发展天然气等清洁能源。大力开发天然气，推进煤层气、页岩气等非常规油气资源开发利用，出台财政补贴、税收优惠、发电上网、电价补贴等政策，制定实施煤矿瓦斯治理和利用总体方案，大力推进煤炭清洁化利用，引导和鼓励煤矿瓦斯利用和地面煤层气开发。天然气产量由 2005 年的 493 亿立方米增加到 2010 年的 948 亿立方米，年均增长 14%，天然气在中国能源消费结构中所占比重达到 4.3%。煤层气累计抽采量 305.5 亿立方米，利用量 114.5 亿立方米，相当于减排二氧化碳 1.7 亿吨。

（2）积极开发利用非化石能源。通过国家政策引导和资金投入，加强了水能、核能等低碳能源开发利用。截至 2010 年年底，水电装机容量达到 2.13 亿千瓦，比 2005 年翻了一番；核电装机容量 1082 万千瓦，在建规模达到 3097 万千瓦。支持风电、太阳能、地热、生物质能等新型可再生能源发展。完善风力发电上网电价政策。实施"金太阳示范工程"，推行大型光伏电站特许权招标。完善农林生物质发电价格政策，加大对生物质能开发的财政支持力度，加强农村沼气建设。2010 年，风电装机容量从 2005 年的 126 万千瓦增长到 3107 万千瓦，光伏发电装机规模由 2005 年的不到 10 万千瓦增加到 60 万千瓦，太阳能热水器安装使用总量达到 1.68 亿平方米，生物质发电装机约 500 万千瓦，沼气年利用量约 140 亿立方米，全国户用沼气达到 4000 万户左右，生物燃料乙醇利用量 180 万吨，各类生物质能源总贡献量合计约 1500 万吨标准煤。

4. 控制非能源活动温室气体排放

强化对工业生产过程、农业活动、废弃物处理等领域的温室气体排放控制。应用电石渣替代石灰石生产水泥熟料等原料替代技术、高炉渣和粉煤灰等作为添加混合材料生产水泥等工艺过程，采用二级处理法和三级处理法处理硝酸生产过程的氧化亚氮排放、催化分解和热氧化分解处理己二酸生产过程的氧化亚氮排放、热氧化法对 HFC—23 进行捕获和清除等。加快畜牧业生产方式转变，减少农田种植和畜禽养殖中甲烷和氧化亚氮排放。启动实施土壤有机质提升补贴项目，累计推广秸秆还田、绿肥种植、增施有机肥等技术措施面积近 3000 万亩。完善城市废弃物标准，实施生活垃圾处理收费制度，推广利用先进的垃圾焚烧技术，制定促进填埋气体回收利用的激励政策。积极开展碳捕集、利用和封存技术研究与示范。据初步统计，截至 2010 年年底，中国工业生产过程的氧化亚氮排放基本稳定在 2005 年的水平上，甲烷排放增长速度得到一定控制。

5. 增加碳汇

（1）增加森林碳汇。继续实施"三北"重点防护林工程、长江中下游地区重点防护林工程、退耕还林工程、天然林保护工程、京津风沙源治理工程等生态建设项目，开展碳汇造林试点，加强林业经营及可持续管理，提高森林蓄积量，中央财政提高了造林投入补助标准，每亩补助由 100 元人民币提高到 200 元人民币，建立了中国绿色碳汇基金会。目前，中国人工林保存面积 6200 万公顷，全国森林面积达到 1.95 亿公顷，森林覆盖率由 2005 年的 18.21% 提高到 2010 年的 20.36%，森林蓄积量达到 137.21 亿立方米，全国森林植被碳储量达 78.11 亿吨。

（2）提高农田和草地碳汇。在草原牧区落实草畜平衡和禁牧、休牧、划区轮牧等草原保护制度，控制草原载畜量，遏止草原退化。扩大退牧还草工程实施范围，加强人工饲草地和灌溉草场的建设。加强草原灾害防治，提高草原覆盖度，增加草原碳汇。到 2010 年，全国保护性耕作技术实施面积 6475 万亩，机械化免耕播种面积 1.67 亿亩，秸秆机械化粉碎还田面积 4.28 亿亩。

6. 地方积极推进低碳发展

推进低碳省区和低碳城市试点工作。2010 年启动国家低碳省区和低碳城市试点工作，并选择广东、湖北、辽宁、陕西、云南等 5 省和天津、重庆、杭州、厦门、深圳、贵阳、南昌、保定等 8 市作为首批试点。目前，各试点省区和城市均成立了低碳试点工作领导小组，编制了低碳试点工作实施方案，提出了本地区"十二五"时期和 2020 年碳强度下降目标，并在经济发展中积极转变发展方式，部署重点行动，推进建设低碳发展重点工程，大力发展低碳产业，推进绿色、低碳发展。

各地积极探索低碳发展经验。北京市围绕建设"人文北京、科技北京、绿色北京"，加快发展绿色经济、低碳经济和循环经济，大力发展战略性新兴产业和现代服务业，加快现有建筑、交通体系低碳化改造，倡导低碳消费和低碳生活方式。上海市加快推进能源结构优化，在虹桥商务区、崇明岛等地区推进低碳发展实践区试点，在世博园规划、建设、运营各环节全面落实低碳发展理念，开展"低碳世博自愿减排行动"。江苏省确定了 4 个城市、10 个园区和 10 家企业开展低碳经济试点工作。

（二）适应气候变化

"十一五"期间，中国加强气候变化科学研究和影响评估，完善法规政策，提高重点领域适应气候变化的能力，减轻了气候变化对经济社会发展和人民生活的不利影响。

1. 农业领域

加强农田水利等基础设施建设，提升农业综合生产能力，推动大规模旱涝保收标准农田建设，开展大型灌区续建配套与大型灌溉排水泵站更新改造，扩大农业灌溉面积、提高灌溉效率，推广农田节水技术，开展农业水价综合改革暨末级渠系节水改造试点工作，提高灾害应对能力。建立和完善农业气象监测与预警系统。研究培育产量高、品质优良的抗旱、抗涝、抗高温、抗病虫害等抗逆品种，扩大良种种植面积，进一步加大农作物良种补贴力度，加快推进良种培育、繁殖、推广一体化进程。目前，全国主要农作物良种覆盖率达到 95% 以上，良种对粮食增产贡献率达到40% 左右。

2. 水资源领域

编制全国水资源综合规划、七大江河流域防洪规划、全国山洪灾害防治规划、全国城市饮用水水源地安全保障规划、全国主要河湖水生态保护规划等专项规划。加强流域管理和水资源调度工作，组织实施引黄济津、引黄济冀、引江济太等应急调水，并实施了黑河、塔里木河生态补水。加快实行最严格水资源管理制度，完善水资源开发、利用、节约、保护政策体系。开工建设一批流域性防洪重点工程，加快骨干水利枢纽和重点水源工程建设。加大水土流失治理力度，完成水土保持综合治理面积23万平方千米。完成规划内的全国大中型和重点小型病险水库除险加固任务。增加农村饮水安全投入，解决了2.1亿农村人口的饮水安全问题，提前6年实现了联合国千年发展的相关目标。

3. 海洋领域

加强海洋气候观测网络建设。通过开展海洋观测系统的建设，初步形成对全国近海和部分大洋的海洋关键气候要素的观测能力，初步构建典型海洋生态敏感区监测体系，有效提高了海—气二氧化碳交换通量监测体系能力水平。全面启动全国和沿海省级海洋功能区划修编工作，开展了海域海岸带和重点海岛整治修复工作。积极开展红树林栽培移种、珊瑚礁移植保护、滨海湿地退养还滩等海洋生态恢复示范工程。开展风暴潮、海浪、海啸和海冰等海洋灾害的观测预警工作，有效降低了各类海洋灾害造成的人员伤亡和财产损失。开展海平面上升、海岸侵蚀、海水入侵和土壤盐渍化监测、调查和评估工作，对沿海94个验潮站的基准潮位进行了重新核定。开展中国近海海洋综合调查与评价工作，系统梳理中国海洋灾害时空分布特征。发布年度中国海洋环境状况公报、中国海平面公报和中国海洋灾害公报，为有效应对和防御各类海洋灾害提供支撑。

4. 卫生健康领域

印发《全国自然灾害卫生应急预案（试行）》，明确了水旱灾害、气象灾害、生物灾害等自然灾害卫生应急工作的目标和原则，确立自然灾害卫生应急工作体制、响应级别和响应措施，制定了不同灾种自然灾害卫生应急工作方案。制定《高温中暑事件卫生应急预案（试行）》和《国家环境与健康行动计划（2007—2015）》。组织开展饮用水卫生、空气污染健康影响、气候因素相关传染病监测及气候变化对媒传寄生虫病、介水传染病影响等研究，开展气候变化对环境相关疾病的影响机制研究，为研究制定适应气候变化的政策和措施提供技术支持。

5. 气象领域

气象部门发布实施《天气研究计划（2009—2014 年)》《气候研究计划（2009—2014 年)》《应用气象研究计划（2009—2014 年)》《综合气象观测研究计划（2009—2014 年)》，印发《中国气候观测系统实施方案》，促进了中国气候变化监测、预估、评估工作。建立中国第一代短期气候预测模式系统，研发新一代全球气候系统模式，开展气候变化对国家粮食安全、水安全、生态安全、人体健康安全等多方面的影响评估工作。

（三）基础能力建设

"十一五"期间，中国健全相关法律法规体系，完善应对气候变化管理体制和工作机制，加强统计核算研究及制度建设，提高科技和政策研究水平，加强气候变化教育培训，能力建设进一步加强。

1. 制定相关法规和重大政策文件

（1）完善相关法律法规。制定或修订《可再生能源法》《循环经济促进法》《节约能源法》《清洁生产促进法》《水土保持法》《海岛保护法》等相关法律，颁布《民用建筑节能条例》《公共机构节能条例》《抗旱条例》，出台《固定资产投资节能评估和审查暂行办法》《高耗能特种设备节能监督管理办法》《中央企业节能减排监督管理暂行办法》等规章。开展了应对气候变化立法前期研究工作。

（2）制定并实施《中国应对气候变化国家方案》。明确应对气候变化的指导思想、主要领域和重点任务。根据方案要求，全国 31 个省（自治区、直辖市）均已编制完成了地方应对气候变化方案，并已全面进入组织落实阶段，应对气候变化工作已逐步纳入到各地经济社会发展的总体布局，提上了地方各级政府重要议事日程。相关部门相继出台了海洋、气象、环保等领域的相关行动计划和工作方案。

（3）出台一系列重大政策性文件。发布《可再生能源中长期发展规划》《核电中长期发展规划》《可再生能源发展"十一五"规划》《关于加强节能工作的决定》《关于加快发展循环经济的若干意见》等重要文件。2007 年发布的《"十一五"节能减排综合性工作方案》明确了节能减排的具体目标、重点领域及政策措施，对"十一五"时期开展节能减排工作发挥了重要作用。

2. 完善管理体制和工作机制

建立并完善国家应对气候变化领导小组统一领导、国家发展和改革委员会归口管理、各有关部门分工负责、各地方各行业广泛参与的应对气候变化管理体制和工作机制。2007 年，中国成立了国家应对气候变化领导小组，国务院总理任组长，相关 20 个部门的部长为成员。国家发展和改革委员会承担领导小组的具体工作，并于 2008 年设置应对气候变化司，负责统筹协调和归口管理应对气候变化工作。中国政府有关部门相继建立了应对气候变化职能机构和工作机制，负责组织开展本领域应对气候变化工作。2010 年，在国家应对气候变化领导小组框架内设立协调联络办公室，加强了部门间协调配合；调整充实国家气候变化专家委员会，提高了应对气候变化决策的科学性。中国各省（自治区、直辖市）都建立了应对气候变化工作领导小组和专门工作机构，一些副省级城市和地级市也建立了应对气候变化相关工作机构。国务院有关部门相继成立了国家应对气候变化战略研究和国际合作中心、应对气候变化研究中心等工作支持机构，一些高等院校、科研院所成立了气候变化研究机构。

3. 加强统计核算能力建设

（1）完善能源等相关统计制度。印发《节能减排统计监测及考核实施方案和办法》，进一步完善能耗核算制度，新建了 10 项能源统计制度，基本涵盖了全社会各领域能源消费。各地方完善能源统计机构设置和人员配备，加强能源统计工作。各省（自治区、直辖市）均成立了能源统计机构，重点用能单位也加强了能源统计和计量工作。建立重点用能单位能源利用状况报告制度，规范重点用能单位能源利用状况报告报送工作。制定林业碳汇计量监测技术指南，推进了林业碳汇计量监测体系建设。

（2）加强温室气体排放核算。继 2004 年向《联合国气候变化框架公约》（简称《公约》）缔约方大会提交《中华人民共和国气候变化初始国家信息通报》后，组织编制中国 2005 年温室气体排放清单和第二次国家信息通报。建立中国温室气体清单数据库，发布《省级温室气体排放清单编制指南（试行)》，启动省级温室气体清单编制工作，开展一系列培训活动。

4. 增强科技和政策研究支撑能力

（1）加强基础研究。组织编制第一次、第二次《气候变化国家评估报告》。开展气候变化与环境质量关系、温室气体与污染物协同控制、气候变化与水循环机理、气候变化与林业响应对策等研究。建立未来气候变化趋势数据集，发布亚洲地区气候变化预估数据集。组建了若干个海—气相互作用与气候变化专门实验室，开展了大量基础研究工作。

（2）推进气候友好技术研发。在国家高技术研究发展计划（"863"计划）和科技支撑计划中开展能源清洁高效利用技术、重点行业工业节能技术与装备开发、建筑节能关键技术与材料开发、重点行业清洁生产关键技术与装备开发和低碳经济产业发展模式及关键技术集成应用等节能技术研发，取得了一批具有自主知识产权的发明专利和重大成果。推动可再生能源和新能源开发利用技术、智能电网关键技术等领域的技术研发。开展温室气体提高石油采收率的资源化利用及地下埋存、咸水层封存能力评价及安全性、新型高效吸附材料的制备筛选等研发工作。在"十一五"科技支撑计划中部署气候变化影响与适应的关键技术研究、典型脆弱区域气候变化适应技术示范等项目专题，在碳排放监测方面组织开展嗅碳卫星研究。通过"863"计划和支撑计划，设立了主要农林生态系统固碳减排技术研究与示范、林业生态建设关键技术研究与示范、农业重大气候灾害监测预警与调控技术研究等项目。实施国家科技支撑计划项目《重点行业节能减排技术评估与应用研究》。2010年国家工程研究（技术）中心、国家工程实验室分别达到288个和91个。

（3）加强气候变化战略和政策研究。围绕"十二五"应对气候变化重点任务，研究应对气候变化的长远战略，开展中国低碳发展战略、全国适应气候变化总体战略、碳排放交易机制、国内外应对气候变化相关法律法规等研究。启动中国应对气候变化科技专项行动，总投入经费约1.1亿元人民币，开展中国绿色发展的重大战略及技术问题等相关研究。

5. 加强教育培训

（1）将气候变化内容逐步纳入国家教育体系。中、高等院校加强环境和气候变化教育，陆续建立环境和气候变化相关专业，加强气候变化教育科研基地建设，为培养气候变化领域专业人才发挥了积极作用。

（2）加强对领导干部气候变化知识的培训。通过举办集体学习、讲座、报告会等形式，有效提高各级领导干部气候变化意识和科学管理水平。中央政府有关部门举办了气候变化、可持续发展和环境管理培训班、应对气候变化省级决策者能力建设培训班、地方政府官员清洁发展机制管理能力建设培训班、适应气候变化能力建设培训研讨班、省级温室气体清单编制能力建设培训班等。地方政府也积极开展了气候变化相关培训。

（四）全社会参与

中国积极宣传应对气候变化科学知识，提高公众的低碳发展意识，注重发挥民间组织、媒体等各方面的积极性，采取多种渠道和手段引导全民积极参与应对气候变化行动。

1. 政府积极引导

从2008年开始，每年编写出版《中国应对气候变化的政策与行动》年度报告，全面介绍中国在应对气候变化领域的政策与进展。组织开展"节能宣传周"系列活动，普及节能减排与气候变化知识。利用世界环境日、世界气象日、世界地球日、世界海洋日、世界无车日、全国防灾减灾日、全国科普日等主题日，积极开展气候变化科普宣传。北京、天津、贵阳等一些地方政府通过举办气候变化、节能环保等领域的大型国际研讨会、论坛和展览等活动，加强与世界各国在低碳发展方面的经验交流，增强公众应对气候变化和节能低碳的意识。充分发挥报纸、广播、电视、杂志等传统媒体和互联网、手机等新媒体的作用，加强应对气候变化和节能低碳的宣传教育。

2. 民间组织积极行动

中国国土经济学会开展低碳国土实验区创建活动，中华环保联合会和中国旅游协会在48家旅游景区开展首批全国低碳旅游试验区试点，中国钢铁工业协会与全国总工会组织开展全国重点大型耗能钢铁生产设备节能降耗对标竞赛活动。中国节能协会等举办气候变化与低碳经济发展媒体高层论坛。中国煤炭协会、中国有色金属工业协会、中国石油和化学工业协会、中国建筑材料联合会、中国电力企业联合会等在行业节能规划、节能标准的制定和实施、节能技术推广、能源消费统计、节能宣传培训和信息咨询等方面发挥了重要作用。一些民间公益组织也积极开展宣传教育活动，提高了公众应对气候变化意识。

3. 新闻媒体大力宣传

中国媒体不断加大应对气候变化与节能低碳宣传报道力度。编写并出版了一系列气候变化与气象灾害防御的科普宣传画册，制作了《面对气候变化》、《变暖的地球》、《关注气候变化》、《环球同此凉热》等影视片，及时跟踪报道全球应对气候变化的热点新闻，积极介绍中国应对气候变化的政策、行动和进展，倡导低碳生活理念，增进社会各界对气候变化的了解和认识，展示中国在应对气候变化方面付出的努力和取得的成就。

4. 公众广泛参与

中国公众以实际行动积极应对气候变化，广泛参与自备购物袋、双面使用纸张、控制空调温度、不使用一次性筷子、购买节能产品、低碳出行、低碳饮食、低碳居住等节能低碳活动，从日常生活衣、食、住、行、用等细微之处，实践低碳生活消费方式。各地公众积极参与"地球一小时"倡议，在每年3月最后一个星期六晚熄灯一小时，共同表达保护全球气候的意愿。开展千名青年环境友好使者行动等活动，在机关、学校、社区、军营、企业、公园和广场等宣讲环保理念，倡导低碳生活，践行绿色消费。在全国一些大中城市，低碳生活成为时尚，人们开始追求简约、低碳的生活方式。上海、重庆、天津等城市开展"酷中国——全民低碳行动"，进行家庭碳排放调查和分析。哈尔滨等城市开展了节能减排社区行动，动员社区内的家庭、学校、商服、机关参与节能减排。中国各地的大、中、小学积极宣传低碳生活、保护环境，一些高校提出建设"绿色大学"等目标，得到广泛响应。

（五）参与国际谈判（本部分已放置前面）

（六）加强国际合作（本部分已放置前面）

（七）"十二五"时期的目标任务和政策行动

"十二五"期间，中国将把积极应对全球气候变化作为经济社会发展的一项重要任务，坚持以科学发展为主题，以加快转变经济发展方式为主线，牢固树立绿色、低碳发展理念，把积极应对气候变化作为经济社会发

展的重大战略、作为调整经济结构和转变经济发展方式的重大机遇，坚持
走新型工业化道路，合理控制能源消费总量，综合运用优化产业结构和能
源结构、节约能源和提高能效、增加碳汇等多种手段，有效控制温室气体
排放，提高应对气候变化能力，广泛开展气候变化领域国际合作，促进经
济社会可持续发展。

1. 主要目标

2009 年哥本哈根会议召开前，中国政府宣布了到 2020 年单位国内生
产总值温室气体排放比 2005 年下降 40%—45% 的行动目标，并作为约束
性指标纳入国民经济和社会发展中长期规划。2011 年 3 月，中国全国人
大审议通过的《中华人民共和国国民经济和社会发展第十二个五年规划
纲要》提出"十二五"时期中国应对气候变化约束性目标：到 2015 年，
单位国内生产总值二氧化碳排放比 2010 年下降 17%，单位国内生产总值
能耗比 2010 年下降 16%，非化石能源占一次能源消费比重达到 11.4%，
新增森林面积 1250 万公顷，森林覆盖率提高到 21.66%，森林蓄积量增
加 6 亿立方米。这彰显了中国政府推动低碳发展、积极应对气候变化的
决心。

2. 政策行动

围绕上述目标任务，"十二五"期间，中国将重点从十一个方面推进
应对气候变化相关工作。

一是加强法制建设和战略规划。按照中国全国人大常委会通过的
《关于积极应对气候变化的决议》要求，研究制定专门的应对气候变化
法，并根据应对气候变化工作的需要，对相关法律、法规、条例、标准等
作出修订。开展中国低碳发展战略、适应气候变化总体战略研究，提出中
国应对气候变化及控制温室气体排放的技术发展路线图。组织编制《国
家应对气候变化规划（2011—2020）》，指导未来 10 年中国应对气候变化
工作。

二是加快经济结构调整。通过政策调整和体制创新，推动产业优化升
级，加快经济发展方式转变。抑制高耗能、高排放行业过快增长，加大淘
汰落后产能力度，大力发展现代服务业，积极培育战略性新兴产业，加快
低碳技术研发和产品推广，逐步形成以低碳为特征的能源、工业、交通、
建筑体系。

三是优化能源结构和发展清洁能源。合理控制能源消费总量，制定能源发展规划，明确总量控制目标和分解落实机制。加快发展清洁煤技术，加强煤炭清洁生产和利用，促进天然气产量快速增长，推进煤层气、页岩气等非常规油气资源开发利用，安全高效发展核能，因地制宜加快水能、风能、太阳能、地热能、生物质能等可再生能源开发。

四是继续实施节能重点工程。实施锅炉窑炉改造、电机系统节能、能量系统优化、余热余压利用、节约替代石油、建筑节能、绿色照明等节能改造工程，以及节能技术产业化示范工程、节能产品惠民工程、合同能源管理推广工程和节能能力建设工程等重点节能工程，推进工业、建筑、交通等重点领域和重点行业节能，努力提高能源利用效率。

五是大力发展循环经济。进一步统筹协调低碳发展战略与其他资源环境政策，支持循环经济技术研发、示范推广和能力建设，努力提高资源产出率。编制全国循环经济发展总体规划，深化循环经济示范试点工作，加快建立反映循环经济发展的评价指标和统计制度，通过循环经济技术和市场机制使重点企业、园区、城市生态化。

六是扎实推进低碳试点。组织试点省区和城市编制低碳发展规划，积极探索具有本地区特色的低碳发展模式，率先形成有利于低碳发展的政策体系和体制机制，加快建立以低碳为特征的产业体系和消费模式。组织开展低碳产业园区、低碳社区和低碳商业试点。

七是逐步建立碳排放交易市场。借鉴国际碳排放交易市场建设经验，结合中国国情，逐步推进碳排放交易市场建设。通过规范自愿减排交易和排放权交易试点，完善碳排放交易价格形成机制，逐步建立跨省区的碳排放权交易体系，充分发挥市场机制在优化资源配置上的基础性作用，以最小化成本实现温室气体排放控制目标。

八是增加碳汇。大力推进植树造林，继续实施"三北"重点防护林工程、长江中下游地区重点防护林工程、退耕还林工程、天然林保护工程、京津风沙源治理工程以及岩溶地区石漠化综合治理等生态保护项目。深入开展城市绿化造林，加快建设城市森林生态屏障。开展碳汇造林试点，促进碳汇林业健康有序发展。继续实施农田保护性耕作和退牧还草等工程，增加农田和草地碳汇。

九是提高适应气候变化能力。重视应对极端气候事件能力建设，提高农业、林业、水资源、卫生健康等重点领域和沿海、生态脆弱地区适应气候变化水平。研究制定农林业适应气候变化政策措施，保障粮食安全和生态安全。合理开发和优化配置水资源，强化各项节水政策和措施。加强海洋和海岸生态系统监测和保护，提高沿海地区抵御海洋灾害能力。完善应对极端气象灾害的应急预案、启动机制以及多灾种早期预警机制。

十是继续加强能力建设。建立温室气体排放基础统计制度，加强对可再生能源、能源供应和消费的统计。加强科技支撑，推进关键低碳技术自主研发，扩大低碳技术示范和推广。进一步完善有利于应对气候变化人才发展的体制机制，不断提高人才队伍素质。通过多种大众传播媒介，广泛宣传普及应对气候变化知识，积极倡导低碳消费。

十一是全方位开展国际合作。继续加强与发达国家的交流与对话，全面启动应对气候变化南南合作，开展应对气候变化能力建设与培训，实施适应气候变化技术合作项目，组织节能、节水、新能源产品与设施推广赠送活动，为发展中国家应对气候变化提供切实支持，逐步形成具有总体规划指导、专项经费支持、成熟稳定队伍，能够有效覆盖减缓、适应、技术转让、能力建设等各领域的综合性对外交流与合作体系。

2011年，中国政府发布《"十二五"节能减排综合性工作方案》、《"十二五"控制温室气体排放工作方案》等，对"十二五"期间开展节能减排和控制温室气体排放作出了全面部署。

（八）中国参与气候变化国际谈判的基本立场

中国积极建设性参与了应对气候变化国际谈判，坚持《公约》和《议定书》双轨谈判机制，坚持"共同但有区别的责任"原则，推动气候变化国际谈判取得进展。2011年11月底到12月初，联合国气候变化会议将在南非德班召开，中国认为，德班会议应落实2010年坎昆会议上各方达成的共识，确定相关机制的具体安排，并就坎昆会议未能解决的问题继续谈判，在已有共识的基础上取得积极成果。

1. 中国参与气候变化国际谈判的原则立场

为促进联合国气候变化德班会议按巴厘路线图的要求取得积极进展，中国政府坚持以下原则立场：

一是坚持《公约》和《议定书》基本框架，严格遵循巴厘路线图授权。《公约》和《议定书》是国际合作应对气候变化的基本框架和法律基础，凝聚了国际社会的共识，是落实巴厘路线图的依据和行动指南。巴厘路线图要求为加强《公约》和《议定书》全面、有效和持续实施，应确定发达国家在《议定书》第二承诺期的进一步量化减排指标，并就减缓、适应、技术转让、资金支持等作出相应安排。

二是坚持"共同但有区别的责任"原则。发达国家200多年的工业化过程中排放了大量温室气体，是造成当前全球气候变化的主要原因，理应承担率先大幅减排的历史责任。从现实能力看，发达国家拥有雄厚的经济实力，掌握着先进的低碳技术，而发展中国家缺乏应对气候变化的财力和技术手段，还面临着发展经济、消除贫困、应对气候变化等多重艰巨任务。因此，发达国家应率先大幅度减排，同时要向发展中国家提供资金、转让技术。发展中国家在发展经济、消除贫困的过程中，在发达国家的支持下根据各国国情采取积极的适应和减缓气候变化的措施。

三是坚持可持续发展原则。当代的发展不应损害后代的发展能力。应当在可持续发展的框架下，统筹考虑经济发展、消除贫困、保护气候，积极推动绿色、低碳发展，实现经济社会发展和应对气候变化的双赢。

四是坚持统筹减缓、适应、资金、技术等问题。减缓和适应气候变化是应对气候变化的两个有机组成部分，应当同等重视。减缓是一项相对长期、艰巨的任务，而适应对发展中国家尤为现实、紧迫。资金和技术是实现减缓和适应气候变化必不可少的手段，发达国家向发展中国家提供资金、技术转让和能力建设支持是发展中国家有效应对气候变化的根本保证。

五是坚持联合国主导气候变化谈判的原则，坚持"协商一致"的决策机制。中国不反对通过《公约》和《议定书》谈判进程外的非正式磋商或小范围磋商探讨《公约》和《议定书》谈判中的焦点问题，推进谈判进程，但上述会议均应是对《公约》和《议定书》谈判进程的补充，而非替代。"协商一致"原则是《联合国宪章》的重要精神，符合联合国整体和长远利益，对增强决策的民主性、权威性和合法性有重要意义。因此，必须坚持"协商一致"的决策机制，在确保谈判进程公开、透明和广泛参与的前提下，以适当方式提高工作效率。

2. 德班会议成果预期

中国认为，德班会议应在以下三个方面达成具体成果：

一要明确发达国家在《议定书》第二承诺期进行大幅度绝对量化减排的安排。《议定书》是巴厘路线图双轨谈判机制中的一轨，其第一承诺期将于 2012 年底结束。为落实《坎昆协议》关于确保《议定书》第一、第二承诺期不出现空当的要求，应尽快确定《议定书》发达国家在第二承诺期的减排安排，这是德班会议最为紧迫的任务，直接关系到德班会议的成败。

二要明确非《议定书》发达国家在《公约》下承担与其他发达国家在《议定书》下可比的减排承诺。根据巴厘路线图的要求，《议定书》发达国家在《议定书》下承担减排指标，非《议定书》发达国家也要在《公约》下承担与之可比的减排努力，这种可比性包括了减排的性质、范围和遵约机制等。在此情况下，发展中国家也应在可持续发展的框架下，在发达国家的资金和技术转让支持下开展积极的减缓行动。很多发展中国家已经提出了到 2020 年的自主减排行动目标，在发达国家在《公约》和《议定书》第二承诺期分别承担到 2020 年有国际法律约束力的减排指标的情况下，可按照"共同但有区别的责任"原则，以适当的法律形式明确发展中国家的减缓行动，认可发展中国家的减排努力。

三要细化并落实适应、资金、技术转让、能力建设方面的机制安排，细化体现发达国家和发展中国家区别的"三可"（可测量、可报告、可核实）和透明度的具体安排。目前大部分发展中国家都在力所能及的范围内采取了应对气候变化的积极行动，为应对全球气候变化作出了重要贡献，但国际社会仍缺乏对发展中国家在资金和技术转让方面的有效支持。只有建立有效机制并为发展中国家提供新的、额外的、充足的资金和技术转让支持，发展中国家才能有效开展减缓行动和适应行动。《坎昆协议》明确了有关"三可"和透明度的原则，中国支持在德班会议上就发达国家减排承诺及其对发展中国家资金、技术转让和能力建设支持的"三可"和发展中国家自主减缓行动"国际磋商和分析"问题作出具体安排，这种安排也应充分体现发达国家和发展中国家之间"共同但有区别的责任"原则。

结束语

在推进工业化和城镇化的进程中，中国清醒地认识到气候变化带来的严峻挑战。作为负责任的发展中大国，中国将从基本国情和发展阶段的特征出发，坚定不移地走可持续发展道路，为应对全球气候变化做出更大的贡献。

中国将继续积极推动气候变化国际谈判进程，积极参加联合国气候变化谈判会议，支持即将召开的气候变化德班会议在落实巴厘路线图的谈判方面取得全面、均衡的成果，就加强《公约》及《议定书》的全面、有效和持续实施作出公平、合理、有效的安排。中国愿意与国际社会一道，努力共同推动德班会议取得积极的成果。

八　中国的国际环境保护合作

中国重视环境保护领域里的国际合作，积极参与联合国等国际组织开展的环境事务。多年来，中国派高级代表团参与联合国可持续发展委员会历次会议、可持续发展世界首脑会议及其系列筹备活动。中国与联合国环境规划署在荒漠化防治、生物多样性保护、臭氧层保护、清洁生产、循环经济、环境教育和培训、长江中上游洪水防治、区域海行动计划和防止陆源污染保护海洋全球行动计划等领域开展了卓有成效的合作。中国与联合国开发计划署、世界银行、亚洲开发银行等国际组织建立了有效的合作模式。中国积极参与亚太经合组织框架下的各项环境保护和可持续发展活动，出席历次亚太经合组织环境部长会议。中国在环境保护领域的努力得到国际社会的承认和赞誉。联合国环境规划署、世界银行、全球环境基金先后将"联合国环境规划署笹川环境奖"、"绿色环境特别奖"、"全球环境领导奖"授予中国环保部门负责人，联合国环境规划署还将"地球卫士奖"授予中华青年联合会负责人。截至2005年底，中国共有22个单位和6名个人被联合国环境规划署授予"全球500佳"称号。

中国参加了《联合国气候变化框架公约》及其《京都议定书》、《关于消耗臭氧层物质的蒙特利尔议定书》、《关于在国际贸易中对某些危险化学品和农药采用事先知情同意程序的鹿特丹公约》、《关于持久性有机污染物的斯德哥尔摩公约》、《生物多样性公约》、《生物多样性公约〈卡塔赫纳生物安全议定书)》和《联合国防治荒漠化公约》等50多项涉及环境保护的国际条约，并积极履行这些条约规定的义务。

中国政府编写了《中华人民共和国可持续发展国家报告》，编制了《中国21世纪可持续发展行动纲要》，确定了21世纪初中国可持续发展的重点领域和行动计划。中国政府批准了《中国逐步淘汰消耗臭氧层物质的国家方案》，相继颁布了100多项有关保护臭氧层的政策和措施，建立了消耗臭氧层物质替代品和其他环保相关产品的开发和生产基地，顺利完成了《蒙特利尔议定书》规定的阶段性削减指标。据世界银行估计，中国淘汰消耗臭氧层物质占所有发展中国家淘汰总量的50%。中国政府在北京举办了《保护臭氧层维也纳公约》缔约方大会第五次会议和《蒙特利尔议定书》缔约方大会第十一次会议，通过了《北京宣言》和《北京修正案》。

中国加强和推动与周边国家或相关地区的合作，积极参与区域合作机制化建设。建立中日韩三国环境部长会议机制，定期进行政策交流，讨论共同关心的环境问题。大湄公河次区域环境合作机制开始启动，并于2005年成功举办第一届大湄公河次区域环境部长会议，提出了次区域生物多样性保护走廊计划等合作项目。东盟与中国（10＋1）和东盟与中日韩（10＋3）机制下的环境合作开始起步。在中国政府的倡议下，2002年召开了第一届亚欧环境部长级会议，通过了《亚欧环境部长会议主席声明》，就开展亚欧环境合作的基础、潜力及合作原则等方面达成基本共识，确定了亚欧环境合作的关键领域和重点。近年来，建立了中欧环境政策部长级对话机制和中欧环境联络员会议机制，并于2006年2月召开了中国—阿拉伯国家首次环境合作会议。

中国积极开展环境保护领域的双边合作，先后与美国、日本、加拿大、俄罗斯等42个国家签署双边环境保护合作协议或谅解备忘录，与11个国家签署核安全合作双边协定或谅解备忘录。在环境政策法规、污染防治、生物多样性保护、气候变化、可持续生产与消费、能力建设、示范工程、环境技术和环保产业等方面广泛进行交流与合作，取得一批重要成果。中国还与欧盟、日本、德国、加拿大等13个国家和国际组织在双边无偿援助项下开展了多项环保领域的合作。中国积极开展与发展中国家的环境合作与交流。为配合中非合作论坛的后续行动，中国举办"面向非洲的中国环保"主题活动，推动中非在环保领域的交流与合作。2005 年中国与联合国环境规划署共同举办了中非环保合作会议。中国政府还举办了"非洲国家水污染和水资源管理研修班"，帮助非洲国家开展环境培训。①

九　中国的核安全观

第一届核安全峰会，胡锦涛提出中国的五点主张。

2010 年 4 月 13 日，胡锦涛在美国华盛顿出席第一届核安全峰会发表《携手应对核安全挑战　共同促进和平与发展》的讲话，提出中国政府的五点主张。

第一，切实履行核安全的国家承诺和责任。各国应该更加重视核安全问题，履行相关国际义务，加强国内相关立法和监督管理机制，采取有效措施保护本国核材料和核设施安全，培育核安全文化，强化出口管制，提高核安全能力。

第二，切实巩固现有核安全国际法框架。我们应该推动《核材料实物保护公约》修订案尽早生效，促进《制止核恐怖主义行为国际公约》的普遍性。应该全面履行联合国安理会有关决议，有效打击核材料非法贩运，防范非国家行为者获取核材料。

第三，切实加强核安全国际合作。各国应该充分利用现有多边和双边合作机制和渠道，分享核安全经验，加强信息交流和执法合作。应该支持国际原子能机构在核安全领域发挥主导作用，充分利用机构平台，支持各国核安全努力。各国还可以探讨合作开发有助于降低安全风险的核技术。

第四，切实帮助发展中国家提高核安全能力。国际原子能机构和发达国家应该尊重发展中国家意愿，根据其实际需要和现有条件，在经济、技术、人力资源等方面加大援助力度，促进实现普遍核安全。

第五，切实处理好核安全与和平利用核能的关系。核安全措施应该有利于为各国和平利用核能营造有利环境，促进该领域国际合作。

第二届核安全峰会，胡锦涛提出四点主张。

---

① 　参见 2006 年国务院新闻办公室发布的《中国的环境保护（1996—2005）》白皮书。

2012 年 3 月 27 日，胡锦涛在第二届核安全峰会，即首尔核安全峰会上发表《深化合作提高核安全水平》的讲话，胡锦涛指出，中国高度重视国家核安全能力建设，严格履行国际义务，广泛开展核安全国际合作，采取有效措施确保大型公众活动核安全，积极对外提供核安全及核能安全援助。今后，中国将进一步采取核安全措施，确保本国核材料和核设施安全，提高整体核安全水平，共同致力于提升本地区核安全水平，全面深化同国际原子能机构合作，同各国分享在大型国际活动核安全方面的经验。胡锦涛强调，只有各国通力合作，才能实现普遍核安全的共同目标。胡锦涛提出以下主张。

第一，坚持科学理性的核安全理念，增强核能发展信心，正视核能安全风险，增强核能安全性和可靠性，推动核能安全、可持续发展。

第二，强化核安全能力建设，承担核安全国家责任，建立健全核安全法律和监管体系，强化核应急队伍建设，加大研发投入，加强人员培训。

第三，深化国际交流合作，提升全球核安全水平，推进核安全国际法律文书的普遍性，推广核安全标准和规范，积极提供核安全援助，帮助发展中国家提高核安全技术水平。

第四，标本兼顾、综合治理，消除核扩散及核恐怖主义根源，坚持联合国宪章宗旨和原则，坚持互信、互利、平等、协作的新安全观，坚持以和平方式解决热点问题和国际争端。

第三届核安全峰会，习近平提出四点主张。

2014 年 3 月 24 日，习近平在第三届核安全峰会（荷兰海牙）发表《加强核安全 防范核恐怖主义》讲话，习近平指出，人类要更好利用核能、实现更大发展，必须应对好各种核安全挑战，维护好核材料和核设施安全。加强核安全是一个持续过程。我们要坚持理性、协调、并进的核安全观，把核安全进程纳入健康持续发展轨道。

第一，发展和安全并重，以确保安全为前提发展核能事业。我们要秉持为发展求安全、以安全促发展理念。任何以牺牲安全为代价的核能发展，都难以持续，都不是真正的发展。

第二，权利和义务并重，以尊重各国权益为基础推进国际核安全进程。切实履行核安全国际法律文书规定的义务，全面执行联合国安理会有关决议，在强调各国履行有关国际义务的同时，尊重各国根据本国国情采取最适合的核安全政策和举措的权利。

第三，自主和协作并重，以互利共赢为途径寻求普遍核安全。核安全首要责任应该由各国政府承担，各国政府要强化核安全意识，加强机制建设，提升技术水平。核安全也是全球性课题，要吸引更多国家加入国际核安全进程，加强交流、互鉴、共享，有关多边机制和倡议要统筹协调、协同努力。

第四，治标和治本并重，以消除根源为目标全面推进核安全努力。完善核安全政策举措，坚持核材料供需平衡，深化打击核恐怖主义国际合作，是消除核安全隐患和核扩散风险的直接和有效途径。只有营造和平稳定的国际环境，才能从根本上解决核恐怖主义和核扩散问题，实现核能持久安全和发展。

第四届核安全峰会，习近平提出四点主张五项措施。

2016 年 4 月 1 日，习近平在美国华盛顿出席第四届核安全峰会并发表《加强国际核安全体系　推进全球核安全治理》，提出四点主张。

一是强化政治投入，把握标本兼治方向。作为国家领导人，我们有责任使核安全得到充分重视，有必要对国际反核恐怖主义形势进行经常性审议。要凝聚加强核安全的国际共识，对核恐怖主义零容忍、无差别，推动全面落实核安全法律义务及政治承诺，有效应对新挑战新威胁。

求木之长者，必固其根本。寻求治本之道，始终是我们的目标。我们要铭记全人类福祉，构建以合作共赢为核心的新型国际关系，坚定推进全球安全治理，维护和平稳定的国际环境，促进各国普遍发展繁荣，开展和而不同、兼收并蓄的文明交流。惟其如此，才能早日铲除滋生核恐怖主义的土壤。

二是强化国家责任，构筑严密持久防线。发展核能是各国自主选择，确保核安全是各国应尽之责。我们要结合国情，从国家层面部署实施核安全战略，制定中长期核安全发展规划，完善核安全立法和监管机制，并确保相关工作得到足够投入和支持。

战略布局离不开实际举措支撑。核恐怖主义威胁非对称性和不确定性突出，日常预防和危机应对要双管齐下。一方面，要做到见之于未萌、治之于未乱，筑牢基本防线，排除恐怖分子利用国际网络和金融系统兴风作浪等新风险。另一方面，要制定全方位、分阶段的危机应对预案，准确评估风险，果断处置事态，及时掌控局势。

三是强化国际合作，推动协调并进势头。核恐怖主义是全人类的公敌，核安全事件的影响超越国界。在互联互通时代，没有哪个国家能够独自应对，也没有哪个国家可以置身事外。在尊重各国主权的前提下，所有国家都要参与到核安全事务中来，以开放包容的精神，努力打造核安全命运共同体。

现有国际组织和机制可作为未来核安全国际合作的坚实平台。我们要以国际原子能机构为核心，协调、整合全球核安全资源，并利用其专业特长服务各国。联合国作为最具普遍性的国际组织，可继续发挥重要作用。其他组织和机制也可以提供有益补充，促进执法等领域务实合作。在此过程中，要照顾广大发展中国家合理诉求，向他们提供援助。

四是强化核安全文化，营造共建共享氛围。加强国际核安全体系，人的因素最为重要。法治意识、忧患意识、自律意识、协作意识是核安全文化的核心，要贯穿到每位从业人员的思想和行动中，使他们知其责、尽其职。

学术界和公众树立核安全意识同样重要。我们要鼓励各国智库密切关注国际反核恐怖主义形势，积极开展核安全学术研究，并就加强国际核安全体系、促进各国核安全工作提出更多有价值的建议。我们还要做好核安全知识普及，增进公众对核安全的理解和重视。

中国将继续加强本国核安全，同时将积极推进核安全国际合作，分享技术和经验，贡献资源和平台。习近平宣布了中国将采取五项举措：

第一，中国将构建核安全能力建设网络。我们将利用国家核安全示范中心、中国海关辐射探测培训中心等现有平台，开展核安全从业人员培训、核安全技术演练和交流等活动。我们欢迎亚太国家、"一带一路"沿线国家和其他发展中国家参与相关项目，并将同国际原子能机构等保持紧密合作。

第二，中国将推广减少高浓铀合作模式。我们支持各国根据本国需要，在经济和技术条件可行的情况下，尽量减少使用高浓铀。我们愿在"加纳模式"基础上，本着自愿务实的原则，协助有关国家改造从中国进口的高浓铀微堆。我们还将总结改造高浓铀微堆的多方合作模式，供其他有兴趣的国家参考。

第三，中国将实施加强放射源安全行动计划。为防止各国数量庞大的放射源被恐怖分子觊觎，我们将在未来 5 年内，进一步梳理境内放射源情况，健全安保制度，重点实现对高风险移动放射源的实时监控。我们愿同其他国家分享经验，共同提高放射源安全监管水平。

第四，中国将启动应对核恐怖危机技术支持倡议。我们将同有意愿的国家和组织一道，开展民用核材料分析、溯源等领域的科学研究，积极组织模拟演练，共同提升危机应对能力。

第五，中国将推广国家核电安全监管体系。中国实施最严格的安全监管，确保中国境内和对外出口的核电站安全可靠、万无一失。我们将依托国家核与辐射安全监管技术研发中心，帮助有需要的国家提升安全监管能力，为提高全球核电安全水平作出贡献。

习近平在发言中指出，刚才看到的模拟核恐怖危机情景和当前形势发展结合得很紧密。愿结合中国实践和经验，就打击核恐怖主义提出四点主张。

第一，源头管控要严，加强核材料安全监管，覆盖生产、使用、运输、存储等全流程。

第二，应对手段要新，着力加强网络反恐，坚决打击利用新媒体等渠道策划和煽动恐怖活动，还要加强金融监管。

第三，应急响应要快，在国家层面要健全分级响应机制，同时加强跨国信息交流和执法合作。

第四，法律法规要全，对核材料和核设施安保要实现立法全覆盖，对于新风险要加紧弥补相关法律空白。

附 录 二

中国救灾外交实践

一 中国参与马航失联飞机 MH370 搜救

大事记

2014 年 3 月 8 日

【01:20】MH370 失去联络。

【02:40 左右】马来西亚证实失联。

【06:30】MH370 未抵达北京。

【08:44】马航官网发布第一份声明：确认北京时间 8 日 2 点 40 分 MH370 航班与塔台失去联系。

【09:00】马航官员称航油耗尽。

【09:44】外交部称启动应急机制。

【09:55】马航官网发布第二份声明：称对与 MH370 航班失联深感遗憾，并更新航班信息称机上乘客来自 13 个国家。马来西亚政府已启动救援机制，和马航共同定位飞机地点。马航正在通知乘客和机组人员家属。

【10:08】北京边检称有 154 名中国人。

【10:30】交通运输部启动一级应急响应。

【11:10】马航官网发布第三份声明：MH370 航班由波音 777—200 机型执飞，该航班于凌晨 0 点 41 分由吉隆坡起飞前往北京，原计划于北京时间早晨 6 点 30 分抵达北京首都国际机场。该航班总共运载 239 人—其中包括 227 名旅客（2 名婴儿）及 12 名机组人员。航班的乘客来自于 14 个国家。

【12:00 左右】李克强做出批示。

【12：30】越南媒体称 MH370 已坠毁于金瓯省西南方向约 120 千米海域。

【13：20 左右】越南海军将领称客机已在富国岛以南 153 英里处坠毁。

【13：30】海警局指示中国海警船立即赶往可能出事海域。

【13：36】越南海军官员称飞机坠落在越南坚江省苴洲岛 153 海里处。

【14：00】越南海军官员称马航失联客机在海中坠毁。

【14：30 左右】马航第一场发布会称失联。

【15：10 左右】马来西亚交通部部长否认马航 MH370 航班已经坠毁的消息。

【15：52】中国大型专业救援船出发。

【16：00】原定马总理发布会一直延迟。

【16：33 左右】越、马、新在联合搜救。

【17：32】越通报或在马越重叠海域坠落。

【17：40】越南海军五区确认失联客机坠落位置。

【19：00】马总理记者会：不确定是坠机。

【19：05】马来西亚总理纳吉布就马航客机失联向中方道歉。

【19：25】美国海军参与搜救。

【19：40】日媒称越军在搜索海域发现 20 公里油迹。

【19：46】马总理：尚未发现失联客机残骸所有信息均属揣测。

【20：01】越媒称海域发现 20 公里油带不确定相关。

【20：21】越南飞机在越马交界海域发现油污和碎片。

【20：23】马航发布失联航班乘客名单。

【20：49】外媒：两名乘客冒用他人护照登上失联客机。

【21：19】总理：已出动 15 架军机及军舰搜寻失联客机。

【21：25】马来西亚总理排除失联飞机遭遇恐怖袭击可能。

【23：07】奥地利和意大利否认马航失联客机上有本国公民。

【23：21】马来官方否认找到失联飞机残骸。

【23：22】马航 92 人事故处置组抵京。

【23：50】疑似马航失联飞机海面油迹图曝光。

马航官网发布第四份声明：未确认失联客机位置，马航表示其正在与国际救援机构开展搜索和营救工作，但仍未确认失联飞机的位置。

马航官网发布第五份声明：称仍未确定失踪航班下落，马航仍然未能联系上失踪的 MH370 航班，也未确定其下落。该航班最后已知位置为北纬06°55′15″东经103°34′43″。马航仍在试图根据最后已知位置搜索该航班。尚未收到 MH370 航班的任何紧急信号或是遇险信息。

2014 年 3 月 9 日

【00：12】美国第七舰队派出驱逐舰参与搜救。

【00：47】美国调查马航失联是否涉恐怖主义。

【01：14】越方发现事故油迹带将搜索 130 平方千米范围。

【01：20】马航北京第二场记者会：没有失事证据。

【02：00】马航发布第 6 份声明：将安排乘客亲属前往事发地。

【03：00】海军两栖登陆舰"井冈山"舰从湛江军港紧急起航。

【08：23】越南国防部两架安 26 型运输机飞抵可能海域。

【09：00】马航在吉隆坡再次召开记者会：仍无法确定飞机位置，中国交通运输部派出 12 名潜水员，中远"泰顺海"轮抵达，未发现可疑漂浮物。

【09：30】马航发布第 7 份声明：仍未发现，一旦成功定位将立即建立指挥中心。

【10：00】越南 5 艘救援船抵达。

【11：00】疑似油带扩大至 80 公里。

【12：00】海警"3411 号"抵达。

【13：00】马航总部最新发布会：已获取冒用护照两人的监控录像；各国参与搜救的飞机共 22 架，船只 40 艘。

【13：40 左右】马航吉隆坡发布会：失联飞机可能曾尝试"空中折返"。

【15：00 左右】中国海警 3411 船开始向南搜索重点海域。

【15：50 左右】马来西亚的搜救船和新加坡的飞机在可能海域共同发现了可疑物。

【16：15】导弹驱逐舰海口舰从三亚起航，向搜救海域方向机动增援。

【16：30】马航发布第 8 份声明，表示愿意为想去吉隆坡的乘客家属安排航班。

【17:00】两栖船坞登陆舰"昆仑山"舰从湛江军港起航,向搜救海域方向机动增援。

【18:00】中国驻胡志明市总领事馆:海上可疑物一事尚未接越方正式通报。

【19:58】马海事当局:在吉兰丹附近海域发现大面积油污。

【20:00】马来西亚民航部新闻发布会:不能完全排除劫机可能性。

【20:30】马来西亚、新加坡的救援人员发现的可疑物位于油带西北数十公里处。越南海事搜救中心的救援船、海警船赶到可疑物位置。

【21:30】中远"泰顺海"轮宣布,完成今日搜索任务,未发现可疑物标。

【21:40】(失联44小时)①越南搜救船发现一块疑似飞机残骸的黄色物体,怀疑是舷窗一部分;②马民航部表示,不能完全排除劫机可能性;③马来西亚发现大面积油污,正抽样检验;④两名持假护照乘客是在泰国一起买的票;⑤中国海警3411船表示,将连夜搜寻。

【23:04】(失联46小时)据公安部网站消息,马航飞机失联后,经公安部向国际刑警组织核查证实,确有两名乘客持他人护照登机。经与马方协商,中国公安部决定派工作组赴马来西亚,与马方就此开展联合调查。

2014 年 3 月 10 日

【1:00】(失联48小时)尚无马航失联飞机的最新情况。中国政府决定派出由外交部、公安部、交通运输部、民航局共13人组成的联合工作组赴马来西亚。10日晚8点抵达马来西亚吉隆坡。

【3:50】中国海军导弹护卫舰绵阳舰抵达马航飞机失联海域,比预定时间提前了近3小时,按照划分区域重点对海面漂浮物进行仔细搜索。

【4:00】国际刑警组织在查验了所有马航失联客机登机所用文件后,表示发现"更多可疑护照",但未说明文件数量及所属国家。发言人呼吁各国重视收录超4000万失窃护照的国际刑警组织数据库,尽早发现异常。

【9:19】(失联56小时)越南米171飞机已经从金瓯飞向富国,之后将飞往寻找位置。

【10:00】马来西亚航空公司就"MH370"航班失联飞机发出第9份

媒体声明。马航在声明中表示，将继续对失联飞机乘客的家属进行疏导和安慰工作，还将给予经济方面支持。每位乘客家庭将被配备一名护理人员。

【11:00】（失联58小时）越南航空管理总公司副总经理陶友耶表示，经过取样和分析，确认8号发现的海迹不是油迹。

【13:00】（失联60小时）越南航空搜救中心的消息显示，越南已经向东北方向（与8号寻找位置相比）扩大搜寻区域。预计搜寻范围达10000平方千米，偏向金瓯方向。越南国防部作战局已经同意2艘中国船只和1艘美国船只进入越南领海区参与搜救。

【13:26】包括民航空中安全局、外交部领事副司长、交通部搜救值班室副主任在内的官方人士表示：中国全盘接手此事，马航以后只负责失联航班乘客家属吃住问题。

【14:15】一名美国官员透露，未从卫星中发现飞机空中解体图像。

【14:20】（失联61个小时）北京相关负责人在乘客家属区开说明会政府正积极与家属沟通，保障在京生活；外交部一直与马来西亚、越南保持联系；所有努力围绕搜救，已有部分船只到达南海海域；明天傍晚将有6条公务船赶到现场搜救，另有军舰待命；全部调查均以事实为依据，勿信传言。

【15:33】中国发现两条较大油污带，中国海警3411船10日发现两条较大油污带，根据肉眼观察，有可能与失联航班有关，海警船已经完成了取样。

【16:20】（失联63个小时）越南派直升机搜索"黄色物体"。

【17:07】越南打捞起漂浮物：系电缆卷。

【17:19】（失联64个小时）马方已将假护照持有者视频交给情报部门。

【17:30】马来西亚海事执法部门称，之前在吉兰丹海岸100海里处提取的油带样本，经检测并非来自失联的MH370航班，而是船油。

【17:54】国防部网站消息：中国紧急调动近10颗卫星保障失联客机搜救。

【18:20】（失联65个小时）①仍未发现失联飞机；②我海警船发现两条较大油污带，已完成取样；③中国公共安全专家小组抵达马来；④失

联飞机上确认有一名香港乘客；⑤外交部证实不存在中国公民护照被盗用情况；⑥马方表示，飞机上假护照持有者的视频不久将向媒体公布。

【19:00】越南：未找到 MH370 航班相关物品。

【19:30】马航第 10 份媒体声明①马航已将失联航班的所有资料交给当局做进一步调查，不便对有人用被偷护照登机发表评论；②将于 11 日派航班去北京，将家属接到吉隆坡，但出于家属隐私等考虑，不会透露乘坐航班信息；③马航其他航班正常飞行。

【20:00】"南海救 115"预计 20 时到达疑似失联点①"南海救 115"船配有大功率探照灯、雷达、夜视仪，具备夜间搜寻能力。②"海巡 31"轮、"南海救 101"轮明日傍晚抵达。③"海巡 31"轮将承担我国现场搜救协调船职责，"井冈山"舰负责搜救直升机组织协调。

马来西亚 20 时发布会①越南胡志明市东部发现的碎片已派人前去，尚未确认；②两名用假护照乘客外貌不像亚洲人；③有超 40 架飞机和 20 艘舰船搜索，搜寻范围明日将扩大 100 千米半径，随后几日继续扩大；④此前油带确认与飞机无关；⑤吉隆坡机场安检无失误。

【20:00】中国政府联合工作组到达吉隆坡。

【20:20】（失联 67 小时）①仍未发现失联飞机；②马来西亚油迹带的油是船油，并非来自 MH370；③国际刑警组织未再发现持被盗护照登机情况；④中国公共安全专家小组抵达马来；⑤马航第 10 份声明称，所有资料已交当局；⑥假护照持有者视频将公布；⑦154 名中国乘客未发现可疑人员。

【21:00】马航丽都酒店发布会：马航将付每位失联客机乘客家属 3.1 万元慰问金。

2014 年 3 月 11 日

【1:20】（失联 72 小时）72 小时是许多灾难救援的"黄金时间"。数百名媒体记者拎着摄像机、相机、手提电脑昼夜守候在吉隆坡国际机场，在失联客机的"始发现场"等待下一场发布会，等待人们渴望的消息。

【9:00】（失联 80 小时）两批 120 救护队和两批志愿者陆续进入失联客机乘客家属所在的丽都酒店宴会厅。现场明显的一支志愿者队伍是统一着藏蓝色上衣，白色裤子的台湾佛教慈济基金会。据家属说，志愿者主要

负责提供饮食服务，安抚工作，并负责翻译。

【9:20】经过连续 50 多个小时 1000 余海里的全速航行，中国海军"井冈山"舰抵达于泰国湾的马航飞机失联疑似海区，与之前抵达的绵阳舰一起，立即展开搜救行动。

【13:00】（失联 84 小时）①仍未发现失联飞机；②首批抵达吉隆坡中国家属已得到妥善安置；③马航第 11 份声明称，将增加陆上搜索，客机出发 12 天前曾做过保养；④香港称发现大量不明碎片，尚未找到疑似物；⑤发现的可疑油带和漂浮物与客机无关；⑥中国已派出 9 艘船只，5 船已抵达。

【14:06】来自越南航空搜救指挥所的消息显示，今天早上，中国请求增派一架飞机从海南进入寻找区域，越南已经同意该飞机进入越南领空区搜寻失联客机。

【15:00】马来西亚警察总长在记者会上表示，下午中方公共安全专家工作组和他进行会谈，中方已将所有中国籍乘客的照片交给马方。已确定持假护照上机的其中一名乘客是 19 岁的伊朗人，不大可能与恐怖活动有关，只是想移民到欧洲。另一名持假护照的乘客身份尚未查明。

【15:41】越南已经允许 2 架中国飞机进入其领空区搜寻。

【16:00】中国海上搜救中心总值班室副主任卓立介绍说："今天搜寻的面积是 90 海里乘 25 海里的海域面积，目前还没有能够发现和失联飞机相关的可疑物，这两天还是以水面搜寻为主，明天所有的搜救力量到达现场后，我们也将进一步优化我们的搜救方案。"

【16:40】我国第二批增援马航失联飞机搜救行动的导弹驱逐舰"海口"舰，已按计划准时抵达任务海区，正与"绵阳"舰和"井冈山"舰汇合，参与搜救。

【17:00】马航事件中国政府工作组开通新浪官方微博，将发布工作组在马来西亚配合中国驻马使馆处置客机失联事件的权威消息。

【17:29】通报会上，家属代表向马航提出 5 个要求：①马航必须派出专人 24 小时值班随时解决问题②每位乘客的 5 位家属可同机抵达吉隆坡而不是分批③妥善安排家属食宿问题④所发慰问金不可附加任何条件⑤家属要求明早 8 点对上述要求做出答复。

【17:47】据国防部新闻事务局消息称，为加大马航失联客机搜救工

作力度，经中央军委批准，中国空军 2014 年 3 月 11 日紧急出动 2 架军用飞机，从三亚凤凰机场起飞，赴马航失联海域执行搜救任务。

【18:00】马航 11 日发布第 12 份媒体声明称，当天的确有 4 名乘客预定了机票，但最终没有办理 MH370 航班的登机手续。航班并没有取下这 4 名乘客的行李，因为他们当天并未办理乘机手续。因此，关于 5 名乘客的消息不属实。

据人民日报微博，①仍未发现失联飞机；②两名持丢失护照登机者照片曝光，一名确认为伊朗人，另一人身份未定；③马警察总长称，五位旅客未登机不属实；④马航发布会称，无飞机下落，晚 6 时向家属发放特别慰问金；⑤绵阳舰发现可疑漂浮物；⑥马航表示，重点搜索区域在位于马来西亚西半岛。

【19:00】（失联 90 小时）据新加坡《海峡时报》网站报道，国际刑警组织 11 日发布最新消息称，已经确认第二名冒用失窃护照的乘客身份。国际刑警组织称，该名乘客也是伊朗人，他使用了意大利护照登上了 MH370 航班。

【23:30】马航发布第 13 份声明，称对于失联客机副驾驶曾邀请女性进入驾驶舱的报道非常重视，感到震惊，无法确认相关报道中的照片和视频真实性，由于马航正处理失联客机事宜，无法分出精力调查此事，呼吁媒体和大众尊重员工和乘客隐私。

2014 年 3 月 12 日

失联第 5 天【00:24】外交部副部长谢杭生会见马来西亚总理对华事务特使黄家定。

【00:30】中国政府联合工作组赴马航应急指挥中心开展工作。

【10:15】李克强在国务院应急指挥中心与中方搜救船长通话。

【12:02】日本空自先遣队抵达吉隆坡将参与马航客机搜救。

【16:45】中国空军继续出动飞机在失联海域搜寻黑匣子信号。

【17:45】中国政府联合工作组与马方举行联合会议。

【18:40】中国联合工作组举行首次新闻发布会。

【18:46】马航向每位家属发放 3.1 万慰问金。

【19:42】马来西亚回应发现穿救生衣遗体传闻：没听说。

【21:08】越军方表示将尽全力投入马航失联客机搜救。

马航第 14 份声明摘要：①马来西亚搜寻工作是由马民航局主导②马航主要工作是照顾家属，提供即时信息、航行服务、住宿、心理辅导等③马航成立了关怀团队，分派在北京 5 个地点，为家属提供关怀服务。④截至 12 日 13 点，115 名家属已抵达吉隆坡。

2014 年 3 月 13 日

【05:22】马航消息混乱引质疑马来西亚被疑掩盖真相。

【06:59】马民航局：军方可能有所隐瞒。

【08:05】马航：一些乘客家属安排赴马却到印度传言不正确。

【10:42】李克强：牵挂马航失联乘客有一丝希望就不放弃搜救。

【11:42】马越将派遣飞机搜寻中国卫星发现疑似残骸水域。

【12:22】马航第 17 份声明称将变更失联客机同班航班代码。

马来西亚航空公司于当地时间 2014 年 3 月 13 日中午 11 点在其官网上发布有关马航 MH370 失联事件的第 17 份媒体声明，声明中表示，称自 3 月 14 日起，马航 MH370 和 MH371 航班号将变更为 MH318 和 MH319。

马航表示，此举是为表达对失联客机乘客和机组成员的尊敬。而原来的从吉隆坡到北京的 MH370 航班号将变更为 MH318，从北京到吉隆坡的 MH371 将变更为 MH319。

【15:02】马来空军司令否认发布 MH370 折返马六甲消息。

【15:43】大马称已派飞机赴中国卫星发现"漂浮物"位置。

【17:02】引擎数据显示马航班机失联后又飞 4 个多小时。

【17:48】中国政府联合工作组赴马民航局搜救控制中心展开工作。

【18:22】马否认"失联航班又在空中飞行 4 小时"。

【20:02】马航：马警方开始调查失联客机正副机师。

2014 年 3 月 14 日

失联第 7 天【08:30】中国海上搜救中心组织召开海上搜救专家咨询会。

【08:42】马航：马来西亚警方已开始调查正副机师。

【13:22】马航发布第 18 份声明称已将掌握信息悉数公布。

马来西亚航空公司 14 日在其官网上发布有关马航 MH370 失联事件的第 18 份媒体声明，声明中表示，马航深知媒体对于失联客机有各种猜测，但马航方面已经将所有已知信息公之于众，没有更多的补充。

【15:42】越南下调失联客机搜寻级别但表示不会停止搜寻。

【16:02】马航称失联航班上救生艇足够物资充足。

【17:42】马方首次公布 MH370 失联后 6 小时部分细节。

【18:29】中国政府联合工作组再次看望马航失联航班乘客家属。

【19:02】马来当局称扩大搜索范围不能确认是否为劫机。

【21:22】马航 CEO 发函慰问 MH370 客机乘客家属说明新进展。

2014 年 3 月 15 日

失联第 8 天①马向 15 国请求帮助；②各国搜索的两条空中走廊：北为泰国至哈萨克斯坦和土库曼斯坦，南为经印尼至南印度洋；③英媒：本·拉登女婿称 9·11 主谋与马极端分子曾策划劫机；④接触过 MH370 的马航工程人员正在接受调查；⑤客机一名乘客身份引怀疑；⑥媒体围绕机长扎哈里的疑问；⑦马航：在京 MH370 家属可自行选择去留；⑧我国搜救力量补给待命，待新方案确定后立即行动。

2014 年 3 月 16 日

失联第 9 天【11:22】马来西亚政府文件展示"走廊地带"位置。

【12:23】印度暂停搜索失联航班等待马方重新部署。

【16:09】美媒：马航飞机在从雷达上消失前有"战术躲避动作"。

【16:23】马向中亚求助搜索失联客机。

【16:43】马警方搜查失联客机飞行员住所细查飞行模拟器。

【19:12】马警方说失联客机正副机长未要求同飞。

【20:03】马航为失联客机家属提供后续安排称不会卸责。

【21:46】澳大利亚将在新区域搜索马航失联客机。

2014 年 3 月 17 日

失联第 10 天①飞机与卫星联系时，可能已降落陆地；②本·拉登女婿称"9·11"主谋与马极端分子曾策划劫机；③飞机高度超规或为"弄

昏"机上人员；④新发现一乘客身份可疑；⑤参与搜寻国家增至 25 个，
美"基德"号开赴印度洋；⑥中国搜救力量补给待命，待新方案确定后
立即行动；⑦澳大利亚将协助搜寻印度洋。

2014 年 3 月 18 日

失联第 11 天①参与马航失联搜救国家扩展至 26 个；②中国已调动
21 颗卫星参与搜寻；③缅甸已开放领空协助搜索；④哈萨克斯坦表示，
失联飞机未飞入该国领空；⑤马来警方：正调查航班上一名 29 岁飞机工
程师；⑥法国动用军用卫星资源支持搜救；⑦中国舰船将兵分两路前往孟
加拉湾和巽他海峡。

2014 年 3 月 19 日

失联第 12 天【7：00】马尔代夫一小岛居民称见到巨大班机低空
飞过。

【7：20】第 12 天最新消息汇总：调查焦点在于机上机组人员。

①可排除中国乘客涉嫌恐怖和破坏活动嫌疑；②泰国空军司令证实曾
捕获 MH370 信号；③联合国全面禁止核试验条约组织：未监测到飞机爆
炸或坠毁；④针对机长与马反对派领袖有亲属关系问题，马方表示把党派
争端放在一边。马尔代夫警方已对此展开调查。

【7：30】白宫否认 MH370 航班降落美军事基地。

【9：00】中方新搜寻区域已划定，多国承诺积极参与搜救。

【10：00】转向 12 分钟后才最后通话？

【12：20】马尔代夫说当地雷达未发现过疑似马航客机。

【15：20】路透：马航失联客机最有可能飞往南印度洋方向。

【16：20】失联客机机长飞行模拟器部分资料被删除。

【17：00】国防部：未发现马航失联飞机在中国境内任何迹象。

【18：00】马方将派出一个高级别工作小组前往北京。

【18：10】马官方发布会要点：①正分析排查所有机组成员信息，并
排查客机上是否有可疑乘客；②北线向俄罗斯乌克兰方向搜索；③机长飞
行模拟器内有三组模拟飞行，但部分数据被删；④法国专家正调查机长飞
行模拟器数据；⑤正搜集雷达信息，并分析原始雷达数据。雷达数据有助

于缩小搜救范围。

【18:20】马来交通部长：南北走廊都在搜索集中三大区域。

【19:20】澳美新三国在南印度洋搜救马航失联客机。

【21:20】马方：将调查警察带走马航失联航班痛哭家属事件。

2014 年 3 月 20 日

失联 13 天【11:30】澳大利亚：发现疑似失联飞机残骸。

【12:30】澳总理称定位任务非常困难。

【13:00】澳海事局官员发布会要点。

【14:00】中国暂不改变原定搜救方案。

【15:00】澳大利亚公布疑似与失联客机有关物体卫星图像。

【15:20】澳称尚不能确认发现的疑似物体与失联客机有关。

【15:25】澳方公布的疑似碎片海域水深约 3000 米海况复杂。

【16:40】澳飞机已抵达发现疑似飞机残骸海域确认情况需数日。

【18:00】马政府最新发布会：最早的线索来自中国卫星。

【18:30】澳大利亚反潜机没找到航班有关物体。

【19:30】雪龙号科考船正式投入救援。

【20:10】1 艘挪威船已抵达发现疑似客机碎片海域。

【21:10】马方：建立营救协调中心统一协调海域搜索。

2014 年 3 月 21 日

失联 14 天①澳大利亚发现疑似物，一个长约 24 米，位于珀斯西南方向 2300 千米水域，与搜索航道高度吻合；②最早的线索来自于中国卫星；③美军 P8 飞机发现的雷达回波与澳方所称的疑似物体无关；④中国海军舰艇编队赶赴疑似海域开展搜救。

2014 年 3 月 22 日

失联 15 天①仍未找到澳卫星照片显示碎片，卫星图是唯一确定线索。②澳总理：疑似残骸可能只是集装箱。③卫星向航班发送 6 次"握手"信息，尝试收取引擎运转信息。无线电通信等显示机上无争斗迹象。

④马方：无被马军方击落可能。

⑤马方：未排除飞机被劫持可能，为保证有可能的人质安全，不能完全公开信息。

⑥中国空军 2 架伊尔—76 飞机和 1 架运—8 飞机 21 日赴马执行搜救新任务。21 日下午 6 点，"雪龙"号已经从珀斯前往目标海域。

⑦国家海洋预报台：22 日南印度洋有难得的较好海况，有利搜寻。

⑧五角大楼：美军正使用具有远程空中搜寻优势的侦察机作为重点手段，将继续调动一切可用资源协助搜寻。

⑨澳大利亚总理：疑似残骸可能只是集装箱。澳大利亚海事安全局：找到碎片可能需要相当长时间。

2014 年 3 月 23 日

失联 16 天①中国"高分一号"卫星在南印度洋观测到疑似物，长 22 米，宽 13 米。18 日图片显示的物体疑似海上漂浮物，呈马蹄形，距澳公布疑似物位置南偏西 120 千米左右。

②中国外交部表示中国卫星观测到的疑似漂浮物是否与失联客机有关，尚待进一步分析与核实。中国海空搜救力量正全力赶赴南印度洋有关海域开展搜救行动。

④马航飞机失联已 15 天。或许黑匣子正从深海某处发出信号。解开谜团，正需它记录的飞行数据和录音。更紧迫的是，黑匣子电池只能维持 30 天脉冲信号，两周过去意味着黑匣子只剩一半电量。

⑤马来西亚代理交通部长希沙姆丁表示，调查组正对失联客机与马来西亚空中交通管制站的原始通话记录进行分析，而根据此类案件调查的标准流程，这些记录在此阶段不能公布发布。"不过我可以确认的是在这些通话记录中没有发现任何不正常的东西"，他说。

⑥马方表示没有任何劫机者组织或个人跟他们联系，机上人员安全远高于任何政治问题。

⑦马方表示若疑似残骸在国际海域将成立两个小组展开调查；正在哈萨克斯坦协商成立临时搜救基地加快北走廊搜救工作。

⑧澳大利亚卫星图像显示的碎片尚未确定与失联客机有关，若碎片无法证实，将面对前所未有的搜救困难。

⑨中国出动 21 个卫星协助搜救，美国称将提供最新水下技术支持；所有的合作已经牵扯到了 26 个国家。无论是马来西亚政府还是其他国家，都没提到搜寻费用。

2014 年 3 月 24 日

失联 17 天①马方收到法国发来的卫星图像，显示在南部走廊发现可能和失联飞机有关的物体；②中国两架伊尔—76 飞机于珀斯当地时间 24 日凌晨起飞参与搜救工作；③失联客机最后一次 ACARS 通信是在 8 日凌晨 1 点 07 分，并没有任何异常情况。

2014 年 3 月 25 日

失联 18 天【00：40】"雪龙"号将择机进入发现白色漂浮物海域。

【01：30】Inmarsat 专家解释如何得出失事结论。

【03：30】MH370 乘客家属：没有任何人进行过所谓的见面沟通。

【04：10】MH370 美籍乘客家属：美国一周前已得出坠毁结论。

【05：50】"雪龙"号已到疑似碎片海域边缘。

【07：10】澳大利亚搜寻行动暂停。

【07：30】美称不能独立证实马方关于马航失联航班的结论。

【07：40】各方态度①澳大利亚海事安全局 25 日宣布，搜寻行动当天因天气原因暂停。②美国国务院发言人表示，美方不能独立证实马方关于失联航班"终结"的结论。③法国民航安全调查分析局说开展海底搜寻不可行。④中方搜寻工作仍继续，希望马方及其他国家也能够继续。

【11：00】"雪龙"号距离目标海域约 130 海里。

【12：30】马航发布会①已发现越来越多的线索，尤其是海洋上的碎片；②事情已经发生，必须面对现实；③将制定"全面综合的"家属救助计划；④马航初步救助家属每人 5000 美元；⑤这是航空史上史无前例的事件，马航称面临极大挑战。

【15：40】澳总理称失联客机搜寻进入"打捞和调查阶段"。

【17：30】习近平责令继续搜救派军事力量独立调查。

【18：00】马方：不能给出相关细节可能会造成泄密。

【18：10】马方：飞机燃料不足降落陆地可能性低。

【21：20】马高官：南部空中走廊搜寻范围已缩小四分之三。

【21：30】搜救失联客机：中国舰船已达 15 艘。

2014 年 3 月 26 日

失联 19 天①习近平指示即派我国政府特使赴马；②李克强：当前搜救工作仍是第一要务；③中国"雪龙"号 26 日抵，中国飞机发现漂浮物的目标位置；④马方证实，北京时间 8 点 19 分，MH370 还曾有一次与地面通讯；⑤马方推测会在南部走廊搜索到相关碎片线索。

2014 年 3 月 27 日

失联 20 天①中国一架伊尔—76、"雪龙"号等飞机舰船到达疑似海域；②马方确认珀斯以西海域发现 122 块碎片；③澳海事局称搜索目击到 3 个物体；④一固定翼飞机反馈"雪龙"号发现可疑物体；⑤外交部：中方舰船将极大充实水面搜救力量，搜寻工作仍是当务之急。

2014 年 3 月 28 日

失联 21 天①马承诺与中国共享 MH370 全部信息；②日本、泰国宣布发现疑似残骸物体；③澳疑似海域恶劣天气将持续；④马方将安排特殊家属沟通会提供坠机依据；⑤美方称，机长飞行模拟器被删数据一两天后恢复；⑥中国政府特使表示，有一线希望就决不放弃。

2014 年 3 月 29 日

失联 22 天①搜索区向东北移 1100 千米；②海巡 01 号、空军伊尔—76 飞机已在新搜寻区搜寻，东海救 101、南海救 115、海军"井冈山"舰正前进；③5 架飞机在新搜索区发现漂浮物；④失联飞机的飞行速度比原来认为的更快；⑤马方：30 天后考虑深海搜寻。

2014 年 3 月 30 日

失联 23 天①29 日共有伊尔—76 运输机等 8 架飞机投入搜索；②疑似物无一可确定与失联航班有关；③海军"井冈山"舰抵南印度洋新任务

区开始搜索；④机长的模拟飞行器中没有获得任何发现；⑤法航空难专家：找到马航 MH370 或需很长时间。

2014 年 3 月 31 日

马来西亚交通部 3 月 31 日晚发布公告，证实 MH370 驾驶舱和塔台的最后对话内容是"晚安，马来西亚 MH370"。这是马来西亚官方首次正式证实相关内容。马方正在调查，上述通话是来自 MH370 机长还是来自副机长。

2014 年 4 月 1 日

据《华尔街日报》网站报道，美国芝加哥的一位法官驳回了与马来西亚航空公司 MH370 航班有关的首个法律诉讼。法官称诉讼请求援引的法条不当。其援引的内容为"只有在被告尚未明确的情况下才可以提出信息披露请求"。但瑞贝卡已经将波音和马航列为被告，所以法官认为其请求"超出了这条法规所允许的范围，因此必须被驳回"。律师表示，但虽然这项诉讼被驳回了，但一旦飞机残骸或碎片得到确认，瑞贝卡仍可以起诉波音和马航。

2014 年 4 月 3 日

据腾讯、中搜搜悦报道，马航客机失踪昨天进入第 27 天，当天上午，马来西亚总理纳吉布和澳大利亚总理阿博特在珀斯举行的联合发布会上，对各国搜索力量表示感谢，承诺不会放弃搜索。此外，马警方调查机上的 4 吨山竹果，并称已获得一些线索。调查人员怀疑如此多的水果中是否可能被安放了炸弹。

2014 年 4 月 12 日

CNN 援引马政府官员及其他消息源称，MH370 穿越马来半岛时，曾在军用雷达上消失约 222 千米，这意味着飞机曾降至 1200—1500 米。MH370 失联后，马方飞机当地早 8 时左右即在马六甲海峡附近升空搜寻，而军方 3 天后才通报 MH370 向西飞行。

最后与塔台通话的是机长扎哈里，而不是此前媒体报道的副机长。

2014 年 4 月 14 日

失联 37 天①自从 8 日海盾号再次两度收到疑似黑匣子信号后，迄今为止再无音信，有分析就认为黑匣子电池可能已经耗尽电力，尽管如此搜索人员还是在进行紧张的搜索，希望能够找到 MH370 的确切位置；②澳大利亚联合协调中心公布了今天的搜寻计划，有 11 架军机、一架民用机和 15 艘船只参与，搜寻区面积是 47644 平方千米，区域中心是位于珀斯西北的 220 千米处，澳大利亚海盾号继续会使用拖曳声波定位仪来搜寻，AP3C 飞机和英国的回声号将协助。

澳大利亚联合协调中心 14 日就马航 MH370 客机事件搜寻进展举行新一轮新闻发布会，澳方称，从上周二开始就没有监测到更多信号，正在继续努力。监测到的信号有助于缩小搜寻范围。

2014 年 4 月 29 日

澳大利亚牵头的在南印度洋搜索 MH370 客机残骸工作进入水下搜索阶段。从当天起，此前参与搜索的各国飞机停止空中搜索工作。

2014 年 5 月 12 日

马来西亚代交通部长希山慕丁表示，不会在调查马航 MH370 事件过程中向乘客家属公布搜索数据。另外，马来西亚交通部计划于 14 日将关于 MH370 事件的报告书草案提交给马来西亚内阁。

2014 年 5 月 29 日

澳大利亚搜寻马航 MH370 航班联合协调中心发布声明，对探测到声学信号区域的搜索已完成，该区域可能非马航 MH370 航班最后所处地点。搜索仍将继续，将在现有信息和分析结论基础上在南印度洋划出一个沿南部弧线分布的 6 万平方千米的搜索区域，调查绘制出该区域的海底地图。预计深海测绘调查工作将费时 3 个月左右。水下搜索工作预计将在 8 月开始，时间可能长达 12 个月。中国"竺可桢"号远洋综合调查测量船负责执行深海调查任务。

2014 年 6 月

澳大利亚联合调查中心 6 月 26 日公布 MH370 新搜寻区，橙色区域是优先级最高的搜寻区，蓝色区次之。相比此前搜寻区域，沿卫星弧区，更加靠南。

马来西亚航空公司失联航班 MH370 的搜索人员认为，飞机缺氧导致机组人员失去意识是这架航班消失的最可能原因。澳大利亚运输安全局（ATSB）的报告指出，飞行模式的卫星数据显示，飞机可能发生了减压和缺氧，导致飞行员不省人事。澳方还表示，通过技术分析发现，MH370 的 1 到 7 段飞行航路连续，因此飞机坠海前"很有可能"处于自动驾驶状态。

2014 年 8 月

2014 年 8 月 31 日，马来西亚交通部长廖中莱表示，马航 MH370 客机的搜寻工作目前已经进入第二阶段，搜索单位已经鉴定 58 个可能有飞机残骸的印度洋海域。

2015 年 8 月 5 日

法国方面证实，2015 年 7 月 29 日在位于印度洋上的法属留尼汪岛发现的飞机残骸，确属于去年 3 月 8 日从吉隆坡飞往北京途中失联的马航 MH370 客机，在失踪了 500 多个昼夜之后，MH370 航班的残骸首次被发现。

2016 年 3 月 6 日，在马航 MH370 客机失踪即将满两年之际，非洲东面的法属留尼汪岛再有新发现。当地居民贝格，在沙滩的几乎同一位置，发现一块带蓝边的灰白色方形残骸，已经交给当地警方。贝格说，这块大小约为 40×40 厘米的残骸，不像上次发现的那样布满贝类，并且更小更薄，不过外观材质一样，内部是蜂巢结构。而就在几天前，非洲东岸的莫桑比克，也发现疑似马航 MH370 客机的尾翼残骸，已经送往澳大利亚检验。

二　中国在印度洋海啸救援中的行动

在对灾难的关注方面，中国是反应最迅速的国家之一。当印度洋地震海啸灾难一传出，国家主席胡锦涛、总理温家宝等领导人就相继向相关国家领导人致电慰问，深表同情。与此同时，中国红十字会、全国妇联等团体发起了救灾募捐动员。香港同胞也兴起捐献救灾热潮，仅李嘉诚基金会就捐献 2400 万港元。2004 年 12 月 31 日，温家宝总理在中南海会见印度洋地震海啸受灾十国驻华使节和部分国际组织驻华代表时郑重表示：中国将在以往援助基础上，再对印度洋地震海啸受灾国家增加 5 亿元人民币的援助，并根据各国的需要，随时派出救援队（见新华社 2004 年 12 月 31 日电）。

在对灾难的救援效率方面，中国是响雷下雨国家之一。

2004 年 12 月 26 日，国家商务部就宣布：为体现中国政府和人民对受灾地区国家政府和人民的友好情谊，中国政府决定根据灾情向印度、印尼、斯里兰卡、马尔代夫和泰国五国提供人道主义紧急救灾援助。

2004 年 12 月 29 日晚，又根据灾难的最新情况，外交部部长李肇星紧急召开财政部、商务部、卫生部、地震局和军队有关部门负责人联席会议，决定大幅增加中国政府对受灾国的物资和现金援助。

2004 年 12 月 30 日，中国第一批价值为 500 万元的食品、药品和帐篷等救援物资就在印尼救灾指挥中心卸货。

2004 年 12 月 31 日，由中国地震局副局长率领的中国国际救援队伍 35 人也抵达印尼北苏门答腊省棉兰机场进行救灾，成为第一个赴印尼的国际救援队。

2004 年 12 月 31 日，第一批 100 人的 10 支卫生救援队第一队从上海出发；接着，31 日下午，广东卫生厅派出第二救援队奔赴泰国。在对救灾的财物方面，中国是迄今数额最大的国家之一。

在灾难发生后，中国政府就宣布给予 2000 多万元人民币的救灾。才过几天，就决定增加救援资金 5 亿元人民币。此举，令世人眼前为之一亮，更令中国人为之自豪。毋庸讳言，这是一个真正朋友的体现，也是一个责任大国的表现。

香港为灾区捐款 7 亿港元创下单一城市及人口捐款之冠。

香港人这次赈灾捐款，除了打破香港有史以来的捐款纪录外，也创造了以单一城市及人均捐款计算的全球之冠。据了解，香港各界已筹得近 7 亿港元的赈灾款项，平均每位香港市民捐款达 100 港元。据香港大公报报道，据不完全统计，截至目前，香港各大赈灾机构中，香港红十字会筹得赈灾款项达 2.89 亿元，宣明会筹得 1.05 亿元，联合国儿童基金会筹款 7300 万元，乐施会筹款逾 3800 多万港元，"无国界医生"筹款为 1700 万港元，救世军筹款 1300 万港元。再加上香港特区政府及其他民间赈灾团体的筹款数字，以及来自海峡两岸和香港等地 200 多位演艺人士参与的"爱心无国界演艺界大会演"已筹得 3641 万港元善款，赈灾捐款总数已接近 7 亿港元。

印度洋海啸之后，中国的救灾外交策略实际取得巨大成效，极大改善了中国在东南亚的国际形象，提升了在本地区的号召力。但是，我们也应该发现，中国传统外交一直高度集中在所谓"高级政治"上，非传统的、新型的国际事务则是中国外交陌生的领域。面对当前国际全球化、多边化、制度化趋势和非传统安全事务的上升，中国应以印度洋海啸为契机积极从事建设性的外交，在"以人为本"外交理念的基础上进一步拓展外交内涵、扩大外交领域，体现中国外交的全球政治意义，发掘其独特魅力，在传承中凸显创新精神。

中国外交应重新界定国家利益。中国国家利益并不仅仅是军事、经济层面，也包括非军事、社会福利等方面的利益。中国外交应关注全球范围内灾难频繁发生的客观事实，依托国际社会成员的观念，致力于外交中的正义性、道德性和合法性建设，充分展现区别于强权外交的鲜明个性，分享共同的利益、价值、规则、规范和制度。[①]

三　中国的气候外交

气候外交是指国际社会围绕气候治理展开的外交活动。国际气候外交

---

① 毛维准、阙天舒：《灾难外交：一种新的外交方式？——印度洋地震海啸启示录》，《世界经济与政治》2005 年第 6 期。

的行为主体十分广泛，包括联合国、主权国家和非政府组织等。国际气候外交对于抑制全球变暖十分重要，但当前的气候外交面临诸多难题。比如，气候外交遭遇到集体行动的难题，并常常被异化为谋取经济利益的权力外交等。中国的气候外交目前虽然取得一定成效，但在国际社会中仍然受到一定的质疑，影响了中国的国家形象。中国必须开展气候公共外交，并在国际责任与自身能力平衡的基础上积极参与全球气候治理。

新兴大国如中国、印度、巴西等国家，近年来经济持续高速增长，但由于他们大多是依赖于传统能源消费来实现经济发展，因而被认为是导致全球变暖的"罪魁祸首"。尤其是中国和印度，更是面临国际社会的巨大压力。

"新瓶装旧酒"：气候外交近似于权力外交加利益外交。传统外交最典型的模式是权力外交加利益外交，气候外交并未摆脱传统外交模式。传统外交中，权力占据核心位置。几乎所有的外交活动都是权力游戏。强权可以决定国际体系的格局、殖民地的划分以及贸易体制的建立。从世界近现代历史来看，无论是威斯特伐利亚体系、维也纳体系还是雅尔塔体系，都是大国主宰的结果，小国无从参与，只能接受被主宰的命运。

外交异化：气候外交的主要内容是经济外交加能源外交异化现象是指主体在自然过程中分裂出自身的异己力量或对立面。气候外交异化是指气候外交的目标在实现过程中被其他目标所遮蔽，导致与预期目标相反的结果。在国家外交行动中，异化现象并不少见。比如，在国际裁军外交中，原本的目标是减少各国武器生产，逐步实现世界和平，但裁减武器的目标却被增加军备的目标所掩盖，其结果不仅未能实现世界和平，反而刺激了战争。[①]

气候变化是当前全球共同面临的重大挑战，深刻影响着人类的生存与发展。积极应对和适应气候变化，推动世界各国全面实现经济社会的可持续发展，是国际社会所有成员义不容辞的共同责任，这需要从多方面着手，开展气候治理，其中针对发展中国家的气候援助已经成为国际气候治理体系的重要议题。与其他类型的国际援助一样，气候援助理应涵盖南北合作、南南合作及三方合作等多种模式。由于在全球气候变化中的特殊地

---

① 甘钧先、余潇枫：《全球气候外交论析》，《当代亚太》2010 年第 10 期。

位及相对突出的资金和技术优势，中国于 21 世纪初启动南南合作框架下的气候援助。这一实践推动了中国气候援助理念的初步确立，促进了中国气候外交体系的发展和中国对外援助的多样化发展。为促进中国国际责任的更好履行、中国气候援助的更大发展，中国应以既有实践和成绩为基础，创新设计中国气候援助的体系、思路、途径、方式和领域等。

根据世界银行估算，到 2030 年，预计发展中国家每年所需要的适应气候变化资金约为 750 亿美元，促进减排资金约 4000 亿美元。2012 年，联合国可持续发展大会通过《我们憧憬的未来》（The Future We Want），在重申"共同但有区别的责任"原则的同时，敦促发达国家履行针对发展中国家的援助承诺。可以说，气候援助一直是国际气候谈判体系的重要组成部分，也是每个国家参与气候谈判、开展气候外交的重要议题。

在气候变化影响日益突出的新形势下，作为负责任的发展中大国，中国政府本着"量力而行、尽力而为"的原则，与其他发展中国家共同分享绿色技术创新成果和绿色经济发展经验，支持发展中国家加强应对气候变化能力建设。中国是世界上最大的发展中国家，发展仍然是中国长期面临的艰巨任务。这决定了中国的对外援助属于南南合作范畴，是发展中国家间的相互帮助。从 2001 年到 2006 年，中国温室气体排放量急剧增长，引起国际社会的普遍关注，国际能源组织在 2006 年发布报告，预计中国将在 2009 年成为世界第一大温室气体排放国，这使中国气候外交面临空前的国际压力。"通过有效的援助来承担和履行中国的国际责任，为中国的发展创造良好的外部环境，是中国援外工作的基本目标"。2012 年，中国政府在联合国可持续发展大会上宣布中国将开展应对气候变化的"南南合作"，承诺每年安排约 1000 万美元用于支持非洲国家、最不发达国家和小岛屿国家积极应对气候变化。2013 年 3 月和 6 月，中国国家主席习近平在出访非洲及拉美和加勒比地区时，再次表示中国继续在"南南合作"框架内为小岛屿国家、非洲国家提供力所能及的支持。2014 年 9 月，国务院副总理张高丽在联合国气候峰会上宣布，从 2015 年开始，中国将在现有基础上把每年用于南南合作的资金翻一番，并提供 600 万美元支持应对气候变化的南南合作。①

---

① 冯存万：《南南合作框架下的中国气候援助》，《国际展望》2015 年第 1 期。

尽管气候外交行为体多种多样，但目前的气候外交主要发生在国家层面和国际层面，且两条轨道的作用和效率完全不同。从国际层面来看，由于陷入集体行动的困境，国际气候外交难以达成各方都认同的共识，也无法形成有约束力的机制；但在国家层面，包括中印俄等在内的许多国家，都已通过自己的国家行动计划，并根据气候变暖调整了环境和能源立法，实施了实质性的减排行动。

近年来，中国积极开展气候外交，并取得了良好效果。2007 年 6 月，国务院成立了由温家宝总理任组长的国家应对气候变化领导小组，随后在外交部成立了杨洁篪任组长的应对气候变化对外工作领导小组。自 1989 年以来，中国已经加入了《联合国气候变化框架公约》《联合国防治荒漠化公约》等 50 多项国际环境条约。中国已经与周边国家和发达国家展开了诸多的气候治理项目。中国是吸引国际清洁发展机制（CDM）项目最多的国家之一；中国对国际环境机构的资金援助也日益增多，并成为全球环境基金 20 个最大捐款国之一。2007 年，中国的单位国民生产总值能耗下降 3.27%，节约能源相当于 8980 吨标准煤。自 20 世纪 90 年代以来，中国在植树造林方面取得巨大成就。中国植树造林面积不仅全球领先，而且比全球其他国家造林的总和还要大，从而为减缓气候变暖做出了重要贡献。哥本哈根会议前夕，中国公布了自主减排目标：到 2020 年单位碳强度降低 40%—45%。此外，为应对即将到来的能源危机，中国还加快了绿色经济转型的步伐。[①]

气候外交作为中国整体外交布局的重要组成部分，是中国积极应对气候变化、优化对外战略布局的一项重要举措，认清形势并进行战略布局，积极开展气候外交，促进国民经济健康可持续发展，进一步提升国家形象，更好地履行国际责任，也是中国和平发展战略的一项重要内容。

针对气候变化问题的系统性、联动性、复杂性与动态性，中国的气候外交战略布局，视野上要统领全球，以促进可持续发展、实现国家复兴为导向，以自愿减排为原则，以节能减排为途径，积极谋求大国合作并正视战略性竞争，推动中、俄、印三国的气候联盟并争取产油国的支持，重点关注非洲可持续发展与小岛屿联盟的动向，在力所能及范围内支持这些国

---

① 甘钧先、余潇枫：《全球气候外交论析》，《当代亚太》2010 年第 10 期。

家的正当要求。①

中国气候外交既要考虑到中国的责任和形象，也要考虑到自身减排能力的不足。中国在环境保护和气候治理方面的技术水准还无法与西方国家相比，其经济发展水平仍处于发展中国家行列，经济转型还面临着比发达国家更多的困难。因此，中国承担的减排责任只能在自身承受能力范围之内。同时，在责任承担方面，也应力求公平。西方目前所主张的减排框架没有考虑到中国的实际经济发展情况，中国应该正面拒绝，但同时也要做好各种准备，因为逐步纳入国际减排的整体框架乃大势所趋。中国长久不加入国际减排框架可能带来的后果是：无法获得道义支持，同时也将间接影响到中国在其他领域的谈判能力和话语权；全球性减排机制将很难达成，不利于全球的可持续发展。如果没有中国和印度这两个现代化进程迅速、人口最多、能源消耗居世界前列的国家参与，国际气候减排机制根本不可能达成。相对而言，中国逐步加入国际减排框架的好处在于：首先是获得道义支持，这对中国是重要的，当前的中国外交需要占据一定的道德高地。其次是可以形成适度压力，这有利于中国经济的顺利转型。再次是有助于中国在其他领域增加话语权。可以想象，若中国承担更多的责任，话语权也将随之增加，中美关系及中国周边的安全环境也可能因此获得间接改善，长远来看有利于中国崛起。②

四　中国的环境外交

何谓环境外交，学界对此有着不同的观点和看法。杨鲁慧教授认为：环境外交是指作为国际关系主要行为体的国家，以双边的、多边的、区域性谈判、交涉和对话协商为主要外交手段，解决和处理环境领域中国际关系的一切活动、制定有关行为规则以及采取环境治理阶段性达标的措施。环境外交的主体是环境外交活动的参与者和实施者。狭义上的环境外交是国家通过外交部门、环境保护部门等代表国家运用谈判、协商的方式以调整国际环境关系的各种对外活动，广义上的环境外交的主体是以国家为

---

① 凌胜利：《中国气候外交的战略布局》，《江南社会学院学报》2011 年第 3 期。
② 甘钧先、余潇枫：《全球气候外交论析》，《当代亚太》2010 年第 10 期。

主，但却不仅限于国家，也可是地区性的或全球性的。作为学术研究中的环境外交概念，从一般意义上讲它是由环境外交主体、环境外交治理对象、环境外交运作方式三要素构成。

1972 年中国派代表团参加了联合国人类环境会议，这是中国环境外交的开端。在此次会议上，中国代表团开展了大量的外交活动，阐明了我国在环境问题上的原则立场，同各国交流了环保经验。与此同时，当时中国对环境问题缺乏全面的认识，对环保国际合作的重要性重视不够，过分强调意识形态因素，忽略了环发领域客观存在的共同利益。无论如何，联合国人类环境会议给中国带来了极其深远的影响。

中国环境外交的出发点是维护国家利益，推动国内环境保护治理的实质性进展，其在环保中的作用日趋扩大并成为重要组成部分。环境外交和环境治理需要强化国家在环境治理中的责任和行动。环境外交中的公共政策协调是在寻求共识的基础上，协调各个部门的政策和行为，是应对环境外交谈判中的具体成果制度建设。环境外交与国内政治的相关性最终决定了国家意志与公共政策的协调一致。强化环境外交中的国家意志及权威性的公共政策协调是一种现实的必然抉择。

21 世纪以来，中国无疑具备了崛起大国应有的经济实力，但要真正实现全面崛起，并为应对全球气候变化做出积极贡献，成为世人所公认的环保大国，还任重道远。当前，中国温室气体排放总量仅次于美国，居世界第二位。在大国崛起进程中，中国如何面对国际社会越来越大的减排压力，维护中国在全球环境事务中负责任的大国形象，在环境外交这一国际政治舞台上发挥积极建设性的作用，以消除"中国气候威胁论"的负面影响，是我们亟须解决的重要课题。[①]

中国环境外交经历了以下几个阶段。第一个阶段是积极融入和摸索期（1978—1992 年）：以环境保护为基本国策，环境外交逐步形成。一是成立环境外交机构，指导环境外交。为顺利指导与开展环境外交工作，外交部和国家环保局均设立了主管环境外交的工作机构。国家环保局于 1985 年设立了外事处，负责处理环境外交事务，1988 年成立了外事办公室，

---

① 杨鲁慧：《环境外交中的国家意志与公共政策协调》，《世界经济与政治》2010 年第 6 期。

并拟筹建国际合作司，从事中国的环境外交工作。二是积极融入和参与国际环境合作，逐步形成有关环境问题的原则立场。1984 年，中国派人参与了《我们共同的未来》报告的起草。1987 年，夏堃堡在参加世界环境与发展第八次委员会会议上，代表中国主要强调环境保护与经济、社会发展相协调的原则，维护国家土权等。与此同时，夏堃堡起草了中国的方案。此外，在 1981 年召开的《蒙特利尔议定书》缔约方第一次全体会上，中国政府结合本国实情和发展中国家利益，正式提出设立保护臭气层国际基金的建议，以帮助发展中国家采取控制措施。中国政府于 1991 年宣布加入经过修正的议定书。1990 年，国务院环境保护委员会第十八次会议通过了指导中国环境外交工作的纲领性文件《我国关于全球环境问题的原则立场》。

第二个阶段是全面发展和成长期（1992—2002 年）：以可持续发展为战略方针，环境外交内容日益丰富。以 1992 年联合国环境与发展大会为标志，中国环境外交迈上了新阶段。1992 年联合国环境与发展大会之后，我国率先提出了《环境与发展十大对策》，制定《中国 21 世纪议程》《中国环境保护行动》等文件，实施可持续发展战略已成为国民经济和社会发展的基本指导方针。

第三个阶段是主动发展和成熟期（2002 年至今）：以科学发展观为理论指导，环境外交日显成熟。党的十六届三中全会提出了以人为本、全面协调可持续的科学发展观，十七大深入阐述了这一概念。在科学发展观的指导下，新时期新阶段的环境外交彰显负责任大国的形象，为发展人类环境事业做出了较大贡献。环境外交日渐活跃与频繁，凸显"绿色政治"。2005 年 11 月，第八次中欧领导人会晤时共同发表了《中欧气候变化联合宣言》。2007 年 12 月，胡锦涛主席出席了在印度尼西亚巴厘岛举行的联合国气候变化大会，并阐述了中国应对气候变化的建议，会议通过"巴厘岛路线图"。①

---

① 齐峰：《改革开放 30 年中国环境外交的解读与思考——兼论构建环境外交新战略》，《中国科技论坛》2009 年第 3 期。

参考文献

一 中文类

（一）著作类

1. ［美］A. T. 马汉：《海权对历史的影响》，安常容译，解放军出版社
   1998 年版。

2. ［美］保罗·肯尼迪：《大国的兴衰》，陈景彪等译，国际文化出版公
   司 2006 年版。

3. ［日］滨下武志：《中国、东亚与全球经济——区域和历史的视角》，
   王玉茹、赵劲松、张玮译，社会科学文献出版社 2009 年版。

4. ［美］布里吉特·斯塔奇（Brigid Starkey）、马克·波义耳（Mark
   A. Boyer）、乔纳森·维尔肯菲尔德（Jonathan Wilkenfeld）：《外交谈判
   导论》，陈志敏、董晓同等译，北京大学出版社 2005 年版。

5. 蔡建国等：《东亚区域合作——能源、环境与安全》，同济大学出版社
   2007 年版。

6. 曹云华主编：《东南亚国家联盟：结构、运作与对外关系》，中国经济
   出版社 2011 年版。

7. 陈乐民：《西方外交思想史》，中国社会科学出版社 1995 年版。

8. 崔蕴杰：《科学减灾——灾害应急管理与非工程减灾》，中国城市出版
   社 2011 年版。

9. ［美］查理斯·派里、玛莉纳·特拉瓦雅琪丝、巴比·安德森、亚
   隆·艾森柏格：《临危不乱：救灾外交、国家安全与国际合作》，台湾
   “国防部”史政编译室译印，2009 年。

10. ［英］大卫·哈维：《新帝国主义》，初立忠、沈晓雷译，社会科学文

献出版社 2009 年版。

11. 戴旭：《C 行包围——内忧外患下的中国突围》，文匪出版社 2010 年版。

12. 邓云特：《中国救荒史》，生活·读书·新知三联书店 1958 年版。

13. 丁邦泉、唐永胜、许蔓舒编：《国际危机管理》，国防大学出版社 2004 年版。

14. 丁金光：《国际环境外交》，中国社会科学出版社 2007 年版。

15. 范宝俊：《中国国际减灾十年实录》，当代中国出版社 2000 年版。

16. 方向明：《不同的承诺方式——中国与国际环境保护制度》，载肖佳灵、唐贤兴主编《大国外交——理论·决策·挑战》（复旦大学国际政治研究论丛第 3 辑），时事出版社 2003 年版。

17. 方樟顺：《周恩来与防震减灾》，中央文献出版社 1995 年版。

18. 冯特君主编：《当代世界政治经济与国际关系》，中国人民大学出版社 1998 年版。

19. 冯友兰：《中国哲学简史》，北京大学出版社 1985 年版。

20. 高晓虹、隋岩主编：《国际危机传播》，中国传媒大学出版社 2011 年版。

21. ［美］戈登·克雷格、亚历山大·乔治：《武力与治国方略》，商务印书馆 2004 年版。

22. ［英］戈尔·布思主编：《萨道义外交实践指南》，上海译文出版社 1984 年版。

23. 管文虎主编：《国家形象论》，电子科技大学出版社 1999 年版。

24. 国务院新闻办公室：《中国的对外援助》白皮书，人民出版社 2011 年版。

25. 郭树棠主编：《国际关系学：理论与实践》，时事出版社 2004 年版。

26. ［英］哈罗德·尼科松：《外交学》，眺伟、倪征澳译，世界知识出版社 1957 年版。

27. ［美］海伦·米尔纳：《利益、制度与信息：国内政治与国际关系》，曲博译，上海世纪出版集团 2010 年版。

28. ［美］海伦·米尔纳、罗伯特·基欧汉：《国际化与国内政治：结论》载罗伯特·基欧汉、海伦·米尔纳主编《国际化与国内政治》，北京大学出版社 2003 年版。

29. 韩方明、赵可金、柯银斌编：《公共外交概论》，北京大学出版社 2011 年版。

30. ［美］汉斯·摩根索著，肯尼思·汤普森修订：《国家间政治：寻求权力与和平的斗争》，徐昕、郝望、李保平译，王缉思校，北京大学出版社 2004 年版。

31. ［英］赫德利·布尔：《无政府社会：世界政治秩序研究》，张小明译，北京大学出版社 2007 年版。

32. ［美］亨利·基辛格：《大外交》，顾淑馨、林添贵译，海南出版社 1998 年版。

33. ［美］亨利·基辛格：《基辛格：美国的全球战略》，胡利平、凌建平等译，海南出版社 2009 年版。

34. 胡锦涛：《高举中国特色社会主义伟大旗帜，为夺取全面建设小康社会新胜利而奋斗》（2007 年 10 月 15 日），载《中国共产党第十七次全国代表大会文件汇编》，人民出版社 2007 年版。

35. 胡宗山：《国际政治学基础》，华中师范大学出版社 2005 年版。

36. 黄大慧主编：《变化中的东亚与美国——东亚的崛起及其秩序建构》，社会科学文献出版社 2010 年版。

37. 《建国以来刘少奇文稿》第 2 册，中央文献出版社 2005 年版。

38. ［英］杰夫·贝里奇：《外交理论与实践》，庞中英译，北京大学出版社 2005 年版。

39. ［英］杰拉德·陈：《中国的环境治理：国内与国际的联结》，李丰译，载载薄燕主编《环境问题与国际关系》（第 7 辑），上海人民出版社 2007 年版。

40. 金磊等主编：《中国 21 世纪安全减灾战略》，河南大学出版社 1998 年版。

41. 金正昆：《外交学》，中国人民大学出版社 2007 年版。

42. 《钦定康济录》（卷一）。

43. ［美］卡伦·明斯特：《国际关系精要》，潘忠崎译，上海世纪出版集团 2007 年版。

44. ［美］克里斯托弗·莱恩：《和平的幻想：1940 年以来的美国大战

略》，孙建中译，上海人民出版社 2009 年版。

45. ［美］肯尼思·华尔兹：《国际政治理论》，信强译，上海人民出版社
    2003 年版。

46. 郎咸平：《郎咸平说新帝国主义在中国》，东方出版社 2010 年版。

47. ［美］劳伦斯·巴顿：《危机管理——一套无可取代的简易危机管理
    方案》，许瀚予译，东方出版社 2009 年版。

48. ［美］理查德·罗斯克兰斯、阿瑟·斯坦主编：《大战略的国内基
    础》，刘东国译，北京大学出版社 2005 年版。

49. ［美］理查德·罗斯克兰斯：《力量与克制——中美关系的共同愿
    景》，顾国良主编，社会科学文献出版社 2010 年版。

50. 李金明：《南海波涛：东南亚国家与南海问题》，江西高校出版社 2005
    年版。

51. 李军：《中国传统社会的救灾——供给、阻滞与演进》，中国农业出版
    社 2011 年版。

52. 李文海：《历史并不遥远》，中国人民大学出版社 2004 年版。

53. 李少军：《国际战略学》，中国社会科学出版社 2009 年版。

54. 李少军：《国际政治学概论》，上海人民出版社 2009 年版。

55. 李慎明、王逸舟主编：《国际形势黄皮书：全球政治与安全报告
    （2010）》，社会科学文献出版社 2009 年版。

56. 李小云、唐丽霞、武晋：《国际发展援助概论》，社会科学文献出版社
    2009 年版。

57. 梁守德、李义虎：《全球大变革与中国对外大战略》，世界知识出版社
    2009 年版。

58. 刘京：《2008 中国慈善捐赠发展蓝皮书》，中国社会出版社 2009 年版。

59. 刘从德主编：《国际关系理论——西方国际关系理论与马克思主义国
    际关系理论研究》，武汉出版社 2007 年版。

60. ［美］罗伯特·阿特：《美国大战略》，郭树勇译，北京大学出版社
    2005 年版。

61. ［美］罗伯特·基欧汉、海伦·米尔纳主编：《国际化与国内政治》，
    姜鹏、董素华译，北京大学出版社 2003 年版。

62. 罗伯特·基欧汉：《霸权之后：世界政治经济中的合作与纷争》，苏长

和等译，上海世纪出版集团 2001 年版。

63. ［美］罗伯特·杰维斯：《系统效应：政治与社会生活中的复杂性》，李少军、杨少华、官志雄译，上海人民出版社 2008 年版。

64. 罗伯特·基欧汉、约瑟夫奈：《权力与相互依赖》，门洪华译，北京大学出版社 2002 年版。

65. ［美］罗杰·A. 麦凯恩：《博弈论：战略分析入门》，原毅军、陈艳莹、张国峰等译，机械工业出版社 2006 年版。

66. 《马克思恩格斯全集》第 1 卷，人民出版社 1956 年版。

67. 玛莎·费丽莫：《国际社会中的国家利益》，袁正清译，浙江人民出版社 2001 年版。

68. ［美］曼瑟·奥尔森：《集体行动的逻辑》，陈郁等译，上海三联书店和上海人民出版社 1995 年版。

69. ［美］曼瑟·奥尔森：《权力与繁荣》，苏长和等译，上海人民出版社 2005 年版。

70. 梅平主编：《东亚合作还是亚太合作》，世界知识出版社 2010 年版。

71. 门洪华：《构建中国大战略的框架——国家实力、战略观念与国际制度》，北京大学出版社 2005 年版。

72. 民政部救灾救济司：《救灾救济工作文件汇编（1988—2005）》（内部文件），2005 年 8 月。

73. 民政部政策研究室：《民政工作文件汇编（二）》（内部文件），1984 年 9 月。

74. 民政部：《民政 30 年》（内部资料），2009 年。

75. 民政部：《中华人民共和国民政工作文件汇编》（1949—1999），中国法治出版社 2001 年版。

76. ［美］莫顿·卡普兰：《国际政治的系统和过程》，薄智跃译，上海人民出版社 2008 年版。

77. 尼古拉斯·托马斯、聂德宁主编：《东南亚与中国关系：持续与变化》，厦门大学出版社 2006 年版。

78. ［意］尼科洛·马基雅维里：《君主论》，潘汉典译，商务印书馆 1985 年版。

79. ［日］浦野起央：《国际关系理论导论》，刘甦朝译，中国社会科学出版社 2000 年版。

80. 钱钢、耿庆国：《二十世纪中国重灾百录》，上海人民出版社 1999 年版。

81. 秦亚青：《权力·制度·文化》，北京大学出版社 2005 年版。

82. 秦亚青：《国际体系与中国外交》，世界知识出版社 2009 年版。

83. 秦亚青：《东亚地区合作：2009》，经济科学出版社 2010 年版。

84. 秦亚青编：《西方国际关系理论经典导读》，北京大学出版社 2009 年版。

85. ［英］R. P. 巴斯顿：《现代外交》，赵怀普等译，世界知识出版社 2002 年版。

86. 任勇、陈刚：《冲国的环境与发展：战略转型》，载中国环境与发展国际合作委员会、中共中央党校国际战略所编《中国环境与发展：世纪挑战与艰难抉择》，中国环境科学出版社 2007 年版。

87. ［美］塞缪尔·亨廷顿：《文明的冲突与世界秩序的重建》，新华出版社 2002 年版。

88. 石林：《当代中国的对外经济合作》，中国社会科学出版社 1989 年版。

89. 宋秀琚：《国际合作理论：批判与建构》，世界知识出版社 2006 年版。

90. 孙绍骋：《中国救灾制度研究》，商务印书馆 2004 年版。

91. 唐晋主编：《大国崛起——以历史的眼光和全球的视野解读 15 世纪以来 9 个世界性大国崛起的历史》，人民出版社 2006 年版。

92. 王炳南：《中美会谈九年回顾》，世界知识出版社 1985 年版。

93. 王缉思：《中国国际战略研究的视角转换》，载《中国国际战略评论 2008》，世界知识出版社 2008 年版。

94. 王逸舟：《创造性介入——中国外交新取向》，北京大学出版社 2011 年版。

95. 王逸舟：《中国外交新高地》，中国社会科学出版社 2008 年版。

96. 王子昌：《东亚区域合作的动力与机制》，中国社会科学出版社 2004 年版。

97. ［美］《韦伯斯特英语辞典》上卷，大百科全书 1979 年版。

98. ［美］威廉·恩道尔：《霸权背后：美国全方位主导战略》，吕德宏、赵刚、郭寒冰、单立坡译，知识产权出版社 2009 年版。

99. 吴金平、陈奕平、秦珊主编：《美国与东亚合作》，世界知识出版社 2006 年版。

100. 吴士存：《南沙争端的起源与发展》，中国经济出版社 2010 年版。

101. 夏安凌、戴轶、王学军主编：《国际政治学导论》，武汉出版社 2007 年版。

102. 夏明方：《民国时期的自然灾害与乡村社会》，中华书局 2000 年版。

103. 萧曦清：《中菲外交关系史》，台北：正中书局 1995 年版。

104. 谢俊美：《东亚世界与近代中国》，上海人民出版社 2011 年版。

105. 谢益显主编：《中国当代外交史》，中国青年出版社 2009 年版。

106. 新华时事丛刊社：《生产救灾》，新华书店 1950 年版。

107. 熊志勇主编：《美国政治与外交决策》，北京大学出版社 2007 年版。

108. 徐大同主编：《西方政治思想史》，天津教育出版社 2002 年版。

109. 徐麟：《中国慈善事业发展研究》，中国社会出版社 2005 年版。

110. ［英］亚当·斯密：《道德情操论》，谢宗林译，中央编译出版社 2011 年版。

111. 阎学通、阎梁：《国际关系分析》，北京大学出版社 2008 年版。

112. 杨虹：《新地区主义：中国与东亚共同发展》，中国社会科学出版社 2011 年版。

113. 伊丽莎白·埃克诺米、米歇尔·奥克森伯格主编：《中国参与世界》，华宏勋等译，新华出版社 2001 年版。

114. 虞少华主编：《中日韩救灾减灾合作研究》，社会科学文献出版社 2012 年版。

115. 俞新天等：《际体系中的中国角色》，中国人百科全书出版社 2008 年版。

116. 游志斌：《当代国际救灾体系比较研究》，国家行政学院出版社 2011 年版。

117. 于庆东：《城镇防灾救灾系统工程》，经济科学出版社 2011 年版。

118. 于金光：《国际环境外交》，中国社会科学出版社 2007 年版。

119. ［澳］约翰·芬斯顿主编：《东南亚政府与政治》，张锡镇等译，北京大学出版社 2007 年版。

120. ［美］约翰·米尔斯海默：《大国政治的悲剧》，王义桅、唐小松译，上海人民出版社 2003 年版。

121. ［美］约翰·伊肯伯里主编：《美国无敌：均势的未来》，韩召颖译，北京大学出版社 2005 年版。

122. ［美］约瑟夫·奈：《灵巧领导力》，李达飞译，中信出版社 2009 年版。

123. ［美］詹姆斯·多尔蒂等：《争论中的国际关系》（第五版），阎学通等译，世界知识出版社 2002 年版。

124. 詹奕嘉：《唐山大地震后 30 年》，《世界知识》2006 年第 14 期。

125. 张德广主编：《危机·博弈·变革——2010 年国际形势与中国外交》，世界知识出版社 2011 年版。

126. 张季良：《国际关系概论》，世界知识出版社 1989 年版。

127. 张明亮：《超越僵局：中国在南海的选择》，香港社会科学出版社 2011 年版。

128. 张涛、项永琴、檀晶：《中国传统救灾思想研究》，社会科学文献出版社 2009 年版。

129. 张维迎：《博弈论与信息经济学》，上海三联书店、上海人民出版社 1996 年版。

130. 张晓明：《美国与东亚关系导论》，北京大学出版社 2011 年版。

131. 张云：《国际政治中"弱者"的逻辑——东盟与亚太地区大国关系》，社会科学文献出版社 2010 年版。

132. 张蕴岭、沈铭辉主编：《东亚、亚太区域合作模式与利益博弈》，经济管理出版社 2010 年版。

133. 赵刚、肖欢：《国家软实力——超越经济和军事的第三种力量》，新世界出版社 2010 年版。

134. 中国地震局宣传教育中心：《抗震救灾实用手册》，人民出版社 2010 年版。

135. 中华人民共和国民政部：《中国民政年鉴 2003 》，中国社会出版社 2004 年版。

136. 中华人民共和国民政部：《中国民政统计年鉴（2008）》，中国统计出版社 2008 年版。

137. 朱峰、［美］罗伯特·罗斯主编：《中国崛起：理论与政策的视角》，上海人民出版社 2008 年版。

138. 朱健刚、王超、胡明：《责任·行动·合作：汶川地震中 NGO 参与个案研究》，北京大学出版社 2009 年版。

139. ［美］兹比格涅夫·布热津斯基、布兰特·斯考克罗夫特：《大博弈——全球政治觉醒对美国的挑战》，姚芸竹译，新华出版社 2009 年版。

140. ［美］兹比格纽夫·布热津斯基：《第二次机遇》，陈东晓等译，上海人民出版社 2008 年版。

141. ［美］兹比格纽夫·布热津斯基：《战略远见：美国与全球权力危机》，洪漫、于卉芹、何卫宁译，新华出版社 2012 年版。

142. ［美］兹比格纽夫·布热津斯基：《大棋局：美国的首要地位及其地缘战略》，中国国际问题研究所译，上海人民出版社 2007 年版。

143. 邹铭：《减灾救灾》，中国社会出版社 2009 年版。

（二）论文类

1. 阿莹：《安全的合作与合作的安全》，《人民日报》1997 年 7 月 16 日第 6 版。

2. 艾有福、徐保风：《论突发性灾害救济的公共伦理原则》，《桂海论丛》2004 年第 1 期。

3. 安维华：《开辟中国与中东国家关系新天地三十年》，《西亚非洲》2008 年第 11 期。

4. 曹瑄玮、席酉民、陈雪莲：《路径依赖研究综述》，《经济社会体制比较》2008 年第 3 期。

5. 柴观珍、麻书涛：《建国以来我国接受国际救灾援助政策的演变及经验教训》，《衡阳师范学院学报》2010 年第 4 期。

6. 陈成文、蒋勇、黄娟：《应急管理：国外模式及其启示》，《甘肃社会科学》2010 年第 5 期。

7. 陈寒溪：《美国"重返亚洲"对东亚合作的影响》，《国际关系学院学报》2012 年第 4 期。

8. 陈天平、吴敏：《国际大救援——中国国际救援队征战备忘录》，《中国作家》2008 年第 15 期。

9. 陈先才：《两岸应建立防灾救灾合作机制》，《两岸关系》2011 年第

4 期。

10. 陈厦：《东亚峰会灾害社会心理干预研讨会》，《中国减灾》2012 年第 1 期。

11. 崔永华：《地震对儿童的心理影响及干预措施》，《中国当代儿科杂志》2013 年第 6 期。

12. 丁金光、史卉：《中美环境外交的回顾与展望》，《现代国际关系》2010 年第 4 期。

13. 方志勇：《紧急援助巴基斯坦》，《中国减灾》2005 年第 12 期。

14. 冯剑：《国际比较框架中的日本 ODA 全球战略分析》，《世界经济与政治》2008 年第 6 期。

15. 费赫夫：《〈不扩散核武器条约〉的历史审视》，《南华大学学报》（社会科学版）2012 年第 1 期。

16. 冯俏斌：《我国自然灾害资金保障体系的制度框架设计》，《中国经济》2011 年第 1 期。

17. 高昆：《2009 年上海合作组织救灾合作回顾及展望》，《中国减灾》2010 年第 11 期。

18. 高宁：《国际核安全合作法律机制研究》，《河北法学》2009 年第 1 期。

19. 甘钧先、余潇枫：《全球气候外交论析》，《当代亚太》2010 年第 5 期。

20. 国家发展和改革委员会：《核电中长期发展规划（2005—2020 年）》，2007 年 10 月。

21. 郭树勇：《新国际主义与中国软实力外交》，《国际观察》2007 年第 2 期。

22. 韩松、徐兴魁：《"灾难外交"成效几何》，《解放军报》2005 年 11 月 17 日。

23. 韩颖：《1978 年以来中国救灾捐赠研究》，博士学位论文，中共中央党校，2011 年。

24. 郝建群：《灾难外交——国际合作新契机》，《太原城市职业技术学院学报》2006 年第 1 期。

25. 何章银：《东亚救灾合作机制建构的动因、特点及阻力研究》，《社会主义研究》2013 年第 3 期。

26. 何章银、曹广伟：《救灾外交的特点和功能探析》，《太平洋学报》
    2013 年第 5 期。

27. 洪凯、侯丹丹：《中国参与联合国国际减灾合作问题研究》，《东北亚
    论坛》2011 年第 3 期。

28. 贺枭：《非政府组织参与灾害救助困境的制度性分析——以"汶川大
    地震"为例》，《法制与社会》2009 年第 24 期。

29. 胡勇：《中国元首外交的兴起——一种国内政治的考察》，《外交评
    论》2009 年第 4 期。

30. 胡宗山：《政治学视角下的国际气候合作与中国气候外交新对策》，
    《社会主义研究》2010 年第 5 期。

31. 黄建发：《联合国召开阿尔及利亚地震救援经验总结会》，《国际地震
    动态》2003 年第 12 期。

32. ［日］荒木田胜：《中日韩三国间防灾合作体制的现状、问题点与展
    望》，载虞少华主编《中日韩救灾减灾合作研究——中日韩救灾减灾
    合作研讨会论文集》，社会科学文献出版社 2012 年版。

33. 蒋立峰：《未来十年的中日关系与中国对日政策——21 世纪中日关系
    研究报告》，《日本学刊》2009 年第 5 期。

34. 姜文来：《积极应对"中国环境威胁论"》，《资源与人居环境》2006
    年第 7 期。

35. 姜世波：《国际救灾法：一个正在形成的国际法律部门》，《科学·经
    济·社会》2012 年第 1 期。

36. 焦佩：《从印度洋海啸分析国际人道主义援助模式》，《南亚研究季
    刊》2005 年第 3 期。

37. 金磊：《中国综合减灾立法体系研究》，《国家行政学院学报》2004 年
    第 6 期。

38. 鞠海龙：《菲律宾南海政策：利益驱动的政策选择》，《当代亚太》
    2012 年第 3 期。

39. 康沛竹：《当代中国防灾救灾的成就与经验》，《当代中国史研究》
    2009 年第 5 期。

40. 寇志斌：《灾难外交探析》，硕士学位论文，华中师范大学，2012 年。

41. 李长和：《国际军控与裁军新态势》，《国际展望》2010 年第 4 期。

42. 李德芳：《灾难外交：公共外交的危机反应模式》，《国际论坛》2008 年第 5 期。

43. 李敏：《灾难外交刍议》，《国际关系学院学报》2009 年第 6 期。

44. 李明锦：《当今国际重大突发灾害救助的新特点——以美国"卡特里娜"飓风、南亚地震灾害救助为例》，《理论导刊》2006 年第 5 期。

45. 李明锦：《当今国际灾害救助新特点——以美国"卡特里娜"飓风、南亚地震灾害救助为例》，《中国减灾》2005 年第 11 期。

46. 李天华：《从"拒绝外援"到"救灾外交"——改革开放以来中国政府应对国际救灾援助的政策演变及其评价》，《党史研究与教学》2008 年第 6 期。

47. 李小瑞：《中国对外人道主义援助的特点和问题》，《现代国际关系》2012 年第 2 期。

48. 刘斌志：《地震后灾区儿童心理应激障碍表现及疏导对策》，《中国公共卫生》2008 年第 10 期。

49. 梁长平：《全球安全治理视野下的核安全》，《阿拉伯世界研究》2013 年第 3 期。

50. 梁洁：《军队参加国际人道救援行动法律问题探析》，《河北法学》2010 年第 3 期。

51. 凌胜利：《中国气候外交的战略布局》，《江南社会学院学报》2011 年第 3 期。

52. 刘霏：《灾难外交：中国外交发展中的一种新选择》，《安庆师范学院学报》（社会科学版）2005 年第 6 期。

53. 刘鸿武：《当代中非关系与亚非文明复兴浪潮——关于当代中非关系特殊性质及意义的若干问题》，《世界经济与政治》2008 年第 9 期。

54. 刘江永：《中日关系"从善如登，从恶如崩"——论钓鱼岛问题与日本防卫计划大纲的影响》，《日本学刊》2011 年第 1 期。

55. 刘凌斌：《新形势下两岸非传统安全合作议》，《台湾研究集刊》2011 年第 6 期。

56. 刘乃京：《环境外交：国际力量互动与较量的新界面》，《国际论坛》2003 年 11 第 6 期。

57. 刘青建：《挑战·应对·构建——中国多边外交探析》，《思想理论教育导刊》2005 年第 9 期。

58. 刘卫东：《大国的较量——海啸救援背后》，《中学生百科》2005 年第 19 期。

59. 刘胜湘：《中国外交周期与外交转型》，《现代国际关系》2010 年第 1 期。

60. 昌耀东：《试析日本的环境外交理念及取向——以亚太环境会议机制为中心》，《日本学刊》2008 年第 2 期。

61. 刘中民：《中东变局与世界主要大国中东战略的调整—兼论中国的中东外交》，《西亚非洲》2012 年第 2 期。

62. 马建英：《中国"气候威胁论"的深层悖论——以"内涵能源"概念的导入为例》，《世界经济与政治论坛》2009 年第 3 期。

63. 马挺、郭一娜：《日本救灾外交险象环生》，《民主与法制时报》2011 年 4 月 18 日。

64. 马宗晋，杜品仁，高祥林，齐文华，李晓丽：《东亚与全球地震分布分析》，《地学前缘》2010 年 9 月第 17 卷第 5 期。

65. 毛维准、阙天舒：《灾难外交：一种新的外交方式？——印度洋地震海啸启示录》，《世界经济与政治》2005 年第 6 期。

66. 毛艳、甘钧先：《中国在气候领域的公共外交及手段创新》，《国际论坛》2012 年第 1 期。

67. 门洪华：《中国外交哲学的演变》，《教学与研究》2005 年第 4 期。

68. 齐芳：《心理专家：应重视灾后"心灵重建"》，《光明日报》2008 年 5 月 15 日。

69. 钱其琛：《独立自主努力开拓》，《人民日报》1991 年 12 月 16 日，第 7 版。

70. 秦亚青：《关于构建中国特色外交理论的若干思考》，《外交评论》2008 年第 1 期。

71. 屈彩云：《宏观与微观视角下的日本环境 ODA 研究及对中国的启示》，《东北亚论坛》2013 年第 3 期。

72. 阙天舒：《灾难外交的解析、评估及路径》，《国际观察》2007 年第 3 期；《浅析风险世界中的灾难外交》，《国际展望》2009 年第 1 期。

73. 阙天舒：《浅析风险世界中的灾难外交》，《国际展望》2009 年第 1 期。

74. 任晓：《2008：成功应对危机的中国外交》，《当代世界》2009 年第 1 期。

75. 阮宗泽：《赢得下一个十年：中国塑造多支点外交》，《国际问题研究》2013 年第 4 期。

76. 任远喆：《南海问题与地区安全：西方学者的视角》，《外交评论》2012 年第 4 期。

77. 沈海涛、赵毅博：《日本对华环境外交：构建战略互惠关系的新支柱》，《东北亚论坛》2008 年第 5 期。

78. 湛华侨：《中国与拉美地区国家间关系的地域性考量》，《社会主义研究》2011 年第 4 期。

79. 石敬楚：《国际人道主义救援：国际政治的重要课题》，《新远见》2007 年第 7 期。

80. 史培军、张欢：《中国应对巨灾的机制—汶川地震的经验》，《清华大学学报（哲学社会科学版）》2013 年第 3 期（第 28 卷）。

81. 史维勤：《第一次向国内外发出救灾援助紧急呼吁》，《中国社会导刊》2002 年第 5 期。

82. 时殷弘：《中国的变迁与中国外交战略分析》，《国际政治研究》2006 年第 1 期。

83. 书常春：《中国最漂亮的"救灾外交"》，《亚太经济时报》2005 年 1 月 14 日。

84. 苏娅迪：《从传播与环境不同层次的视角分析灾难外交中公共关系模型的角色》，硕士学位论文，华中科技大学，2010 年。

85. 孙向丽：《中国核战略性质与特点分析》，《世界经济与政治》2006 年第 9 期。

86. 汤京平等：《灾后重建政策诱因排挤——以九二一地震后某社区营造集体行动为例》，台湾《政治学报》2009 年（总第 48 期）。

87. 陶正付：《气候外交背后的利益博弈》，《中国社会科学院研究生院学报》2009 年第 1 期。

88. 滕建群：《当前国际核裁军形势和前景》，《国际问题研究》2005 年第

5 期。

89. 田景梅、胡思得:《〈不扩散核武器条约〉分歧与弥合》,《现代国际关系》2006 年第 10 期。

90. 田秋香:《浅论自然灾害国际援助的伦理原则》,《企业家天地》(下半月刊理论版)2008 年第 12 期。

91. 王孔祥:《西方国家的对外援助:理论与实践的分析》,《教学与研究》2004 年第 11 期。

92. 王明进:《中国对多边外交的认识及参与》,《教学与研究》2004 年第 5 期。

93. 王倩、卫秀红:《从抗震救灾看美、加两国应急救援体系建设》,《现代职业安全》2008 年第 8 期。

94. 王蔚:《论全球化背景下灾难预警与救援机制建设》,《山东财政学院学报》2005 年第 3 期。

95. 汪巍:《环保领域国际合作对中国至关重要》,《中国青年报》2006 年 1 月 23 日。

96. 王毅:《亚洲区域合作与中日关系》,《外交评论》(原《外交学院学报》)2005 年第 1 期。

97. 王毅:《全球化进程中的亚洲区域合作》,《外交评论》(原《外交学院学报》)2004 年第 2 期。

98. 王毅:《探索中国特色大国外交之路》,《国际问题研究》2013 年第 4 期。本书为外交部部长王毅 2013 年 6 月 27 日在第二届世界和平论坛午餐会上的演讲。

99. 王逸舟:《论中国外交转型》,《学习与探索》2008 年第 5 期。

100. 王勇辉、孙赔君:《东盟地区论坛框架内的救灾合作机制研究》,《社会主义研究》2012 年第 2 期。

101. 魏华林:《中国雪灾损失与保险补偿问题研究》,《保险研究》2008 年第 3 期。

102. 温北炎:《印尼海啸灾难与大国救灾动机评析》,《东南亚研究》2005 年第 3 期。

103. 吴永年:《论 21 世纪国际关系中的中俄印"战略三角"》,《俄罗斯中亚东欧研究》2006 年第 5 期。

104. 王缉思：《中美竞争，看谁先变增长方式》，《环球时报》2010 年 2 月 12 日。

105. 王明芳、李培鑫：《美俄核裁军协议及其对中国的影响》，《兰州大学学报》（社会科学版）2011 年第 6 期。

106. 王伟男：《两岸核能安全合作初探》，《台湾研究·两岸关系》2011 年第 4 期。

107. 王伟男：《核事故、能源结构调整与国际气候合作》，《东北亚论坛》2012 年第 1 期。

108. 王平：《日本 ODA 政策的形成、演变及前瞻》，《日本学刊》2008 年第 3 期。

109. 王英英：《论东亚区域合作中的美国因素和主导权问题》，《亚太经济》2012 年第 3 期。

110. 萧芍芳：《印度洋海啸牵动世界经济与政治》，《东南大学学报》（哲学社会科学版）2005 年第 3 期。

111. 谢俊才：《中国—东盟—日本三角关系发展趋势展望》，《世纪桥》2009 年第 10 期。

112. 新华社：《唐山地震死亡 24 万多人》，《人民日报》1979 年 11 月 23 日。

113. 熊贵彬：《中日美救灾体制比较——以汉川地震、东海岸地震、卡特里娜飓风为例》，《中国青年政治学院学报》2011 年第 6 期。

114. 熊思浩、章念生：《就中国抗震救灾行动国际社会继续予以高度评价》，《人民日报》2008 年 6 月 20 日第 3 版。

115. 徐莹：《国际非政府组织参与人道主义救援的基本路径》，《今日中国论坛》2007 年第 7 期。

116. 许晓丽：《国际人道主义救援与和谐世界构建——基于新自由制度主义理论视角的分析》，《重庆科技学院学报》（社会科学版）2011 年第 21 期。

117. 杨亚非：《广西北部湾经济区推进中国与东盟加强防灾减灾国际合作的战略选择》，《东南亚纵横》2012 年第 11 期。

118. 亚洲减灾大会成果文件解读：《亚洲减少灾害风险北京行动计划》，《中国减灾》2005 年第 11 期。

119. 杨洁篪：《新形势下中国外交理论和实践创新》，《求是》2013 年第 16 期。作者为国务委员、中央外办主任。

120. 杨洁勉：《中国外交理论创新的三重历史使命》，《国际展望》2013 年第 1 期。

121. 杨洁勉：《中国特色外交理论体系精髓和创新发展》，《毛泽东邓小平理论研究》2012 年第 7 期。

122. 杨洁勉：《中国特色外交的实践自觉和理论自觉》，《外交评论》2012 年第 1 期。

123. 杨洁勉：《试论和谐世界理念与国际体系转型的互动》，《毛泽东邓小平理论研究》2007 年第 1 期。

124. 杨凯：《联合国框架下的国际人道救援协调机制初探——以海地地震灾害中的国际救援为个案》，《国际展望》2010 年第 3 期。

125. 杨琳：《中国救灾推己及人》，《瞭望新闻周刊》2005 年第 2 期。

126. 杨鲁慧：《环境外交中国家意志与公共外交政策协调》，《世界经济与政治》2010 年第 6 期。

127. 杨毅：《国内约束、国际形象与中国的气候外交》，《云南社会科学》2012 年第 1 期。

128. 尹承德：《美俄核裁军新条约与"无核世界"神话》，《国际问题研究》2010 年第 4 期。

129. 游志斌、张蕾：《欧洲地区的防救灾活动》，《中国公共安全》（学术版）2007 年第 1 期。

130. 于宏源，汤伟：《美国环境外交：发展、动因和手段研究》，《教学与研究》2009 年第 9 期。

131. 于宏源：《体制与能力：试析美国气候外交的二元影响因素》，《当代亚太》2012 年第 4 期。

132. 詹奕嘉：《唐山大地震 30 年：中国接受救灾外援揭秘》，《北京档案》2006 年第 8 期。

133. 张洁：《灾难外交与民族冲突解决的路径选择——以印尼和斯里兰卡为比较样本》，《太平洋学报》2011 年第 11 期。

134. 张海滨：《全球环境与发展问题对当代国际关系的挑战》，《世界经济与政治》1993 年第 3 期。

135. 张海滨：《应对气候变化：中日合作与中美合作比较研究》，《世界经济与政治》2009 年第 1 期。

136. 张海滨：《中日关系中的环境合作：减震器还是引擎》，《亚非纵横》2008 年第 2 期。

137. 张满平：《预防性外交理论的现实诠释——以印度洋海啸事件为例》，《毛泽东邓小平理论研究》2005 年第 5 期。

138. 张瑶华：《日本在中国南海问题上扮演的角色》，《国际问题研究》2011 年第 3 期。

139. 张云方：《加强中日环保合作共同应对人类面对的挑战》，《中日关系史研究》2011 年第 2 期。

140. 张振江：《东盟在东亚合作进程中的地位与作用》，《东南亚研究》2004 年第 3 期。

141. 翟昆：《海啸·救援·国际危机管理》，《现代国际关系》2005 年第 2 期。

142. 赵长峰、左祥云：《中国参与和构建亚太地区救灾合作机制研究》，《社会主义研究》2012 年第 6 期。

143. 赵可金：《非传统外交：当代外交理论的新维度》，《国际观察》2012 年第 5 期。

144. 赵可金：《建设性领导与中国外交转型》，《世界经济与政治》2012 年第 5 期。

145. 赵可金：《美国公共外交的兴起》，《复旦大学学报》（社会科学版）2003 年第 3 期。

146. 赵青海：《日臻成熟的灾难外交》，《对外传播》2008 年第 6 期。

147. 赵蜀蓉：《印度洋海啸与中国的东南亚战略》，《西南民族大学学报（人文社科版）》2005 年 4 期。

148. 赵旭梅：《中日合作发展低碳经济的双赢效果分析》，《世界经济研究》2011 年第 1 期。

149. 赵洲：《国际法视野下核能风险的全球治理》，《现代法学》2011 年第 4 期。

150. 中华人民共和国国土资源部：《2012 中国国土资源公报》，2013 年 4 月。

151. 中国国家发展和改革委员会组织编制：《中国应对气候变化国家方案》，2007 年。

152. 周文重：《中美救灾外交》，《国际人才交流》2011 年第 11 期。

153. 朱锋：《权力变更、认同对立与战略选择——中日关系的战略未来》，《世界经济与政治》2007 年第 3 期。

154. 周绍雪：《气候外交将成为中美战略合作新增长点》，《国际关系学院学报》2010 年第 6 期。

155. 朱国云：《特大危机管理中的政府防治与民间救援》，《江海学刊》2004 年第 1 期。

156. 朱立群：《中国参与国际体系的实践解释模式》，《外交评论》2011 年第 1 期。

二　英文类

1. A Lastair Lain Johnston， "Is China a Status Quo Power？"， *International Security*， Vol. 27， No. 4， Spring 2003.

2. Ailsa Holloway， "Drought Emergency, Yes... Drought Disaster, No: Southern Africa 1991—1993"， Kelman and koukis eds. ， "Disaster Diplomacy"， Section in *Cambridge Review of section in International Affairs*， Vol. 14， No. 1 2000.

3. Akcinaroglu， S. ， J. M. DiCicco， and E. Radziszewski， "Avalanches and Olive Branches: A Multimethod Analysis of Disasters and Peacemaking in Interstate Rivalries"， *Political Research Quarterly*， Vol. 64， No. 2， 2011.

4. Angela Chia-Chen Chen， Verna M. Keith， Chris Airriess， Wei Li， and Karen J. Leong， "Economic Vulnerability, Discrimination, and Hurricane Katrina: Health Among Black Katrina Survivors in Eastern New Orleans"， *Journal of the American Psychiatric Nurses Association*， Vol. 13， No. 5， 2007.

5. Anthony Oliver-Smith， "Anthropological Research on Hazards and Disasters"， *Annual Review of Anthropology*， Vol. 25， 1996.

6. Avery Goldstein， *Rising to the Challenge: China's Grand Strategy and International Security*， Stanford， Calif: Stanford University Press， 2005.

7. Barston, R. P. 2006. *Modern Diplomacy*, Pearson Education Limited, Harlow, Essex, U. K.

8. Bevaola Kusumasari, Quamrul Alam, "Bridging the Gaps: The Role of Local Government Capability and the Management of a Natural Disaster in Bantul, Indonesia", *Nat Hazards*, Vol. 60, 2012.

9. Bimal Kanti Paul, "Disaster relief efforts: an update", *Progress in Development Studies*, Vol. 6, 2006.

10. Brancati, D., "Political Aftershocks: The Impact of Earthquakes on Intrastate Conflict", *Journal of Conflict Resolution*, Vol. 51, No. 5, 2007.

11. Brian Hocking, et al., " Futures For Diplomacy: Integrative Diplomacy in the 21st Century", *The Hague: Netherlands Institute of International Relations "Clingendael"*, 2012.

12. C. Fred Bergsten, "A Partnership of Equals: How Washington Should Respond to China's Economic Challenge", *Foreign Affairs*, Vol. 87, No. 4, 2008.

13. Christopher A. McNally, *China's Emergent Political Economy: Capitalism in the Dragon's Lair*, London: Loutledge, 2008.

14. Michael H. Glantz, " Climate-Related Disaster Diplomacy: A US-Cuban Case Study", Kelman and Koukis eds., "Disaster Diplomacy" section in *Cambridge Review of International Affairs*, Vol. 14, No. 1.

15. David Alexander, "Globalzation of Disaster: Trends, Problems and Dilemmas", *Journal of International Affairs*, Spring/Summer 2006, Vol. 59.

16. David Baldwin, *Neorealism and Neoliberalism: the Contemporary Debate*, New York: Columbia University Press, 1993.

17. David Feinstein, "Energy Psychology in Disaster Relief", *Traumatology*, Vol. 14, 2008.

18. David Kang, "Getting Asia Wrong: The Need for New Analytical Frameworks", *International Security*, Vol. 27, No. 4, Spring 2003.

19. Louise K. Comfort, "Disaster: Agent of Diplomacy or Change in International Affairs?", Kelman and koukis eds., "Disaster Diplmacy" section in *Cambridge Review of International Affairs*, Vol. 14, No. 1.

20. Eastin, J. , "Combat Eruptions: Natural Disasters and the Risk of Civil Conflict", Prepared for the University of Washington International Security Colloquium, 9 March 2012, University of Washington, Seattle, Washington, U. S. A.

21. ECAFE, Committee for Coordination of Joint Prospecting for Mineral Resources in Asia Offshore Areas, *CCOP Technical Bulletin*, Vol. 2, 1969, p. 2.

22. Eileen Pittaway, Linda Bartolomei and Susan Rees, "Gendered dimensions of the 2004 tsunami and a potential social work response in post-disaster situations ", *International Social Work* , Vol. 50, 2007.

23. Enia, J. , "Peace in its Wake? The 2004 Tsunami and Internal Conflict in Indonesia and Sri Lanka", *Journal of Public and International Affairs*, Vol. 19, spring 2008.

24. Edward Kissi, "Beneath International Famine Relief in Ethiopia: The United States, Ethiopia, and the Debate over Relief Aid, Development Assistance, and Human Rights ", *African Studies Review*, Vol. 48, No. 2, Sep. 2005.

25. Estralla D. Solidum, "Philippine External Relations with Southeast Asia", in Aileen San Pablo-Baviera and Lydia N. Yu-Jose, eds. , *Philippine External Relations: A Centennial Vista*, Manila: Foreign Service Institute, 1998.

26. Femi Akomolafe, "No One Is Laughing at the Asians Anymore", *New African*, No. 452, 2006.

27. Frederic S. Pearson and J. Martin Rochester, *International Relations* (4th edition) New York: Mcgraw-Hill, 1998.

28. Foreign Service Institute, *The Philippines and the South China Sea Islands*, Manila: Foreign Service Institute, 1993.

29. Fuminori Tovasaki and Tina Wakolbinger, "Impacts of earmarked private donations for disaster fundraising ", *Annals of Operation Research*, Vol. 221, No. 1, 2014 (First online: 31 December 2011) .

30. Gaillard, JC. , E. Clavé, and I. Kelman, "Wave of peace? Tsunami dis-

aster diplomacy in Aceh, Indonesia", *Geoforum*, Vol. 39, No. 1, 2008.

31. Gaillard, Kelman and Orillos, "US-Philippines Military Relations After the Mt Pinatubo Eruption in 1991: A Disaster Diplomacy Perspective", *EJEAS*, Vol. 8, No. 2, 2009.

32. Ganapti, E., I. Kelman, and T. Koukis, "Analyzing Greek-Turkish Disaster-Related Cooperation: A Disaster Diplomacy Perspective", *Cooperation and Conflict*, Vol. 45, No. 2, 2010.

33. Gareth Evans and Yorriko Kawaguchi, "Eliminating Nuclear Threats, A Practical Agenda for Global Policymakers", Report of International Commission on Nuclear Non-proliferation and Disarmament, Synopsis.

34. Glenn Hook & Ian Kearns, *Sub-regionalism and World Order*, London: Macmillan Press Ltd, 1999.

35. Golam M. Mathbor, "Enhancement of Community Preparedness for Natural Disasters: The Role of Social Work in Building Social Capital for Sustainable Disaster Relief and Management", *International Social Work*, Vol. 50, No. 3, 2007.

36. Graham Evans and Jeffrey Newnham, *The Penguin Dictionary of International Relations*, London: Penguin Books, 1998.

37. Sames Ker-Lindsay, "Greek-Turkish Rapprochement: The Impact of 'Disaster Diplomacy'?", *Kelman and Koukis*, eds., "Disaster Diplomacy" section in *Cambridge Review of International Affairs*, Vol. 14, No. 1, 2000.

38. G. R. Berridge and Alan James, *A Dictionary of Diplomacy*, New York: Palgrave Macmillan, 2003.

39. G. R. Berridge, *Diplomacy: Theory and Practice (The Third Edition)*, New York: Palgrave Mamilian, 2005.

40. Hans Morgenthau, "A Political Theory of Foreign Aid", *American Political Science Review*, Vol. 56, No. 2, June 1962.

41. IAEA Incident and Trafficking Database (TTDB), *Incidents of Nuclear and other Radioactive Material out of Regulatory Control*, http://www-ns. iaea. org/down loads/security/itdb- fact-sheet. pdf.

42. Ibrahim Mohamed Shaluf, "Disaster types", *Disaster Prevention and Management*, *Vol.* 16, No. 5, 2007.

43. Ilan Kelman, "Disaster Diplomacy: Can Tragedy Help Build Bridges among Countries?", *UCAR Quarterly*, Fall 2007.

44. Ilan Kelman, "Burma and China Disaster Diplomacy", *Disaster and Social Crisis Research Network Electronic Newsletter*, No. 34, April – June, 2008.

45. Ilan Kelman, "Beyond Disaster, Beyond Diplomacy", Chapter 7, in Pelling, Mark (ed.), *Natural Disasters and Development in a Globalizing World*, 2003, London: Routledge.

46. Ilan Kelman, "Tsunami Diplomacy: Will the 26 December, 2004 Tsunami Bring Peace to the Affected Countries?", Sociological Research Online, Vol. 10, No 1, 2005.

47. Ilan Kelman, "Acting on Disaster Diplomacy", *Journal of International Affairs*, Vol. 59, No. 2, Spring/Summer 2006.

48. Ilan Kelman, "Island Security and Disaster Diplomacy in the Context of Climate Change", *Les Cahiers de la Sécurité*, Vol. 63, 2000.

49. Ilan Kelman, "Hurricane Katrina Disaster Diplomacy", *Disasters*, Vol. 31, No. 3, 2007.

50. Ilan Kelman and J. C. Gaillard, "Disaster diplomacy in Aceh", *Humanitarian Exchange*, No. 37, March 2007.

51. Ilan Kelman, "Weather-Related Disaster Diplomacy", *Weather and Society Watch*, Vol. 1, No. 3.

52. Ilan Kelman, "Tying Disaster Diplomacy in Knots", Chapter 3, in G. T. Overton (ed.), *Foreign Policy in an Interconnected World*, New York: Nova Publishers.

53. Ilan Kelman, M. Davies, T. Mitchell, I. Orr, and B. Conrich, "Island Disaster Para-diplomacy in the Commonwealth", *The Round Table: The Commonwealth Journal of International Affairs*, Vol. 95, No. 386, 2006.

54. Ilan Kelman and B. Conrich, "A Framework for Island Disaster Para-Diplomacy", Chapter 9, in Sensarma, Suman Ranjan and Atanu Sarkar

(eds.), *Disaster Risk Management: Conflict and Cooperation*, New Delhi: Concept Publishing, 2013.

55. Jeffrey Lewis, *The Minimum Means of Reprisal: China's Search for Security in Nuclear Age*, Cambridge: MIT Press, 2007.

56. International Federation of Red Cross and Red Crescent Societies, "Law and Legal Issues in International Disaster Response: A Desk Study", http://www. Ifrc. org/idrl.

57. Johanna Ray Vollhardt, "Altruism Born of Suffering and Prosocial Behavior Following Adverse Life Events: A Review and Conceptualization", *Soc Just Res.*, Vol. 22, 2009.

58. John J. Mearsheimer, "China's Unpeaceful Rise", *Current History*, Vol. 105, No. 690, April 2006.

59. John Quansheng Zhao, "'Informal pluralism' and Japanese politics: Sino-Japanese rapprochement revisited", *Journal of Northeast Asian Studies*, Volume 8, Summer 1989, Issue 2.

60. Joseph S. Nye, Jr., "The Rise of China's Soft Power", *Wall Street Journal*, December 29, 2005.

61. Joseph Nye., *The Paradox of American Power: Why the World's Only Superpower Can't Go It Alone?*, New York: Oxford University Press, 2002.

62. June Rock, "Relief and Rehabilitation in Eritrea: Lessons and Issues", *Third World Quarterly*, Vol. 20, No. 1, *Complex Political Emergencies*, Feb., 1999.

63. Kenneth Waltz, *Theory of International Politics*, New York: Random House, 1979.

64. Kreutz, J., "From Tremors to Talks: Do Natural Disasters Produce Ripe Moments for Resolving Separatist Conflicts?", *International Interactions: Empirical and Theoretical Research in International Relations*, Vol. 38, No. 4, 2012.

65. Le Billon, P. and A. Waizenegger, "Peace in the Wake of Disaster? Secessionist Conflicts and the 2004 Indian Ocean Tsunami", *Transactions of the Institute of British Geographers*, Vol. 32, No. 3, 2007.

66. Linda Evans and Judy Oehler-Stinnett, "Children and Natural Disasters : A Primer for School Psychologists", *School psychology International*, Vol. 27, No. 1, 2006.

67. Linus Chukwuemeka Okere, "International Media and Disaster Relief: British Press Reporting of the Mozambique Floods", *International Studies*, Vol. 41, 2004.

68. Mandel, R., "Security and Natural Disasters", *Journal of Conflict Studies*, Vol. 32, Fall 2002.

69. Susan L. Shirk, *China: Fragile Superpower, How China's Internal Politics Could Derail Its Peaceful Rise*, Oxford: Oxford University Press, 2008.

70. Margaret Arnold, Robert S. Chen, Uwe Deichmann, Maxx Dilley, Arthur L. Lerner-Lam, Randolph E. Pullen, Zoe Trohanis, *Natural Disaster Hotspots: Case Studies*, The World Bank Hazard Management Unit, 2006.

71. Mark R. Amstutz, *International Conflict and Cooperation: An Introduction to World Politics*, Boston: McGraw-Hill College, 1999.

72. Mavrogenis, S. and I. Kelman, "Perceptions of Greece-Turkey Disaster Diplomacy: Europeanization and the Underdog Culture", *Balkanistica*, Vol. 26, 2013.

73. Maxx Dilley, Robert S. Chen, Uwe Deichmann, Arthur L. Lerner-Lam, and Margaret Arnold with Jonathan Agwe, Piet Buys, Oddvar Kjekstad, Bradfield Lyon, and Gregory Yetman, *Natural Disaster Hotspots: A Global Risk Analysis*, Disaster Risk Management Series, 2005.

74. Melissa Allen Heath, Amanda B. Nickerson, Neil Annandale, Ana Kemple and Brenda Dean, "Strengthening Cultural Sensitivity in Children's Disaster Mental Health Services", *School Psychology International*, Vol. 30, 2009.

75. Nel, P. and Righarts, M, "Natural Disasters and the Risk of Violent Civil Conflict", *International Studies Quarterly*, Vol. 52, 2008.

76. Nelson, T, "When Difsaster Strikes: On the Relationship between Natural Disaster and Interstate Conflict", *Global Change, Peace & Security*, Vol. 22, No. 2, 2010.

77. Nelson, T. , "Rejecting the gift horse: international politics of disaster aid refusal", *Conflict, Security & Development*, Vol. 10, No. 3, 2010.

78. Nelson, T. , "Determinants of disaster aid: donor interest or recipient need?", *Global Change, Peace & Security*, Vol. 24, No. 1, 2012.

79. N. Emel Ganapati, Ilan Kelman and Theodore Koukis, "Analysing Greek-Turkish Disaster- Related Cooperation: A Disaster Diplomacy Perspective", *Cooperation and Conflict*, Vol. 45, 2010.

80. Olson, R. S. and V. T. Gawronski, "From Disaster Event to Political Crisis: A '5C + A' Framework for Analysis", *International Studies Perspectives*, Vol. 11, No. 3, 2010.

81. Patrick Aeberhard, "Expectations Are Changing for Disaster Relief", *Nonprofit and Voluntary Sector Quarterly*, Vol. 37, SUPPL. , No. 1, March 2008. This article is based on Dr. Aeberhard's presentation on August 24, 2006.

82. Pauline Kerr and Geoffrey Wiseman eds, *Diplomacy in a Globalizing World*, London: Oxford University Press, 2012.

83. Peter. J. Katzenstein, "Introduction: Asia Regionalism in Comparative Perspective," in Peter. J. Katzenstein and Takashi Shiraishi eds. , *Network Power: Japan and Asia*, Ithaca: Cornell University Press, 1997.

84. Piyoosh Rautela, "Redefining Disaster: Need for Managing Accidents as Disasters", *Disaster Prevention and Management*, Vol. 15, No. 5, 2006.

85. Presentation of Johannes Richert, Head of National and International Cooperation Division, German Red Cross, to the European Forum on Disaster Response Laws, Rules and Principles (IDRL), Antalya, Turkey, May25 – 26 2006.

86. Rajib Shaw and Ravi Sinha, "Towards Sustainable Recovery: Future Challenges after the Gujarat Earthquake, India", *Risk Management*, Vol. 5 No. 3 , 2003.

87. Randolph C. Kent, "Reflecting upon a Decade of Disasters: The Evolving Response of the International Community", *International Affairs* , Vol. 59, No. 4, Autumn, 1983.

88. Richard Langhorne, "Full Circle: New Principles and Old Consequences in the Modern Diplomatic System", *Diplomacy and Statecraft*, Vol. 1, No. 1, 2000.

89. Robert Jervis, "Security Regimes", *International Organization*, Vol. 36, No. 2, Spring 1982.

90. Robert Keohane, "Governance in a Partially Globalized World", *American Political Science Review*, Vol. 95, No. 1, March 2001.

91. Rodella-Boitreaud, A. S. and N. Wagner, "Natural Disaster, Conflict and Aid Allocation", Graduate Institute of International and Development Studies Working Paper, No: 2009/2011, The Graduate Institute of International and Development Studies, Geneva, Switzerland.

92. Robert Keohane, *International Institutions and State Power*: Essays in *International Relations Theory*, Boulder: Westview Press, 1989.

93. Robert Keohane and Joseph Nye, "Two Cheers for Multilateralism", *Foreign policy*, Fall 1986, p. 159.

94. Robert Powell, "Absolute and Relative Gains in International Relations Theory", in David A. Baldwin ed., *Neorealism and Neoliberalism*: The Contemporary Debate, New York: Columbia University Press, 1993.

95. Russell R. Dynes, E. L. Quarantelli and Gary A. Kreps, *A Perspective on Disaster Planning* (*3rd edition*), Paper Series #11 of Delaware University Disaster Research Center, May 1981.

96. "Codes and Declarations : Code of Conduct for the International Red Cross and Red Crescent Movement and Nongovernmental Organizations (NGOs) in Disaster Relief", *Nurs Ethics*, Vol. 3, 1996.

97. Samuel S. Kin, *China In and Out of the Changing World Order*, Princeton University Press, 1991.

98. Scott L. Kastner, "Global Implications of China's Rise", *International Studies Review*, Vol. 10, No. 4, 2008.

99. Snyder, A. J, "*Is There a Silver Lining? Long-Term Changes in International Cooperation Levels After a Natural Disaster*", Masters dissertation, University of Georgia, Athens, Georgia, U. S. A, 2008.

100. Steven I Levine, " China in Asia-The PRC as a Regional Power", in Harry Harding ed. , *China's Foreign Relations in the 1980s*, New Haven: Yale University Press, 1984.

101. "The New World Order: How China Sees the World?", *Economist*, March 21, 2009. Minxin Pei and Jonathan Anderson Debate Beijing's Rise, "Are China's Fifteen Minutes Up?", *The National Interest*, No. 1000, March/April 2009.

102. Thomas Rotolo and Justin Allen Berg, "In Times of Need: An Examination of Emergency Preparedness and Disaster Relief Service Volunteers", *Nonprofit and Voluntary Sector Quarterly*, Vol. 40, 2011 (Oriyinally published online 7 May 2010) .

103. Thomas F. Homer-Dixon, " On The Threshold: Environmental Changesas Causes of Acute Conflict", *International Security*, Vol. 16, No. 2, Fall 1991.

104. Tirthankar Roy, "State, Society and Market in the Aftermath of Natural Disasters in Colonial India: A Preliminary Exploration", *Indian Economic Social History Review*, Vol. 45, 2008.

105. Toshi Yoshihara, James R. Holmes, "Can China Defend a ' Core Interest' in the South China Sea?", *The Washington Quarterly*, Vol. 34, No. 2, 2011.

106. United States Government Accountability Office, *Hurricane Katrina: Comprehensive Policies and Procedures Are Needed to Ensure Appropriate Use of and Accountability for International Assistance*, U. S. , Doc. No. GAO – 0 6 – 460, 2006 .

107. "*U. S. Defense Spending and East Asian Security*", http: //www. brookings. edu/events/2011/1017eastasiadefense, Aspx.

108. Victoria Bannon et al, *Legal Issues from the International Response to the Tsunami in Thailand*, International Federation of Red Cross and Red Crescent Societies 2006; see also *International Federation Sri Lanka Study*, supra note 1.

109. Victoria Bannon et al, *Legal Issues from the International Response to the*

Tsunami in Sri Lanka, International Federation of Red Cross and Red Crescent Societies 2006；Victoria Bannon et al, *Legal Issues from the International Response to the Tsunami in Indonesia*, International Federation of Red Cross and Red Crescent Societies 2007.

110. Waizenegger, A. and J. Hyndman, "Two Solitudes：Post-tsunami and Post-conflict Aceh", *Disasters*, Vol. 34, No. 3, 2010.

111. Warnaar, M., "Shaken, Not Stirred：Iran's Foreign Relations and the 2003 Bam Earthquake", Chapter 11, in Sensarma, Suman Ranjan and Atanu Sarkar eds., *Disaster Risk Management：Conflict and Cooperation*, New Delhi：Concept Publishing, 2013.

112. Yim, E. S., D. W. Callaway, S. Fares, and G. R. Ciottone, "Disaster Diplomacy：Current Controversies and Future Prospects", *Prehospital and Disaster Medicine*, Vol. 24, No. 4, 2009.

三 网站类

1. 《巴基斯坦强烈地震造成重大伤亡 胡锦涛致慰问电》，新浪网，2005 年 10 月 09 日 09：43，参见 http：//news. sina. com. cn/c/2005—10—09/ 0943712090 1s. shtml 。

2. 参考消息南海专题站，参见 http：//www. cankaoxiaoxi. com/s/nanhai/。

3. 《陈光标发钱，一个无奈的次优选择》参见 http：//economy. caixun. com/shj/2013 0423—CX03blas. html 。

4. 《陈光标赴盈江发钱 2 小时 志愿者被强塞现金》，参见 http：// news. sina. com. cn/s/p/2011—03—17/061622129944. shtml。

5. 《第二届中日韩灾害管理部门负责人会议在北京召开》，中央政府门户 网站，2011 年 10 月 29 日 08 时 29 分，参见 http：//www. gov. cn/gzdt/ 2011—10/29/content_ 1981144. htm。

6. 《第三次中日韩领导人会议发布〈2020 中日韩合作展望〉》，新华网，2010 年 05 月 29 日 22：05：32，参见 http：//news. xinhuanet. com/ world/2010—05/29/c_ 12157475. htm。

7. 《第四次中日韩领导人会议宣言》，新华网，2011 年 05 月 22 日 22： 03：56，参见 http：//news. xinhuanet. com/world/2011—05/22/c _

12144499 9. htm。

8. 《第五次中日韩领导人会议关于提升全方位合作伙伴关系的联合宣言》，人民网，2012 年 05 月 15 日 05：17，参见 http：//politics. people. com. cn/GB/8198/243336/243 338/17886315. html。

9. 《东盟与中国（10＋1）领导人会议》，新华网，参见 http：//news. xinhuanet. com/ziliao/2002—10/25/content_ 607545_ 1. htm。

10. 《东南亚南亚等国遭受地震海啸灾难 胡锦涛温家宝致电慰问》，四川在线，转引自搜狐新闻，2004 年 12 月 28 日，参见 http：//news. sohu. com/20041228/n223671475. shtml。

11. 《第 5 届亚洲减灾部长级会议 2012 年亚太地区减灾日宣言》，中国民政部—国际合作司，参见 http：//wss. mca. gov. cn/article/hwsj/201301/20130100412267. shtml。

12. 《东盟地区论坛"武装部队国际救灾法律规程建设"研讨会召开》，中国军网，2012 年 06 月 11 日 15：07：08，参见 http：//chn. chinamil. com. cn/jwjj/2012—06/11/content_ 4891873. htm。

13. 《东盟与中日韩（10＋3）武装部队国际救灾研讨会闭幕》，中央政府门户网站，2007 年 06 月 08 日，参见 http：//www. gov. cn/jrzg/2007—06/08/content_ 640870. htm。

14. 《东亚峰会重特大自然灾害风险管理研讨会在京召开》，中国民政部救灾司，参见 http：//www. mca. gov. cn/article/zwgk/gzdt/201306/2013 0600477729. shtml。

15. 《俄罗斯派米—26 直升机到中国帮助地震救灾》，新华网，2008 年 05 月 26 日 09：24：04，参见 http：//war. 163. com/08/0526/09/4CS1IPG P00011MTO. html。

16. 《俄罗斯总统与中国儿童同愿中俄世代友好》，中国经济网，2008 年 07 月 31 日 14：11，参见 http：//intl. ce. cn/specials/zxgjzh/200807/31/t20080731_ 16352737. shtml。

17. 《2011 东盟地区论坛救灾演习》，人民网，参见 http：//military. People. com. cn/GB/8221/69693/217121/。

18. 《2005 年：松花江发生重大水污染事件》，参见 http：//news. qq. com/a/20090729/001188. htm。

19. 国际灾害数据库。参见 http：//www. emdat. be。

20. 《国家自然灾害救助应急预案》2006 年 1 月 10 日，参见 http：//www. gov. cn/yjgl/2006—01/11/content 153952. htin。

21. 《"和平方舟"赴菲背后的故事》，《环球时报》，2013 年 12 月 19 日，第 3201 期。参见 http：//www. ckxxbao. com/huanqiushibaodianziban/1219DF2013_ 7. html#。

22. 红十字会与红新月会国际联合会（英语：International Federation of Red Cross and Red Crescent Societies，其成员为各国红十字会或红新月会）网站参见 http：//www. ifrc. org。

23. 《胡锦涛向印尼等地震海啸受灾国领导人致电慰问》，中国日报网站，参见 http：//news. sina. com. cn/c/2004—12—26/23344633874s. shtml。

24. 《胡锦涛致电日本天皇就日本特大地震灾害表示慰问》，中央政府门户网站，2011 年 03 月 14 日，参见 http：//www. gov. cn/ldhd/2011—03/14/content_ 1824826. htm。

25. 《李明博邀请四川震区青少年做客总统府》，新华网，2009 年 05 月 18 日 07：07：01，参见 http：//news. xinhuanet. com/photo/2009—05/18/content_ 11391852. htm。

26. 联合国官方网站/人道主义事务/国际减少灾害战略/灾害数据统计，http：//www. prevention web. net。

27. 联合国国际减灾战略捐赠信息，参见 http：//www. unisdr. org/who-we-are/donors。

28. 联合国人道事务救援协调办公室：http：//ochaonline. un. org/OCHA Home/AboutUs/tab id/5838/language/en-US/Default. aspxo。

29. 《联合国秘书长潘基文访问中国地震灾区汶川映秀镇》，中国新闻网，2008 年 05 月 24 日 14：53，参见 http：//www. chinanews. com/gj/ywdd/news/2008/05—24/1260910. shtml。

30. 联合国经济及社会理事会：《争取建立一个负责救灾和减灾工作的联合国人道主义援助方案》，联合国大会第六十一届会议，参见 http：//daccess- dds-ny. un. org/doc/UNDOC/GEN/N07/214/71/PDF/N0721471. pdf？OpenElement。

31. 陆炳强：《从边境地区的区位视角探讨加强国际减灾应急救援合作》，

民政部政策研究中心，2013 年 03 月 29 日 15：11，参见 http：//zyzx.
mca. gov. cn/article/mzlt2012/hjlw/201303/2013 0300436891. shtml。

32. 《美国派遣 2 艘航母前往日本参与救援》，华商网，转引自中国新闻
网，2011 年 03 月 12 日 06：54，参见 http：//news. hsw. cn/system/
2011/03/12/050827861. shtml。

33. 民政部国家减灾中心政策研究部，参见 http：//www. jianzai. gov. cn/
portal/html/402881 5d25f87f920125f8c1992a000a/_ content/11 _ 11/
29/1322538893043. html。

34. 《民政部自然灾害救助应急工作规程》，2008 年 3 月 11 日，参见 ht-
tp：//www. Inca. gov. cn/article/zwgk/fvfg/jzjj/200805/20080500015846.
shtinl。

35. 《民政部发布低温幽雪冰冻灾害全国社会捐赠总体情况》，2008 年 4 月 7
日，参见 http：//www. crcf. org. cn/sys/news-view. asp？newsid = 4781。

36. 民政部：《2008 年度中国慈善捐赠报告》，2009 年 3 月 10 日，参见
http：//www. gov. cn/gzdt/2009—03/10/content 1255 9 55. htin。

37. 民政部自然灾害救助应急工作规程，2008 年 3 月 11 日，参见 ht-
tp：//www. mca. gov. cn/article/zwgk/fvfg/jzjj/200805/
20080500015846. shtml。

38. 《温家宝访问日本灾区》，中国网，2011 年 05 月 21 日 21：23：06，
转引自中华人民共和国外交部，参见 http：//news. china. com. cn/roll-
news/2011—05/21/content _ 7937 68 8. htm。

39. 《温家宝出席第十三次中国与东盟领导人会议并发表讲话》，新华网，
2010 年 10 月 29 日 18：43：51，参见 http：//news. xinhuanet. com/
world/2010—10/29/c_ 12717805. htm。

40. 《温家宝出席第 14 次中国—东盟（10 + 1）领导人会议暨中国—东盟
建立对话关系 20 周年纪念峰会》，新华网，2011 年 11 月 18 日 11：
35：26，参见 http：//news. xin hua net. com/photo/2011—11/18/c_
12230 1794_ 3. htm。

41. 《温家宝主持第二次中日韩领导人会议》，新华网，2009 年 10 月 10
日 20：48：18，参见 http：//news. xinhuanet. com/world/2009—10/
10/content_ 12208131. htm。

42. 《我国派队伍赴俄参加上海合作组织联合救灾演练》，中央政府门户网站，2009 年 05 月 18 日，参见 http：//www. gov. cn/gzdt/2009—05/18/content_ 1318210. htm。

43. 《日本大地震：中国军方表示愿意向日方提供救灾援助》，新华网，2011 年 03 月 15 日 18：01：38，参见 http：//news. xinhuanet. com/politics/2011—03/15/c_ 13779998. htm。

44. Robert B. Zoellick, "Whither China：From Membership to Responsibility?" Remarks to National Committee on U. S. -China Relations, New York City, September 21, 2005, http：//www. state. gov/s/d/rem/53682. htm.

45. 《上海国际减灾与安全博览会暨中国上海国际减灾与安全产业峰会》官方网站，参见 http：//www. disasterchina. org。

46. 《上合组织举办"博戈罗茨克"救灾演练》，中央政府门户网站，2009 年 05 月 23 日，转引自新华社，参见 http：//www. gov. cn/jrzg/2009—05/23/content_ 1322595. htm。

47. 商务部新闻办公室：《商务部召开例行新闻发布会》，2010 年 2 月 25 日，参见 http：//www. inofcotn. gov. cn/aarticle/ae/ah/201002/20100206796350. htinl? test。

48. 《首次中日韩三国灾害管理部门部长级会议在日举行》，中央政府门户网站，2009 年 10 月 31 日，参见 http：//www. gov. cn/jrzg/2009—10/31/content_ 1453454. htm。

49. 苏祖辉：《救灾外交正成为国际外交舞台新形式》，中国评论新闻网，2008 年 7 月 1 日，参见 http：//www. chinareviewnews. com/doc/1006/8/1/0/100681070. html? coluid = 32&kindid = 537&docid = 100681070 & mdate = 0701141054。

50. 《为期两天的中国—东盟灾后防疫研讨会》，新浪网，2005 年 03 月 17 日 12：27，参见 http：//news. sina. com. cn/s/2005—03—17/12275385799s. shtml。

51. 《习近平主持召开中共中央政治局专门会议并发表重要讲话》，新华网，2013 年 6 月 25 日，参见 http：//news. xinhuanet. com/politics/2013—06/25/c_ 116286091. htm。

52. 《"雪龙"号13小时闯出重冰区》，《环球时报》2014 年 1 月 8 日。参见 http：//www. ckxxbao. com/huanqiushibaodianziban/010W2962014_ 16. html。

53. 《雅安地震救援为何请俄不请日?》，《西陆网/时政评论》，参见 http：//shizheng. xilu. com/20130423/news_ 852_ 348773. html。

54. 亚洲周刊：《中国地震外交与人道外交》，http//news. qq. com/a/2008 0611/001749. htm。

55. 《一些外国政要就四川地震灾害向中方表示慰问》，新华网，2008 年 05 月 13 日 20：22：56，参见 http：//news. xinhuanet. com/world/ 2008—05/13/content_ 8162841_ 1. htm。

56. 《中俄印外长会晤联合公报发布》，新华网，2007 年 10 月 24 日 22：18，参见网址：http：//news. sina. com. cn/c/2007—10—24/22181415 7411. shtml。

57. 《中俄将加强边境地区救灾合作》，《新浪网—国际在线》2009 年 11 月 06 日 15：02，参见 http：//news. sina. com. cn/c/2009—11—06/ 150218991621. shtml。

58. 《中国—东盟中心："中国—东盟关系"》，参见 http：//www. asean-china-center. org/zxgk/#。

59. 《中国的对外援助》，中华人民共和国国务院新闻办公室，2011 年 4 月，参见 http：//www. gov. cn/zwgk/2011—04/21/content_ 1850553. htm。

60. 《中国的减灾行动》，中华人民共和国国务院新闻办公室，2009 年 5 月等新闻资料整理。

61. 《中国武装力量的多样化运用》，中华人民共和国国务院新闻办公室，2013 年 4 月，参见 http：//www. gov. cn/jrzg/2013—04/16/content_ 2379013. htm。

62. 《中国土地沙漠化概况》，中华人民共和国国土资源部，参见 http：// www. mlr. gov. cn/tdzt/zdxc/tdr/21tdr/tdbk/201106/t20110613 _ 87837 7. htm。

63. 《中国向日本捐赠 62 米重型泵车参与核电站救灾》，新华网，2011 年 3 月 22 日 09：17：53，参见 http：//military. china. com/news/568/ 20110322/16442745. html。

64. 《中国伊斯兰教协会致电慰问印度洋地震海啸受灾国》，网易新闻，

2004 年 12 月 31 日 20：45：25，转引自新华网，参见 http：//news.
163. com/41231/0/18V77TA40001124T. html。

65. 《中国红十字会向国际救援组织捐赠 50 万美元支援海地》，国际在
线，2010 年 1 月 22 日 15：26：02，参见 http：//gb. cri. cn/27824/
2010/01/22/2945 s27 395 68. htm。

66. 《中国红十字会再次向日本地震灾区捐款 2000 万元》，新华网，参见
http：//news. eastday. com/c/20110329/u1a5812970. html。

67. 《中国企业纷纷为日本地震捐款捐物》，中国商务部网站，2011 年 03
月 29 日 10：48，参见 http：//www. mofcom. gov. cn/aarticle/i/jyjl/j/
201103/2011 030 7470948. html。

68. 《中美海上联合搜救演习》，新华网，2006 年 11 月 20 日，参见 ht-
tp：//news. xinhuanet. com/photo/2006—11/20/content_ 5350984. htm。

69. 《中国和东盟探讨建区域间救灾防病应急合作机制》，新浪网，2005
年 03 月 17 日 15：37，参见 http：//news. sina. com. cn/s/2005—03—
17/1537538771 3s. shtml 。

70. 《中国—东盟合作：1991—2011》，新华网，参见 http：//news. xin-
huanet. com/2011—11/15/c_ 111169085_ 3. htm。

71. 《中国海军和平方舟号赴菲救灾 尚属"处女战"》，环球网，参见 ht-
tp：//sd. peo ple. com. cn/n/2013/1121/c172839—19963885—3. html。

72. 《中国登陆舰起程奔赴菲律宾被称展开救灾外交》，《环球时报》2013
年 11 月 23 日。参见 http：//world. huanqiu. com/exclusive/2013—11/
4593615. html。

73. 《中日韩三国发表〈三国灾害管理联合声明〉》，新浪网，2008 年 12
月 13 日，参见 http：//news. sina. com. cn/w/2008—12—13/184714
875736s. shtml。

74. 《中日韩领导人会议在日本福冈举行温家宝出席会议》，中央政府门
户网站，2008 年 12 月 13 日，参见 http：//www. gov. cn/ldhd/2008—
12/13/content_ 1176967. htm。

75. 周文重：《救灾外交》，《出使美国 2005——2010》，参见 http：//
read. dangdang. com/content_ 2485335? ref = read – 3 – C&book_ id = 17502。

76. 周翔：《中国佛教协会向印度洋海啸受灾国致电慰问》，国际在线，

2004 年 12 月 31 日 21：30：41，参见 http：//gb. cri. cn/3821/2004/ 12/31/922＠409575. htm。

后　记

　　时值本书定稿之际，中国国家领导人习近平正在美国出席第四届核安全峰会并发表演讲，提出了"四个强化"，即强化政治投入，把握标本兼治方向；强化国家责任，构筑严密持久防线；强化国际合作，推动协调并进势头；强化核安全文化，营造共建共享氛围。指出"中国是核电发展最快的国家，同时保持着良好核安全纪录。海牙峰会以来，中国在核安全领域又取得了新进展。中国坚持言出必行的原则，忠实履行国际义务和政治承诺。中国心怀合作共赢的愿景，积极推动国际交流合作。"为此，习主席宣布，"第一，中国将构建核安全能力建设网络。第二，中国将推广减少高浓铀合作模式。第三，中国将实施加强放射源安全行动计划。第四，中国将启动应对核恐怖危机技术支持倡议。第五，中国将推广国家核电安全监管体系。"这是中国国家元首连续参加核安全峰会并发表演讲，提出中国的核安全主张。核武安全与核能安全构成了核安全的实质内容。伊核问题刚有所进展，朝核问题又再次凸显，核武扩散仍未得到遏制。人类目前所拥有的核武器，特别是几个核大国的核武库足可以毁灭人类（或者说毁灭地球）十余次，核武竞赛也从未停止过，人类面临核武威胁是实实在在的，包括核恐怖袭击。从切尔诺贝利核电站泄漏灾难到2011年日本因地震导致的核泄漏事件可以看出，随着人类大量利用核能，特别是诸多核电站的建设，核能安全不容乐观。核能安全关系着全人类的共同利益，中国应积极推动国际核安全合作，积极推动核武裁军，从而为建立无核世界，为全人类的和平与福祉做出自己应有的贡献。

　　值得庆幸的是，近两年来，全球范围内并没发生特大自然灾害，但2014年3月8日马航失联飞机MH370的残骸仍没找到（2016年3月24日法新社报道，澳大利亚专家鉴定认为，此前在莫桑比克发现的两块客机碎片"几乎确定来自马航 MH370"），此次空难仍然是个谜，中国与邻国的合作搜救也是无果而终。然 2014 年 7 月 17 日马航 MH17 遭导弹袭击坠毁，298 人遇难；2015 年 2 月 4 日，台湾客机 B—22816 坠毁；2015 年 3 月 24 日，德客机 4U9525 坠毁，150 人遇难；2015 年 10 月 31 日，俄空客 A321 在西奈半岛造恐怖袭击坠毁，机上 224 人无一生还；2016 年 3 月 19 日，一架客机从迪拜起飞在俄罗斯降落时坠毁，62 人丧生。可谓空难频频，在各种灾害面前，人类显得是那么的脆弱和无助！国际社会在应对灾害方面的合作仍具有"灾害应急驱动型"（即表现为"大灾大忙，小灾小忙，没灾不忙"）的特点。

　　虽本书绪论部分已就"灾害""救灾外交"等概念进行了界定，但还想赘言一句，国内外学者所提及的"灾难外交""气候外交""环境外交""地震外交""核安全外交"等，但凡与"灾害"有关的外交，笔者在本书中都定义为"救灾外交"。本书为使读者更加清楚理解"中国救灾外交"的内涵与实践，在附录部分特意增加了"中国参与国际救灾合作"和"中国救灾外交"的政策与实践等内容，以弥补本书正文论述的不足。诚然，本书有许多不足之处，还望各位专家、学者批评指正！

　　在此，我要真心地感谢我的老师和朋友们对我在"中国救灾外交"这一课题进行研究时的指导和帮助！感谢长江大学人文社会科学研究发展基金的资助！感谢中国社会科学出版社各位编辑的精心修改！本书得以及时出版，还得感谢中国社会科学院一位师兄的引荐和帮助！最后，我要感谢我的家人，她（他）们总是给我最宝贵的支持！

　　谨以此书献给：
　　那些因灾失去生命的人！
　　那些因灾仍在挨饿受冻的人！
　　那些为了战胜灾害彼此帮扶的人！
　　那些为了促进国际救灾合作而忙碌的人！
　　那些为了更好开展中国救灾外交殚精竭虑的人！

何章银

2016 年 4 月 2 日